NPDP考试
通关试题全刷

于兆鹏 ◎ 编著

清华大学出版社
北京

内 容 简 介

本书适合参加 NPDP（产品经理）认证考试的考生阅读使用，目的是帮助大家一次性通过考试。本书融合了作者对 NPDP 考试的深入分析和研究成果，是作者在钻研历年试题的基础上进行趋势预测而成。

本书有三大法宝：一是精析了 NPDP 认证考试的核心考点；二是包含 8 个章节的练习题、4 套通关密卷，共有近 1000 道题目；三是对每道题目都进行了详细解析，不仅对正确答案做了说明，也对错误选项的考点做了精析。一书在手，NPDP 考试不愁！

图书在版编目(CIP)数据

NPDP 考试通关试题全刷 / 于兆鹏编著 . —北京：清华大学出版社，2023.5

ISBN 978-7-302-63479-9

Ⅰ . ① N…　Ⅱ . ①于…　Ⅲ . ①企业管理－产品管理－产品质量认证－习题集　Ⅳ . ① F273.2-44

中国国家版本馆 CIP 数据核字 (2023) 第 084360 号

责任编辑： 杨如林
封面设计： 杨玉兰
版式设计： 方加青
责任校对： 胡伟民
责任印制： 丛怀宇

出版发行： 清华大学出版社

　　　网　　　址：http: //www.tup.com.cn，http: //www.wqbook.com
　　　地　　　址：北京清华大学学研大厦 A 座　　　　　邮　　编：100084
　　　社 总 机：010-83470000　　　　　　　　　　邮　　购：010-62786544
　　　投稿与读者服务：010-62776969，c-service@tup.tsinghua.edu.cn
　　　质 量 反 馈：010-62772015，zhiliang@tup.tsinghua.edu.cn

印 装 者： 三河市科茂嘉荣印务有限公司
经　　销： 全国新华书店
开　　本： 185mm×260mm　　　**印　　张：** 17.5　　　**字　　数：** 560 千字
版　　次： 2023 年 6 月第 1 版　　　**印　　次：** 2023 年 6 月第 1 次印刷
定　　价： 69.00 元

产品编号：092561-01

人人都是产品创新者

产品创新的时代已经到来！随着近期《数字中国建设整体布局规划》的推出，数字化时代下的创新已成为我国经济第二次腾飞的重要引擎。如果说过去几十年，中国经济腾飞靠的是人口红利，那么今天的经济发展靠的就是数字化时代下的自主创新。但创新要如何落地？产品创新是重要抓手。创新的产品可以促进消费者的消费意愿，从而增大内需，提升经济活力。

我们正处于一个产品创新的好时代！

精彩的人生也需要产品创新的理念：始于灵感，终于价值。亚当·斯密在《国富论》中说过，"人天生，并且永远，是自私的动物。我们在这个世界上辛苦劳作，来回奔波是为了什么？所有这些贪婪和欲望，所有这些对财富、权力和名声的追求，其目的到底何在呢？归根结底，是为了得到他人的爱和认同。"因此，我们的人生其实也是在创造价值造福他人，为的就是得到他人的爱和认同，虽然我们创造价值的本意是自私的。而这也是经济学的本质：通过利他而利己。

价值传递的最好载体就是创新的产品，因为产品有两个本质属性：首先，产品（尤其是创新产品）孕育着人的灵感，富含人类的创造力，也正因为创新所带来的与众不同，会让这个世界产生更多的选择，从而使人们的生活变得更加美好；其次，产品是用来与他人交换的，通过交换给予他人价值，同时自身得到交换的利益（通常是钱），从而获得社会的认可。

人人都是产品创新者！我们在生活中也在创造不同的产品，这些产品可能是一个小零件，也可能是一个小手工，我们总是希望自己创造出来的产品能为更多人所接受。因此，产品创新是一种生活态度。精彩的人生实际上就是在不断地进行产品创新，从创意的灵感开始，并致力于将这个产品为市场所接受，造福他人和社会。而给予他人的价值越大，我们得到他人和社会认可的可能性也就越大。

产品创新的人生从提升自我开始。要做到产品创新的知行合一，首先要做到"知"。而能"知"，就要学习国际化的产品创新知识标准。我认为，学习知识标准的价值主要在于以下两点：

一是掌握一套共同的语言和规则。有共同的语言，我们就可以与成百上千万来自全世界的产品实践者进行交流。有交流就有交换，有交换就有价值。有共同的规则，我们就可以按照一致的体系，以一致的步调来做事。一致能够引发谐振，也就是我们通常所说的 1+1>2。

二是了解产品创新领域的最佳实践。我们不再是单打独斗，而是站在巨人的肩膀上去探索更美好的将来。同时，我们自身的最佳实践也可以丰富这个标准的知识库，人类的知识传承与丰富也正因为如此。继往开来，始于实践的学习与贡献。

产品创新的全球知识标准正是 NPDP（产品经理）认证所涵盖的内容。本书则是帮助考生一次性通过 NPDP 认证考试的利器和法宝。原因有三：

第一，本书精析了 NPDP 考试的所有核心考点，做到核心考点一网打尽。

第二，本书每章均配套精选习题，并设置 4 套通关密卷，共有近 1000 道题目。通过丰富的考题帮助考生巩固知识点。

第三，本书对每道题目都进行了详细解析，不仅对正确答案做了说明，也对错误选项的考点做了精析。使考生不仅知其然，更知其所以然。

最后，感谢清华大学出版社的编辑老师为我提供的许多帮助，才使得本书顺利出版。

由于作者才疏学浅，加上出版时间紧张，书中还有很多不尽如人意的地方。我诚挚地希望本书能起到抛砖引玉的作用，希望读者对书中不合理之处或需要进一步改进的地方提出宝贵意见。

于兆鹏

2023 年 3 月

目录 CONTENTS

第1章
新产品开发战略

1.1 核心考点一网打尽

1. 战略的定义

战略能定义与传播一个组织的独特定位，说明应当如何整合组织的资源、技能与能力，以获取竞争优势。

战略基于行业定位、机遇和资源，是企业为实现长远目标而制定的规划。

2. 战略的四个层级

第一层级：使命陈述——组织存在的最重要的原因，聚焦能力和资源。比如：成为便携式音响设备领域的领导者。

第二层级：公司/经营战略——实现使命的行动规划。比如：市场份额扩大10%，创造1000万元的新市场，收入增长25%。

第三层级：创新战略——为整个组织的创新明确目标、业务优先级与方向。比如：强调技术水平，关注外部合作度。

第四层级：职能战略——支持经营战略的各职能部门战略。比如：IT战略、人力资源战略、销售战略等。

3. 组织身份、愿景、使命、价值观四者的关系

组织身份（Organizational Identity）：我们作为一个组织，究竟是谁。组织身份的三个关键特征：核心的、持久的、独特的。

愿景（Vision）：一种基于洞察力和远见的想象。它揭示了可能性和实践制约条件，描述了组织最期望的未来状态。

使命（Mission）：有关组织的信仰、哲学、目的、商业准则和公司信念的陈述，使得组织的精力和资源得以集中。

价值观（Values）：个人或组织在情感上选择坚守的原则。

4. 产品开发的三个环境

企业环境：包括营销、技术、财务、生产。

产业环境：包括产业结构、产业规模、产业增速、技术水平、市场、竞争、政府支持、资源。

整体环境：包括经济、政策、文化、社会、技术、资源、实体环境、法律。

5. 创新战略的定义

创新战略是进行产品开发和实现持续增长的必要工具。整体创新战略明确了整个组织的创新目标、方向和框架。

6. 波特的三种创新战略

成本领先战略：通过吸引价格敏感型客户提升公司的市场份额。通常适用于规模生产日常用品的公司。在一个价格竞争激烈的市场，这通常是进入市场或者保持市场地位的唯一方法。

差异化战略：聚焦于较宽的产品基础。通过交付独特的、优质的产品和建立忠诚的客户关系获取市场份额。客户通常更关注产品的品质和性能。

细分市场战略：也称为聚焦战略（Focus Strategy）。细分市场战略适用于比较狭小的市场，而不像成本领先战略和差异化战略那样聚焦于比较广大的市场。细分市场战略的基础是对一个主要市场的深入认识，该市场通常具有独特的需求。

7. 迈尔斯和斯诺的四种创新战略

探索者：首先上市，寻求增长，敢冒风险。

分析者：快速跟随，产品通常更好。

防御者：在稳定市场中维护利基市场份额。

回应者：只有在遭遇威胁时才有所反应。

8. 持续式创新与颠覆式创新

颠覆式创新：创造新市场和新价值网络，并将最终促成现有市场和现有价值网络的颠覆。

持续式创新：不创造新市场或新价值网络，通常是对现有市场或现有价值网络的开发，赋予其更高的价值，并使公司具备与市场上其他持续式改进的产品相抗衡的能力。

9. 创新画布

常规式创新（Routine Innovation）：以组织现有的技术能力为基础，与现有的商业模式相匹配的创新，专注于功能改进和新版本或新模型的开发。

颠覆式创新（Disruptive Innovation）：需要新的商业模式，但不一定需要新的技术。比如，谷歌的安卓操作系统对苹果操作系统而言就有潜在的颠覆影响。

突破式创新（Radical Innovation）：该类创新主要聚焦于纯技术。比如，基因工程和生物医药技术对制药企业有重大影响。

架构式创新（Architectural Innovation）：颠覆式技术创新和商业模式创新的有效整合。典型案例之一是颠覆了柯达和宝丽来等公司的数字摄影产品。

10. 支撑创新战略的五种战略

平台战略：平台战略被定义为一系列子系统及其接口，由此可以建立一个通用架构，继而高效地开发、制造出其他延伸产品。

技术战略：有关技术维护和技术发展的计划，这些技术能够支持组织的未来发展，有助于组织战略目标的实现。

营销战略：营销战略是指将组织中有限的资源集中于最佳机会的一种过程或模型，以帮助组织增加销售额，获得独特的竞争优势。

知识产权战略：知识产权是指智力创造出来的东西，知识产权能够被销售、授权、交换或者被拥有者放弃。

能力战略：包括内部能力、外部能力、内外部结合的能力等能力途径。

11. 技术预见

技术预见是指一种洞察未来以预见技术趋势及其对组织潜在影响的流程。技术预见的工具有头脑风暴法（Brainstorming）、专家小组法（Expert Panels）、德尔菲法（Delphi）、SWOT 分析法（SWOT Analysis）、专利分析法（Patent Analysis）和趋势分析法（Trend Analysis）等。

12. 技术 S 曲线

技术 S 曲线基本上显示了大多数技术的生命周期阶段。引入期：技术的最初启用阶段，技术性能往往有限，技术进展缓慢；成长期：技术显著改进、性能大幅提高；成熟期：科学限制和缺乏导致该技术无法实现进一步发展，或是一项新的技术已经取代该技术。

13. 技术路线图

技术路线图是对产品路线图的重要补充，它确保新产品或系列新产品上市所需的技术规划和发展与整体规划协同一致。

14. 知识产权的五种类型

专利（Patent）：在一定的时间段内生效的、由政府授权或许可的权利，特别指禁止他人制造、使用或销售一个发明的独有权利。

版权（Copyright）：在一定年限内，给予原创者独家的、指定的法律权利，包括印刷、出版、表演、放映、录制文学艺术或音乐材料。

商标（Trademarks）：用于代表一个公司或者产品的经由法定注册或许可的符号、单词或词组。

植物品种权（Plant Variety Rights）：给予独家权利生产和销售某种可繁殖的植物。

商业秘密（Trade Secrets）：在一个组织内保持秘密状态的与知识产权相关的信息。

15. 知识产权管理的四种方法

知识产权管理的四种方法包括回应型、主动型、战略型、优化型，这四种方法的具体特点如表 1-1 所示。

表 1-1　知识产权管理的四种方法的具体特点

知识产权管理方法	回应型	主动型	战略型	优化型
研究与产品开发	事后考虑知识产权	运营自由度	与公司战略一致	知识产权驱动战略优势——研发投入
知识产权组合与管理	简单的组合追踪	与业务相关的组合，建立知识产权意识	组合管理作为研发与授权的输入	为赢得竞争优势进行组合管理
知识产权并购与货币化	对知识产权授权机会的特别响应	主动识别授权伙伴	知识产权版税和收入目标	业务驱动制定知识产权货币化与并购目标
竞争情报	特定或者情境驱动的情报收集	关键行业角色的竞争情报	持续分析完整的知识产权竞争情报	竞争情报对经营战略而言是关键的
风险管理与诉讼	回应意外诉讼	外部监控风险，防御侵权	保护知识产权	为高风险投保

16. 从业务目标到营销计划的四层关系

始于业务目标：在组织的愿景和使命中有所阐述。

制定营销战略：为营销活动提供高水平的指导。

制定营销组合方案：产品、定价、促销和地点。

制订营销计划：设计具体的任务和活动，以实现营销战略和业务目标。

17. 营销组合的四要素

营销组合通常又被称为 4P，即产品（Product）、定价（Price）、促销（Promotion）、地点（Place）。

18. 产品的三层次

核心利益：目标市场将从产品中获得的利益。

有形性能：赋予产品外观和功能的物理和美学设计。

附加性能：产品所提供的额外利益，可以是免费的，也可以因此使产品价格更高。

19. 波士顿矩阵

明星产品：在一个整体市场中占有重要的市场份额，且该市场在不断增长。

问题产品：处于一个高增长的市场之中，但尚未获得显著的市场份额。

金牛产品：在一个整体市场中占有重要的市场份额，但该市场的增长率很小。

瘦狗产品：所占的市场份额较低，所处的市场增长较慢。

20. 产品路线图

产品路线图（Product Roadmap）是将短期和长期业务目标与特定产品创新的解决方案进行匹配，以实现这些目标的一份计划。

21. 开放式创新

开放式创新是通过有目的的知识流入和流出加速内部创新，并利用外部创新扩展市场的一种创新范式。

开放式创新包括利用外部资源和内部资源产生创意；利用外部途径和内部途径拓展市场。

22. 商业模式

商业模式的创新基本要素包括客户价值主张、盈利模式、关键资源、业务流程。

1.2　精选习题

1. 定义一个组织未来的状态的是什么？
　　A. 愿景　　　　　　B. 使命　　　　　　C. 价值观　　　　　D. 战略

2. 下面哪项不是创新画布的创新类型？
　　A. 颠覆式　　　　　B. 架构式　　　　　C. 常规式　　　　　D. 维持式

3. 下列哪项不是知识产权管理方法？
　　A. 回应型　　　　　B. 主动型　　　　　C. 被动型　　　　　D. 优化型

4. 一个组织存在的意义是什么？
　　A. 愿景　　　　　　B. 使命　　　　　　C. 价值观　　　　　D. 战略

5. 下面哪项不是高管在新产品战略中的作用？
　　A. 瞄准机会　　　　B. 提供支持　　　　C. 管理资源　　　　D. 项目实施

6. 下列哪项不是波特战略框架的部分？
　　A. 多样化战略　　　B. 差异化战略　　　C. 成本领先战略　　D. 市场细分战略

7. **库珀战略框架不包括哪种？**
   A. 差异化战略　　　B. 高成本多样化战略　C. 分析者战略　　　D. 非博弈战略

8. **迈尔斯和斯诺的战略框架不包含哪一项？**
   A. 探索者战略　　　B. 回应者战略　　　　C. 防御者战略　　　D. 研究者战略

9. **安索夫矩阵的四种市场增长战略不包含哪一项？**
   A. 市场开发　　　　B. 市场渗透　　　　　C. 多元化　　　　　D. 产品延伸

10. **技术战略中资源利用方式不包括哪一项？**
    A. 授权收购　　　　B. 技术外包　　　　　C. 内部研发　　　　D. 共同创造

11. **下列哪一项不是商业模式的创新基本要素？**
    A. 关键资源　　　　B. 客户价值主张　　　C. 供应链资源　　　D. 盈利模式

12. **下面哪一项不是平台战略的构建步骤？**
    A. 分析战略　　　　　　　　　　　　　　B. 细分市场
    C. 定义当前平台　　　　　　　　　　　　D. 分析竞争产品

13. **市场战略的四个关键问题中不包含哪一项？**
    A. What：产品线是什么？　　　　　　　　B. Who：客户是谁？
    C. How：产品如何传递给客户？　　　　　　D. Where：在哪里使用产品？

14. **下列哪一项不是颠覆式创新的特点？**
    A. 新产品聚焦于细分市场的需求
    B. 新产品能快速达到盈亏平衡点
    C. 新产品为细分市场的客户提供独特功能
    D. 随着性能的改进，新产品会慢慢由边缘市场走向主流市场

15. **下列哪一项不是技术的生命周期阶段？**
    A. 引入期　　　　　B. 成长期　　　　　　C. 成熟期　　　　　D. 衰退期

16. **越来越多的风险厌恶型组织会考虑引用新技术，应用技术的产品之间出现激烈竞争，这是处于哪一个技术的生命周期阶段？**
    A. 引入期　　　　　B. 成长期　　　　　　C. 成熟期　　　　　D. 衰退期

17. **技术无法实现进一步发展，新技术可能取代已有技术，这是处于哪一个技术的生命周期阶段？**
    A. 引入期　　　　　B. 成长期　　　　　　C. 成熟期　　　　　D. 衰退期

18. **确保新产品所需的技术规划与整体规划协同一致，需要应用下列哪一项技术？**
    A. 产品路线图　　　B. 安索夫矩阵　　　　C. 气泡图　　　　　D. 技术路线图

19. **下列哪项不是知识产权的类型？**
    A. 专利　　　　　　B. 版权　　　　　　　C. 品牌　　　　　　D. 商标

20. **下列哪项不是制定营销战略的层次结构组成部分?**

    A. 营销战略　　　　　B. 营销组合　　　　　C. 营销计划　　　　　D. 产品组合

21. **下列哪项不是产品的层次结构?**

    A. 产品属性　　　　　B. 核心利益　　　　　C. 有形性能　　　　　D. 附加性能

22. **下面哪一项不是能力战略的类型?**

    A. 内部能力　　　　　B. 全局能力　　　　　C. 外部能力　　　　　D. 内外部结合的能力

23. **宝洁公司将知识专利开放给外部,进行共同创造产品,这属于哪一种创新模式?**

    A. 突破式创新　　　　B. 维持式创新　　　　C. 常规式创新　　　　D. 开放式创新

24. **营销组合的定义是?**

    A. 同时上市的多个产品组合　　　　　　　B. 产品、定价、地点和促销的组合

    C. 参与营销一款产品的人员小组　　　　　D. 营销战略和计划的结合

25. **产品的核心利益是指?**

    A. 那些真正驱使客户购买或者重复购买一款产品的利益

    B. 产品的基础技术

    C. 产品如何使用

    D. 产品生命周期的长度

26. **以下哪个是附加产品利益的例子?**

    A. 东西在冰箱中的保质期长　　　　　　　B. 能带来更好的引擎性能的化学药剂

    C. 有多个清洗配件的吸尘器　　　　　　　D. 免费售后服务

27. **对于一款新产品制定营销组合,以下哪一点是重要的?**

    A. 在产品开发前制定　　　　　　　　　　B. 与产品开发并行制定

    C. 在产品开发后制定　　　　　　　　　　D. 营销部门做决策时制定

28. **产品的有形好处包括?**

    A. 特性、风格、包装　　　　　　　　　　B. 安装、信用和担保

    C. 定价和促销　　　　　　　　　　　　　D. 以上所有选项

29. **"现金牛"产品是指?**

    A. 具有重大未来市场潜力的产品

    B. 奶制品

    C. 销售额下滑的产品

    D. 在整体增长缓慢的市场有着高的市场份额的产品

30. **在波士顿增长 — 份额矩阵中,"瘦狗"型产品最适合采用什么样的策略?**

    A. 更广泛地推广产品　　　　　　　　　　B. 投入更多研发经费以改进该产品

    C. 剥离或者改变价值定位　　　　　　　　D. 降价

31. **知识产权对于产品开发为什么非常重要？**

    A. 对提高产品开发经理的声誉有好处   B. 能为持续产生收入奠定基础

    C. 鼓励创造力   D. 是一个好的产品开发过程的一项指标

32. **能够通过哪些方式实现具有知识产权的新产品的价值？**

    A. 以公司品牌营销产品   B. 将知识产权卖给别的公司

    C. 将知识产权授权给别的公司   D. 以上都对

33. **组织的营销战略应当？**

    A. 由营销部门独自制定   B. 制定时要与公司的整体战略保持一致

    C. 每五年制定一次   D. 制定时不要考虑公司的整体战略

1.3　习题详解

答案速览						
1～5	ADCBD	6～10	ACDDB	11～15	CADBD	16～20	BCDCD
21～25	ABDBA	26～30	DBADC	31～33	BDB		

1. **答案：A。考点提示：愿景。**

A 项，愿景代表了组织未来的状态。

B 项，使命代表了组织存在的意义。

C 项，价值观是组织哪些事情应该做，哪些事情不该做的准则。

D 项，战略是组织资源聚焦的方向。

这道题目不仅要理解每个选项的含义，更要搞清楚四者的关联。愿景是组织要到何处去，使命则是组织当前的状态，因此使命和愿景共同组成了当前状态 A 和将来状态 B 的跃迁差距，也就是说每个组织都是从当前状态 A 到将来状态 B 的不断跃迁；在此过程中，组织必须有所为有所不为，这就是价值观；而战略则是在组织跃迁发展过程中的聚焦点，需要将资源聚焦于一点，含九取一，才能力出一孔，达成发展目标。

2. **答案：D。考点提示：创新画布。**

创新画布的四个象限包括：常规式创新、颠覆式创新、突破式创新、架构式创新。

要理解创新画布，就要理解创新画布的两个维度：商业模式创新和技术创新。创新画布是总结了两种基本的创新范式，因此组合成为四种不同的创新模式。

3. **答案：C。考点提示：知识产权管理的四种方法。**

知识产权管理的四种方法包括回应型、主动型、战略型、优化型。

知识产权管理的四种方法体现了对知识产权管理回应态度的变化，从被动响应的回应型，到主动改进的优化型。这四种态度没有好坏之分，组织需要选择与之相适应的知识产权管理方法。

4. **答案：B。考点提示：使命。**

A 项，愿景代表了组织未来的状态。

B 项，使命代表了组织存在的意义。

C 项，价值观是组织哪些事情应该做，哪些事情不该做的准则。

D 项，战略是组织资源聚焦的方向。

这道题目不仅要理解每个选项的含义，更要搞清楚四者的关联。愿景是组织要到何处去，使命则是组织当前的状态，因此使命和愿景共同组成了当前状态 A 和将来状态 B 的跃迁差距，也就是说每个组织都是从当前状态 A 到将来状态 B 的不断跃迁；在此过程中，组织必须有所为有所不为，这就是价值观；而战略则是在组织跃迁发展过程中的聚焦点，需要将资源聚焦于一点，舍九取一，才能力出一孔，达成发展目标。

5. 答案：D。考点提示：高管在新产品战略中的作用。

高管在新产品战略中的作用有瞄准机会、提供支持、管理资源。项目实施不是高管在新产品战略中的作用。

如同教育孩子一样，家长需要在孩子小的时候对其进行教育，帮助孩子树立正确的人生观和价值观。产品也是一样，产品的初期是一个产品机会和方向确立的关键期，因此需要高管的积极介入，包括瞄准机会、提供支持、管理资源等方面。项目实施则不是高管所需要关心的，而是项目经理需要关心的。

6. 答案：A。考点提示：波特战略框架。

波特战略框架包括差异化战略、成本领先战略、市场细分战略三种，不包括多样化战略。多样化战略是库珀战略框架中的一种。

要理解波特战略框架，关键要理解波特所秉持的两个优势要素。波特认为一个组织要么是追求差异化的优势，要么是追求成本的优势。这两个优势要素加上市场的广阔度，这三个维度就把战略分为三种：差异化战略追求差异化优势，着眼于广阔的市场；成本领先战略追求成本优势，着眼于广阔的市场；市场细分战略没有明显的差异化优势或成本优势，但它着眼于细分的纵深市场，因此客户群对组织有更强的依赖性。

7. 答案：C。考点提示：库珀战略框架。

库珀战略框架包括差异化战略、高成本多样化战略、技术推动战略、保守战略、非博弈战略。

差异化战略：与波特差异化战略类似，提供价格昂贵、优越的产品，适应客户需求。

高成本多样化战略：也称为"瓷器店中的公牛"。研发成本高昂，较少关注市场和客户需求。

技术推动战略：最新技术、高度创新想法、较少关心客户需求。

保守战略：低风险、有限研发投入。与波特市场细分战略相近。

非博弈战略：与迈尔斯和斯诺框架的被动战略相似。导致抄袭产品，新旧产品也不容易衔接，与竞争者雷同。

库珀战略框架本质上是技术驱动战略，它聚焦于应该采用怎样的技术研发战略。差异化战略是提供适应客户需求的高净值产品；高成本多样化战略是重视研发投入而不关心市场的战略模式；技术推动战略则是追求技术创新而不关心客户；保守战略研发投入有限，风险也更低；非博弈战略是被动战略，趋向于跟进竞争对手，而不主动创新。

8. 答案：D。考点提示：迈尔斯和斯诺战略框架。

迈尔斯和斯诺战略框架包括探索者战略、分析者战略、防御者战略、回应者战略。迈尔斯和斯诺战略本质上是对风险的态度有所区别的战略模式。探索者战略的风险承受力最高，回应者战略的风险承受力最低。

9. 答案：D。考点提示：安索夫矩阵。

安索夫矩阵包括四种类型：

市场渗透：通过提高现有产品或市场的销售规模来带动增长的市场战略，是最经济的战略；

市场开发：为现有产品线打开新市场；

产品开发：开发新产品来更好地满足现有市场的需求；

多元化：既包括开发新产品又包括开发新市场，风险较高，依赖当前经济和行业趋势，横向（产业链延伸）和纵向（崭新领域）多元化。

安索夫矩阵本质上是市场驱动战略。根据市场开发度和产品开发度两个维度，分为四种类型。其中多元化是市场开发度和产品开发度都较高的类型，而市场渗透则是市场开发度和产品开发度都较低的类型。

10. 答案：B。考点提示：技术战略中的资源利用方式。

技术战略中的资源利用方式包括内部研发、授权收购、共同创造。技术战略是创新战略的重要因素，功能交付才能确保产品销售，而功能交付的前提是技术保障。因此技术战略就涉及内部、外部，以及内外部结合三种方式。内部方式就是内部研发，外部方式就是授权收购，内外部结合方式就是共同创造。

11. **答案：C。考点提示：商业模式的创新基本要素。**

商业模式的创新基本要素包括客户价值主张、盈利模式、关键资源、业务流程。商业模式包括一核心、三要素，即价值主张（VP）是核心，三要素分别是客户、业务和利润。其中，客户包括客户细分（CS）、渠道通路（CH）和客户关系（CR）；业务包括关键业务（KA）、重要合作（KP），以及核心资源（KR）；利润包括成本结构（C$）和收入结构（R$）。

12. **答案：A。考点提示：平台战略的构建步骤。**

平台战略的构建步骤如下：

细分市场：确定共同采购模式或特征的客户。

确定增长领域：产品销量、市场份额、五年增长率。

定义当前平台：计划公司最强能力和制造优势，定义通用技术。

分析竞争产品：获取竞争情报，理解竞争格局。

考虑未来平台举措：利用核心能力、现有平台和趋势评估，考虑未来平台计划。

产品平台的目的是有效开发衍生产品（产品系列和基础架构），因此需要根据需求和公司战略来确定平台方向。

13. **答案：D。考点提示：市场战略的关键问题。**

市场战略的四个关键问题：

What：产品线和产品的广度和深度。

Who：客户是谁，理解市场边界。

How：产品如何送达客户。

Why：为什么客户选择我们，独特收益或价值是什么。

市场战略的目的是有效营销产品给客户，因此需要考虑客户是谁，产品是什么，如何将产品送达客户，以及产品的卖点是什么。

14. **答案：B。考点提示：颠覆式创新。**

颠覆式创新的特点：一项颠覆式技术或一次颠覆式创新有助于创造一个新市场和新价值网络，并将最终促成现有市场和现有价值网络的颠覆。因此颠覆式创新的产品聚焦于细分市场的需求，为细分市场的客户提供独特功能。并且，随着性能的改进，新产品会慢慢由边缘市场走向主流市场。但由于颠覆式创新的新产品需要时间慢慢走向主流市场，因此很难快速达到盈亏平衡点，故选 B。

15. **答案：D。考点提示：技术 S 曲线。**

技术 S 曲线基本上显示了大多数技术的生命周期阶段。引入期：技术的最初启用阶段，技术性能往往有限，技术进展缓慢；成长期：技术显著改进，性能大幅提高；成熟期：科学限制和缺乏导致该技术无法实现进一步发展，或是一项新的技术已经取代该技术。这其中要把握技术 S 曲线的三阶段特性，三阶段特性实质上是引入期资本看不到利益，无人问津，到成长期资本看到利益，蜂拥而至，再到成熟期资本看不到进一步利益，转投他处的市场规律的演变。

16. **答案：B。考点提示：技术 S 曲线。**

引入期：技术的最初启用阶段，技术性能往往有限，技术进展缓慢。

成长期：技术会不断成熟，组织看到效益，因此越来越多的风险厌恶型组织会考虑引用新技术。

成熟期：技术已达到完善，无法进一步发展，因此有可能被其他技术所替代。

这其中要把握技术 S 曲线的三阶段特性，三阶段特性实质上是引入期资本看不到利益，无人问津，到成长期资本看到利益，蜂拥而至，再到成熟期资本看不到进一步利益，转投他处的市场规律的演变。

17. **答案：C。考点提示：技术 S 曲线。**

引入期：技术的最初启用阶段，技术性能往往有限，技术进展缓慢。

成长期：技术会不断成熟，组织看到效益，因此越来越多的风险厌恶型组织会考虑引用新技术。

成熟期：技术已达到完善，无法进一步发展，因此有可能被其他技术所替代。

这其中要把握技术 S 曲线的三阶段特性，三阶段特性实质上是引入期资本看不到利益，无人问津，到成长期资本看到利益，蜂拥而至，再到成熟期资本看不到进一步利益，转投他处的市场规律的演变。

18. 答案：**D**。考点提示：**技术路线图**。

A 项，产品路线图是将短期和长期业务目标与特定产品创新的解决方案进行匹配，以实现这些目标的一份计划。

B 项，安索夫矩阵是协助管理层从营销的角度理解增长战略的工具。

C 项，气泡图是组合平衡的工具，通常气泡图通过风险和回报来描绘项目。

D 项，技术路线图是确保新产品所需的技术规划与整体规划协同一致的工具。

本题的要点在于理解四个工具的差异。产品路线图是把控产品开发创新节奏的计划，安索夫矩阵是从市场角度理解增长战略的工具，气泡图是平衡风险和回报的组合管理工具，技术路线图是把控技术发展的计划。

19. 答案：**C**。考点提示：**知识产权类型**。

知识产权类型包括专利、版权、商标、植物品种权、商业秘密。知识产权的五种类型属于记忆类知识点，记住这五种类型有一个诀窍，用形象记忆法的口诀来记：二商专植板，可以理解为两位商（商标和商业秘密）人专（专利）门种植（植物品种权）板（版权）栗，这样就能达到事半功倍的效果。其他记忆类的知识点也可以用类似的形象记忆法口诀来记，效果会更好。

20. 答案：**D**。考点提示：**营销战略层次结构**。

营销战略的四个层次分别是业务目标、营销战略、营销组合、营销计划。这个层次结构很好理解，营销是为了业务发展，因此首要是业务目标，基于业务目标才能制定有效的营销战略，有了营销战略才能制定营销组合，有了营销组合要素，才有营销计划。

21. 答案：**A**。考点提示：**产品层次结构**。

产品层次结构包括核心利益、有形性能和附加性能。产品层次结构很好理解，每个产品必须有一个核心利益或价值主张才能打动客户来购买。有形性能是能让客户感知到的，进一步产生购买欲望的特性。类似于维保的附加性能是增值服务，是加强产品竞争力的特性，能使产品区别于其他竞品。

22. 答案：**B**。考点提示：**能力战略类型**。

能力战略类型包括内部能力、外部能力、内外部结合的能力。具体来讲，一是挖掘内部能力，类似于研发等；二是开拓外部能力，类似于兼并或收购等；三是开发内外部结合的能力，类似于专利联合开发等。

23. 答案：**D**。考点提示：**开放式创新**。

开放式创新是通过有目的的知识流入和流出加速内部创新，并利用外部创新扩展市场的一种创新范式。开放式创新包括：利用外部资源和内部资源产生创意、利用外部途径和内部途径拓展市场。将知识专利开放给外部，进行共同创造产品，这属于开放式创新的模式。

突破式创新是一种包含新技术并能够极大改变市场行为和消费方式的产品创新。

维持式创新也称为持续式创新，并不创造新市场或新价值网络。持续式创新通过对现有市场或现有价值网络的开发，赋予其更高的价值，并使公司具备与市场上其他持续式改进的产品相抗衡的能力。

常规式创新是以组织现有的技术能力为基础，与现有的商业模式相匹配的创新，专注于功能改进和新版本或新模型的开发。

24. 答案：**B**。考点提示：**营销组合**。

营销组合通常又被称为 4P，即产品（Product）、定价（Price）、促销（Promotion）、地点（Place）。

营销组合是一个很重要的知识点，属于必考内容，需要牢记。

25. 答案：**A**。考点提示：**产品核心利益**。

产品核心利益是真正驱使客户购买或者重复购买一款产品的利益。每个产品必须有一个核心利益或价值主张才能打动客户来购买。

26. 答案：**D**。考点提示：**产品附加性能**。

产品的三层次包括：

核心利益：目标市场将从产品中获得的利益。

有形性能：赋予产品外观和功能的物理和美学设计。

附加性能：产品所提供的额外利益，可以是免费的，也可以因此使产品价格更高。

产品的层次结构很好理解，每个产品必须有一个核心利益或价值主张才能打动客户来购买。有形性能是能让客户感知到的，进一步产生购买欲望的特性。类似于维保的附加性能是增值服务，是加强产品竞争力的特性，能使产品区别于其他竞品。

27. 答案：B。考点提示：营销组合与产品开发的关系。

营销组合与产品开发应并行制定，防止营销与开发脱节。产品开发与营销活动应相互协同，共同为产品战略服务，才能达到较好的效果。

28. 答案：A。考点提示：产品有形性能。

产品的三层次包括：

核心利益：目标市场将从产品中获得的利益。

有形性能：赋予产品外观和功能的物理和美学设计。

附加性能：产品所提供的额外利益，可以是免费的，也可以因此使产品价格更高。

产品的层次结构很好理解，每个产品必须有一个核心利益或价值主张才能打动客户来购买。有形性能是能让客户感知到的，进一步产生购买欲望的特性。类似于维保的附加性能是增值服务，是加强产品竞争力的特性，能使产品区别于其他竞品。

29. 答案：D。考点提示：波士顿矩阵。

明星产品：在一个整体市场中占有重要的市场份额，且该市场在不断增长。

问题产品：处于一个高增长的市场之中，但尚未获得显著的市场份额。

金牛产品：在一个整体市场中占有重要的市场份额，但该市场的增长率很小。

瘦狗产品：所占的市场份额较低，所处的市场增长较慢。

理解波士顿矩阵的关键在于理解矩阵的两个维度，一个是现有市场份额，一个是市场增长率。明星产品是两个维度都高的产品；金牛产品是现有市场份额高，但市场增长率较小的产品；问题产品是高增长，但目前市场份额低的产品；瘦狗产品则是两者都低的产品。

30. 答案：C。考点提示：波士顿矩阵。

明星产品：在一个整体市场中占有重要的市场份额，且该市场在不断增长。

问题产品：处于一个高增长的市场之中，但尚未获得显著的市场份额。

金牛产品：在一个整体市场中占有重要的市场份额，但该市场的增长率很小。

瘦狗产品：所占的市场份额较低，所处的市场增长较慢。因此瘦狗产品最好的处理策略是剥离或者改变价值定位。

31. 答案：B。考点提示：知识产权作用。

保护知识产权使得知识产权的所有者能够从他们的发明或创造中获得认可或财务回报。产品创新是一项知识密度较高的活动，因此对于知识产权的保护能促进产品创新的积极性。知识产权所有者能得到财务回报，而不被抄袭，那么知识的原创性就能得到保护，产品创新就有源动力。

32. 答案：D。考点提示：知识产权作用。

知识产权能够被销售、授权、交换或者被拥有者放弃。知识产权的所有者能够从他们的发明或创造中获得认可或财务回报，关键是所有者拥有产权，有产权就能销售、授权或交换。产权是保护所有者利益的基础。

33. 答案：B。考点提示：营销战略。

营销战略制定时要与公司的整体战略保持一致，因此不能由营销部门独自制定，制定频率与战略频率相一致。

第 2 章
组合管理

2.1 核心考点一网打尽

1. 组合的定义

组合是一个组织正在投资的并将对其做出战略性权衡取舍的一系列项目或产品。组合管理讲述的是完成正确的项目。

2. 组合管理的五个目标

价值最大化（Value Maximization）：通过资源分配最大化组合价值（各个项目的商业价值之和）。

项目平衡（Balance）：基于预先设定的决策准则，维持正确项目间的正确平衡，这些准则包括长期与短期平衡、高风险与低风险平衡、具体产品或市场类别平衡。

战略协同（Strategic Alignment）：确保整体组合与经营战略及创新战略始终保持一致，以及组合投资与组织战略优先级保持一致。

管道平衡（Pipeline Balance）：应确定正确的项目数量，以达到管道资源需求和可用资源之间的最佳平衡。

财务稳健（Sufficiency）：确保产品组合中所选项目能够实现产品创新战略中所设定的财务目标。

3. 组合管理的两个活动

组合管理通常被认为由两个独立活动所构成，即组合选择和组合审查。

4. 组合管理的四个特征

组合管理的特征包括：

- 处于动态环境中的决策过程，需要持续不断地审查。
- 项目处于不同的完成阶段。
- 涉及未来事件，因此无法确保成功。组合管理是用来提高整个项目或产品的成功可能性的。

● 产品开发和产品管理的资源是有限的，通常要与其他业务功能共享。为了获得最大回报，组织需要对这些资源进行分配。依照组织的整体目标和创新战略分配资源，是权衡取舍决策成功的基础。

5. 组合中的四种项目类型

突破性项目（Breakthrough Projects）：通过新技术向市场引入崭新产品的项目，与组织的现有项目有明显不同，且风险水平较高。

平台性项目（Platform Projects）：开发出一系列子系统及其接口，由此建立一个通用架构，继而高效地开发、制造出其他衍生产品。基于该通用架构，一系列衍生产品得以被开发和生产。这类项目的风险通常比产品改进或渐进式改进的风险更大，但比突破性项目的开发风险要小。

衍生性项目（Derivative Projects）：由现有产品或平台衍生出的项目。它们可以弥补现有产品线的空白，建立具有成本优势的制造能力；或者基于组织的核心技术提升性能和引入新特性。通常风险水平较低。

支持性项目（Support Projects）：对现有产品渐进式改进，或提升现有产品的制造效率。通常风险水平较低。

6. 组合管理实现战略协同的三大目标

战略匹配：项目与所采用的战略是否一致？

战略贡献：在经营战略中定义了哪些特定目标？

战略优先级：组合中的各项投资额度是否反映了战略优先级？

7. 项目选择和审查的三种方法

自上而下：也被称为"战略桶"方法。首先明确战略，再根据战略重要性排列产品优先级，并根据优先顺序将项目对应分配入战略桶中。

自下而上：自下而上的方法始于单个项目。通过严格的项目评估和筛选过程，最终形成一个战略调整后的项目组合。

二者结合：这种方法综合了自下而上和自上而下的方法的优势。

8. 项目选择的两种方法

选择新产品机会的方法可以分为两大类：非财务类和财务类。非财务类方法依据的是主观判定，通常适合于新产品项目的前期；财务类评估决定新产品在财务上是否可行，以及决定项目的优先级，通常适合于新产品项目的中后期。

9. 非财务评估的两种方法

通过 / 失败方法：主要是指对产品创意"首次通过"评估（判断创意是否满足）的一

些基本准则。基于这些准则，对每个创意进行通过（P）或者失败（F）的判定。只有通过了所有准则的创意才能进入下一环节。

评分方法：是更为详细的分析方法，通常在通过 / 失败筛选之后进行。为了做出更好的评估，评分方法需要的信息更多。

10. 财务评估的四个指标

净现值（Net Present Value，NPV）：净现值 ＝ 现值 − 成本。现值（PV）＝ 未来价值（FV）/ $(1+r)^n$，其中 r 为贴现率，n 为期间数。

内部收益率（Internal Rate of Return，IRR）：内部收益率是净现值为零的贴现率（r）。

投资回报率（Return on Investment，RoI）：ROI ＝ 项目收益 / 投资。

投资回收期（Payback Period）：投资回收期是项目追回成本的时间。

11. 财务分析的框架

收入或回报：来自销售数量和价格。

成本：基于制造和营销成本。包括固定成本与变动成本。

资本成本：与投资建筑物、厂房及设备相关的成本。

12. 气泡图

气泡图（Bubble Diagram）是最常用的组合平衡图像描绘工具。通常，气泡图通过两个维度（X 轴和 Y 轴）来描绘项目。X 轴和 Y 轴分别代表一个标准，比如风险和回报。按照项目在 X 轴和 Y 轴上的评分，确定气泡的位置。气泡大小则代表了第三个标准，比如所需投入的资金数额或资源份额。总的来说，组合平衡的分类标准包括风险水平、回报收益和资金收入三种。

13. 资源配置的两个原则

资源配置的两个基本原则：项目资源需求和新产品目标。基于项目资源需求是基于项目优先级进行排序和资源配置。基于新业务目标是基于新产品目标进行排序和资源配置。

14. 资源配置的四个角色

项目经理：负责向资源主管汇报项目需求。

资源主管：将项目要求转化为 FTE 要求并将它们分配到项目中。

资源规划负责人：每月与项目经理和资源主管会面一次，讨论资源配置的优化和组合假设情景分析。

产品规划负责人：每月与资源规划负责人会面一次，讨论如何调整资源以实现资源的优化利用，每季度参加一次"组合假设情景分析"。

2.2　精选习题

1. **下列哪一项是产品组合管理的活动？**

   A. 组合选择和组合审查　　　　　　　　B. 组合优化和组合决策

   C. 组合平衡和组合执行　　　　　　　　D. 组合规划和组合结束

2. **下列哪一项不是组合的项目类型？**

   A. 突破性项目　　　B. 平台性项目　　　C. 衍生性项目　　　D. 常规性项目

3. **下列哪一个不是产品组合管理进行战略调整的目标？**

   A. 战略匹配　　　B. 战略修正　　　C. 战略贡献　　　D. 战略优先级

4. **下列哪一项不是项目选择和审查的方法？**

   A. 战略桶　　　B. 自下而上　　　C. 参照法　　　D. 两者结合

5. **下列哪项可能不是组合平衡的分类标准？**

   A. 项目三重制约　　　B. 风险水平　　　C. 回报收益　　　D. 资金投入

6. **下列哪项是资源配置的原则？**

   A. 客户满意度与品牌影响力　　　　　　B. 项目质量与风险水平

   C. 流程成熟度与战略一致性　　　　　　D. 项目资源需求与业务目标

7. **下列哪项不是资源配置的角色？**

   A. 项目经理　　　　　　　　　　　　　B. 流程经理

   C. 资源主管　　　　　　　　　　　　　D. 资源规划负责人

8. **下列哪项是筛选新产品机会的合适步骤？**

   A. 加权评分方法—通过 / 失败方法—总计分数，得到筛选的项目

   B. 财务方法评分—非财务方法评分—总计分数，得到筛选的项目

   C. 通过 / 失败方法—加权评分方法—总计分数，得到筛选的项目

   D. 非财务方法评分—财务方法评分—总计分数，得到筛选的项目

9. **多佛公司最近在做组合管理，其公司目前有 100 多个产品项目，高层管理者忙于每天开会给团队成员打气，而产品开发团队忙于争抢资源，疲于奔命。这是组合管理的哪一个目标出现了问题？**

   A. 管道平衡　　　B. 价值最大化　　　C. 组合平衡　　　D. 战略一致性

10. **下列哪一项不是产品组合管理的特点？**

    A. 动态的决策，需要不断地审查

    B. 应对未来事件，提高整个产品成功率

    C. 资源有限，需根据整体战略和目标进行权衡调配

    D. 唯一目的是实现产品利润的最大化

11. **哪些人应当参与对新产品机会的打分？**

    A. 跨职能团队　　　　 B. 只有营销经理　　　 C. 只有新产品经理　 D. 只有首席执行官

12. **以下哪项是强大的组合管理的合理输出？**

    A. 资源分配能够满足所有项目的需求　　　　 B. 项目质量的范围很宽

    C. 在所有项目中平均分配资源　　　　　　　 D. 利用所有可用资源

13. **在一个组合中，哪类项目代表分离出来的产品或者填补现有产品线空白的产品？**

    A. 突破性　　　　　　 B. 平台性　　　　　　 C. 衍生性　　　　　　 D. 支持性

14. **组合管理包括哪两个重要的方面？**

    A. 组合开发和组合维护　　　　　　　　　　 B. 组合启动和完成

    C. 资源分配与组合支持　　　　　　　　　　 D. 满足营销和技术要求

15. **自上而下的组合筛选方法的第一步是什么？**

    A. 制定愿景和战略　　　　　　　　　　　　 B. 列出可用资源

    C. 分配研发预算　　　　　　　　　　　　　 D. 与自下而上的组合管理方法进行比较

2.3　习题详解

答案速览					
1～5	ADBCA	6～10	DBCAD	11～15	ADCAA

1. **答案：A。考点提示：组合管理的两个活动。**

   组合管理包括组合选择和组合审查两个活动。要理解组合管理的活动，就要理解组合管理的核心目的：一是为了选择项目，选出优质的项目实现更大的商业价值；二是为了平衡项目，平衡总体项目的风险与回报。因此组合选择和组合审查就是实现这两个核心目的的直接手段。

2. **答案：D。考点提示：组合中的四种项目类型。**

   组合中的四种项目类型包括突破性、平台性、衍生性和支持性。常规性项目不是组合的项目类型，其余都是。这四种项目类型是从组织的风险承受力角度来划分的，其中突破性项目的风险最大，平台性项目次之，再次是衍生性项目，最后是支持性项目。

3. **答案：B。考点提示：组合管理实现战略协同的三大目标。**

   组合管理实现战略协同的三大目标包括战略匹配、战略贡献和战略优先级。战略修正不是组合管理进行战略调整的目标，其余都是。组合管理是战略落地的工具，而无权去修正。

4. **答案：C。考点提示：项目选择和审查的三种方法。**

   项目选择和审查的三种方法包括战略桶、自下而上和两者结合。

5. **答案：A。考点提示：组合平衡的分类标准。**

   组合平衡的分类标准包括风险水平、回报收益和资金收入。组合管理是战略落地的工具，而不是项目实施工具，因此组合管理的分类标准也关注战略、风险、回报等。

6. **答案：D。考点提示：资源配置的原则。**

   资源配置的原则包括项目资源需求与业务目标。这两者的区别在于，基于项目资源需求是自下而上的，往往基于项目优先级进行排序和资源配置；而基于业务目标是自上而下的，是基于新产品目标进行排序和资源配置。

7. 答案：**B**。考点提示：**资源配置的角色**。

资源配置的角色包括项目经理、资源主管、资源规划负责人、产品规划负责人。

项目经理：负责向资源主管汇报项目需求。

资源主管：将项目要求转化为 FTE 要求并将它们分配到项目中。

资源规划负责人：每月与项目经理和资源主管会面一次，讨论资源配置的优化和组合假设情景分析。

产品规划负责人：每月与资源规划负责人会面一次，讨论如何调整资源以实现资源的优化利用，每季度参加一次"组合假设情景分析"。

这四种角色的共同特点是都掌控资源，而流程经理是为流程负责，不为资源负责。

8. 答案：**C**。考点提示：**项目选择的方法**。

项目选择的方法包括财务评估和非财务评估。其中非财务评估包括通过 / 失败方法和评分方法。通过 / 失败方法是对产品创意进行"首次通过"评估（判断创意是否满足）的一些基本准则。基于这些准则，对每个创意进行通过（P）或者失败（F）的判定。只有通过了所有准则的创意才能进入下一环节。然后再进行加权评分方法，最后总计分数，得到筛选的项目。

9. 答案：**A**。考点提示：**组合管理的五个目标**。

组合管理的五个目标包括价值最大化、项目平衡、战略协同、管道平衡、财务稳健。题干提到公司目前有 100 多个产品项目，产品开发团队忙于争抢资源，疲于奔命，这明显违反了管道平衡的目标，应根据能力情况决定合适的项目数量。

10. 答案：**D**。考点提示：**组合管理的特征**。

组合管理的特征包括：

- 动态的决策，需要不断地审查。
- 项目处于不同的完成阶段。
- 应对未来事件，提高整个产品成功率。
- 产品开发和产品管理的资源是有限的，通常要与其他业务功能共享。

产品利润最大化可能是组合管理的一个结果，但不是主要特征。

11. 答案：**A**。考点提示：**组合项目的选择**。

项目选择的方法包括财务评估和非财务评估，其中非财务评估用于项目前期，财务评估用于项目中后期，每个阶段有不同的打分参与者，因此是跨职能团队。

产品项目的不确定性与生俱来。在项目选择中，其特点是随着项目进展不确定性越来越小。在不确定性较大的时候，比较适合选用非财务评估法，这样可以筛选有致命变因的项目，避免组织资源的无谓浪费。而在随后不确定性变小的情况下，用成本更高的财务评估法，更有利于得到合适的项目。

12. 答案：**D**。考点提示：**组合管理的五个目标**。

组合管理的五个目标包括价值最大化、项目平衡、战略协同、管道平衡、财务稳健。其中价值最大化是通过资源分配最大化组合价值（各个项目的商业价值之和），所以利用所有可用资源，确保价值最大化是组合管理的期望成果。

对于这道题目你可能会有疑问，资源是要预留的，为什么要利用所有可用资源？这其中的关键是，组合管理的目的就是筛选所有合格的项目，一旦项目筛选成功，就必须配备充足的资源，这样才能确保价值最大化。

13. 答案：**C**。考点提示：**组合的四种项目类型**。

组合的四种项目类型包括突破性、平台性、衍生性和支持性。其中衍生性项目是由现有产品或平台衍生出的项目。它们可以弥补现有产品线的空白，建立具有成本优势的制造能力；或者基于组织的核心技术提升性能和引入新特性。通常风险水平较低。符合题干意思。

这四种项目类型是从组织的风险承受力角度来划分的，其中突破性项目的风险最大，平台性项目次之，再次是衍生性项目，最后是支持性项目。

14. 答案：A。考点提示：**组合管理的两个活动**。

组合管理包括组合选择和组合审查两个活动，与题目中的组合开发和组合维护一致。要理解组合管理的活动，就要理解组合管理的核心目的：一是为了选择项目，选出优质的项目实现更大的商业价值；二是为了平衡项目，平衡总体项目的风险与回报。因此组合选择和组合审查就是实现这两个核心目的的直接手段。

15. 答案：A。考点提示：**项目选择和审查的三种方法**。

项目选择和审查的三种方法包括自上而下、自下而上和两者结合。其中自上而下法也被称为"战略桶"方法。其特点是首先明确战略，再根据战略重要性排列产品优先级，并根据优先顺序将项目对应分配入战略桶中。

第3章
新产品流程

3.1 核心考点一网打尽

1. 新产品开发流程决策框架的七步

产品开发过程大致等同于一个"风险管理"的赌局，赌局的规则是：如果不确定性高，则赌注下得少些；随着不确定性降低，赌注增加。

新产品开发流程决策框架的七步包括识别问题或机会、收集信息、分析情况、识别解决方案选项、评估选项、选择最佳选项、基于决策而行动。

2. 模糊前端（Fuzzy Front End）的定义

产品开发项目的前端（Front End）是一个早期阶段的起点。在进入正式的产品开发流程之前，组织在该阶段识别机会、形成概念。该阶段包括创意生成阶段、初始概念开发阶段和高级业务阶段，是项目中定义最不明确的一个阶段。

3. 门径管理流程

门径管理流程的主要阶段是：

● 发现（Discovery）：寻找新的机会和新产品创意。
● 筛选（Scoping）：初步评估市场机会、技术需求以及能力的可获得性。
● 立项分析（Business Case）：建立在筛选阶段之上的一个关键阶段，包括更为深入的技术、市场以及商业可行性分析。
● 开发（Development）：产品设计、原型制造、可制造性设计、制造准备和上市规划。
● 测试与修正（Testing and Validation）：测试产品及其商业化计划的所有方面，以修正所有假设和结论。
● 上市（Launch）：产品的完整商业化，包括规模制造以及商业化上市。

4. 阶段三要素

阶段是整个产品开发流程中的一个确定区域，包括：

● 活动（Activities）：项目负责人和团队成员依照项目计划必须完成的工作。

- 综合分析（Integrated Analysis）：通过跨职能部门间的交流，项目负责人和团队成员综合分析所有职能活动的结果。
- 可交付成果（Deliverables）：综合分析结果的呈现，这是团队必须完成并在进入关口时所要提交的内容。

阶段数量取决于：

- 新产品上市的紧迫性。时间越紧张，流程受到挤压，阶段就越少。
- 与新产品的不确定性或风险水平相关的技术和市场领域的现有知识。现有的知识面越广，风险越小，所需的阶段也就越少。
- 为降低风险，当不确定性越大时，所需的信息越多，这将导致流程更长。

5. 关口三要素

关口是产品开发流程中的一个确定节点。流程进展至此处时，需要做出有关项目未来的关键决策，包括：

- 可交付成果（Deliverables）：关口评审点的输入内容。可交付成果是前一阶段行为的结果，是事先确定的。在每个关口都有一个可交付成果的标准清单。
- 标准（Criteria）：评判项目时所采用的标尺，由此决定项目是否通过以及项目的优先级。这些标准通常被设计为一个包括财务标准和定性标准在内的打分表。
- 输出（Outputs）：关口评审的结果。关口处必须给出明确的输出内容，包括决策（通过/否决/搁置/重做）及下一阶段的路径（通过审批的项目计划、下一个关口的日期和可交付成果）。

6. 集成产品开发（IPD）

集成产品开发的定义为："系统、综合地应用不同职能体系的成果和理念，有效、高效地开发新产品、满足客户需求的方式。"

集成产品开发（IPD）从"并行工程"发展而来，并行工程建立在两个概念上。其一，产品生命周期中的所有要素都应在早期设计阶段被逐一考虑；其二，考虑到并行推动流程能显著提高生产力和产品质量，前述设计活动都应同时进行，即并行。

7. 集成产品开发（IPD）的改进框架

集成产品开发的改进框架为：

第 1 步：基本工具。

第 2 步：项目与团队，包括项目管理、跨职能团队和可制造性设计。

第 3 步：聚焦客户，包括客户心声和基于客户需求进行设计。

第 4 步：战略与组合，包括产品战略、项目选择流程和绩效度量。

第 5 步：知识、技能与创新，包括知识获取与管理、能力开发和创新文化开发。

8. 瀑布流程的五个典型阶段

瀑布流程的五个典型阶段包括：

要求：了解设计产品所需的功能、用途、用户需求等。

设计：确定完成项目所需的软件和硬件，随后将它们转化为物理设计。

实施：根据项目要求和设计规范编写实际代码。

验证：确保产品符合客户期望。

维护：通过客户确定产品设计中的不足或错误，进而修正。

9. 精益产品开发的定义

精益产品开发（Lean Product Development）建立在丰田首创的精益方法（Toyota Production System，TPS）的基础上，核心是消除浪费。

10. 精益产品开发的核心概念

精益的核心是给予客户价值，包括产品知识和人员参与，知识增长，精益流，管理、改进、持续学习，如图 3-1 所示。

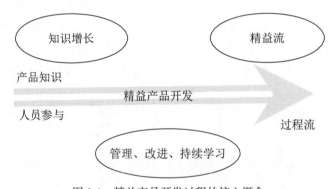

图 3-1　精益产品开发过程的核心概念

11. 敏捷开发的宣言

个体和交互胜过过程和工具。

可运行的软件胜过面面俱到的文档。

客户合作胜过合同谈判。

响应变化胜过遵循计划。

12. 敏捷开发的十二原则

敏捷开发的十二原则包括：

- 我们的首要任务是通过尽早和持续交付有价值的软件来满足客户。
- 即使在开发后期，我们也欢迎需求变更。敏捷流程将这些变更转化为客户的竞争优势。

- 频繁地交付可运行的软件，数周或者数月交付一次，时间间隔越短越好。
- 项目期间，业务人员与开发者共同工作。
- 招揽积极主动的人员来开发项目，为他们提供所需的环境和支持，相信他们能做好自己的工作。
- 开发团队里最省时有效的信息传递方式是面对面交流。
- 可运行的软件是衡量进展的主要标准。
- 敏捷流程有利于可持续开发。发起人、开发人员和用户应始终保持一个固定的前进步伐。
- 持续关注先进的技术和优秀的设计，提高敏捷性。
- 简捷——令待办工作最少化的艺术是一切的基础。
- 只有自组织团队才能做出最好的架构和设计。
- 团队定期反思如何提高效率并调整工作流程。

13. 敏捷开发的六要素

产品待办列表（Product Backlog）：包含系统所需的一系列事项要求并将它们按优先次序排列的清单，包括功能性和非功能性的客户需求，以及技术团队产生的需求。

敏捷流程（Scrum）：敏捷流程是最流行的敏捷实施框架。通过该方法，软件生成得以按规律的步调进行，并由一系列固定长度的迭代过程开发出产品。

冲刺（Sprint）：冲刺是指完成特定任务，使开发阶段得以进入审查环节的一段时期。

产品主管（Product Owner）：在划分产品待办列表的优先级和罗列需求时，产品主管是代表客户利益、拥有最终决定权的那个人。

敏捷教练（Scrum Master）：敏捷教练是团队和产品主管之间的协调者。他的工作职责不是管理团队，而是帮助团队和产品主管。

敏捷团队（Scrum Team）：通常由 5 ~ 9 个人组成。为实现冲刺目标，团队成员通常由跨职能团队的人员组成。

14. 治理的定义

治理的定义为："用来指导项目、程序和项目组合管理中的活动的框架、功能和流程。在组织的项目管理中，治理为组织的项目管理的战略执行框架提供了指导、决策和监督。"治理意味着采取高层级和战略性的视角，而不是陷入过程和项目细节。

15. 产品创新章程的四要素

背景：项目目的、与战略的关系、为什么做这个项目等。

重点舞台：目标市场、关键技术和营销方法等。

目标和目的：经营目标、项目目标、绩效指标等。

特别准则：项目团队内的工作关系、项目汇报频率和形式等。

3.2　精选习题

1. 下列哪一个是新产品不确定性最高的阶段？
   A. 机会生成　　　　B. 概念生成　　　　C. 开发　　　　　　D. 上市

2. 下列哪一个是累计成本最大的阶段？
   A. 机会生成　　　　B. 概念生成　　　　C. 概念评估　　　　D. 开发

3. 门径管理流程的阶段数量与下列哪一个因素没有关系？
   A. 上市时间　　　　B. 不确定性　　　　C. 开发成本　　　　D. 知识或信息丰富度

4. 下列哪一项不是并行工程的特点？
   A. 产品生命周期的所有要素在早期设计阶段考虑
   B. 前期的设计活动如产品设计、制造工艺等都应同时进行
   C. 各职能体系的系统进行综合应用
   D. 设计、开发、实施按顺序进行，最小化过程风险

5. 下列哪一项不是集成产品开发的改进框架？
   A. 风险控制　　　　　　　　　　　B. 聚焦客户
   C. 战略与组合　　　　　　　　　　D. 知识、技能与创新

6. 精益的核心目标是什么？
   A. 上市时间　　　　B. 资源优化　　　　C. 需求规划　　　　D. 消除浪费

7. 下列哪项不是敏捷开发的原则？
   A. 尽早、持续地交付有价值的产品　　B. 拥抱变更
   C. 结对编程　　　　　　　　　　　　D. 简洁

8. 下列关于精益、敏捷和关口管理流程的描述不正确的是哪一项？
   A. 敏捷适合于硬件开发，而关口管理流程适合于软件开发
   B. 精益旨在减少浪费，提高运营效率，适用于重复性任务
   C. 敏捷以时间为中心，与客户频繁互动从而对变化做出迅速反应
   D. 关口管理流程的目的是协调跨职能团队进行投资决策的评审，以提高新产品开发的
      成功率

9. 敏捷团队适合的规模是什么？
   A. 10～15 人　　　　B. 5～9 人　　　　C. 2～4 人　　　　D. 8～10 人

10. 下列哪一项不是产品开发流程治理的特点？
    A. 高层级和战略性视角　　　　　　　B. 保证新产品开发流程的整体有效性
    C. 为项目战略执行提供指导、决策和监督　D. 重点在于业务的日常运营

11. 精益新产品开发的原理是什么？
    A. 客户定义价值　　　　　　　　　　B. 项目管理有助于使风险最小化

C. 立项分析是驱动力　　　　　　　　D. 在整个流程中高层管理者参与

12. **在合作环境中通过自组织团队进行的迭代方法叫什么？**

A. 集成产品开发　　　　　　　　　　B. 螺旋式的瀑布模式

C. 精益新产品流程　　　　　　　　　D. 敏捷方法

13. **冲刺（Sprint）是指什么？**

A. 团队通过渐进式的和迭代的工作节奏应对不可预测性

B. 持续和无限的可变性

C. 集成产品开发

D. 精益新产品开发流程的一部分

14. **敏捷产品开发的主要原则包括团队授权、小幅渐进发布、一次完成一个功能，以及？**

A. 消除浪费　　　　B. 串行流程　　　　C. 积极的用户参与　　　D. 忽视风险

15. **在经典的瀑布流程中，设计阶段能够描述成？**

A. 按照项目需求写代码

B. 确保产品满足客户期望

C. 利用客户识别产品的缺陷

D. 基于每个需求识别项目要完成的软件和硬件开发内容

16. **能由团队在一次冲刺迭代中完成的足够小的工作单元叫什么？**

A. 产品待办列表（Product Backlog）　　B. Scrum

C. 概念评审　　　　　　　　　　　　D. 丰田生产模式（TPS）

17. **在大多数产品开发流程最开始时，你期望什么？**

A. 进行深入的技术、营销和业务分析

B. 测试新产品及其商业化计划的所有方面

C. 快速了解市场机会、技术需求和可用的能力

D. 完善产品设计、原型、进行可制造性设计、制造准备和上市计划

18. **识别和创造性地解决问题的系统的、协同的方法称为什么？**

A. 集成项目开发　　　　　　　　　　B. 设计思维

C. 敏捷方法　　　　　　　　　　　　D. 敏捷新产品开发

19. **在 20 世纪 80 年代早期，一种分阶段的新产品开发流程应用的飞跃来自哪里？**

A. Booz、Hamilton 以及 Allen 的六阶段流程

B. 新产品开发三部曲

C. Cooper 的门径管理流程

D. NASA 的阶段评审流程

20. **一个组织中具有成熟的产品开发流程的标志是组织具备什么样的能力？**

A. 在整个开发流程中，利益相关者和高层管理者参与

B. 采用迭代和风险控制步骤提升新产品开发的效益和效率

C. 持续地将新产品项目填满组合管道

D. 从各种模型和经验中提炼自己的最佳实践

3.3　习题详解

答案速览							
1～5	ADCDA	6～10	DCABD	11～15	ADACD	16～20	ACBCD

1. **答案：A**。考点提示：**新产品流程的特性**。

随着新产品流程的推进，不确定性逐步降低，但累计成本逐步提升。因此，作为门径管理流程中的第一个阶段，机会生成的不确定性是最高的。这道题目的关键是理解新产品流程不确定性逐步减小的趋势，以及新产品流程的顺序，即创意机会、概念、立项、开发、上市。

2. **答案：D**。考点提示：**新产品流程的特性**。

随着新产品流程的推进，不确定性逐步降低，但累计成本逐步提升。当流程到了开发阶段，累计成本最大。开发阶段要组织动用资源全力打造产品，因此成本投入最大。

3. **答案：C**。考点提示：**门径管理流程的阶段**。

门径管理流程的阶段数量与新产品上市的紧迫性、现有知识、风险等因素有关，与开发成本没有关系。

新产品上市的紧迫性。时间越紧张，流程受到挤压，阶段就越少。

与新产品的不确定性或风险水平相关的技术和市场领域的现有知识。现有的知识面越广，风险越小，所需的阶段也就越少。

为降低风险，当不确定性越大时，所需的信息越多，这将导致流程更长。

4. **答案：D**。考点提示：**集成产品开发**。

集成产品开发（IPD）的核心是并行工程，而并行工程的两个概念前提是：其一，产品生命周期中的所有要素都应在早期设计阶段被逐一考虑；其二，考虑到并行推动流程能显著提高生产力和产品质量，前述设计活动都应同时进行，即并行。阶段顺序进行是瀑布模式的特点，而不是并行工程的特点。如果要深入理解的话，正因为瀑布模式原来串行的阶段顺序存在设计出来的产品无法有效运营，以及后续的制造环节无法与设计相匹配等痛点，才提出并行工程的概念，因此任何一种管理方法都是为了解决某一个管理痛点产生的。理解其针对的痛点，才能理解这种方法。

5. **答案：A**。考点提示：**集成产品开发的改进框架**。

集成产品开发的五步改进框架为：

第 1 步：基本工具。

第 2 步：项目与团队，包括项目管理、跨职能团队和可制造性设计。

第 3 步：聚焦客户，包括客户心声和基于客户需求进行设计。

第 4 步：战略与组合，包括产品战略、项目选择流程和绩效度量。

第 5 步：知识、技能与创新，包括知识获取与管理、能力开发和创新文化开发。

集成产品开发的五步改进框架实际上代表了五个层次：工具、团队、客户、战略和创新。其中，风险控制不是集成产品开发的框架，而是过程管控的工具。

6. **答案：D**。考点提示：**精益产品开发的定义**。

精益的核心目标是消除浪费。大野耐一在他的经典著作《丰田生产系统》中对精益做出了介绍。在美国，这种方式被称为"精益生产"。这套生产理念的主要目的是减少工厂的浪费现象。精益中的一个关键概念是"在制品"（work in process），有时也被称为"存货"。一堆材料堆在那里而不用来制造东西是一种浪费。这些材料，不管是车门还是零部件，实际上都是金钱的损失。如果放在工厂，就意味着在仓库里堆积着大量的金钱。举个例子便可以改变你对"在制品"的看法，如果一个汽车公司只拥有大量的半成品汽车，就意味着它花费了大量金钱和精力，但没有创造任何实际价值。"精益生产"的主张就是最大限度地减少库房里的"在制品"。这种观念适用于任何类型的工作，没有完成产生价值的过程工作也同样是"在制品"（work in process），也不产生任何价值。

7. 答案：**C**。考点提示：**敏捷开发的十二原则。**

敏捷开发的十二原则是：

- 我们的首要任务是通过尽早和持续交付有价值的软件来满足客户。
- 即使在开发后期，我们也欢迎需求变更。敏捷流程将这些变更转化为客户的竞争优势。
- 频繁地交付可运行的软件，数周或者数月交付一次，时间间隔越短越好。
- 项目期间，业务人员与开发者共同工作。
- 招揽积极主动的人员来开发项目，为他们提供所需的环境和支持，相信他们能做好自己的工作。
- 开发团队里最省时有效的信息传递方式是面对面交流。
- 可运行的软件是衡量进展的主要标准。
- 敏捷流程有利于可持续开发。发起人、开发人员和用户应始终保持一个固定的前进步伐。
- 持续关注先进的技术和优秀的设计，提高敏捷性。
- 简捷——令待办工作最少化的艺术是一切的基础。
- 只有自组织团队才能做出最好的架构和设计。
- 团队定期反思如何提高效率并调整工作流程。

结对编程是 XP（一种敏捷流派）的实践之一，并不是敏捷开发原则。

8. 答案：**A**。考点提示：**敏捷开发的特点。**

A 项，敏捷由于要快速应变，因此适合于变更成本不大的产品开发项目，如软件项目。因此 A 项表述不正确。

B 项，精益旨在减少浪费，提高运营效率，适用于流程化的重复性任务。

C 项，敏捷流程就是通过该方法，软件生成得以按规律的步调进行，并由一系列固定长度的迭代过程开发出产品。因此敏捷以时间为中心，与客户频繁互动从而对变化做出迅速反应。

D 项，门径管理流程的目的是协调跨职能团队进行投资决策的评审，目的是提高新产品开发的成功率。这个表述符合门径管理流程（又称为阶段 - 关口管理）的特性。

9. 答案：**B**。考点提示：**敏捷团队。**

敏捷项目团队的合适规模是 5～9 人。在软件开发领域，有一个术语叫"布鲁克斯定律"。这个概念最早是 1975 年弗雷德·布鲁克斯（Fred Brooks）在《人月神话》中提出来的。简单地说，布鲁克斯定律认为："为一个延误的 IT（信息技术）项目增加人员，将导致更严重的延误。"这个定律得到了一个又一个研究的证实。劳伦斯·普特南（Lawrence Putnam）是软件开发领域的一位传奇人物，他一生都致力于研究工作时间与效率的问题。他的研究成果表明，如果一个项目的参与者超过 20 个，那么与参与者只有 5 个或少于 5 个时相比，需要付出的努力就会更多，而且不是多出一星半点。和小团队相比，大团队得花费 5 倍以上的时间才能完成任务。他根据团队规模对这些项目进行了分类，很快就发现，一旦团队规模超过了 8 人，那么项目耗费的时间往往就会非常多。要完成同样的工作量，3～7 人的团队所需时间只有 9～20 人的团队所需时间的 25% 左右。这种情况在数以百计的项目中反复出现。大规模团队完成的工作反而比较少，这似乎是人性的一个铁律。这也是为什么敏捷团队的规模是 5～9 人的原因。

10. 答案：**D**。考点提示：**新产品开发流程的治理。**

治理的定义为："用来指导项目、程序和项目组合管理中的活动的框架、功能和流程。在组织的项目管理中，治理为组织的项目管理的战略执行框架提供了指导、决策和监督。"治理意味着采取高层级和战略性的视角，而不是陷入过程和项目细节。这其中的关键是理解治理和管理之间的差别，管理的本质是控制，是对细节和过程的把控；治理的本质是决策，是为了避免系统性错误而进行的分权决策。

11. 答案：A。考点提示：精益产品开发。

A 项，精益产品开发的目的是给予客户价值，实现的方式有：产品知识和人员参与，知识增长，精益流、管理、改进、持续学习。因此该项正确。精益的终极目的是给予客户价值，没有价值的过程就是浪费，因此要尽量避免和消除这种浪费。

B 项，说法正确，但与题干无关系。

C 项，立项分析是为了证明项目对业务的价值，本身不是驱动力。

D 项，新产品开发的前期需要高层管理者参与，把握方向，但并不是一直要求其参与。

12. 答案：D。考点提示：敏捷产品开发。

A 项，集成产品开发的核心是并行工程。

B 项，瀑布模式多用于制造业等重资产项目，其特点是串行流程。

C 项，精益的本质是消除浪费。

D 项，团队与客户的合作、用户参与、自组织团队、迭代等都是敏捷方法的特点。

13. 答案：A。考点提示：冲刺。

A 项，冲刺是指完成特定任务，使开发阶段得以进入审查环节的一段时期，其特征是通过渐进式的和迭代的工作节奏应对不可预测性，拥抱变化。故选 A。

B 项，持续和无限的可变性。这个说法是不对的，冲刺是设定一个时间盒，规定开发的持续节奏。因此这个节奏恰恰是不变的，也就是说新的需求不能随意加入冲刺未完项中，只能留待下一个冲刺完成。其目的正是为了保障开发的持续节奏。

C 项，集成产品开发的本质是并行工程，与敏捷的冲刺是两个概念。

D 项，精益与敏捷的概念不同，精益的核心是为了消除浪费，而冲刺的目的是通过迭代的工作节奏应对不确定性。

14. 答案：C。考点提示：敏捷产品开发。

A 项，消除浪费是精益的特征。

B 项，串行流程是瀑布模式的特征。

C 项，团队与客户的合作、用户参与、自组织团队、迭代等都是敏捷方法的特点。

D 项，敏捷是拥抱变化，而不是忽视风险。

15. 答案：D。考点提示：瀑布流程的五阶段。

瀑布流程的五个典型阶段包括：

要求：了解设计产品所需的功能、用途、用户需求等。

设计：确定完成项目所需的软件和硬件，随后将它们转化为物理设计。

实施：根据项目要求和设计规范编写实际代码。

验证：确保产品符合客户期望。

维护：通过客户确定产品设计中的不足或错误，进而修正。

A 项，是实施阶段的特征。B 项，是验证阶段的特征。C 项，是维护阶段的特征。D 项，是设计阶段的特征，故正确。

16. 答案：A。考点提示：敏捷开发的六要素。

A 项，产品待办列表（Product Backlog），包含系统所需的一系列事项要求并将它们按优先次序排列的清单。符合题意。

B 项，Scrum，由一系列固定长度的迭代过程开发出产品的敏捷实施框架。

C 项，概念评审，概念评审是产品概念评审，其目的是针对产品概念的市场、技术、财务三方面进行评审，评审是否具备市场需求、是否具有技术可行性、财务的成本收益核算是否符合商业目标等。概念评审通过后的产品选项方能进行立项评审阶段。

D 项，丰田生产模式（TPS），这套生产理念的主要目的是减少工厂的浪费现象。

17. 答案：**C**。考点提示：**新产品开发流程的特性。**

A 项，是立项阶段应做的事情。B 项，是上市阶段应做的事情。C 项，是机会识别阶段应做的事情。D 项，是开发阶段应做的事情。

18. 答案：**B**。考点提示：**设计思维。**

A 项，集成产品开发的核心是并行工程。

B 项，设计思维是识别和创造性地解决问题的系统的、协同的方法。

C 项，敏捷方法包括个体和交互、可工作的软件、客户合作、响应变化四个方面。

D 项，敏捷新产品开发包括团队与客户的合作、用户参与、自组织团队、迭代、拥抱变化等特点。

19. 答案：**C**。考点提示：**门径管理。**

库珀和艾杰特在 20 世纪 80 年代早期首先提出了门径管理流程（Stage-Gate® Process），是一个里程碑式的飞跃。C 项正确。

A 项，Booz、Hamilton 以及 Allen 的六阶段流程。在 20 世纪 60 年代中期，博斯、艾伦和汉密尔顿设计了一个由 6 个基本阶段构成的流程。这一流程为近年来推出的众多流程奠定了基础，包括库珀和艾杰特的门径管理流程也是从六阶段流程的基础上提出来的。博斯等人提出的 6 个阶段是：探索（Exploration），筛选（Screening），商业评估（Business Evaluation），开发（Development），测试（Testing），商业化（Commercialization）。

B 项，新产品开发三部曲，通常是指新产品的开发、测试和上市。与门径管理体系无关，属于超纲内容。

D 项，NASA 的阶段评审流程。NASA（美国国家航空航天局）所使用的阶段评审流程是将项目分成若干阶段，每个阶段有里程碑的可交付成果，如果可交付成果通不过评审，则不能进入下一个阶段。这个流程与门径管理体系的形式比较像，但目的和特性则不一样。NASA 的阶段评审流程是为了项目的过程控制。属于超纲内容。

20. 答案：**D**。考点提示：**新产品开发流程的特性。**

A 项，高层管理者建议在开发早期参与，而不是全程参与。

B 项，采用迭代和风险控制步骤能提升新产品开发的效益和效率，这是敏捷的特征，但并不是成熟的产品开发流程的核心。

C 项，组合管道需要平衡，并不是项目越多越好。

D 项，从各种模型和经验中提炼自己的最佳实践，不断改进，是成熟的产品开发流程的核心。

第4章
文化、组织与团队

4.1 核心考点一网打尽

1. 文化和氛围的定义

文化被定义为"组织中人们共同拥有的信念、核心价值观、假设和期望"。

氛围被定义为"员工可直接或间接地感知到的工作环境特点的集合，对员工的行为有重大影响"。

2. 产品开发中的四种管理角色

1）战略

公司的整体愿景和使命：由公司高管团队以及关键职能部门的负责人一起正式制定。

业务战略：由该业务单元的管理团队正式制定，再经由业务单元的高层管理团队通过。

职能战略：由该职能部门的负责人及高层管理团队正式制定。

产品战略：由高级产品经理正式制定。

创新战略：由跨职能团队的高级经理制定，由一位董事会成员领导。高级管理人员的职责是确保创新战略与整体经营战略协调一致，并与相关的职能战略同步。

2）流程

流程拥护人：负责推动组织内正式商业流程的日常工作，负责对流程进行调整、创新和持续改进。

流程主管：对新产品开发流程的战略性结果，包括生产能力、输出质量和组织内的参与度等负责的执行经理。

流程经理：确保流程中的创意和项目按时有序进行的运营经理。

项目经理：采用组织认可的流程，负责管理特定的产品开发项目。

3）组织与团队

建立氛围与文化：组织的氛围与文化由最高层管理者领导，并受到最高层管理者的强烈影响。同时，其他高层管理者对流程开发和实践的支持有助于营造积极的氛围。

推动积极氛围：职能经理和各个团队或项目经理的职责。

团队开发：团队开发的责任由高级产品开发经理承担。他要确保团队内氛围融洽，大家遵守团队规则，从而建设一支高绩效的团队。

4）产品

产品管理：通过不断监控和修正营销组合要素，如产品自身及其特性、沟通策略、销售渠道和价格，确保产品或服务总能充分满足客户的需求。包括首席产品官、高级副总裁、产品管理、产品群经理四个层级。

产品管理与项目管理的关系：产品管理负责发现和定义范围；项目管理负责范围的执行和交付。

项目经理阶段性地对项目负责，产品经理对产品的整个生命周期负责。

3. 团队的定义

团队的定义是：为同一个目的而努力的少数几个人，拥有彼此互补的技能，遵循共同的目标和路线，共同担负责任，并肩作战。

4. 团队组成的六种个性

团队组成的六种个性包括：有创造力的产品开发者、企业家、项目领导者、发起倡议者、信息处理者、氛围制造者。

5. 高绩效团队的三个特征

战略协调一致：由经营战略和创新战略指导，与经营战略和创新战略紧密相联。知道你为什么参与这个项目以及团队对组织目标应做出的贡献。

参与：获得归属感，实现自我价值。知道你是团队的重要组成部分，知道你的贡献是有价值的。

授权：被赋予做出个人决定的权力，或者至少在团队面临决策时你的意见会被积极考虑。

6. 塔克曼模型的五个阶段

创建阶段：团队成员的角色和职责还不清晰，因此领导者的影响十分重要。队员们开始一起工作，尝试着去了解他们的新同事。

激荡阶段：激荡源于团队成员之间工作模式的冲突。团队领导者必须及时解决这些问题，并向整个团队清晰地传达解决方案。

规范阶段：大家开始解决彼此之间的分歧，欣赏同事的优点，尊重领导者的权威。成员们更加坚定于完成团队目标和获得自我成就。

执行阶段：团队在执行阶段通过无摩擦的协作和努力来实现团队目标，因此团队效率最高。团队领导者能够将更多的工作授权给团队成员完成。团队成员们感到相处愉快，享受作为团队中的一员。

解散阶段：很多项目团队只存在一段时间。喜欢按部就班或已经与同事建立起亲密友谊的团队成员可能会觉得这是个很难度过的阶段。

7. 团队领导者的八项职能

团队领导者的八项职能包括：

（1）提供目标——团队应该完成什么。

（2）建设一个明星团队，而不是拼凑出一队的明星。

（3）建立结果的共享所有权。

（4）将团队成员的潜力开发到极致。

（5）让工作变得有趣、令人沉醉。

（6）激励、鼓舞团队成员。

（7）领导、促进建设性的沟通。

（8）监管，但不进行事无巨细的管理。

8. 影响团队绩效的五个内因和四个外因

影响团队绩效的内部因素有：组织的文化和环境、组织的结构、流程、人、领导参与度。

影响团队绩效的外部因素有：组织的声誉、合作关系、竞争压力、保密要求等。

9. 跨职能团队的四种矩阵结构

职能型：在职能型团队中，项目被分为多个职能模块，每个模块由相应的职能经理负责，并由职能经理或高级管理人员进行协调。

轻量级：在轻量级团队中，有一个名义上的团队领导者。他被委派到项目上，只在"必要"时参与项目。项目负责人没有实权，没有权力改变或重新分配资源，职能经理保留项目权力。

重量级：与轻量级团队相反，重量级团队认为项目优先于职能。项目负责人有权力、有威信指导团队成员专注于项目。在大多数情况下，团队领导者对团队成员的绩效考核有一定的影响，但薪酬、晋升和职业发展的最终决定权在职能经理。

自治型：团队领导者非常像初创企业中的首席执行官，通常对团队成员完全负责。自治型团队（也称为"老虎"团队）通常适用于重要的、周期长的项目，比如高风险项目。

4.2　精选习题

1.　产品战略应由下列哪一个角色来制定？

　　A. 公司高管团队

　　B. 业务单元的高层管理团队

　　C. 职能部门负责人

　　D. 产品经理

2. 下列哪一个关于产品管理和项目管理的关系是不合适的?

   A. 为确保产品的有效运营,项目经理应负责产品的运营工作

   B. 产品管理负责发现和定义范围

   C. 项目管理负责范围的执行和交付

   D. 项目经理对阶段性的项目负责,产品经理对产品的整个生命周期负责

3. 下列哪一个不是高绩效团队所需要的个性类型?

   A. 企业家　　　　　B. 财务分析师　　　　C. 信息处理者　　　　D. 氛围制造者

4. 下列哪一项不是高绩效新产品团队的核心特征?

   A. 战略协调一致　　B. 参与　　　　　　　C. 服从集体　　　　　D. 授权

5. 团队生产力达到最高通常是哪一个阶段?

   A. 创建阶段　　　　B. 激荡阶段　　　　　C. 规范阶段　　　　　D. 执行阶段

6. 哪一个阶段往往会形成团队的规则,团队目标、角色和职责开始明确?

   A. 形成阶段　　　　B. 震荡阶段　　　　　C. 规范阶段　　　　　D. 执行阶段

7. 下列哪一项通常不是影响团队绩效的因素?

   A. 组织文化和环境　B. 组织现金流　　　　C. 流程　　　　　　　D. 组织声誉

8. 公司正在对一个处于成熟阶段的产品进行支持,产品只涉及小规模的改良,下列哪一个项目组织较为合适?

   A. 职能型团队　　　B. 轻量级团队　　　　C. 重量级团队　　　　D. 老虎团队

9. 公司正在开发一个新问世产品,该产品对公司的发展至关重要,下列哪一个项目组织较为合适?

   A. 职能型团队　　　B. 轻量级团队　　　　C. 重量级团队　　　　D. 老虎团队

10. 项目团队具有专职项目经理,项目经理具有工作优先级调配权,并且对团队成员的绩效考核有一定影响,这是属于哪一种项目组织?

    A. 职能型团队　　　B. 轻量级团队　　　　C. 重量级团队　　　　D. 老虎团队

11. 对于一个高绩效团队,以下哪项很重要?

    A. 共同的目标,领导力和开放沟通

    B. 授权,互信与冲突管理

    C. 维护自尊,有效的团队流程与个性化管理

    D. 以上所有方面对于一个高绩效团队都是重要的

12. 在塔克曼(Tuckman)团队开发模型中,什么阶段在创建、激荡、规范阶段之后?

    A. 解散　　　　　　B. 执行　　　　　　　C. 庆祝　　　　　　　D. 超越

13. 一小群人承诺共同的目标,通过他们自己负责任的共同努力实现设定的绩效目标,这群人称为什么?

    A. 团队　　　　　　B. 工作组　　　　　　C. 矩阵　　　　　　　D. 职能

14. **当采用重量级团队架构时，重量级团队负责人与职能部门负责人比较，谁的权力更大？**

    A. 权力取决于组织矩阵结构的使用

    B. 重量级团队负责人与职能部门负责人拥有相同的权力

    C. 职能团队负责人权力优先

    D. 重量级团队负责人权力优先

15. **在哪种团队结构中，团队负责人最像一个首席执行官？**

    A. 重量级团队　　　B. 自治团队　　　C. 轻量级团队　　　D. 职能型

4.3　习题详解

答案速览					
1～5	DABCD	6～10	CBADC	11～15	DBADB

1. **答案：D。考点提示：产品开发中的四种管理角色。**

   公司的整体愿景和使命：由公司高管团队以及关键职能部门的负责人一起正式制定。

   业务战略：由该业务单元的管理团队正式制定，再经由业务单元的高层管理团队通过。

   职能战略：由该职能部门的负责人及高层管理团队正式制定。

   产品战略：由高级产品经理正式制定。

   创新战略：由跨职能团队的高级经理制定，由一位董事会成员领导。高级管理人员的职责是确保创新战略与整体经营战略协调一致，并与相关的职能战略同步。

   由上可知，产品战略由产品经理决定，故选 D。

2. **答案：A。考点提示：产品管理与项目管理的关系。**

   产品与项目管理：

   A 项，这个说法不对，项目经理不应负责产品的运营工作，因为项目是临时性的。

   B、C、D 三项的说法正确。产品经理负责发现和定义范围，项目经理负责范围的执行和交付。

3. **答案：B。考点提示：团队组成的六种个性。**

   团队组成的六种个性包括：有创造力的产品开发者、企业家、项目领导者、发起倡议者、信息处理者、氛围制造者。B 项财务分析师并不是新产品高绩效团队所需的个性类型。财务分析师往往是职能部门提供的职责，不是产品团队需要担负的职责。因为产品团队的聚焦点在于产品创新。

4. **答案：C。考点提示：高绩效团队的三个特征。**

   高绩效团队的三个特征：战略协调一致、参与、授权。

   新产品团队不应鼓励服从集体的文化，而应强调个体文化，鼓励创造力。因此选 C。

5. **答案：D。考点提示：塔克曼模型的五个阶段。**

   塔克曼模型的五个阶段包括：

   创建阶段：团队成员的角色和职责还不清晰，因此领导者的影响十分重要。队员们开始一起工作，尝试着去了解他们的新同事。

   激荡阶段：激荡源于团队成员之间工作模式的冲突。团队领导者必须及时解决这些问题，并向整个团队清晰地传达解决方案。

   规范阶段：大家开始解决彼此之间的分歧，欣赏同事的优点，尊重领导者的权威。成员们更加坚定于完成团队目标和获得自我成就。

执行阶段：团队在执行阶段通过无摩擦的协作和努力来实现团队目标，因此团队效率最高。团队领导者能够将更多的工作授权给团队成员完成。团队成员们感到相处愉快，享受作为团队中的一员。

解散阶段：很多项目团队只存在一段时间。喜欢按部就班或已经与同事建立起亲密友谊的团队成员可能会觉得这是个很难度过的阶段。

由此可见，执行阶段的团队生产力最高，故选 D。

6. **答案：C**。考点提示：**塔克曼模型的五个阶段**。

根据上题解析可知，规范阶段往往会形成团队的规则，团队目标、角色和职责开始明确，故选 C。

7. **答案：B**。考点提示：**影响团队绩效的五个内因和四个外因**。

影响团队绩效的内部因素有：组织的文化和环境、组织的结构、流程、人、领导参与度。

影响团队绩效的外部因素有：组织的声誉、合作关系、竞争压力、保密要求等。

现金流通常是项目过程中的资源因素，不会影响团队绩效，故选 B。

8. **答案：A**。考点提示：**跨职能团队的四种矩阵结构**。

职能型团队对于产品小规模的改良较为合适，故选 A。

9. **答案：D**。考点提示：**跨职能团队的四种矩阵结构**。

自治型，也就是"老虎"团队对于开发新问世类的高风险产品较为合适，故选 D。

10. **答案：C**。考点提示：**跨职能团队的四种矩阵结构**。

项目团队具有专职项目经理，项目经理具有工作优先级调配权，并且对团队成员的绩效考核有一定影响，这种情况属于重量级团队，故选 C。

11. **答案：D**。考点提示：**高绩效团队的三个特征**。

高绩效团队的三个特征：战略协调一致、参与、授权。

由上可知，三个选项都重要，因此选 D。

12. **答案：B**。考点提示：**塔克曼模型的五个阶段**。

塔克曼模型的五个阶段是：创建阶段、激荡阶段、规范阶段、执行阶段、解散阶段。在创建、激荡、规范阶段之后是执行阶段。

13. **答案：A**。考点提示：**团队的定义**。

团队是为同一个目的而努力的少数几个人，拥有彼此互补的技能，遵循共同的目标和路线，共同担负责任，并肩作战。团队定义中有四个要点：同一目的、少数人、互补技能、共同责任。故选 A。

14. **答案：D**。考点提示：**跨职能团队的四种矩阵结构**。

重量级团队认为项目优先于职能。项目负责人有权力、有威信指导团队成员专注于项目。在大多数情况下，团队领导者对团队成员的绩效考核有一定的影响，但薪酬、晋升和职业发展的最终决定权在职能经理。

与职能型、轻量级团队不同，当采用重量级团队架构时，重量级团队负责人与职能部门负责人比较，重量级团队负责人的权力更大，故选 D。

15. **答案：B**。考点提示：**跨职能团队的四种矩阵结构**。

自治型团队领导者非常像初创企业中的首席执行官，通常对团队成员完全负责。自治型团队（也称为"老虎"团队）通常适用于重要的、周期长的项目，比如高风险项目。故选 B。

第 5 章
工具与度量

5.1 核心考点一网打尽

1. 创意开发的九种工具

Scamper 策略：采用一系列行动来激发创意，特别适用于修改现有产品或制造新产品的情况。Scamper 是这一系列行动的首字母缩写：S（Substitute）指替代、C（Combine）指合并、A（Adapt）指改造、M（Modify）指调整、P（Put to another use）指改变用途、E（Eliminate）指去除、R（Reverse）指逆向操作。

头脑风暴法（Brainstorming）：一群人（通常为 6～10 人）共同使用的方法。鼓励人们提出创意，同时人们可以自由发表自己的看法，而不用担心会受到批评。

思维导图（Mindmapping）：在各种信息或创意之间建立思维连接的图形化技术。

故事板（Storyboarding）：聚焦于故事开发，一般是关于用户如何使用产品的，以便更好地理解可能带来特定产品设计属性的问题或事项。

头脑书写法（Brainwriting）：参与者不通过口头表达来传递创意，而是写下用于解决具体问题的创意。然后，每个参与者将他们的创意传递给其他人。后者写出自己的看法，再将创意传递给下一个人。大约 15 分钟后，将这些创意收集在一起，进行小组讨论。

六顶思考帽（Six Thinking Hats）：鼓励团队成员将思维模式分成六种明确的职能和角色。每种角色对应一个颜色的"思考帽"。

SWOT 分析：基于优势（Strengths）、劣势（Weaknesses）、机会（Opportunities）和威胁（Threats）的结构化分析方法，该方法广泛应用于包括产品开发在内的商业领域。

PESTLE 分析：基于政治（Political）、经济（Economic）、社会（Social）、技术（Technological）、法律（Legal）和环境（Environmental）因素的一种结构化分析工具。

德尔菲（Delphi）法：在一组专家内部反复征询对开发的共识，据此得出对未来情况的最可靠预测。

2. 发散思维和聚合思维

发散思维（Divergent Thinking）：发散思维以创新型的创造力为中心，创造或开发社会能够接受的新产品、流程、服务、技术或创意。寻找新创意和新机会时发散思维是重要的。

聚合思维（Convergent Thinking）：假设做事情都有正确的方法，其本质是保守的。首先，假定过往事情的解决方案是正确的，于是通过各种途径收集事实和数据，再运用逻辑和知识寻找解决方案。寻求问题的最终解决方案聚合思维同样重要。

3. 可行性分析的八个因素

在可行性分析中要考虑八个主要因素：市场潜力、财务潜力、技术能力、营销能力、制造能力、知识产权、法规影响、投资要求。

4. 销售预测 ATAR 模型

销售预测 ATAR（知晓—试用—可获得性—重复购买）模型，是试图对创新扩散概念进行数学建模的预测工具。

5. 财务分析框架

财务分析框架包括成本、收入、投资三部分。成本包括固定成本、可变成本、资本成本和工作成本四部分。收入包括销售量和单价两部分。考虑投资部分，则要评估财务指标：净现值、内部收益率、盈亏平衡点等。

固定成本：指在相关时间段或生产规模内，总额不与业务活动成比例变化的费用，包括行政费用、租金、利息、综合管理费用。

可变成本：与企业活动成比例变化的费用，如生产劳动力、电力、清洁材料、制造材料。

资本成本：购买土地、建筑物和设备等资产的成本，这些是在商品生产或服务提供时要用到的。

工作资本：指在等待销售时，与产品或服务相关的直接成本和可变成本中花费的资金，包括制造和销售的所有成本，以及新设备的资本成本等。

6. 投资回报率的三个度量指标

投资回报率（Return on Investment，RI）：通过投资而获得的回报与投资成本的比率。它可用于评估单一投资的价值或作为多种投资选择的比较工具。"最低预期回报率"（Hurdle Rate）为 10% 或 15%。

投资回收期（Payback Period）：指多长时间能够收回在产品上的资金投入。

净现值（Net Present Value，NPV）：现值（Present Value）指未来的钱在今天的价值。净现值（NPV）等于收益的累积现值减去成本的累积现值。

内部收益率（IRR）：净现值为零时的折现率，它用于评估项目或产品投资的吸引力。

7. 产品概念和产品设计规格

产品概念描述：产品的定性描述，提供了产品概念的优点和特征的定性表述。

产品设计规格：产品设计规格提供了定量基础。

技术规格：提供给产品制造商的规格。

8. 设计思维

设计思维（Design Thinking）是一种创造性的问题解决方法，以更全面、系统、协作的方式发现问题并创造性解决问题的方法。设计思维包括发现机会、定义需求、创建概念和评估原型四部分。

9. 质量功能展开和质量屋

质量功能展开（Quality Function Deployment，QFD）是运用矩阵分析将"市场需要什么"与"开发工作完成什么"相结合的结构化方法，通常应用于多职能团队就客户需求与产品细节特性之间的联系达成认可时。

质量屋的建立有以下六个步骤：

（1）识别客户属性；

（2）识别设计属性 / 要求；

（3）连接客户属性与设计属性；

（4）对竞争产品进行评估；

（5）评估设计属性和开发目标；

（6）确定要在接下来的流程中开发的设计属性。

10. 六西格玛

六西格玛法旨在通过各种流程中的专门改进来减少业务和制造流程的变动。包括 DFSS、DMAIC、跨职能流程三部分。

六西格玛设计（DFSS）的目标是完成资源高效利用、高产出、对流程变化稳健的设计。

DMAIC 是一种用于改进流程的数据驱动的质量战略。DMAIC 是构成该过程的五个阶段的首字母缩写：定义（Define）、测量（Measure）、分析（Analyze）、改进（Improve）、控制（Control）。

IDOV 是设计新产品和服务以满足六西格玛标准的特定方法。IDOV 是一个四阶段过程：识别（Identify）、设计（Design）、优化（Optimize）、验证（Validate）。

11. TRIZ

创造性解决问题方法（TRIZ）是一种不基于直觉，而基于逻辑和数据的问题解决方法，该方法能加速项目团队创造性地解决问题的能力。

TRIZ 五项活动：

● 功能：哪些引起了怎样的变化（什么、为什么、什么时间、什么方式）。

- 资源：所有东西都是有用的资源。
- 理想解：只寻找有利益的和减少损害的办法。
- 矛盾：一方面的改善会影响另一方面。
- 趋势：通过在单个特性中增加很小的复杂度可获得多少自由度。

TRIZ 的四个问题求解过程：

你的具体问题—TRIZ 通用问题—TRIZ 通用解—你的具体解。

TRIZ 的工具包括：

- 40 个问题解决原则。
- 分离原则。
- 技术演化和技术预测的规律。
- 76 个标准解。

12. 项目管理

项目五阶段：启动、规划、执行、监控、收尾。

项目三重约束：范围、进度和成本。

范围：

- 项目范围：需要完成的工作，以提供具有指定特性和功能的产品、服务或结果。
- 产品范围：表征产品、服务或结果的特性和功能。

进度：

- 关键路径：项目能够完成的最短时间的路径。
- 进度压缩：赶工（添加资源）、快速跟进（并行执行任务）。

预算：

- 自下而上：识别所有的单个成本要素，加总整个项目的成本要素。
- 参照法：根据过去已经完成的类似项目推测该项目的成本。
- 历史数据：利用过往项目中特定的数据作为预算估计的基础。
- 公司的自有方法：大型公司通常有用于项目预算的具体模型和方法。

13. 风险管理

风险是一个不确定的事件或条件，如果发生，对一个或多个项目的目标，如范围、进度、成本或质量有积极或消极的影响。

风险管理的四种策略：

- 规避反应：应对高概率、高冲击事件。
- 转移反应：应对低概率、高冲击事件。
- 减轻反应：应对高概率、低影响事件。
- 接受反应：应对低概率、低影响事件。

风险管理的六个步骤：

- 风险管理规划：从风险管理计划开始（规划工作、制订计划）明确如何管理风险。
- 风险识别：使用以前的文件，如章程、预算、进度、计划等。让了解风险的恰当的人员参与项目，确定风险负责人。
- 定性风险分析：分析概率和影响，计算风险评分并排序。
- 定量风险分析：用于可以量化的（有限或无数量的风险）重要风险。定量模型包括折现现金流、内部收益率与敏感性分析。
- 风险应对计划：策略包括规避（不做冒险行为），转移给其他人（购买保险，设立合同），减轻（做出改变以降低可能性），接受（让风险发生，建立应急储备，包括成本、进度、性能等）。
- 风险监测和控制：重新评估新的和现有的风险。使用审计、方差和趋势分析工具。

决策树（Decision Trees）：一种辅助决策工具，利用树形图或者决策模型得出可能的后果，包括项目结果、资源和成本。该方法提供了一个高度有效的结构，在此你能一一列出备选方案，并且研究备选方案对应的可能的后果。

14. 成功度量的六个标准

绩效度量不仅是汇报环节和支持新产品投资的关键基础，更重要的是，绩效度量是整个产品管理中进行学习和持续改进的基础。包括以下六个标准：

- 只度量公司那些做得差的事项。
- 理解度量指标真正能做什么，不能做什么。
- 度量恰当数量的事项。
- 度量指标与公司目标一致。
- 在定义度量指标时，邀请决定度量内容的负责人参加。
- 监控并立即行动。

15. 高层管理者的五个汇报指标

高层管理者的五个汇报指标包括：

- 活力指数（当年销售收入中来自过去 N 年开发的产品的比例）。
- 研发费用占收入的百分比。
- 盈亏平衡时间或盈利时间。
- 专利申请和授予的数量。
- 在一定时期内新产品发布数量。

16. 产品开发的四方面成功因素

产品开发的四方面成功因素是：

做正确的事；把事情做正确；寻找因果关系；文化、氛围和组织。

5.2　精选习题

1. **下列哪一项不是创意开发的工具？**
   A. 快速原型法　　　　B. 头脑风暴法　　　　C. 六顶思考帽　　　　D. 德尔菲法

2. **下列哪一项是分析项目或新产品成功可能性的流程？**
   A. PESTLE 分析　　　B. 可行性分析　　　　C. SWOT 分析　　　　D. 财务分析

3. **下列哪一个不是财务分析的组成部分？**
   A. 销售预测　　　　　B. 确定成本　　　　　C. 产品定价　　　　　D. 投资渠道

4. **关于现值和净现值的表述下列哪一项是正确的？**
   A. 现值是今天的钱在未来的价值，净现值是现值减去成本
   B. 现值是今天的钱在未来的价值，净现值是现值加上成本
   C. 现值指未来的钱在今天的价值，净现值是现值减去成本
   D. 现值指未来的钱在今天的价值，净现值是现值加上成本

5. **下列哪一个提供了产品设计和量化的标准？**
   A. 产品概念　　　　　　　　　　　　B. 产品设计规格
   C. 产品原型　　　　　　　　　　　　D. 产品制造工艺

6. **下列哪一项不是设计思维的框架？**
   A. 发现机会　　　　　B. 定义需求　　　　　C. 使用测试　　　　　D. 创建概念

7. **下列哪一项通常不是六西格玛的 DMAIC 阶段？**
   A. 定义（Define）　　　　　　　　　B. 测量（Measure）
   C. 分析（Analyze）　　　　　　　　　D. 巩固（Consolidate）

8. **下列哪一个不是 TRIZ 的工具？**
   A. 40 个问题解决原则　　　　　　　　B. 分离原则
   C. IDOV 法　　　　　　　　　　　　D. 76 个标准解

9. **通过追加资源来压缩进度的方法是下列哪一项？**
   A. 关键链法　　　　　B. 赶工　　　　　　　C. 快速跟进　　　　　D. PERT

10. **下列哪一项不是产品开发绩效度量的考虑因素？**
    A. 绩效度量的成本　　　　　　　　　B. 寻找因果关系
    C. 做正确的事　　　　　　　　　　　D. 正确地做事

11. **TRIZ 问题解决矩阵的模式是什么？**
    A. 首先识别具体问题，然后识别通用问题，然后识别通用解决方案，最后寻求具体的解决方案
    B. 首先识别具体问题，与目标客户小组测试解决方案，产生更多的原型，选择具体的解决方案

C. 首先应用带有通用解决方案的通用问题，然后选择具体问题去解决

D. 识别能够与客户一起测试各种产品解决方案的跨职能团队，然后选择得分最高的解决方案

12. **什么是最常用的 TRIZ 工具?**

A. 书写头脑风暴法   B. 阿齐舒勒 40 原理

C. 克罗斯比的 7 项思考帽   D. 科学方法

13. **杰克被分配到一个处于创意产生阶段的早期的新产品开发项目。杰克能够如何将 TRIZ 方法应用到该项目之中?**

A. 应用解决方案定义原理，杰克可以将跨职能资源分配到问题的各个部分

B. 应用新客户原理，为现有产品发现新的市场

C. 应用客户心声方法，应当积极倾听客户心声

D. 应用分割原理，将项目分为多个各自独立的部分

14. **什么是一个项目的五阶段?**

A. 启动、计划、执行、监控、收尾

B. 计划、识别、实施、测试、总结

C. 启动、范围、计划、实施、收尾

D. 范围、计划、执行、监控、总结

15. **产品创新章程包括?**

A. 详细的上市计划   B. 项目目的与目标

C. 新产品的具体规格   D. 项目成功所需的市场研究计划

16. **项目的三重制约要素是什么?**

A. 范围、进度、成本   B. 流程、时间、预算

C. 产品、流程、客户   D. 计划、性能、成本

17. **在项目中使用的通常会增加成本，但是能确保项目准时完成的进度压缩方法是什么?**

A. 遵循关键路径   B. 减少工作范围

C. 增加资源   D. 增加时间富余（Slack）

18. **以下描述的是一种什么项目预算类型: 应用过去类似项目的数据预告新产品开发项目成本?**

A. 历史数据   B. 参数法   C. 自下而上   D. 自上而下

19. **在一个项目中，风险管理通常关注降低以下什么风险?**

A. 项目成本   B. 项目范围   C. 项目周期   D. 项目不确定性

20. **管控新产品开发项目的风险的步骤有哪些?**

A. 接受、评估、减轻   B. 接受、减轻、规避

C. 评估、量化、响应   D. 监控、响应、评价

5.3　习题详解

答案速览						
1～5	ABDCB	6～10	CDCBA	11～15	ABDAB	16～20

答案速览							
1～5	ABDCB	6～10	CDCBA	11～15	ABDAB	16～20	ACADB

1.　答案：A。考点提示：创意开发的九种工具。

创意开发的九种工具包括 Scamper 策略、头脑风暴法、思维导图、故事板、头脑书写法、六项思考帽、SWOT 分析、PESTLE 分析、德尔菲（Delphi）法。A 项，快速原型法是一种产品开发工具，其核心理念是所见即所得，客户看到的原型就是未来产品的样子。通过快速原型法，可以不断逼近客户的真实需求。

2.　答案：B。考点提示：可行性分析。

A 项，PESTLE 分析是一种极为有效的战略框架，是对趋势的更精准解读，可以用于更好地了解那些直接影响组织未来趋势的因素。

B 项，可行性分析是分析一个项目或者一个新产品成功可能性的流程。故正确。

C 项，SWOT 分析是基于优势（Strengths）、劣势（Weaknesses）、机会（Opportunities）和威胁（Threats）的结构化分析方法，应用于包括产品开发在内的商业领域。

D 项，财务分析是分析项目成本、收入及潜力的分析方法。

3.　答案：D。考点提示：财务分析的框架。

财务分析框架包括成本、收入、投资三部分。成本包括固定成本、可变成本、资本成本和工作成本四部分。收入包括销售量和单价两部分。考虑投资部分，则要评估财务指标：净现值、内部收益率、盈亏平衡点等。投资渠道不是财务分析的组成部分，因为产品管理的财务分析框架主体是核算成本收益，投资渠道往往是在投资分析中的重要考虑因素，而不是财务分析的因素。故选 D。

4.　答案：C。考点提示：现值和净现值。

现值指未来的钱在今天的价值，净现值是现值减去成本。故选 C。

5.　答案：B。考点提示：产品设计规格。

A 项，产品概念是产品的定性描述，提供了产品概念的优点和特征的定性表述。

B 项，产品设计规格提供了定量基础。故选 B。

C 项，产品原型的核心理念是所见即所得，客户看到的原型就是未来产品的样子。通过产品原型，可以不断逼近客户的真实需求。

D 项，产品制造工艺包括产品制造的相关工艺参数，目的是更好地制造产品。

6.　答案：C。考点提示：设计思维。

设计思维（Design Thinking）是一种创造性的问题解决方法，以更全面、系统、协作的方式发现问题并创造性解决问题的方法。设计思维包括发现机会、定义需求、创建概念和评估原型四部分。故选 C。

产品使用测试是一种市场研究方式，通常包括阿尔法、贝塔、伽马测试，用于在开发流程之中和上市之前测试新产品。

7.　答案：D。考点提示：六西格玛。

DMAIC 是一种用于改进流程的数据驱动的质量战略。DMAIC 是构成该过程的五个阶段的首字母缩写：定义（Define）、测量（Measure）、分析（Analyze）、改进（Improve）、控制（Control）。

A 项，定义（Define）：定义问题、改进行为、机会、项目目标和客户（内部和外部）要求。

B 项，测量（Measure）：测量过程性能。

C 项，分析（Analyze）：分析过程，以确定导致变动和性能不佳（缺陷）的根本原因。

D 项，巩固（Consolidate）：巩固不是 DMAIC 的一部分，故选 D。

8. 答案：C。考点提示：TRIZ。

TRIZ 的工具包括：40 个问题解决原则、分离原则、技术演化和技术预测的规律、76 个标准解。

A 项，40 个问题解决原则是阿奇舒勒的 40 个原则，包括分割、提取等。

B 项，分离原则包括空间分离、时间分离、基于条件的分离、系统级分离等。

C 项，IDOV 法是运用六西格玛进行整体产品或服务性能的提升方法，包括识别、设计、优化和验证，不是 TRIZ 工具，故选 C。

D 项，76 个标准解是 TRIZ 成模式的标准解法，共分为五类。第一类标准解：不改变或仅少量改变系统；第二类标准解：改变系统；第三类标准解：传递系统；第四类标准解：检测系统；第五类标准解：简化改进系统。

9. 答案：B。考点提示：项目管理中的进度压缩。

A 项，在项目计划中，关键路径是从开始到完成的最长路径或没有任何时差的路径。因此，该路径是项目能够完成的最短时间。

B 项，赶工是通过添加资源来实现进度压缩。故该项正确。

C 项，快速跟进是并行地执行任务，而非串行的方法，以此来实现进度压缩。

D 项，项目评审技术（Program Evaluation and Review Technique，PERT）是一种以事件为导向的网络分析技术，用于对单个行为的工期具有高度不确定性的项目进行整体工期估算。

10. 答案：A。考点提示：产品开发的四方面成功因素。

产品开发的四方面成功因素包括做正确的事，把事情做正确，寻找因果关系，文化、氛围和组织。绩效度量的成本通常是绩效度量过程中需要考虑的事情，故选 A。

11. 答案：A。考点提示：TRIZ 的四个问题求解过程。

TRIZ 的四个问题求解过程：你的具体问题——TRIZ 通用问题——TRIZ 通用解——你的具体解。故选 A。TRIZ 的求解过程本质上是将现实世界的问题转化为 TRIZ 问题，然后转化为 TRIZ 的解决方案后，再转化为现实的解决方案。

12. 答案：B。考点提示：TRIZ 工具。

A 项，书写头脑风暴法，即头脑书写法（Brainwriting），参与者不通过口头表达来传递创意，而是写下用于解决具体问题的创意。然后，每个参与者将他们的创意传递给其他人。后者写出自己的看法，再将创意传递给下一个人。大约 15 分钟后，将这些创意收集在一起，进行小组讨论。

B 项，TRIZ 的工具包括：40 个问题解决原则、分离原则、技术演化和技术预测的规律、76 个标准解。阿齐舒勒 40 原理就是 40 个问题解决原则，故选 B。

C 项，克罗斯比的 7 顶思考帽，应该是六顶思考帽，鼓励团队成员将思维模式分成六种明确的职能和角色。每种角色对应一个颜色的"思考帽"。

D 项，科学管理理论讲述了应用科学方法确定从事一项工作的"最佳方法"，它是由科学管理之父泰勒提出的，其核心原则有四条：第一，对工人操作的每个动作进行科学研究，用以替代老的单凭经验的办法；第二，科学地挑选工人，并进行培训和教育，使之成长；第三，与工人的亲密协作，以保证一切工作都按已发展起来的科学原则去办；第四，资方和工人们之间在工作和职责上几乎是均分的，资方把自己比工人更胜任的那部分工作承揽下来。

13. 答案：D。考点提示：TRIZ。

A 项，根据题意可知，新产品开发项目处于创意产生阶段的早期，而 A 项的应用解决方案定义原理将跨职能资源分配到问题的各个部分，这是组合管理的职责，与题意不符。

B 项，应用新客户原理，为现有产品发现新的市场，这是机会识别阶段应该做的事情，与新产品开发项目处于创意产生阶段的早期的情况不符。

C 项，应用客户心声方法，应当积极倾听客户心声，这是机会识别阶段应该做的事情，与新产品开发项目处于创意产生阶段的早期的情况不符。

D 项，TRIZ 的工具包括 40 个问题解决原则、分离原则、技术演化和技术预测的规律、76 个标准解。

根据题干可知，新产品开发项目处于创意产生阶段的早期，因此杰克能将 TRIZ 方法应用到该项目的方法就是：应用分割原理，将项目分为多个各自独立的部分。故选 D。

14. **答案：A**。考点提示：**项目五阶段**。

项目五阶段：启动、规划、执行、监控、收尾。故选 A。

15. **答案：B**。考点提示：**产品创新章程**。

产品创新章程包括背景、重点舞台、目标和目的、特别准则四部分。故选 B。

A 项，详细的上市计划是上市阶段应用的，与产品创新章程无关。

B 项，项目目的与目标是产品创新章程的组成部分。

C 项，新产品的具体规格是产品设计的一部分，与产品创新章程无关。

D 项，项目成功所需的市场研究计划是市场研究的实施计划，目的是更好地掌握市场信息，减少项目中的不确定性，与产品创新章程无关。

16. **答案：A**。考点提示：**项目三重制约**。

项目三重约束：范围、进度和成本。故 A 项正确。

17. **答案：C**。考点提示：**项目赶工**。

A 项，关键路径是指进度网络图中耗时最长的路径，遵循关键路径只能如期完成项目，并不能压缩进度。故 A 不正确。

B 项，减少工作范围，根据题干的意思，通过增加成本来压缩进度，并没有说明要减少工作范围，因此 B 不正确。

C 项，进度压缩的方法通常有两种：一种是快速跟进，即通过改变进度网络图的逻辑顺序来压缩时间；一种是赶工，即通过添加资源来实现进度压缩。故 C 正确。

D 项，时间富余（Slack）又称为时差，通常是非关键路径上的活动所出现的时间富余，而关键路径上的活动时差通常为零。通过增加非关键路径的时差，并不能压缩关键路径的时间，因此也就无法压缩项目进度，故 D 不正确。

18. **答案：A**。考点提示：**预算方法**。

预算方法包括：

- 自下而上：识别所有的单个成本要素，加总整个项目的成本要素。
- 参照法：根据过去已经完成的类似项目推测该项目的成本。
- 历史数据：利用过往项目中特定的数据作为预算估计的基础。
- 公司的自有方法：大型公司通常有用于项目预算的具体模型和方法。

根据题干，应用过去类似项目的数据预告新产品开发项目成本是历史数据的方法，故选 C。

19. **答案：D**。考点提示：**风险的定义**。

风险是一个不确定的事件或条件，如果发生，对一个或多个项目的目标，如范围、进度、成本或质量有积极或消极的影响。因此风险本质上就是不确定性，故选 D。

20. **答案：B**。考点提示：**风险策略**。

风险应对策略包括以下四种：

规避（不做冒险行为），转移（购买保险，设立合同），减轻（做出改变以降低可能性），接受（让风险发生，建立应急储备，包括成本、进度、性能等）。符合的选项只有 B。

第 6 章
市场研究

6.1 核心考点一网打尽

1. 新产品开发决策需要获取的六种信息

新产品开发决策需要获取的六种信息包括:

- 存在什么样的机会 (现在和未来)。
- 客户真正需要的是什么 (表达出来的和未表达出来的需求)。
- 什么驱动客户购买、重复购买一个产品。
- 我们的新产品应该进行什么样的价值主张。
- 应做什么改进使产品的接受度更高。
- 客户购买产品的频率、地点、能接受的价格是什么。

2. 市场研究的六个步骤

市场研究的六个步骤是:

- 定义问题。清楚陈述你要寻求什么,或者你要回答什么问题。
- 确定结果的精度水平。总体信度要达到什么水平,或者具体的统计信度 (Statistical Confidence) 和试验误差 (Experimental Error) 为多少。
- 收集数据。选择和应用合适的方法收集数据,根据问题确定所需的数据精度。
- 分析和解释。进行数据分析,针对所提出的问题进行总结。
- 得出结论。联系问题对数据结果进行解读,得出具体的结论。
- 应用。将发现和结论用于所定义的问题。

3. 两种基本市场研究方法

次级市场研究:基于最初由他人收集而来的数据进行的研究。次级市场研究的主要价值体现在项目的早期阶段,即正在寻求一般背景信息以更好地判断项目重点和方向的时候。次级市场研究的优点有:收集信息的时间短,成本低;数据来源广泛;为深入集中的一级研究奠定了良好的基础。缺点有:缺少具体的重点;数据的准确性和信度是不确定的;信息经常是过期的;信息可能受版权保护,未经许可不得使用。

一级市场研究:专门针对现有目标进行数据收集的初始研究。

4. 两种一级研究方法

定性研究（Qualitative）：意味着这类数据无法经由统计分析方法计算出有信度的结果。

定量分析（Quantitative）：意味着这类数据能够进行统计分析，能够提供有信度水平的计算结果。

5. 定量研究的基础

误差范围（置信区间）：接受计算结果的误差范围有多大，比如调查结果的 ±5%。

置信水平：对于真实结果落入置信区间内的信心有多大。

方差：预期的方差有多大。这经常由人口统计学或过往研究估计得到。

所需的置信区间越小，所需的样本量越大；所需的置信水平越高，所需的样本量越大；调查人群中的人口方差越大，所需的样本量越大；样本量太小会导致精度降低，结果的置信度降低。

统计分析是利用较小的样本或者人员得出有关一大群人的结论。

6. 三种抽样方法

随机抽样：随机样本统计人口的一个子集，其中每个成员被抽取中的概率相等。一个简单的随机样本是一个群体的无偏代表。

分层抽样：将样本根据某些变量分成若干层，从每一层中抽取一个样本的抽样方法。这些变量与研究中的目标变量相关。

整群抽样：将整体分为多个"群"，再以群为单位从中进行抽样。

7. 八种市场研究工具

焦点小组（Focus Groups）：将 8 ～ 12 个市场参与者集中起来，在一位专业主持人的引导下进行讨论的一种定性市场调研方法。讨论的焦点是消费者问题、产品、问题的潜在解决方法，讨论的结果不直接反映大众市场。

客户现场访问（Customer Site Visits）：一种揭示客户需求的市场调研方法。走到客户工作现场，观察客户如何利用产品功能来解决需求问题，并记录下客户做了什么、为什么这么做、客户使用该产品时遇到的问题是什么、解决效果如何。

人种学（Ethnographic Market Research）：研究客户及其相关环境的一种定性的、描述性的市场调研方法。研究者在现场观察客户和所处环境，以获得对他们的生活方式或文化环境的深刻理解，从而获得有关客户需求和问题的基本信息。

社交媒体（Social Media）：开启了一系列市场交流和收集信息的方法，提供了与客户进行互动的媒介。

问卷调查（Surveys）：客户的投票，以确定他们对现有产品的满意程度或发现新产品的需求。

消费者监测组（Consumer Panels）：由研究公司和机构招募挑选出的某类消费者群体。

他们参与产品测试、味道测试或其他具体研究问题并提供反馈。通常，他们是参与到数个项目的特定消费者小组。作为具有专业知识的样本群体而非大众代表样本，消费者小组特别适合参与短期快速调查。

产品使用测试：包括阿尔法、贝塔、伽马测试。具体特点如下：

- 阿尔法测试（Alpha Testing）：阿尔法测试类似于可用性测试，通常由内部开发人员完成。
- 贝塔测试（Beta Testing）：贝塔测试是在产品交付前由一部分最终用户完成的。若用户给出了反馈或报告了缺陷，那么随之进行的更改将不再变动。贝塔测试后发布的版本被称为贝塔版本。贝塔测试是"预发布测试"。
- 伽马测试（Gamma Testing）：在满足特定要求的软件已完成发布的准备工作后，就开始进行伽马测试。

试销（Test Marketing）：为了观察消费者对产品的反应，将新产品以一种严格控制的方式投放到一个或者多个有限区域。针对多个地域，可将不同广告定位或产品定价进行比较。具体包括以下方法：

- 销售波研究。为曾经免费获得过某产品的客户群提供该产品与另一种价格略低的竞争对手产品，记录下继续选择该产品的客户数量及其满意水平。这一过程最多可重复 5 次。
- 模拟试销。选出 30～40 位客户，调查对某个特定的产品类别的品牌熟悉度和偏好。这些客户暴露在与产品相关的促销材料中，然后为他们提供少量的资金并邀请他们前往商店，在此处，他们可能会购买任何产品。这种方法用于测试促销材料的有效性。
- 控制试销。选出一组商店，在真实的市场条件下摆放新产品。控制货架的方位，记录产品在该商店内的销售额。随后，采访客户样本以获得他们对产品的反馈。
- 试销。选出一个特定区域或一个代表性城市的样本。在这些选定区域内投放产品，其中包括营销组合的所有元素。

8. 多变量分析

多变量分析（Multivariate Analysis）探讨一个结果变量（也称作因变量）与一个或多个预测变量（也称作自变量）之间的关系。

三种多变量分析的特点如下：

因子分析方法：其一，减少变量的数量；其二，找出变量之间的结构关系。在产品开发中，因子分析能够用于关键变量的优先级排序和分组。

多维尺度分析：以可视化手段表现一个数据集中各个用案之间的相似度。该方法能够以可视化手段呈现出消费者眼中十分相似的产品。借助多维尺度空间上的产品分布推断出消费者眼中各个维度的重要性。该方法也能为发掘现有产品的市场空白提供参考。

联合分析：用于确定人们对构成一个产品或服务的不同属性（特性、功能、利益）的看重程度。联合分析的目的是，确定最能影响客户选择或决策的属性组合，组合中的属性数量是既定的。

9. 众包

众包（Crowd Sourcing）：通过大量征集他人的解决方案，从而获取信息并将其用于特定任务或项目的一系列工具。该服务可以是有偿的，也可以是无偿的，通常借由互联网实现。

10. 大数据

大数据主流定义要素包括：

数量（Volume）。组织从各种来源收集数据，包括交易业务、社交媒体、来自传感器的信息，或机器之间的数据。过去存储这些数据很困难，但是新技术（比如分布式计算）已经解决了这一问题。

速度（Velocity）。数据以意想不到的速度传输，需要及时处理数据流。RFID 标签、传感器和智慧测量几乎能实时处理海量数据，以满足需求。

类型（Variety）。数据的格式多种多样，从传统数据库中结构化的数字数据到非结构化的文本文件、电子邮件、视频、音频、股票交易数据和金融交易等。

11. 新产品开发流程各阶段的市场研究工具应用框架

产品开发阶段	所需市场信息	风险水平	研究方法
机会识别	● 创意来源 ● 特定市场内的新产品或产品改进信息 ● 需求和期望的产品利益	相对较低。项目成本较低，资金投入少。因为资源投入少、项目进展有限，向下一步概念评估阶段推进的成本不高	以定性研究为主：次级研究、社交媒体、焦点小组、客户现场访问、领先用户、人种学调查、多变量工具
机会评估	● 产品机会是否具有市场潜力 ● 目标市场是什么，市场规模有多大 ● 早期财务分析所需的信息	相对较低。但随着在该阶段内朝着项目投入的方向进展，成本和项目风险迅速提高	定性研究及部分可能的定量研究：次级研究、焦点小组、客户现场访问、调查（面对面或在线）
概念生成	● 将最初创意变为详细的概念描述。将用户需求与产品属性和功能相联，从而得出产品设计规范	低至中等。该阶段的项目投入意味着将要在设计和原型开发上投入大量资金	以定性研究为主：次级研究、领先用户、在线论坛、客户现场访问
原型和产品测试	● 来自目标市场的输入：在开发形式和功能方面的市场偏好和所需产品改进信息，并将其应用于最终产品 ● 能够增强财务分析可信度和商业化立项机会的信息	中等至高。该阶段的项目投入意味着将要在最终商业化上投入大量资金，成本骤增	定性研究和更多的定量研究：焦点小组、领先用户、消费者监测组、阿尔法测试
上市前测试	目标市场对产品的接受度（可能受竞争对手的影响）、销售潜力、定价，有利于商业化的所有信息	高。投入大量资金，商业化成本较高。需要在产品失败的不确定性和上市速度之间进行权衡	定量研究：贝塔测试、市场测试

6.2 精选习题

1. 市场研究是新产品开发流程决策信息提供的关键贡献者，以下哪一项通常不是市场研究需要获取的信息？
   A. 存在什么样的机会
   B. 客户的需求是什么
   C. 新产品的价值定位是什么
   D. 新产品的成本是什么

2. 下列哪一项通常不是市场研究的关键步骤？
   A. 研究竞争对手　　　　B. 定义问题　　　　C. 收集数据　　　　D. 分析解释

3. 次级市场研究通常用于新产品开发流程的什么阶段较为合适？
   A. 早期　　　　　　　　B. 中期　　　　　　C. 后期　　　　　　D. 上市后

4. 下列哪一项通常是定性的市场研究方法？
   A. 问卷调查
   B. 焦点小组
   C. 客户现场访问
   D. 以上都不是

5. 先按对观察指标影响较大的某种特征，将总体分为若干个类别，再从每一层内随机抽取一定数量的观察单位，合起来组成样本的抽样方法是什么方法？
   A. 随机抽样
   B. 整群抽样
   C. 分层抽样
   D. 系统抽样

6. 通常可以得到第一手观察的市场研究方法是什么？
   A. 焦点小组
   B. 调查问卷
   C. 领先用户
   D. 客户现场访问

7. 下列哪一项产品使用测试是测试产品是否符合设计？
   A. 阿尔法测试
   B. 贝塔测试
   C. 伽马测试
   D. 多变量测试

8. 利用可视化手段分析对于消费者的相似产品或替代产品属于哪一种多变量分析法？
   A. 因子分析
   B. 多维尺度分析
   C. 联合分析
   D. 多元回归分析

9. 下列哪一项不是大数据的主流定义要素？
   A. 数据（Volume）
   B. 速度（Velocity）
   C. 类型（Variety）
   D. 质量（Quality）

10. 下列哪一项市场研究方法有助于公司了解消费者的多个方面，包括文化趋势、生活风格等，以描绘出消费者的完整画面，并呈现出产品和服务如何融入消费者日常生活中的？
    A. 人种学　　　　B. 多变量分析　　　　C. 焦点小组　　　　D. 社交媒体

11. 在概念产生阶段，哪种研究方法是最常用的？

A. 客户访问   B. 次级研究

C. 问卷调查   D. 概念测试

12. 在概念评审阶段，市场研究的目的是什么？

A. 测试设计   B. 理解客户需求

C. 识别概念   D. 选择投资项目

13. 在整个产品开发过程中，累计成本大幅增加，特别是在最终原型和准备上市阶段，为了在流程的后期阶段最小化失败风险，市场研究应当？

A. 快速而又简易地进行

B. 提供关于客户需求的清晰的信息

C. 相对低投入

D. 提供统计学上可靠的信息

14. 哪个词是指这样一种过程，利用较小的样本或者人员得出有关一大群人的结论？

A. 统计分析   B. 抽样   C. 参数法   D. 非参数法

15. 理想的焦点小组会议人数是？

A. 少于 5 人   B. 8～12 人   C. 大约 15 人   D. 超过 20 人

6.3 习题详解

答案速览					
1～5	DAABC	6～10	DABDA	11～15	ADDAB

1. **答案：D。考点提示：新产品开发决策需要获取的六种信息。**

新产品开发决策需要获取的六种信息包括：

- 存在什么样的机会（现在和未来）。
- 客户真正需要的是什么（表达出来的和未表达出来的需求）。
- 什么驱动客户购买、重复购买一个产品。
- 我们的新产品应该进行什么样的价值主张。
- 应做什么改进使产品的接受度更高。
- 客户购买产品的频率、地点、能接受的价格是什么。

由上可知，A、B、C 三个选项都是正确的，而 D 项新产品的成本通常并不是市场研究需要获取的信息，而是在新产品开发实施过程中需要获取的信息，故选 D。

2. **答案：A。考点提示：市场研究的六个步骤。**

市场研究的六个步骤是：

- 定义问题。清楚陈述你要寻求什么，或者你要回答什么问题。
- 确定结果的精度水平。总体信度要达到什么水平，或者具体的统计信度（Statistical Confidence）和试验误差（Experimental Error）为多少。
- 收集数据。选择和应用合适的方法收集数据，根据问题确定所需的数据精度。

- 分析和解释。进行数据分析，针对所提出的问题进行总结。
- 得出结论。联系问题对数据结果进行解读，得出具体的结论。
- 应用。将发现和结论用于所定义的问题。

由上可知，B、C、D三个选项都是正确的，而A项研究竞争对手并不是市场研究的关键步骤，而是进行机会分析，做SWOT分析所应该关注的，故选A。

3. **答案：A。考点提示：两种基本市场研究方法。**

次级市场研究是基于最初由他人收集而来的数据进行的研究。次级市场研究的主要价值体现在项目的早期阶段，即正在寻求一般背景信息以更好地判断项目重点和方向的时候。次级市场研究由于是基于文献的研究，为主要的市场研究提供支持，所以适合在早期使用，故选A。

早期应用次级市场研究的最大价值在于以极低的成本，就可以获取市场方向的信息。而一级市场研究方法适合应用于中后期，原因在于一级市场研究成本较高，准确度也较高，适合在中后期获取大量市场信息，来降低项目的不确定性。

4. **答案：B。考点提示：八种市场研究工具。**

A项，问卷调查：客户的投票，以确定他们对现有产品的满意程度或发现新产品的需求。由定义可知，问卷调查是一种定量的市场研究工具。

B项，焦点小组：将8～12个市场参与者集中起来，在一位专业主持人的引导下进行讨论的一种定性市场调研方法。讨论的焦点是消费者问题、产品、问题的潜在解决方法，讨论的结果不直接反映大众市场。焦点小组是定性的市场研究方法，因此选B。

C项，客户现场访问：一种揭示客户需求的市场调研方法。走到客户工作现场，观察客户如何利用产品功能来解决需求问题，并记录下客户做了什么、为什么这么做、客户使用该产品时遇到的问题是什么、解决效果如何。客户现场访问既可以作为定性的技术，也可以用作定量的市场研究工具。

D项，显然错误。

5. **答案：C。考点提示：三种抽样方法。**

三种抽样方法的特点：

随机抽样：随机样本统计人口的一个子集，其中每个成员被抽取中的概率相等。一个简单的随机样本是一个群体的无偏代表。

分层抽样：将样本根据某些变量分成若干层，从每一层中抽取一个样本的抽样方法。这些变量与研究中的目标变量相关。

整群抽样：将整体分为多个"群"，再以群为单位从中进行抽样。

根据题干，先按对观察指标影响较大的某种特征，将总体分为若干个类别，再从每一层内随机抽取一定数量的观察单位，合起来组成样本的抽样方法。这符合分层抽样的特点，因此应选C。

6. **答案：D。考点提示：八种市场研究工具。**

A项，焦点小组：将8～12个市场参与者集中起来，在一位专业主持人的引导下进行讨论的一种定性市场调研方法。讨论的焦点是消费者问题、产品、问题的潜在解决方法，讨论的结果不直接反映大众市场。

B项，问卷调查：客户的投票，以确定他们对现有产品的满意程度或发现新产品的需求。由定义可知，问卷调查是一种定量的市场研究工具。

C项，领先用户：为满足某种消费需求而全力寻求解决方案的用户群。当这些用户发现供应商尚未满足他们的需求，往往会自行修改现有产品或发明新产品。当这些用户的需求成为未来市场的需求趋势时，他们的解决方案就是开发新产品的机遇。

D项，客户现场访问：一种揭示客户需求的市场调研方法。走到客户工作现场，观察客户如何利用产品功能来解决需求问题，并记录下客户做了什么、为什么这么做、客户使用该产品时遇到的问题是什么、解决效果如何。客户现场访问既可以作为定性的技术，也可以用作定量的市场研究工具。

客户现场访问通常用于针对企业的情况，可以得到第一手的观察信息，故选D。

7. **答案：A**。考点提示：**产品使用测试**。

三种产品使用测试的特点如下：

阿尔法测试（Alpha Testing）：阿尔法测试类似于可用性测试，通常用于设计测试。

贝塔测试（Beta Testing）：贝塔测试是在产品交付前由一部分最终用户完成的。通常用于功能测试。

伽马测试（Gamma Testing）：在满足特定要求的软件已完成发布的准备工作后，就开始进行伽马测试。通常用于用户满意度测试。

根据题干，测试产品是否符合设计是阿尔法测试的特点，故选 A。多变量测试并没有这种测试方法，只有多变量分析，故 D 不正确。

8. **答案：B**。考点提示：**多变量分析**。

三种多变量分析的特点如下：

因子分析方法：其一，减少变量的数量；其二，找出变量之间的结构关系。在产品开发中，因子分析能够用于关键变量的优先级排序和分组。

多维尺度分析：以可视化手段表现一个数据集中各个用案之间的相似度。该方法能够以可视化手段呈现出消费者眼中十分相似的产品。借助多维尺度空间上的产品分布推断出消费者眼中各个维度的重要性。该方法也能为发掘现有产品的市场空白提供参考。

联合分析：用于确定人们对构成一个产品或服务的不同属性（特性、功能、利益）的看重程度。联合分析的目的是，确定最能影响客户选择或决策的属性组合，组合中的属性数量是既定的。

根据题干意思，利用可视化手段分析对于消费者的相似产品或替代产品的方法是多维尺度分析，故选 B。

9. **答案：D**。考点提示：**大数据**。

大数据主流定义要素包括数据、速度、类型，不包含质量，故选 D。

10. **答案：A**。考点提示：**八种市场研究工具**。

A 项，人种学：研究客户及其相关环境的一种定性的、描述性的市场调研方法。研究者在现场观察客户和所处环境，以获得对他们的生活方式或文化环境的深刻理解，从而获得有关客户需求和问题的基本信息。

B 项，多变量分析：探讨一个结果变量（也称作因变量）与一个或多个预测变量（也称作自变量）之间的关系。

C 项，焦点小组：将 8 ～ 12 个市场参与者集中起来，在一位专业主持人的引导下进行讨论的一种定性市场调研方法。讨论的焦点是消费者问题、产品、问题的潜在解决方法，讨论的结果不直接反映大众市场。

D 项，社交媒体：开启了一系列市场交流和收集信息的方法，提供了与客户进行互动的媒介。

人种学有助于公司了解消费者的多个方面，包括文化趋势、生活风格等，以描绘出消费者的完整画面，并呈现出产品和服务如何融入消费者日常生活中的，故选 A。

11. **答案：A**。考点提示：**新产品开发流程各阶段的市场研究工具应用框架**。

概念生成阶段，以定性研究的方法为主，包括次级研究、领先用户、在线论坛和客户现场访问。选项中只有 A 项客户访问和 B 项次级研究符合。但 B 项次级研究相对来讲更适合用于早期，尤其是机会识别阶段，故选 A 最好。C 项问卷调查是一种定量研究方法，不适合。D 项概念测试用于概念评审阶段，而不适用于概念生成阶段，因此 D 也不正确。

12. **答案：D**。考点提示：**新产品开发流程各阶段的市场研究工具应用框架**。

A 项，测试设计通常发生在产品设计阶段，故 A 项不正确。

B 项，理解客户需求通常发生在机会识别阶段，故 B 项不正确。

C 项，识别概念通常发生在概念生成阶段，故 C 项不正确。

D 项正确。在概念评审阶段，产生的项目投入意味着将要在设计和原型开发上投入大量资金，因此该阶段市场研究的目的是选择投资项目。故选 D。

13. **答案：D**。考点提示：**新产品开发流程各阶段的市场研究工具应用框架**。

A 项的说法不对，因为市场研究最重要的是提供可靠的市场信息，降低项目的不确定性。

B 项的说法不对，因为提供关于客户需求的清晰的信息是机会分析的作用，而不是市场研究的职责。

C 项的说法不对，因为市场研究最重要的是提供可靠的市场信息，降低项目的不确定性。

D 项，在整个产品开发过程中，累计成本大幅增加，市场研究需要有来自目标市场的输入——在开发形式和功能方面的市场偏好和所需产品改进信息，并将其应用于最终产品。还需要能够增强财务分析可信度和商业化立项机会的信息。因此市场研究要提供统计学上可靠的信息，故选 D。

14. **答案：A**。考点提示：**定量研究的基础**。

A 项，统计分析是利用较小的样本或者人员得出有关一大群人的结论，故选 A。

B 项，抽样是利用一部分样本而分析的过程，包括随机抽样、整群抽样和分层抽样三种。

C 项，参数法是指在总体分布已知的情况下利用样本数据推断总体的方法。

D 项，非参数法是在许多实际问题中，我们对总体分布的形式往往所知甚少。这时就需要使用不必（或很少）依赖于总体分布形式的统计推断方法。

15. **答案：B**。考点提示：**焦点小组**。

焦点小组通常有 8～12 名参与者，故选 B。

第 7 章
产品生命周期管理

7.1 核心考点一网打尽

1. 产品生命周期四阶段的特点

引入阶段（Introduction）：公司要为产品建立品牌知晓度，开发市场。

成长阶段（Growth）：公司要建立品牌偏好，增加市场份额。

成熟阶段（Maturity）：竞争加剧，公司要维护市场份额，实现利润最大化。

衰退阶段（Decline）：销售额开始下降，公司需要对产品何去何从做出艰难的决策。

引入阶段具体表述如下：

- 产品：建立起品牌与质量标准，并对专利和商标等知识产权进行保护。
- 定价：可能采用低价位的渗透定价法（Penetration Pricing）以获取市场份额，或者采取高价位的撇脂定价法（Skim Pricing）以尽快收回开发成本。
- 分销：慎重选择渠道，直到消费者已接受认可该产品。
- 促销：应瞄准早期采用者，通过有效沟通让客户了解产品，教育早期潜在客户。

成长阶段具体表述如下：

- 产品：维护产品质量，可能需要增加产品特性和辅助服务。
- 定价：维持定价，此时的市场竞争较少，公司能够满足不断增长的需求。
- 分销：渠道要随着需求的增长以及接受产品的客户数量的增长而增加。
- 促销：瞄准更为宽泛的客户群。

成熟阶段具体表述如下：

- 产品：需要增加产品特性，通过产品差异化与竞争对手区分开来。
- 定价：由于出现了新的竞争者，价格可能有所降低。
- 分销：强化分销渠道，给分销商更多激励，从而扩大客户购买产品的机会。
- 促销：强调产品差异化和增加的新产品特性。

衰退阶段具体表述如下：

- 维护产品，还可以通过增加新特性和发现新用途重新定位该产品。
- 通过降低成本收割产品。持续提供产品，但是产品只投放入忠诚的利基细分市场。
- 让产品退出市场，仅保留部分存货，或者将该产品卖给别的公司。

2. 产品组合和产品生命周期的关系

产品生命周期的缩短需要：

● 持续更新公司产品，包括新产品以及对现有产品的修改和改进。

● 在整个产品生命周期对营销组合进行管理。

平衡产品开发的类型，包括公司新产品、产品线延伸、成本降低、产品改进等四种类型。通过组合管理在产品生命周期中保持产品平衡同样重要。显然，持有过高比例的处于引入阶段或上市阶段的产品会给组织带来极大的资金压力。另外，若处于衰退阶段的产品比例过高，那么组织的前景将不太明朗。

3. 跨越鸿沟

产品的早期市场和主流市场之间存在着一条巨大的"鸿沟"。能否顺利跨越鸿沟并进入主流市场，决定着一项产品商业化的成败，这是产品引入中极为关键的时期。摩尔（2006）称这一时期为"跨越鸿沟"，如图 7-1 所示。

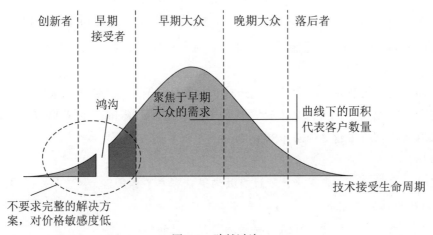

图 7-1　跨越鸿沟

4. 上市战略新式路径的八个步骤

上市战略新式路径的八个步骤是：

（1）价值主张：对产品的描述将转变为"价值主张"。其定义如下：有关产品概念在哪些维度上如何向潜在客户传递价值的一份陈述，陈述是简短且明确的。"价值"的本质根植于客户从新产品中获得的利益和客户的支付价格之间的权衡。

（2）整体解决方案：通过价值主张，确定了产品的关键利益，接下来需要确定整体解决方案。

（3）市场细分：接下来关键的问题是"你向谁出售产品？"此时应关注细分市场，而不是市场规模和市场份额。

（4）目标细分市场：这是将产品的主要利益维度与每个细分市场的需求进行对比的过程。

（5）抢滩战略：抢滩战略是一种以杠杆方式占领市场的战略。简言之，选出最具潜力的细分市场作为产品首次上市的地点。随后，基于产品在该市场上的成功经历，将它陆续投放到其他细分市场。

（6）渠道战略：将产品推向目标市场的渠道有很多。在选择渠道时，要考虑的因素如图 7-2 所示。

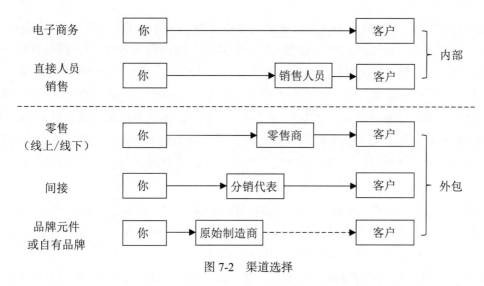

图 7-2　渠道选择

（7）促销计划：不仅需要在正确的地方向目标细分市场提供新产品，客户还必须了解产品的利益和特性。

（8）沟通信息：以正确的方式传达产品的正确信息至关重要。

5. 可持续开发与可持续创新

可持续开发（Sustainable Development）：一种发展模式，既能够满足当代人的需求，又不会损害后代满足自身需求的能力。

可持续创新（Sustainable Innovation）：新产品或服务的开发和商业化过程。在产品生命周期中，从经济、环境和社会角度强调可持续发展的重要性，并在采购、生产、使用和服务结束的若干阶段遵循可持续发展的模式。

6. 循环经济三原理

循环经济（Circular Economy）的目标是在产品生命周期中创造闭环。其原理如下所述：

原理 1：通过控制库存商品以及平衡可再生资源的流动，保护并增加自然资源；

原理 2：通过循环利用产品、零部件和原材料实现资源产出的优化，在技术和生物周期中保持利用率最大化；

原理 3：通过揭露和消除负面的外部影响来提升系统效率。

7. 三重底线

三重底线从三个方面报告绩效：财务（Financial）、社会（Social）、环境（Environmental）。这三个方面也可以用 3P 表示：利润（Profit）、人类（People）、星球（Planet）。

8. 可持续性成熟度模型

阶段 1：开始。企业政策不认可三重底线（经济的、社会的和环境的）；整体的可持续性战略聚焦于服从于最低限的合法要求；当设定新产品目标和规格时只有有限的可持续发展意识；供应商政策不包含可持续性；关于可持续发展指标，只有有限的分享和发展。

阶段 2：提升。集中的可持续性报告功能已经到位；环境、健康和安全政策公开规定指标和目标；碳、能源和水足迹在工厂一级建立和测量；规章和政策问题在整个组织中得到了积极的沟通；业务和产品战略基于可持续发展趋势预测未来客户行为；供应商评估包括审查供应商的可持续性政策；在新产品开发过程中，清单和其他工具用于比较新产品可持续性。

阶段 3：成功。改善三重底线的最佳做法始终贯穿于整个企业；可持续性指标建立在企业层面，并与公司的业务成功挂钩；在整个门径评审过程中，新产品开发考虑并鼓励可持续性；公司已将重点从满足政府法规转移到超出要求（设计上的良性）；对企业可持续发展目标有影响的供应链深刻理解并实施了改进活动；基于供应商的环境和可持续性政策以及努力来选择供应商。

阶段 4：引领。公司出版一份讨论三重底线各个方面的年度可持续性报告；公司可持续发展政策完全纳入其他的公司政策，被视为推动增长和盈利的重要杠杆；可持续的理念和知识产权可以通过供应链、许可证、出售知识产权、合资企业等方式得到更广泛应用；具体意图影响更广泛；组织强调研发创新，开发减少新产品总体环境足迹的新技术和设计方法；大多数公司的产品都是按照行业标准和第三方评估的；产品可持续性指标被广泛认为是竞争优势。

9. 生命周期评估和可持续设计的框架

生命周期评估是分析环境影响的一种科学方法（二氧化碳足迹、水足迹等）。生命周期评估模型：考察产品的整个生命周期，包括资源开采、材料生产、制造、产品使用、产品生命结束后的处置，以及在所有这些阶段间发生的运输传递。

可持续设计的框架包括面向环境的设计（Design for Environment，DFE）和可持续性设计（Design for Sustainability，DFS）。

10. 漂绿

一个公司或组织花费更多的时间和金钱通过广告和营销宣传"绿色"经营，而不是在其实际业务中努力减少对环境的影响。为了杜绝"漂绿"行为，绿色宣言应当是真实的，相关的，明确定义并且易于理解，透明的，有数据支持的。

11. 可持续性认证

可持续性认证一般是由第三方的认证机构根据一些达成共识的标准进行产品评估后所获取到的。一般来说，这些认证不是必需的，但当客户在对比备选产品时，这些认证可能会对客户产生积极的影响。许多认证的重点放在三重底线上，即考察环境质量、社会质量和经济情况。

12. 碳定价

"真实价格"是所有外部性因素与（影子）价格之和。碳定价是衡量温室气体排放的外部性方法。企业使用碳定价的原因如下：

- 准备应对政府关于碳定价的政策。
- 公开承诺。
- 以财务形式表现气候变化问题。
- 在组合管理的财务要素中，公平比较可持续（不可持续）项目。

碳定价取决于导致了碳定价的理由。价格可能与以下因素相关：

- 转向采用可持续能源所需的投资。
- 碳定价的预期外部影响。

7.2　精选习题

1. 产品建立起品牌和标准，公司采用渗透定价法来获取市场份额，这最有可能处于下列哪一个产品生命周期的阶段？

　　A. 引入阶段　　　　B. 成长阶段　　　　C. 成熟阶段　　　　D. 衰退阶段

2. 市场竞争较少，公司通过促销来瞄准更加广泛的客户群，这最有可能处于下列哪一个产品生命周期的阶段？

　　A. 引入阶段　　　　B. 成长阶段　　　　C. 成熟阶段　　　　D. 衰退阶段

3. 公司需要通过产品差异化或新产品特性与竞争对手区分开来，销售重点在于扩大客户购买产品的机会，这最有可能处于下列哪一个产品生命周期的阶段？

　　A. 引入阶段　　　　B. 成长阶段　　　　C. 成熟阶段　　　　D. 衰退阶段

4. 公司通过降低成本来收割产品，产品可能需要重新定位，这最有可能处于下列哪一个产品生命周期的阶段？

　　A. 引入阶段　　　　B. 成长阶段　　　　C. 成熟阶段　　　　D. 衰退阶段

5. 在产品导入阶段，聚焦于早期大众的需求，通常来讲这一时期不要求完整的解决方案，用户对价格敏感度低，这一时期通常称为什么？

　　A. 战略上市　　　　B. 跨越鸿沟　　　　C. 突破创新　　　　D. 早期采用

6. **下列哪一个不是新式路径的象限？**
   A. 出售什么
   B. 向谁出售产品
   C. 如何将产品推向目标市场
   D. 如何进行产品促销

7. **抢滩战略通常是指什么？**
   A. 赶在竞争对手前上市新产品，争夺市场第一的位置
   B. 将市场进行分层划分，如一线城市、二线城市、三线城市，然后再进行分层营销
   C. 选出最具潜力的细分市场作为产品首次上市的地点，再将产品的成功经历投放到其他的细分市场
   D. 选取最有优势的分销渠道，先赢得市场影响力和份额，然后再将成功的合作模式拓展到其他的渠道

8. **下列哪一个不是循环经济的原理？**
   A. 平衡产品生命周期各阶段的资源利用，使得资源整体利用率最大化
   B. 控制库存商品以及平衡可再生资源，保护自然资源
   C. 循环利用产品，保持利用率的最大化
   D. 消除负面影响来提升系统效率

9. **衡量温室气体排放的定价方法通常是：**
   A. 成本定价
   B. 差异定价
   C. 利润定价
   D. 碳定价

10. **下列哪一项是"漂绿"？**
    A. 组织通过广告宣传"绿色"经营，而不是在实际业务中努力减少对环境的影响
    B. 组织通过新产品打造绿色经济
    C. 组织打造环保产品
    D. 组织开发绿色的新问世产品

11. **价值定位应当聚焦（　　），而不是（　　）。**
    A. 功能、利益
    B. 利益、成本
    C. 收入、成本
    D. 利益、功能

12. **从所有利益相关者的视角进行全球化考虑的创新方法叫作？**
    A. 利益相关者创新
    B. 可持续创新
    C. 连续创新
    D. 以上都不是

13. **如果一家公司想要开发可持续性的产品，他们必须？**
    A. 理解消费者的关注点
    B. 审视产品生命周期
    C. 考虑新的商业模式
    D. 以上所有选项

14. **公司持续更新产品的必要性是来自于 ____ 缩短的结果？**
    A. 阶段－关口
    B. 概念测试
    C. 创意产生
    D. 产品生命周期

15. **在传统的产品生命周期中，哪个阶段的销售额最大？**
    A. 引入阶段
    B. 跨越鸿沟
    C. 成长阶段
    D. 成熟阶段

7.3 习题详解

<table>
<tr><td colspan="6">答案速览</td></tr>
<tr><td>1 ～ 5</td><td>ABCDB</td><td>6 ～ 10</td><td>DCADA</td><td>11 ～ 15</td><td>BBDDD</td></tr>
</table>

1. 答案：A。考点提示：产品生命周期四阶段的特点。

引入阶段（Introduction）的特点是：公司要为产品建立品牌知晓度，开发市场。

引入阶段采用低价位的渗透定价法（Penetration Pricing）以获取市场份额，或者采取高价位的撇脂定价法（Skim Pricing）以尽快收回开发成本。符合题干表达的"产品建立起品牌和标准，公司采用渗透定价法来获取市场份额"，因此最有可能处于引入的产品生命周期阶段，故选 A。

2. 答案：B。考点提示：产品生命周期四阶段的特点。

成长阶段（Growth）的特点是：公司要建立品牌偏好，增加市场份额。

成长阶段中，市场竞争较少，公司能够满足不断增长的需求。符合题干表达的"市场竞争较少，公司通过促销来瞄准更加广泛的客户群"，因此最有可能处于成长的产品生命周期阶段，故选 B。

3. 答案：C。考点提示：产品生命周期四阶段的特点。

成熟阶段（Maturity）的特点是：竞争加剧，公司要维护市场份额，实现利润最大化。

成熟阶段中，公司需要通过产品差异化与竞争对手区分开来，强化分销渠道，给分销商更多激励，从而扩大客户购买产品的机会。符合题干表达的"通过产品差异化或新产品特性与竞争对手区分开来，销售重点在于扩大客户购买产品的机会"，因此最有可能处于成熟的产品生命周期阶段，故选 C。

4. 答案：D。考点提示：产品生命周期四阶段的特点。

衰退阶段（Decline）的特点是：销售额开始下降，公司需要对产品何去何从做出艰难的决策。

衰退阶段，公司可以通过降低成本来收割产品，还可以通过增加新特性和发现新用途重新定位该产品。符合题干表达的"降低成本来收割产品，产品可能需要重新定位"，因此最有可能处于衰退的产品生命周期阶段，故选 D。

5. 答案：B。考点提示：跨越鸿沟。

A 项，战略上市的概念是运用战略协同，将市场、技术、生产、财务等多职能实现协同，达成产品上市的成功。与题干意思不符。

B 项，跨越鸿沟。产品的早期市场和主流市场之间存在着一条巨大的"鸿沟"。能否顺利跨越鸿沟并进入主流市场，决定着一项产品商业化的成败，这是产品引入中极为关键的时期。摩尔（2006）称这一时期为"跨越鸿沟"。跨越鸿沟通常是指聚焦于早期大众的需求的市场导入阶段，故选 B。

C 项，突破创新是相对于渐进创新而言的，通常有新的价值主张，伴随着商业模式的革新或技术的突破。与题干意思不符。

D 项，早期采用是摩尔提出的五种类型用户（创新者、早期采用者、早期大众、晚期大众、落后者）之一。与题干意思不符。

6. 答案：D。考点提示：上市战略新式路径的八个步骤。

上市战略新式路径的八个步骤包括价值主张、整体解决方案、市场细分、目标细分市场、抢滩战略、渠道战略、促销计划、沟通信息。如何进行产品促销并不是新式路径的象限，而应该是在哪里进行产品促销，故选 D。

7. 答案：C。考点提示：抢滩战略。

A 项是一种产品策略，即抢占市场第一的时机，与抢滩战略无关。

B 项是分层营销的方法，与抢滩战略无关。

C 项正确。抢滩战略是一种以杠杆方式占领市场的战略。简言之，选出最具潜力的细分市场作为产品首次上市的地点。随后，基于产品在该市场上的成功经历，将它陆续投放到其他细分市场。

D 项很像抢滩战略，但有些差别。分销渠道不同于细分市场，抢滩战略是选出最具潜力的细分市场作为产品首次上市的地点，再将产品的成功经历投放到其他的细分市场，而不是分销渠道。

8. **答案：A。考点提示：循环经济三原理。**

循环经济（Circular Economy）的目标是在产品生命周期中创造闭环。其原理如下所述：

原理 1：通过控制库存商品以及平衡可再生资源的流动，保护并增加自然资源；

原理 2：通过循环利用产品、零部件和原材料实现资源产出的优化，在技术和生物周期中保持利用率最大化；

原理 3：通过揭露和消除负面的外部影响来提升系统效率。

由上可知，A 项不是循环经济的原理。故选 A。

9. **答案：D。考点提示：碳定价。**

A 项，成本定价多见于产品生命周期的引入阶段，即根据成本对产品进行定价，以达到薄利多销、侵占市场的目的。

B 项，差异定价是针对不同消费群体的价格接受程度而进行产品定价。

C 项，利润定价是为了获取更大利润的目的，而进行的产品定价。

D 项，碳定价是衡量温室气体排放的外部性方法，故选 D。

10. **答案：A。考点提示：漂绿。**

"漂绿"的定义：一个公司或组织花费更多的时间和金钱通过广告和营销宣传"绿色"经营，而不是在实际业务中努力减少对环境的影响。故选 A。

11. **答案：B。考点提示：价值主张。**

价值主张的定义是：有关产品概念在哪些维度上如何向潜在客户传递价值的一份陈述，陈述是简短且明确的。"价值"的本质根植于客户从新产品中获得的利益和客户的支付价格之间的权衡。因此，价值定位聚焦利益，而不是成本。故选 B。

相比较而言，D 项不如 B 更好。因为价值的本质是所获利益和支付成本之间的权衡，而不是功能和利益之间的权衡。

12. **答案：B。考点提示：可持续创新。**

可持续创新（Sustainable Innovation）的定义是：新产品或服务的开发和商业化过程。在产品生命周期中，从经济、环境和社会角度强调可持续发展的重要性，并在采购、生产、使用和服务结束的若干阶段遵循可持续发展的模式。因此可持续创新是从所有利益相关者的视角进行全球化考虑的创新方法，故选 B。

13. **答案：D。考点提示：可持续开发。**

可持续开发（Sustainable Development）的定义是：一种发展模式，既能够满足当代人的需求，又不会损害后代满足自身需求的能力。因此，理解消费者的关注点、审视产品生命周期和考虑新的商业模式都必须做到，故选 D。

14. **答案：D。考点提示：产品组合和产品生命周期的关系。**

产品生命周期的缩短需要：

- 持续更新公司产品，包括新产品以及对现有产品的修改和改进。
- 在整个产品生命周期对营销组合进行管理。

因此，公司持续更新产品的必要性是来自于产品生命周期缩短的结果。故选 D。

15. **答案：D。考点提示：产品生命周期四阶段的特点。**

成熟阶段（Maturity）的特点是：竞争加剧，公司要维护市场份额，实现利润最大化。这与题干中的"销售额最大"意思相符，因此最有可能处于成熟的产品生命周期阶段，故选 D。

第8章
财务专项计算

8.1 核心考点一网打尽

1. 财务评估的四个指标

净现值（Net Present Value，NPV）：净现值 = 现值 − 成本。现值（PV）= 未来价值（FV）/ $(1+r)^n$，其中 r 为贴现率，n 为期间数。

内部收益率（Internal Rate of Return，IRR）：内部收益率是净现值为零的贴现率（r）。

投资回报率（Return on Investment，ROI）：ROI= 项目收益 / 投资。

投资回收期（Payback Period）：投资回收期是项目追回成本的时间。

2. 机会成本

机会成本（Opportunity Cost）是指企业为从事某项经营活动（例如项目）而放弃另一项经营活动的机会，或利用一定资源获得某种收入时所放弃的另一种收入。另一项经营活动应取得的收益或另一种收入即为正在从事的经营活动的机会成本。

3. 盈亏平衡点

盈亏平衡点（Break-Even Point）：在产品的商业周期中，销售利润达到累计开发成本的交叉点。盈亏平衡点通常用投资回收期来确定。

4. 效益成本比

效益成本比（Benefit-Cost Ratio，BCR）：用于表示项目成本与效益之间关系的比率指标。效益成本比越高，表示项目效益越好。效益成本比 = 项目总效益 / 总成本 ×100%。

5. 投资效益比

投资效益比（Benefit of Investment，BOI）：用于表示项目投资与效益之间关系的比率指标。投资效益比越高，表示项目效益越好。投资效益比 = 净利润 / 总投资 ×100%。

6. 年金

下面是年金的计算公式，同等规模的净货币流入和流出定期发生。当在一段长期时间内，销售预测曲线趋于平缓时，通过计算年金来预测新产品开发项目的价值是有效的。在公式中，R 代表了这个同样规模的收入流。

$$FV=R\left[1-(1+r)^{-n}/r\right]$$

7. 投资回报率

投资回报率（ROI）是衡量项目盈利能力的标准指标。ROI 表示为百分比，通过未来贴现收益减去贴现项目成本，然后除以所需投资而得到，下式是 ROI 的常用公式。

$$ROI=\frac{（总贴现收益-总贴现成本）}{总贴现成本}$$

8. 风险调整的投资回报率

财务指标（NPV 或者 ROI）的任何时间价值计算，在选定的利率或时间段内都可以通过细微的调整而被简单地操控。但是，ROI 提供了附加的指标，从而在风险调整的基础上比较项目，如表 8-1 所示。

表 8-1　风险调整项目 ROI

项目名称	贴现收益	贴现成本	ROI	概率	风险调整 ROI
蓝色	$50 000	$35 000	43%	0.10	4%
绿色	$100 000	$28 000	257%	0.50	129%
橙色	$75 000	$15 000	400%	0.25	100%
紫色	$28 500	$20 000	43%	0.50	21%
红色	$90 000	$12 000	650%	0.30	195%
黄色	$115 000	$60 000	92%	0.60	55%

当考虑成功概率时，虽然蓝色项目和紫色项目都显示出了相同的回报，但蓝色项目的风险调整 ROI 远远没有紫色项目那么有吸引力。同样，橙色项目比绿色项目有更低的投资成本，但也导致了更低的风险调整 ROI。组合评估中的这些复杂类型普遍存在于新产品开发的各个行业，强调了高层管理者在选择新产品开发项目纳入活跃组合中必须克服的挑战。

9. 经济利润

经济利润也称为经济附加值（EVA），是另一种衡量价值的财务测量手段，这种手段同时考虑项目给组织所增加的价值，以及选择一个项目而不是另一个的机会成本。因此，经济利润代表了在资金成本之上所增加的价值，而这些钱本可以用在其他的投资选择上。

与用于 NPV 计算中的利率（折现因子）相似，经济利润将投资资本的机会成本看作投资相关的风险。然而，不像 ROI 用百分比来衡量项目回报，经济利润是一个资金指标，反映了企业的盈利能力和业务规模。销售增长归因于新产品的导入，而新产品的导入几乎总需要在固定资产和库存方面追加投资。经济利润有助于确定这样的投资是否可以通过赚得的利润来证明。

经济利润应考虑资金的机会成本。所以，经济利润 = 净利润 - 资金收益。

10. 财务分析框架

财务分析框架包括成本、收入、投资三部分。成本包括固定成本、可变成本、资本成本和工作成本四部分。收入包括销售量和单价两部分。考虑投资部分，则要评估财务指标，包括净现值、内部收益率、盈亏平衡点等。

固定成本：指在相关时间段或生产规模内，总额不与业务活动成比例变化的费用，包括行政费用、租金、利息、综合管理费用。

可变成本：与企业活动成比例变化的费用，如生产劳动力、电力、清洁材料、制造材料。

资本成本：购买土地、建筑物和设备等资产的成本，这些是在商品生产或服务提供时要用到的。

工作资本：指在等待销售时，与产品或服务相关的直接成本和可变成本中花费的资金，包括制造和销售的所有成本，以及新设备的资本成本等。

8.2　精选习题

1. 在一个产品项目中，客户最关心的是能否在一个非常长的时间跨度内保持稳定的增长，你将通过以下哪个指标来帮助客户选择产品项目？

   A. 投资回收期　　　B. 贴现率　　　　C. 内部收益率　　　D. 投资回报率

2. 一个产品目前正考虑项目 A 或项目 B。项目经理给出以下信息：项目 A：投资回报期为 18 个月，净现值为 −250；项目 B：投资回报期为 24 个月，净现值为 3000。产品经理将会向组合审核委员会推荐哪个项目？

   A. 项目 A，因为投资回报期比项目 B 短　　B. 项目 B，因为净现值为正数

   C. 项目 A，因为净现值为负数　　　　　　D. 项目 B，因为投资回报期比项目 A 长

3. 你需要考虑当前和未来的收益、通货膨胀以及收益率因素，你将采用哪种估价技术？

   A. NPV　　　　　　B. IRR　　　　　　C. PBP　　　　　　D. ROI

4. 组织正试图在两个产品项目中做选择。其中项目 A 价值 \$235 987，项目 B 价值 \$567 000，但风险很大。组织最终选择了项目 B，而不是项目 A。这个场景中，机会成本是什么？

   A. \$331 013

   B. 没有足够的信息了解项目 B，因为项目 B 的风险没有量化

   C. \$235 987

   D. \$567 000

5. 一个产品经理正在研究项目完成时预计的成本将带来的预计收入，这个产品经理可以用什么样的财务估值技术来确定项目的盈亏平衡点？

   A. 投资回收期　　　B. 投资回报率　　　C. 成本收益分析　　　D. 现金流折现

6. 你正在执行成本收益分析，采用了内部收益率的计价方式，以下哪个选项是正确的？

    A. 一般越小越好   B. 追回项目投资所需的时间

    C. 是项目初始投资的回报百分比   D. 是项目投资的预设年收益

7. 你正在执行成本收益分析，采用了投资回收期的计价方式，以下哪个选项是正确的？

    A. 数值越大风险越大   B. 数值越大风险越小

    C. 是项目初始投资的回报百分比   D. 是一个项目期望获得的估算增长百分比

8. 一个项目总金额 500 万，可获得利润 100 万，请问 BCR 是多少？

    A. 5   B. 0.2   C. 600   D. 1.2

9. 一个项目总金额 500 万，可获得利润 100 万，请问 BOI 是多少？

    A. 5   B. 0.2   C. 600   D. 1.2

10. 如果产品价值 1000 美元，通货膨胀率为 9.1%，则 3 年后的产品未来价值是多少？

    A. 910 美元   B. 1300 美元   C. 1091 美元   D. 1000 美元

11. 利率为 6%，十年后的期望价值是 5000 美元，那么今天要投资多少钱？

    A. 1791 美元   B. 1000 美元   C. 2792 美元   D. 3000 美元

12. 某产品项目预计花费 10 000 美元，并且可以在今年完成开发。两年实现产品的销售，收入可达到 11 500 美元。利率是 5%。该产品项目的净现值为多少？

    A. 430.84 美元   B. 11500 美元   C. 462.3 美元   D. 1000 美元

13. 某产品当年开发成本预计为 8000 美元。而在接下来的两年内，预计收入每年可达 4500 美元。年利率是 5%，那么当年的年金为多少？

    A. 400 美元   B. 367.35 美元   C. 378.42 美元   D. 225 美元

14. 今天 100 美元的投资，一年后的价值是 110 美元，ROI 是多少？

    A. 30%   B. 20%   C. 10%   D. 5%

15. 一个在今年上市的新产品项目，该项目需要 50 万美元来完成开发。市场研究利用导入和大众市场价格点已经预测了未来几年的销售量。第一年的贴现成本为 467 289.72 美元，第二年的净销售额为 111 363.44 美元，第三年的净销售额为 204 074.47 美元，第四年的净销售额为 240 311.99 美元。支出和收入预计都会在阶段结束时产生，利率为 7%。那么这个新产品四年期的投资回报是多少？

    A. 16%   B. 17%   C. 18%   D. 19%

16. 有三个项目，A 项目：贴现收益 50 000 美元，贴现成本 35 000 美元，风险概率 0.1；B 项目：贴现收益 28 500 美元，贴现成本 20 000 美元，风险概率 0.5；C 项目：贴现收益 115 000 美元，贴现成本 60 000 美元，风险概率 0.6。如果公司设置的门槛率是 15%，那么哪个项目会被淘汰？

    A. A 项目   B. B 项目   C. C 项目   D. 无法判断

17. 公司正在筛选产品项目，高层希望产品项目不能低于 **20%** 的最低收益率，同时也要考虑项目的现金流表现情况。下列哪个项目最有可能被选择？

A. ROI = 15%，NPV = 100 000　　　　　B. ROI = 22%，NPV = 50 000

C. ROI = 21%，NPV = 80 000　　　　　D. ROI = 18%，NPV = 70 000

18. 新产品项目净利润 **1000** 万美元，资金支出 **3000** 万美元。如果公司将 **3000** 万资本投入稳健的基金市场，可获得 **10%** 利率的收益。该产品项目的经济利润是多少？

A. 700 万美元　　　　B. 1000 万美元　　　　C. 1100 万美元　　　　D. 900 万美元

19. 关于现值和净现值的表述，下列哪一项是正确的？

A. 现值是今天的钱在未来的价值，净现值是现值减去成本

B. 现值是今天的钱在未来的价值，净现值是现值加上成本

C. 现值指未来的钱在今天的价值，净现值是现值减去成本

D. 现值指未来的钱在今天的价值，净现值是现值加上成本

20. 下列哪一个不是财务分析的组成部分？

A. 销售预测　　　　B. 确定成本　　　　C. 产品定价　　　　D. 投资渠道

8.3　习题详解

答案速览							
1 ～ 5	CBACA	6 ～ 10	DADBB	11 ～ 15	CABCD	16 ～ 20	ACACD

1. 答案：C。考点提示：内部收益率。

内部收益率是净现值为零的贴现率（r），它用于评估项目或产品投资的吸引力。内部收益率的计算提供了与公司的最低预期回报率以及内部或外部投资的替代形式的比较。在一个非常长的时间跨度内，内部收益率考虑了通货膨胀等因素，因此选 C 最为合适。

2. 答案：B。考点提示：净现值。

净现值（Net Present Value，NPV）：资金流入的现值与资金流出的现值之差。在资本预算过程中，该数值有助于分析预期投资或项目的潜在利润。净现值必须大于零，因此选 B。

3. 答案：A。考点提示：净现值。

净现值（Net Present Value，NPV）：资金流入的现值与资金流出的现值之差。在资本预算过程中，该数值有助于分析预期投资或项目的潜在利润。净现值考虑当前和未来的收益、通货膨胀以及收益率因素，因此选 A。这道题目与第 1 题的差别在于，题干中除了表达考虑通货膨胀以及收益率因素外，还关注当前收益（现值）和未来的收益（未来价值），因此选净现值最合适。

4. 答案：C。考点提示：机会成本。

机会成本（Opportunity Cost）是指企业为从事某项经营活动（例如项目）而放弃另一项经营活动的机会，或利用一定资源获得某种收入时所放弃的另一种收入。另一项经营活动应取得的收益或另一种收入即为正在从事的经营活动的机会成本。

组织最终选择了项目 B，而不是项目 A。因此这个场景中，机会成本是项目 A 得到的收益。

5. 答案：A。考点提示：盈亏平衡点。

盈亏平衡点（Break-Even Point）：在产品的商业周期中，销售利润达到累计开发成本的交叉点。盈亏

平衡点通常用投资回收期来确定。因此选 A。解答这道题目有一个技巧，投资回收期是关于时间的指标，而盈亏平衡点也是关于时间的点，两者有关联性。其他的指标则与时间无关。

6. **答案：D。考点提示：内部收益率。**

A 项的说法不正确，因为内部收益率越大越好。

B 项是投资回收期的概念。

C 项是投资回报率的概念。

D 项，内部收益率是净现值为零的贴现率（r），它用于评估项目或产品投资的吸引力。内部收益率的计算提供了与公司的最低预期回报率以及内部或外部投资的替代形式的比较。内部收益率是项目投资的预设年收益。因此选 D。

7. **答案：A。考点提示：投资回收期。**

投资回收期是项目追回成本的时间。因此投资回收期数值越大，表示项目追回成本的时间就越长，项目风险就越大。A 项正确、B 项错误。

C 项是投资回报率的概念。

D 项是投资增长率的概念。

8. **答案：D。考点提示：效益成本比。**

效益成本比（Benefit-Cost Ratio，BCR）：用于表示项目成本与效益之间关系的比率指标。效益成本比越高，表示项目效益越好。效益成本比 = 项目总效益 / 总成本 ×100%。因此该题目的 BCR=（500+100）/500=1.2。

9. **答案：B。考点提示：投资效益比。**

投资效益比（Benefit of Investment，BOI）：用于表示项目投资与效益之间关系的比率指标。投资效益比越高，表示项目效益越好。投资效率比 = 净利润 / 总投资 ×100%。因此该题目的 BOI=100/500=0.2。

10. **答案：B。考点提示：未来价值。**

净现值（NPV）= 现值 - 成本。现值（PV）= 未来价值（FV）/（$1+r$）^{n}，其中 r 为贴现率，n 为期间数。未来价值（FV）= 现值（PV）×（$1+r$）^{n}。因此该题目的未来价值 = $1000×（1+9.1\%）^3=1300$。

11. **答案：C。考点提示：现值。**

净现值（NPN）= 现值 - 成本。现值（PV）= 未来价值（FV）/（$1+r$）^{n}，其中 r 为贴现率，n 为期间数。因此该题目的现值 = $5000/（1+0.06）^{10}=2792$。

12. **答案：A。考点提示：净现值。**

净现值（NPV）= 现值 - 成本。现值（PV）= 未来价值（FV）/（$1+r$）^{n}，其中 r 为贴现率，n 为期间数。因此该题目的净现值 = $11\,500/（1+0.05）^2-10\,000 = 430.84$。

13. **答案：B。考点提示：年金。**

下面是年金的计算公式，同等规模的净货币流入和流出定期发生。当在一段长期时间内，销售预测曲线趋于平缓时，通过计算年金来预测新产品开发项目的价值是有效的。在公式中，R 代表了这个同样规模的收入流。

$$FV=R\left[\,1-（1+r）^{-n}/r\right]$$

该题目的年金计算公式为：$NPV=-8000+4500\left[1-（1+0.05）^{-2}/0.05\right]=-8000+8367.35=367.35$。

14. **答案：C。考点提示：投资回报率。**

投资回报率（ROI）是衡量项目盈利能力的标准指标。ROI 表示为百分比，通过未来贴现收益减去贴现项目成本，然后除以所需投资而得到，下式是 ROI 的常用公式。

$$ROI=\frac{（总贴现收益-总贴现成本）}{总贴现成本}$$

按照题目，今天 100 美金的投资，一年后的价值是 110 美元，那么 ROI 是 10%，计算过程如下：

$$ROI = \frac{(110-100)}{100} = 10\%$$

15. 答案: D。考点提示: 投资回报率。

按照题意, 该项目需要 50 万美元来完成开发。市场研究利用导入和大众市场价格点已经预测了未来几年的销售量。公司采用了四年的预测量, 预估的销售数据如表 8-2 所示, 根据现值方法进行贴现。

表 8-2　新产品开发项目

年	成本	销量	单价	年销售额	贴现因子	净销售额
1	$500 000.00	0	$—	$500 000.00	0.9346	-$467 289.72
2	$—	1 500	$85.00	$127 500.00	0.8734	$111 363.44
3	$—	2 500	$100.00	$250 000.00	0.8163	$204 074.47
4	$—	3 000	$105.00	$315 000.00	0.7629	$240 311.99
总计						$88 460.18

因此, 利用表 8-2 所示的成本和收益数据, 可以得到四年期的新产品项目的投资回报是 19%。计算过程如下:

$$ROI = \frac{(113\ 363.44+204\ 074.47+240\ 311.99)-467\ 289.72}{467\ 289.72} = \frac{88\ 460.18}{467\ 289.72} = 19\%$$

16. 答案: A。考点提示: 风险调整的投资回报率。

按照题意, 需要考虑风险概率, 风险调整项目 ROI 如表 8-3 所示。

表 8-3　风险调整项目 ROI

项目名称	贴现收益	贴现成本	ROI	概率	风险调整
A	$50 000	$35 000	43%	0.10	4%
B	$28 500	$20 000	43%	0.50	21%
C	$115 000	$60 000	92%	0.60	55%

当考虑成功概率时, 虽然 A 项目和 B 项目都显示出了相同的回报, 但 A 项目的风险调整 ROI 远远没有 B 项目那么有吸引力。因此选 A。

17. 答案: C。考点提示: 净现值和最低收益率。

按照题意, 高层希望产品项目不能低于 20% 的最低收益率 (又称为门槛比率), 同时也要考虑项目的现金流表现情况, 只有 B 和 C 符合条件, 而 C 的净现值更大, 因此选 C。

18. 答案: A。考点提示: 经济利润。

经济利润应考虑资金的机会成本。经济利润 = 净利润 – 资金收益 = 1000-3000×10% = 700。

19. 答案: C。考点提示: 净现值。

现值指未来价值在今天的价值, 净现值是现值减去成本。

20. 答案: D。考点提示: 财务分析框架。

财务分析框架包括成本、收入、投资三部分, 包括销售预测、定价、成本、收入等。投资渠道不是该框架的一部分, 而应该是投资分析框架的组成部分。故选 D。

1. **你是组织的产品经理，正在负责组织的新产品开发项目，项目采用门径管理体系，因此通常会经历关口评审。其中一位组织高管受邀作为关口评审的评审者，他问你新产品开发流程中的角色有哪些？**

   I. 所有者，对新产品开发流程的结果负责

   II. 把关者，对新产品开发流程的关口评审负责

   III. 执行者，对新产品开发流程的执行结果负责

   IV. 推动者，对新产品开发的实施和持续改进负责

   A. I 和 II   B. II 和 IV   C. I 和 III   D. I 和 IV

2. **安琪被分配到公司的产品团队，她发现团队有很多来自于各部门的成员，这些成员通常得到部门领导的授权，能调动本部门的资源来支持产品开发。关于产品管理中跨职能团队的作用，以下哪种说法是正确的？**

   I. 产品团队与产品项目团队所起到的作用是一样的

   II. 新产品发布后，项目团队需立即解散并分配到其他新产品开发团队

   III. 产品从原型到产品跨越鸿沟的阶段，产品管理最好由跨职能团队主导

   IV. 产品团队需要设定绩效指标对现有产品进行管理

   A. I、IV   B. II、III   C. II、IV   D. III、IV

3. **GH 公司最近面向市场发布了一款新产品，产品发布后遇到了不少市场和技术问题，产品团队和高层都被问题搞得手忙脚乱。针对这种情形，以下哪个表述最能直接解决该问题？**

   A. 高层应积极参与到发布后的产品管理阶段

   B. 应设立专职的产品经理，并建立和完善产品管理流程

   C. 实施产品发布的审计

   D. 合理设置产品管理的绩效指标

4. **新产品开发流程中有五个关口，每个关口都有其作用，其中第一个关口评审重点关注的评审任务是什么？**

   A. 初步评估：产品概念值得吗？   B. 方向：我们需向何处去？

   C. 筛选：我们要开发吗？   D. 市场测试：我们要上市导入吗？

5. **新产品开发项目立项前，一个重要的输入就是商业论证。关于商业论证，下列哪一项表述是错误的？**

   A. 从概念产生到开发阶段，经历了逐步渐进明细的过程

   B. 权衡产品概念选择的投资决策

   C. 商业论证中估算的精度不断细化

   D. 商业论证的产生标志着项目的正式启动

6. **新产品开发项目的市场需求分析是贯穿始终的，不同阶段的市场需求分析有不同的定位和作用。关于概念评估阶段的市场需求分析，下列哪一项是正确的？**

   A. 重点关注市场吸引力的分析，目的是判断要不要进入该市场

   B. 重点分析消费者想要什么，目的是更好地定义产品

   C. 重点分析市场是否接受产品，目的是不断完善产品功能

   D. 重点分析消费者购买产品的意愿，目的是提升产品销售量

7. **组织为了新产品项目的成功，通常会设立一系列的创新指标。创新指标是创新活动的风向标，通常能起到引导产品创新活动的作用。关于创新指标的设立，以下哪些表述是合适的？**

   I. 指标的设立应透明，并容易为组织所理解和接受

   II. 指标的计算应具有一定的逻辑复杂性，否则起不到有效衡量的作用

   III. 指标必须与业务目标相关联

   IV. 指标应避免相互混淆和冲突

   A. I、III、IV

   B. I、II、III

   C. I、II、IV

   D. I、II、III 和 IV

8. **今天，内容经济正经历着第三代短视频的浪潮，抖音、快手这样定位在短视频的产品更新速度越来越快。这说明随着商业环境的变化，产品的生命周期正变得越来越短。关于产品生命周期管理，以下哪些说法是正确的？**

   I. 产品生命周期管理包括新产品规划、新产品导入和发布后的产品管理三部分

   II. 产品生命周期中通常有四个关口检查点

   III. 新产品导入阶段能给企业带来正现金流

   IV. PDCA 戴明环与产品生命周期一致，根据已有计划对成果进行评估

   A. I、IV

   B. II、III

   C. I、II、IV

   D. I、II、III 和 IV

9. **你所在组织中的 A 团队是一只高绩效产品团队，一直以来负责攻坚克难。当高层管理者问及产品团队负责人时，负责人回答说信任是高绩效团队的关键。团队成员相信其他成员有能力完成任务，能胜任工作。这是什么类型的信任？**

   A. 绩效信任

   B. 情感信任

   C. 能力信任

   D. 智力信任

10. 新冠疫情以来，不少产品团队开始尝试居家办公。而居家办公面临的一个问题是办公地点分散，团队成员无法再像在办公室一样集中办公。对于办公地点分散的新产品开发团队，以下哪种说法是恰当的？

    I. 面对面召开启动会议可以让成员快速熟悉彼此

    II. 建立有效的沟通协议，如邮件回复时间、沟通工具、成员日程安排等

    III. 建立会议协议，明确会议频率、时间和内容等

    IV. 项目经理最好安排与团队成员的定期会议

    A. I、II 和 III   B. I、II 和 IV   C. II、III 和 IV   D. I、II、III 和 IV

11. 亚特兰蒂斯公司是一家全球性的大公司，专门从事航空运输，行业排名第三。该家公司一贯的做法是研究行业排名第一和第二的动向，一旦发现有新的产品原型推出，它就会集中资源进行研发，抢夺市场。亚特兰蒂斯公司的产品战略是（　　　　）。

    A. 探索者战略   B. 捍卫者战略   C. 分析者战略   D. 反应者战略

12. 你是一家组织的产品经理，正在进行产品组合管理，高层提出希望进行产品风险与回报的权衡，下列哪个工具是较好的选择？

    A. 饼状图   B. 柱状图   C. 气泡图   D. 仪表盘

13. T 国正在进行自身创新产品项目的管理，国家智囊团建议国家最高决策层引入组合管理进行产品项目的整体平衡，如果你是智囊团的一员，你的建议是什么？

    I. 组合决策要用财务方法

    II. 要用战略一致性作为决策技术

    III. 综合运用多种组合工具

    IV. 财务方法作为主要决策依据

    A. I 和 II   B. II 和 III   C. I、II 和 III   D. I、II、III 和 IV

14. 你所在的公司是一家互联网企业，公司非常重视前期产品创意到概念的生成，因为公司高层领导认为一个好的产品概念能引领产品走向成功。产品概念的生命周期经历了哪些阶段？

    I. 机会识别   II. 概念生成   III. 概念评估   IV. 开发

    V. 上市

    A. I 和 II   B. I、II 和 III   C. I、II、III 和 IV   D. I、II、III、IV 和 V

15. 你是一家组织的产品经理，组织高管对新产品开发非常重视。高管询问你高管在新产品战略中的作用是什么，你应该如何回答？

    A. 开发市场机会   B. 有效管理资源

    C. 管理新产品开发过程   D. 项目实施

16. 你正在为一家互联网企业开发新产品，客户企业要求你提交产品路线图。以下哪个关于产品路线图的论述是正确的？

    A. 路线图确定了要满足未来技术和市场需求的多个必要步骤

B. 路线图确定了产品的平台战略

C. 路线图是关于整个产品线的图形化显示

D. 路线图描述了产品开发的路径

17. **不同的产品生命周期可能不同，产品生命周期最重要的价值之一有可能是什么？**

　　A. 有效调配各阶段的资源

　　B. 明确产品发展的阶段

　　C. 预测各阶段的收益

　　D. 预测产品在不同周期阶段的战略和战术选择

18. **随着商业环境的变化速度越来越快，对于产品生命周期管理也越来越重视，以下关于产品生命周期管理的正确说法是（　　　）。**

　　I. 如产品的可行性不高，如不能满足市场需求或失去竞争优势，则应该采取行动进行终止或优化

　　II. 产品在生命周期后期的成熟或衰退期，因为已经步入轨道，可以少花精力去管理

　　III. 对于运维老产品的产品经理，高层领导应当给予职业发展方面的关怀

　　IV. 可以利用营销组合投资来维持产品的生存

　　A. I、III、IV 　　　　B. I、II、III 　　　　C. I、II、IV 　　　　D. I、II、III 和 IV

19. **Yop 公司目前正致力于新的产品市场战略，它试图通过开拓新的市场区域，吸引更多的客户来购买他们的产品，请问 Yop 公司采用的产品市场战略是什么？**

　　A. 市场渗透 　　　　B. 市场开发 　　　　C. 产品开发 　　　　D. 多元化

20. **你是一家新能源公司的产品经理，公司非常重视新技术的应用。新技术应用的来源有哪些？**

　　I. 内部研发 　　　　II. 版权活动 　　　　III. 共同创造 　　　　IV. 开源

　　A. I 和 II 　　　　B. II 和 III 　　　　C. I、II 和 III 　　　　D. I、II、III 和 IV

21. **Smart 公司是一家从事新能源机动车的小公司，该公司特别注重快速从现有新产品中回收现金流，从而开发新一代产品，获取比较市场优势。该公司在进行项目组合选择的过程中，最有可能关注哪种项目指标？**

　　A. 贴现值 　　　　B. 经济利润率 　　　　C. 门槛收益率 　　　　D. 盈亏平衡点

22. **你所在公司开发面向大学生用户的新产品，由于公司是初创公司，因此需要对未来产品的销售情况进行预测。新产品项目有时应用消费者采纳过程来进行销售预测，这个过程通常考虑哪些因素？**

　　I. 创意 　　　　II. 沟通路径 　　　　III. 时间 　　　　IV. 社会系统

　　A. I、III、IV 　　　　B. I、II、III 　　　　C. I、II、IV 　　　　D. I、II、III 和 IV

23. **你所在公司要求每一个新产品都必须定义产品创新章程（PIC），定义项目的关键成功要素是产品创新章程（PIC）的哪个部分？**

　　A. 聚焦领域 　　　　B. 目的和目标 　　　　C. 背景 　　　　D. 特殊原则

24. 某产品团队是一个全球化的虚拟团队，他们希望能记录基本的工作规则，如面对面会议的频率、会议如何召开以及什么时候召开等。这些规则通常是记录在产品创新章程（PIC）的哪个部分？

    A. 聚焦领域　　　　B. 目的和目标　　　　C. 背景　　　　D. 特殊原则

25. 你正在管理一支新产品团队。你要求所有组成员参与，对记录的想法进行面对面讨论，最终达成排序的统一意见。这种思维技术最有可能是以下哪一种？

    A. 头脑风暴　　　　B. 脑力写作　　　　C. 电子头脑风暴　　　　D. 名义小组

26. 你的公司是一家制造型企业，你是这家公司某产品的产品经理。公司要求产品经理熟练运用质量功能展开（QFD）工具。关于质量功能展开（QFD），下列哪个表述是正确的？

    I. QFD 是一种客户之声技术，用来连接客户需求和工程设计规范

    II. QFD 的矩阵行通常代表技术信息

    III. QFD 的矩阵列通常代表需求信息

    IV. 可用联合分析法进行需求的排序

    A. I、III、IV　　　　B. I、II、III　　　　C. I、IV　　　　D. I、II、III 和 IV

27. 你是一家世界 500 强公司的产品经理。产品卓越中心针对不同类型的产品制定了不同的产品创新章程（PIC）模板，便于产品经理套用。产品创新章程（PIC）的核心价值是什么？

    A. 整合了完成新产品开发项目所需的关键战略要素

    B. 定义了项目的愿景和目标

    C. 有效结合了市场和技术

    D. 明确了项目的关键成功因素

28. Sam 公司希望能设计出独特的商业模式，通过新的商业模式把供应链中更多的利益相关者纳入进来，包括快速跟进自身产品的竞争对手。这家公司正在应用怎样的创新战略？

    A. 探索者战略　　　　B. 分析者战略　　　　C. 捍卫者战略　　　　D. 反应者战略

29. Y 公司计划推出一款名为 tata 的磁悬浮电动车，这款产品目前在市场上没有同类竞争产品，Y 公司力争要在市场上第一个推出该款车型。Y 公司所采取的战略是什么？

    A. 差异化战略　　　　B. 市场领先战略　　　　C. 市场细分战略　　　　D. 技术推动战略

30. 你是一名产品经理，你所管理的产品项目正处于机会识别阶段。机会识别阶段通常有哪些活动？

    I. 战略适应性的评估　　　　　　II. 市场吸引力评估

    III. 初步技术可行性评估　　　　IV. 产品概念评估

    A. I 和 II　　　　B. I、II 和 IV　　　　C. I、II 和 III　　　　D. I、II、III 和 IV

31. 你正在管理一个产品项目，领导要求你制定市场机会评估图。下列关于**市场机会评估图**的描述，哪些是正确的？

I. 市场机会评估图与产品路线图通常是同一阶段产生的

II. 市场机会评估图评估细分市场的整体规模和潜在增长率

III. 市场机会评估图评估预期利润率

IV. 市场机会评估图评估供应链优势

A. I 和 II   B. I、II 和 IV   C. I、II 和 III   D. I、II、III 和 IV

32. 公司正在筛选产品项目，高层希望产品项目不能低于 **20%** 的最低收益率，同时也要考虑项目的现金流表现情况。下列哪个项目最有可能被选择？

A. ROI = 15%，NPV = 100 000   B. ROI = 22%，NPV = 50 000

C. ROI = 21%，NPV = 80 000   D. ROI = 18%，NPV = 70 000

33. 新产品项目净利润 **1000 万美元**，资金支出 **3000 万美元**。如果公司将 **3000 万**资本投入稳健的基金市场，可获得 **10%** 利率的收益。该产品项目的经济利润是多少？

A. 700 万美元   B. 1000 万美元   C. 1100 万美元   D. 900 万美元

34. **Emily** 是一家公司的新任产品经理，她了解到高层管理者对于项目风险大多是风险规避者。这家公司最不可能采取的战略是什么？

A. 探索者战略   B. 分析者战略   C. 捍卫者战略   D. 反应者战略

35. **Sam** 公司高层决定在今年通过新产品树立自身在市场上的品牌形象，并在接下来启动了至少 **10** 个公司级产品项目。高层对于这些项目都很重视，并亲自参加每个项目的启动会，强调每个项目都很重要。这些项目启动后并没有达到预期效果，项目间也因为争抢资源而导致部门关系紧张。你认为其中最大的问题是什么？

A. 高层支持力度不够   B. 组合管理不完善

C. 产品经理不胜任   D. 资源配备不充分

36. 你受邀成为公司组合评审委员会的评委之一。在组合评分过程中，如标准优先级不一样，通常采用什么方法？

A. 先根据优先级高的标准进行排序，全体评审者参与评分

B. 所有标准一起作为排序依据，优先级高的标准高层管理者重点关注

C. 标准进行权重分配，全体评审者参与评分

D. 标准进行权重分配，权重大的标准高层管理者重点关注

37. 你是一名公司的 **CPO**（首席产品官），你其中一项职责是管理公司的产品组合。关于组合管理，下列哪些说法是正确的？

I. 组合管理是决策过程

II. 持续审核与更新是组合管理过程的独特点

III. 组合管理在高度动态的环境中应对未来事件

IV. 组合管理关键作用在于管理稀缺和有限资源

A. I 和 II   B. I、II 和 III   C. II、III 和 IV   D. I、II、III 和 IV

38. 你是公司的一名产品经理，你所负责的产品项目是公司产品组合众多项目之一。其中，技术和市场开发力度大，不确定性程度大，收益回报大，这些特点属于以下哪种类型的项目？

     A. 突破型项目   B. 平台型项目   C. 衍生型项目   D. 支持型项目

39. 某公司正在利用气泡图进行项目组合的平衡，这家公司制定的创新战略是分析者战略，组合管理人员发现很大比例的项目处于"野猫"的象限，这个组合的平衡是否正确？

     A. 正确。野猫项目是高回报项目，投资回报可观

     B. 正确。分析者战略是高风险创新的战略，与野猫项目正好匹配

     C. 不正确。分析者战略是跟进式的战略，与野猫项目不匹配

     D. 不正确。野猫项目的风险过高，无法预计投资回报

40. 你是公司组合评审委员会的成员，公司高管问你项目组合的目的。你应该回答项目组合的是为了选择（   ）最大的项目。

     A. 价值   B. 利润   C. 客户满意度   D. 市场份额

41. Z 公司管理了拥有近 1000 个产品项目的组合，公司高层计划对该项目组合进行动态的平衡，如果你给高层建议，考虑平衡的维度可能有哪些？

     I. 成本和收益   II. 风险和回报

     III. 产品开发难度和市场吸引力   IV. 战略一致性和行业新机会

     A. I 和 II   B. I、II 和 III   C. II、III 和 IV   D. I、II、III 和 IV

42. 公司高层授意通过产品组合管理来有效控制战略一致性。高层描绘了总体产品愿景，并制定了战略。组合经理负责根据高层意图进行资源的分配。这家公司正在使用什么方法确保战略一致性？

     A. 战略桶   B. 自下而上   C. 迭代   D. 战略统御

43. 公司高层授意通过产品组合管理来有效控制战略一致性。高层通过路线图制定清晰的战略，组合经理基于战略产生资源分配的区域，关口评审团队针对每个区域的项目进行评估排序，这家公司正在使用什么方法确保战略一致性？

     A. 战略桶   B. 自下而上   C. 迭代   D. 战略统御

44. 一家手机生产企业非常重视科技研发，每年有高达 20% 的营收用于科研，被业界誉为"瓷器店里面的公牛"。"瓷器店里面的公牛"是指什么？

     A. 较少考虑市场定位的产品   B. 较少考虑技术可行性的产品

     C. 较少关注市场需求、研发成本高的战略   D. 较少关注需求的市场计划

45. 下列哪个组合管理工具有效反映各项目类型的资源分配比例，快速评估战略执行有效度？

     A. 饼状图   B. 柱状图   C. 气泡图   D. 仪表盘

46. **组合管理中，下列哪种财务方法可以评估项目的现金流？**
    A. NPV   B. ROI   C. IRR   D. PBP

47. **你所在组织非常重视运用结构化的新产品开发流程来确保上市的成功，结构化的新产品开发流程包含哪些要素？**
    I. 有纪律的、确定的
    II. 正常的、可重复的
    III. 综合运用多种组合工具
    IV. 财务方法作为主要决策依据
    A. I 和 II   B. II 和 III   C. I、II 和 III   D. I、II、III 和 IV

48. **你所在组织运用门径管理体系，包含多个关口。以下哪一个关于新产品开发关口的理解是不合理的？**
    A. 新产品开发每个开发阶段后都有一个关口评审
    B. 关口反映了新产品开发工作完成，以及批准进入下一开发阶段的决策点
    C. 关口评审的结果只有"通过"和"不通过"两种，确保严格把关被评审项目
    D. 关口评审的标准应一致

49. **公司目前拥有 100 个项目的组合，史蒂文是公司的一名领域专家，自从产品项目启动后，史蒂文就忙于应付各种项目的专家指导，一个月下来，史蒂文被搞得焦头烂额。你认为其中最可能的问题是什么？**
    A. 资源使用不足   B. 资源过度承诺   C. 专家能力不够   D. 关口控制不力

50. **你是一名产品经理，组织对你团队的资源配置有指标考核。资源分配在什么条件下生产力最佳？**
    A. 两个大型项目同时分配给一个工程师
    B. 两个小型项目同时分配给一个工程师
    C. 一个大型项目和一个小型项目同时分配给一个工程师
    D. 两个大型项目同时分配给两个工程师

51. **你所在组织运用门径管理体系，包含多个关口。关口需要把关者来审核。关于把关者，下面哪一项声明不合理？**
    A. 把关者必须都是高层管理者
    B. 把关者是跨职能团队
    C. 把关者需要审批证明项目仍然符合战略目标，可以决策项目"通过"或"不通过"
    D. 把关者必须有审批下一阶段计划的预算审批权

52. **你所在组织正在运用结构化的新产品开发流程来确保上市的成功，下列哪一个不是新产品开发流程？**
    A. 机会评估   B. 概念生成   C. 开发   D. 上市

53. **公司高层委托你制定新产品战略，在制定战略的时候，我们应关注哪些方面？**

    I. 我们的业务是什么？

    II. 我们的客户是谁？

    III. 行业趋势是什么？

    IV. 我们的现金流情况

    A. I 和 II   B. II 和 III   C. I、II 和 III   D. I、II、III 和 IV

54. **你所在组织是一家互联网企业，非常重视产品模糊前端的管理。下列哪一项关于模糊前端的表述是不正确的？**

    A. 产品开发的前三个阶段通常称为模糊前端

    B. 模糊前端包含了新产品开发的启动环节，奠定了新产品开发的框架

    C. 模糊前端的重点在于快速启动产品开发，从而缩短上市时间，给客户带来竞争优势

    D. 模糊前端阶段往往伴随着产品概念不明确，工作不可预知的情况

55. **你所在组织正在运用结构化的新产品开发流程来确保上市的成功，新产品开发流程中包括机会识别阶段。下面哪项关于机会识别的表述是不合适的？**

    A. 该阶段与战略紧密联系

    B. 该阶段的重点是确定客户需求，找寻可用市场

    C. 组织需要把市场和战略计划与技术可行性分析联系在一起

    D. 该阶段主要由市场人员来识别客户问题，其他人员可以先不参与，确保人员成本有效控制

56. **识别新产品开发早期的风险和质量问题，消除或减少产品失败的风险，使客户对产品功能和可靠性满意。以下哪种技术最合适？**

    A. 卓越设计   B. 并行工程   C. FMEA   D. 快速原型

57. **你是一名产品经理，正在设计产品的创新指标。设计创新指标通常考虑的步骤有哪些？**

    I. 规划创新指标

    II. 实施创新指标

    III. 开展项目

    IV. 明确业务和战略目标

    A. I、III、IV   B. I、II、III   C. I、II、IV   D. I、II、III 和 IV

58. **你所在组织正在运用结构化的新产品开发流程来确保上市的成功，新产品开发流程中包括概念生成阶段。下面关于概念产生的表述，哪项是不合适的？**

    A. 在该阶段应产生完整的商业论证

    B. 聚焦于"我们应如何满足市场的机会？"

    C. 确定尽可能多的想法，解决确定的客户问题

    D. 通常使用头脑风暴来产生解决问题的方法

59. **你所在组织正在运用结构化的新产品开发流程来确保上市的成功，新产品开发流程中包括概念生成阶段。概念产生活动中初步的技术与市场评估的目的是什么？**

A. 确定如何具体开发产品，以及消费者是否喜欢产品

B. 确定产品功能是否正常，以及产品在市场上的占有率

C. 确定先前尝试过什么技术，以及产品如何满足消费者

D. 确定最新技术是什么，以及市场上有多少竞争对手

60. **在新产品开发中，战略定义为"公司实现的长期目的和目标，反映公司的行业定位、新机会和可用资源的策略游戏计划"，怎么理解战略？**

A. 战略就是严肃地玩一场游戏　　　　　B. 战略就是确定资源分配

C. 战略就是聚焦　　　　　　　　　　　D. 战略就是战术的运用

61. **你所在组织的高管非常重视产品创意和概念的开发，他们认为新产品概念是产品制胜的关键。关于新产品概念描述正确的是（　　　）。**

I. 新产品概念解释产品或服务中有什么改变，以及客户怎样从改变中获益

II. 新产品概念中最重要的部分就是对客户的利益

III. 新产品概念一定能经过新产品开发流程，成为成熟的产品

IV. 新产品概念包括收益、产品形式和开发技术三部分

A. I 和 II　　　　　B. I、II 和 IV　　　　　C. I、II 和 III　　　　　D. I、II、III 和 IV

62. **你所在组织正在运用结构化的新产品开发流程来确保上市的成功，新产品开发流程早期的一个关键任务是寻找杀手变量。下面关于杀手变量的表述，哪些是正确的？**

I. 杀手变量是产品开发中的重大问题

II. 应在早期找到杀手变量，否则会付出高昂的代价

III. 杀手变量如果不能解决，应给予项目再评估的机会，确保我们不要错失任何创新机会

IV. 试点生产和消费者研究可以帮助找到杀手变量

A. I 和 II　　　　　B. I、II 和 IV　　　　　C. I、II 和 III　　　　　D. I、II、III 和 IV

63. **你所在组织正在运用结构化的新产品开发流程来确保上市的成功，新产品开发流程中包括概念评估阶段。下列关于概念评估阶段的表述哪一项是错误的？**

A. 概念评估阶段开始将产品概念缩小到有限的几个

B. 该阶段通过概念测试确定能解决客户问题的产品概念

C. 该阶段的可交付成果包括产品协议和商业论证

D. 该阶段的重点是验证产品是否符合消费者的需求

64. **你是一名产品经理，正在开发产品协议。关于产品协议，下列哪一项表述是正确的？**

I. 描述了需要做什么工作才能实现产品上市

II. 产品协议是给领导汇报的主要方式

III. 是给产品设计者、开发人员和营销人员的行动指南

IV. 产品协议需要以量化的术语来规定

A. I 和 II   B. I、II 和 IV   C. I、III 和 IV   D. I、II、III 和 IV

65. **你是一名产品经理，你所管理的产品项目正处于开发阶段，并使用产品使用测试。产品使用测试类型的表述，哪个是错误的？**

 A. 阿尔法测试检查产品是否符合设计

 B. 贝塔测试检查产品在现场环境下是否能如期工作

 C. 伽马测试检查产品质量是否达标

 D. 产品使用测试通常包括阿尔法、贝塔和伽马三种类型

66. **你是一名产品经理，你所管理的产品项目正处于上市阶段，并使用市场测试。关于市场测试，哪些表述是正确的？**

 I. 市场测试通常是根据营销计划测试新产品

 II. 市场测试与战略发布计划紧密相关

 III. 市场测试通常是在新产品开发的阶段 4 开展的

 IV. 市场测试的重要输出是营销计划的模拟

A. I 和 II   B. I、II 和 IV   C. I、II 和 III   D. I、II、III 和 IV

67. **你所在组织正在运用结构化的新产品开发流程来确保上市的成功，新产品开发流程中包括开发阶段。下列哪一项是进入产品开发前需要明确的项目关键因素之一，并在关口评审中进行评估？**

 A. 商业论证   B. 产品创新章程   C. 产品概念   D. 资源计划

68. **你是一名产品经理，你所管理的产品项目正处于上市阶段。关于上市阶段，下列哪项活动不在该阶段中？**

 A. 市场测试   B. 产品使用测试   C. 全面量产   D. 建立分销渠道

69. **你是一名产品经理，你所管理的产品项目正处于上市阶段。关于上市管理，下列哪项表述是正确的？**

 I. 上市计划通常包括确定新产品的销售周期，制订沟通计划等

 II. 上市计划是在上市阶段制订的

 III. 上市管理是监控上市计划的有效性

 IV. 上市管理是在上市阶段执行的

A. I 和 II   B. I、II 和 IV   C. I、III 和 IV   D. I、II、III 和 IV

70. **你是一名产品经理，你所管理的产品项目正处于上市阶段，并正在完善营销计划。下列关于营销计划的表述，哪一项是正确的？**

 A. 营销计划是关于如何提升新产品销售量的计划

 B. 营销计划是关于如何扩展新产品行销渠道的计划

 C. 营销计划是关于如何增加产品利润的计划

 D. 营销计划是关于产品如何定位、怎样加强客户与产品利益间的联系的计划

71. 你所负责的产品项目正在上市阶段，战略上市管理中哪一个部分考虑如何将产品送到目标客户？

　　A. 营销计划　　　　　B. 营销传播　　　　　C. 分销计划　　　　　D. 运营管理

72. 你所负责的产品项目正在上市阶段，产品需要全面量产。下面关于全面量产的表述，哪一项是正确的？

　　A. 全面量产就是简单地大批量生产新产品

　　B. 全面量产的关键是进行大规模生产，因此数量是最重要的，质量可以不考虑

　　C. 全面量产涉及供应链、物流和分销渠道等多方面问题

　　D. 全面量产实际上就是将产品原型在工厂进行正式生产

73. 你所负责的产品项目成功上市了，目前正处于新产品导入阶段。新产品引入通常涉及哪些活动？

　　I. 启动产品的生产过程

　　II. 进行产品营销的部署

　　III. 进行客户和销售人员的培训

　　IV. 制定客户服务和支持协议

　　A. I 和 II　　　　　B. I、II 和 IV　　　　　C. I、III 和 IV　　　　　D. I、II、III 和 IV

74. 你所负责的产品项目正在上市阶段。在上市阶段，新产品引入市场后通常需要转化为主要业务，以下哪项表述是正确的？

　　A. 新产品团队通常需要与运营团队进行交接过渡一段时间，确保能顺利切换到主流业务上

　　B. 新产品可以马上产生收入和盈利

　　C. 新产品团队需要马上分配到其他项目团队，以确保有效的人力资源利用

　　D. 需要在短期内构建新产品的运营平台，以确保新产品能快速产生收益

75. 你所负责的产品项目正在上市阶段，客户要求你考虑分销计划，以确保产品的销售顺利推进。分销计划包括下面哪些要素？

　　I. 产品库存来源

　　II. 产能提升速度

　　III. 生产质量

　　IV. 分销渠道可靠性

　　A. I 和 II　　　　　B. I、II 和 IV　　　　　C. I、III 和 IV　　　　　D. I、II、III 和 IV

76. 你所负责的产品项目已成功上市。你和你的团队正在开展上市后审查（启动后审查）。关于启动后审查，下面哪项表述是正确的？

　　I. 鼓励组织不断学习

　　II. 是新产品开发项目的关键反馈环节

　　III. 对持续改进非常重要

IV. 通常是在产品原型开发完成后启动

A. I 和 II　　　　B. I、II 和 III　　　　C. I、III 和 IV　　　　D. I、II、III 和 IV

77. 你所负责的产品项目已成功上市，公司领导要求你的团队开展上市后审查（启动后审查）。启动后审查的基本问题是什么？

I. 哪里做得好

II. 哪里有问题

III. 产品亮点是什么

IV. 下次如何提高

A. I 和 II　　　　B. I、II 和 IV　　　　C. I、III 和 IV　　　　D. I、II、III 和 IV

78. 你所在的组织非常重视产品组合管理。下面哪一项最好地描述了新产品组合管理系统？

A. 一个决策过程，生成一年一度的新产品项目投资列表

B. 一个动态的决策过程，其中活动的新产品项目的商业列表不断更新

C. 多项目管理的过程，其中资源在项目间平衡，生成不变的投资项目列表

D. 以上都不对

79. 你所在的组织非常重视新产品开发流程，其中包括概念生成阶段。在新产品流程的概念生成阶段，以下哪项是正确的？

A. 对于新产品机会，只产生一个新产品概念，并坚持这个概念

B. 对于新产品机会，产生尽可能少的新产品概念，因为这个过程花费时间而且上市速度是重要的

C. 对于新产品机会，产生尽可能多的新产品概念，因为概念产生得越多，成功概念的概率就越大

D. 以上都不对

80. 你所在的组织非常重视新产品开发流程，其中包括概念生成阶段。哪一项是概念产生活动所产生的可交付成果？

A. 产品创新章程　　　B. 产品概念　　　　C. 产品协议　　　　D. 商业论证

81. 你所负责的产品项目已成功上市。你和你的团队正在开展上市后审查（启动后审查）。启动后审查的触发时机是什么？

I. 产品销售达到预期指标

II. 产品上市后，新产品团队解散前

III. 产品上市几周或几个月

IV. 产品销售周期完成，通常在一年后

A. I 和 II　　　　　　　　　　　　　B. I、II 和 IV

C. II、III 和 IV　　　　　　　　　　D. I、II、III 和 IV

82. 你所负责的产品项目已成功上市，公司领导要求你的团队开展上市后审查（启动后审查）。启动后审查通常有几次，各自的目的是什么？

A. 一次，目的是评估新产品开发流程

B. 两次，目的是评估新产品开发流程和早期市场评估

C. 三次，目的分别是评估新产品开发流程、早期市场评估和评估是否达到战略目标

D. 以上都不对

83. 你是一名产品经理，你所在组织的 CTO（首席技术官）与你交流新产品开发的测试技术。新产品开发中哪一种测试是在"阶段 4：开发与测试"中使用的？

A. 概念测试　　　　　B. 营销测试　　　　　C. 产品使用测试　　　　　D. 市场测试

84. 你所在的组织非常重视新产品开发流程，其中包括多个阶段。其中哪一个阶段又称为技术开发的预评估？

A. 机会识别　　　　　B. 概念产生　　　　　C. 概念评估　　　　　D. 开发

85. 你所在的组织非常重视新产品开发流程，新产品开发流程前期的"模糊前端"阶段管理尤其被高层领导所重视。"模糊前端"阶段之所以称之为模糊，是因为（　　　　）是模糊的。

A. 产品的想法　　　　B. 产品的需求　　　　C. 产品开发路线　　　　D. 产品的概念

86. 我们在考虑产品的市场战略时，需要考虑哪些要素？

I. 我们的产品是什么？

II. 我们的客户是谁？

III. 产品如何送达客户？

IV. 为什么客户要选择我们？

A. I 和 II　　　　　B. II 和 III　　　　　C. I、II 和 III　　　　　D. I、II、III 和 IV

87. 你所在的组织非常重视新产品开发流程，公司高层尤其对新产品开发流程前期的"模糊前端"阶段关注。在"模糊前端"阶段，项目立项前，新产品通常经过了哪些评估？

I. 机会评估

II. 概念评估

III. 项目评估

IV. 财务评估

A. I 和 II　　　　　B. I、II 和 IV　　　　　C. I、II 和 III　　　　　D. I、II、III 和 IV

88. 你是一名产品经理，正在做市场研究规划。市场研究规划通常需要关注的问题是什么？

I. 什么是客户最需要解决的问题？

II. 市场研究的目的是什么？

III. 市场研究的成本范围是什么？

IV. 市场研究需要解决哪些具体问题？

A. I 和 II　　　　　　B. I、II 和 IV　　　　　C. I、II 和 III　　　　　D. I、II、III 和 IV

89. 你是一名产品经理，你所在的产品团队正在做市场研究。次级市场研究之所以称之为"次级"，是因为（　　）。

A. 市场研究是在次一级的市场开展的

B. 市场研究的数据并不是针对某个特定目的或项目

C. 市场研究的成本比较少

D. 市场研究的重要性相对差一些

90. **Tuyko** 公司是做手机研发的一家本土公司，最近公司高层决定推出全方位的新产品去占领市场，有的产品定位于女性消费者，有的产品定位于老年消费者，有的产品定位于中青年消费者。而产品推出后近一年的销售额表明，市场占有率不但没有上升，反而下降了。有可能的原因是什么？

A. 公司销售不给力　　　　　　　　　B. 新产品体验不佳

C. 产品技术不够领先　　　　　　　　D. 你不可能对所有人都适用

91. 你是一名产品经理，你所在的产品团队正在做市场研究。次级市场研究与主要市场研究的关系是什么？

A. 次级市场研究为主要市场研究提供支持　　B. 主要市场研究为次级市场研究提供数据

C. 两者并无联系　　　　　　　　　　D. 以上说法都不对

92. **ABB** 公司是一家生产飞机的全球性公司，随着全球经济的不景气，该公司的飞机业务开始下滑。公司高层决定进军新的行业，他们瞄准了滑水行业，以应对飞机制造行业的整体下滑。**ABB** 公司使用了怎样的多元化战略？

A. 市场开发　　　　B. 横向多元化　　　　C. 纵向多元化　　　　D. 侧向多元化

93. 你是一名产品经理，所负责的产品团队正在开发第一代房地产元宇宙产品。对于新问世产品，你向公司领导申请用自治团队开发这款新产品。关于自治团队，下列哪项说法是正确的？

A. 自治团队的团队负责人非常像创业企业的首席执行官

B. 通常由团队成员自己完全负责，至少在项目周期内是这样

C. 自治团队通常适用于重大、短期的项目

D. 自治团队必须建立自己的职能部门

94. 你是一名产品经理，你所在的产品团队正在做市场研究。哪一种市场研究方法可以引导参与者的相互协作，澄清产品的特性和收益？

A. 调查问卷　　　　B. 客户之声　　　　C. 焦点小组　　　　D. 客户现场考察

95. 你的产品已经上市，正在做市场测试。通常又称为"捆绑测试"的市场研究测试技术是什么？

A. 推测式销售　　　　B. 非正式销售　　　　C. 假购买　　　　D. 直销

96. 哪一种市场研究方法通常与人种学研究结合，并通常使用结构性的深度访谈引导潜在客户通过他们经历的一系列情境来回答问题，从而观察客户与产品如何相互交互？

A. 调查问卷 　　　　B. 客户之声 　　　　C. 焦点小组 　　　　D. 客户现场考察

97. 你所在的产品项目团队正在做上市阶段的市场测试，其中所用到的一项技术是伪销售（又称为假购买）。关于伪销售的正确表述是什么？

I. 伪销售是仿造销售情况，客户不实际购买产品

II. 假购买通常用于工业企业，目的是获取销售预测数据

III. 推测式销售是向潜在客户推销完整的销售说辞，并通过询问购买可能性进行分析。通常用于消费者销售测试

IV. 假购买往往是概念测试或焦点小组的延伸

A. I 和 II 　　　　B. I 和 IV 　　　　C. I、II 和 III 　　　　D. I、II、III 和 IV

98. 你的组织重视市场测试技术，公司领导认为恰当运用市场测试技术可有效提升产品上市成功率。下列哪种市场测试技术是在选定的市场范围内展开包含各种要素的营销活动的？

A. 展开 　　　　B. 试销 　　　　C. 微市场 　　　　D. 直销

99. 你是一名产品经理，正在开发一款新问世产品。对于新问世产品项目，通常推荐哪种团队架构？

A. 职能工作团队 　　B. 轻量级团队 　　C. 重量级团队 　　D. 创业团队

100. 你正在负责所在组织的组合管理。以下关于组合管理的声明，哪一项最合理？

A. 最好的新产品组合是选择最高净现值的项目组合

B. 最好的新产品组合是选择最好蒙特卡洛结果的项目组合

C. 最好的新产品组合是选择基于管理输入的价值回报最高分数的项目组合

D. 最好的新产品组合是采用多种技术选择可能项目，以及上述的条目

101. 你所在组织的高管重视新产品开发，当高管问及你关于新产品开发中高层管理者的参与时，以下哪项声明最合理？

A. 高层管理者应当推迟参与，直到新产品开发的后期，这样可以不浪费他们的时间

B. 高层管理者应当在新产品开发的早期就参与，他们可以最有效地影响成果

C. 高层管理者应当在新产品开发中自始至终深度参与，因为他们不应期望项目负责人的工作是富有成效的

D. 高层管理者不应在新产品开发中有任何参与，因为这并没有很好地利用高层的时间

102. 你的组织重视市场测试技术，公司领导认为恰当运用市场测试技术可有效提升产品上市成功率。下列哪种市场测试技术又称为"免费样品销售"？

A. 展开 　　　　B. 非正式销售 　　　　C. 微市场 　　　　D. 直销

103. 你是一名产品经理，正在负责管理一支新产品开发团队。有兼职的项目经理，项目经理很多时间花在资源谈判上，这种组织架构最有可能适合哪种类型的产品项目？

A. 突破型项目　　　　B. 平台型项目　　　　C. 衍生型项目　　　　D. 支持型项目

104. 你的产品已经上市，正在做市场测试。将产品投放到有限的销售网点，进行产品相关变量测试的技术是什么？

A. 展开　　　　　　B. 非正式销售　　　　C. 微市场　　　　　D. 直销

105. 你是一名产品经理，你所在的产品团队正在做市场研究。哪一种市场研究方法可以在短时间内获取大规模群体的反馈？

A. 调查问卷　　　　B. 客户之声　　　　　C. 焦点小组　　　　D. 客户现场考察

106. 你是一名产品经理，你所在的产品团队正在做市场研究。哪一种市场研究方法可以现场了解客户的运营操作和使用产品的问题？

A. 调查问卷　　　　B. 客户之声　　　　　C. 焦点小组　　　　D. 客户现场考察

107. 你所在的产品项目团队正在做上市阶段的市场测试。关于全销售和受控销售，下列哪个表述是正确的？

I. 受控销售通常用于同时测试营销计划和新产品

II. 全销售对产品营销活动没有特别限制

III. 全销售同时测试物流和供应链系统

IV. 受控销售和全销售的营销计划都是完整的

A. I 和 II　　　　　B. I 和 IV　　　　　C. I、II 和 III　　　　D. I、II、III 和 IV

108. 公司任命你为产品经理，负责组建新产品开发团队。关于新产品开发团队，以下哪个表述是正确的？

I. 团队成员具有互补技能

II. 团队成员数量只有 6～10 人

III. 团队致力于共同目的，并有一系列绩效目标

IV. 团队分工明确，各自负责

A. I 和 II　　　　　B. I 和 IV　　　　　C. I、II 和 III　　　　D. I、II、III 和 IV

109. 你的组织重视市场测试技术，公司领导认为恰当运用市场测试技术可有效提升产品上市成功率。下列哪种市场测试技术称为分层营销？

A. 展开　　　　　　B. 测试市场　　　　　C. 微市场　　　　　D. 直销

110. 在新产品开发早期阶段审查产品概念，系统考虑生命周期的所有问题，如工艺性、可靠性、可维护性等。最有可能是以下哪种工具？

A. 并行工程　　　　B. CAD　　　　　　C. 卓越设计　　　　D. CAE

111. 你的组织重视市场测试技术，公司领导认为恰当运用市场测试技术可有效提升产品上市成功率。关于直销的表述，下列哪些说法是正确的？

A. 直销就是直接把产品卖给消费者

B. 直销通常用于企业对企业的工业产品

C. 直销通常使用互联网的方式来进行

D. 直销是将新产品放在针对特殊客户群体的产品目录中，而不是所有的产品目录

112. 你是一名产品经理，正在负责管理一支新产品开发团队。有专职的项目经理和成员，成员虚线汇报给项目经理，项目经理设定优先级和工作任务，并对项目成果负有主要责任。这最有可能是以下哪一种团队架构？

A. 职能工作团队　　B. 轻量级团队　　C. 重量级团队　　D. 创业团队

113. 你是一名产品经理，正在负责管理一支新产品开发团队。关于新产品开发团队的构建，下列哪种表述是恰当的？

I. 根据项目需求、专家可用性和成员技能等来选择团队成员

II. 团队成员分配过程中，需要考虑成员的职业发展路径，以及其他业务需求

III. 成员选择和分配主要考虑组织和项目的需要

IV. 团队成员对产品可能有不同观点，需整合团队成员的任务

A. I 和 II　　B. I、II 和 IV　　C. I、II 和 III　　D. I、II、III 和 IV

114. 你是一名产品经理，正在负责管理一支新产品开发团队。新产品开发团队的构建，主要考虑哪些因素？

A. 团队架构　　B. 团队目标　　C. 组织文化　　D. 以上均正确

115. "必胜"团队是公司重要产品的项目团队，项目经理露西正在进行团队目标的设置，以下哪种表述是合适的？

I. 项目目的和目标需记录在产品创新章程（PIC）中

II. 绩效目标和成功措施也需要考虑

III. 项目指标应与产品创新战略一致

IV. 绩效指标需侧重项目和团队目标

A. I 和 II　　B. I、II 和 IV　　C. I、II 和 III　　D. I、II、III 和 IV

116. 你是一名产品经理，正在负责管理一支新产品开发团队。关于新产品团队，以下哪种表述是合适的？

I. 严格控制新产品开发的出错率，减少项目成本

II. 鼓励成员分享不同的观点

III. 鼓励团队不断改进和学习

IV. 维持团队秩序和组织架构的权威，提升执行力

A. I 和 II　　B. I、II 和 III　　C. II、III 和 IV　　D. I、II、III 和 IV

117. 乔是公司某产品项目的项目经理，该产品项目属于公司新产品，希望能借助这个产品给公司带来更大的市场份额。以下哪种表述最有可能符合乔的职责范围？

A. 汇报给职能经理，协调职能与项目资源的关系

B. 与职能经理协商项目优先级和任务分配，维护各方干系人关系，争取更多资源和支持

C. 设定项目任务和工作优先级，负责分配项目预算和人员分工，直接向公司高层汇报

D. 以上都不对

118. **TH 公司在设计商业模式的时候在考虑如何将产品送达客户，这属于商业模式的什么要素？**

A. 价值主张（VP） 　B. 客户渠道（CH） 　C. 客户关系（CS） 　D. 关键业务（KA）

119. **你是负责新产品开发的项目经理，以下哪种表述是合适的？**

I. 项目经理应关注与项目相关的不同沟通渠道

II. 与项目发起人的有效沟通是确保项目成功的关键

III. 项目经理需要花费大量时间用于项目的沟通

IV. 项目经理主要应用同步沟通的方式

A. I、II 和 III 　　　　　　　　　　B. I、II 和 IV

C. II、III 和 IV 　　　　　　　　　　D. I、II、III 和 IV

120. **你是一名产品经理，致力于将负责的产品团队打造成高绩效团队。团队冲突最大的阶段可能是哪个阶段？**

A. 形成 　　　　B. 震荡 　　　　C. 规范 　　　　D. 成熟

121. **你正在负责管理公司的一个产品项目团队。项目团队正在建立共同的团队准则，明确共同的目标。最可能是处于哪个阶段？**

A. 形成 　　　　B. 震荡 　　　　C. 规范 　　　　D. 成熟

122. **你是一名项目经理，正在负责制定项目团队的团队合约。下列哪一项通常不是团队合约的内容？**

A. 沟通和会议协议 　　　　　　　　B. 商业计划书和目的

C. 销售预测 　　　　　　　　　　　D. 项目可交付成果

123. **你正在负责一个对外产品的项目，客户要求你使用并行工程。并行工程是指（　　　　）。**

A. 产品开发与产品测试并行 　　　　B. 产品设计与制造工艺开发并行

C. 产品开发与市场营销并行 　　　　D. 以上均不对

124. **你是所在组织的产品经理，正负责项目团队的管理，其中包含团队日常问题管理。下列哪一项不是用于解决团队问题、有效决策的工具？**

A. RACI 　　　　B. 名义小组技术 　　　　C. 亲和图 　　　　D. 德尔菲

125. **你是一名产品经理，正在负责一个新产品开发项目。在新产品开发项目中，下列哪一项是高层管理者的职责？**

I. 啦啦队队长

II. 发起人

III. 引导者

IV. 教练或导师

A. I、II 和 III　　　　B. I、II 和 IV　　　　C. II、III 和 IV　　　　D. I、II、III 和 IV

126. 你是所在组织的产品经理，你所管理的新产品团队通常使用多种思维技术。新产品开发的三种思维技术通常哪种技术最先使用？

A. 发散思维技术　　B. 收敛思维技术　　C. 问题思维技术　　D. 以上均不正确

127. 在新产品开发项目中，思维技术往往用于不同阶段。基于问题的思维技术多用于以下哪个阶段？

I. 机会生成

II. 概念生成

III. 概念评估

IV. 开发

A. I、II　　　　　　B. I、III　　　　　　C. II、III 和 IV　　　　D. I、II、III 和 IV

128. 基于推测的故事和通用人物，预想不同的未来状态。在假定的条件下，描述客户研究产品、选择产品和购买产品的行为。这种思维技术最有可能是以下哪一种？

A. 头脑风暴　　　　B. SWOT 分析　　　　C. 名义小组　　　　D. 情景分析

129. 小组内每个人写出自己的想法，再快速传递给另一个人协同补充想法，随后在小组内分享。这种思维技术最有可能是以下哪一种？

A. 头脑风暴　　　　B. 脑力写作　　　　C. 电子头脑风暴　　D. 名义小组

130. 你所在的组织非常注重产品流程规范，要求每一个产品项目都要有产品创新章程（PIC）。将技术、产品和市场进行关联的是产品创新章程（PIC）的哪个部分？

A. 聚焦领域　　　　B. 目的和目标　　　　C. 背景　　　　　　D. 特殊原则

131. 你是所在组织的产品经理，你所管理的新产品团队通常使用多种思维技术。生成产品概念，通常运用的思维技术相关的步骤有哪些？

I. 通过 SWOT 技术或分类技术筛选能给公司提供机会的问题

II. 制定解决问题的产品概念声明

III. 通过人种学研究情境来找到客户问题

IV. 对问题进行市场预测和初步财务分析

A. I、III、IV　　　　B. I、II、III　　　　C. I、IV　　　　　　D. I、II、III 和 IV

132. 你所在组织是一家制造型企业，在产品开发中大量使用计算机辅助设计（CAD）和计算机辅助工程（CAE）技术。计算机辅助设计（CAD）和计算机辅助工程（CAE）的区别是什么？

A. 计算机辅助设计（CAD）是静态的，计算机辅助工程（CAE）是动态的

B. 计算机辅助设计（CAD）是动态的，计算机辅助工程（CAE）是静态的

C. 计算机辅助设计（CAD）是静态的，计算机辅助工程（CAE）是静态的

D. 计算机辅助设计（CAD）是动态的，计算机辅助工程（CAE）是动态的

133. 你是一名产品经理，正在负责管理一支新产品开发团队。没有正式的项目经理，开发工作依次完成，团队成员汇报给职能经理，这最有可能是以下哪一种团队架构？

A. 职能工作团队   B. 轻量级团队

C. 重量级团队   D. 创业团队

134. 你是一名产品经理，客户要求要找到产品失效原因，并不断改进产品。找到产品可能失效的原因，评估每种类型失效结果的方法是以下哪种方法？

A. FMEA   B. CAD   C. DFX   D. CAE

135. 你正在负责一个产品项目，该项目正在使用仿真和原型技术。关于仿真和原型，下列哪种表述是正确的？

I. 仿真和原型都是以低成本模拟新产品概念和功能

II. 仿真和原型目的是快速测试产品是否可行

III. 仿真和原型通常都有实体模型

IV. 可以在产品制造前就利用仿真和原型技术进行测试改进

A. I、III、IV   B. I、II、III   C. I、II、IV   D. I、II、III 和 IV

136. 你是一名产品经理，你所在组织的营销部门经理与你讨论产品营销组合。产品营销组合模型通常是由 4P 组成，以下哪个不是 4P 的要素？

A. 产品（Product）   B. 平台（Platform）   C. 价格（Price）   D. 投放（Place）

137. 你所负责的产品正处于上市阶段。产品发布后，需要关注的绩效维度通常有哪些？

I. 损益表

II. 法律法规

III. 其他职能的合作

IV. 人力资源管理

V 供应链管理

A. I、II、III、IV   B. I、II、IV、V   C. I、II、III、V   D. I、II、III、IV、V

138. 迪士尼公司对外声明中有一句话是"使人们快乐（make people happy）"，这是该公司的（   ）。

A. 愿景   B. 使命   C. 价值观   D. 战略

139. 你正在负责管理所在公司的产品项目，项目管理的具体过程中，我们通常要考虑以下哪些相关制约因素？

I. 范围

II. 时间

III. 成本

IV. 质量

A. I、III、IV   B. I、II、III   C. I、II、IV   D. I、II、III 和 IV

140. 爱丽丝是公司产品项目的项目经理，在项目中进度发生延迟。爱丽丝试图通过将某些项目从原来的串行关系改为并行关系，从而缩短整个项目工时，她正在应用哪种技术？

    A. WBS   B. 关键链法   C. 赶工   D. 快速跟进

141. **NK** 公司是做社交网络的一家小公司。这家公司经过市场调研发现，传统家电行业的年轻客户对于家电的社交网络互联有日趋增长的需求，因此该公司开发了一款能将传统家电通过互联网接入社交网络中，并能相互分享家电使用信息和资料的微型接入盒。这款产品在刚推出的前两年并没有得到市场重视，但在第三年，这款产品开始受到客户追捧，销售量直线上升。**NK** 公司的这款产品是什么类型的产品？

    A. 渐进创新   B. 维持创新   C. 突破创新   D. 开放创新

142. 你是一名产品经理，你所负责的产品是产品组合的一个管理对象。对于不同产品生命周期管理中的组合决策通常考虑的问题有哪些？

    I. 规划中的产品应该继续还是取消

    II. 开发中的产品是否可以满足企划案的目标

    III. 是否需要简化目前处于增长阶段的产品的运营支持结构

    IV. 是否需求简化或终止某条产品线

    A. I、III、IV   B. I、II、III   C. I、II、IV   D. I、II、III 和 IV

143. 你是一名产品经理，产品处于上市阶段。关于新产品的发布策略，下列哪些表述是正确的？

    I. 新产品的发布策略主要与市场密切相关

    II. 发布策略需要依靠市场测试来证实产品是否能被消费者所接受，如阿尔法测试和贝塔测试

    III. 发布策略要确认产品是否具有满足客户价值主张的能力

    IV. 发布规模要与需求的潜在市场大小相关

    A. I、III、IV   B. II、III、IV   C. I、II、IV   D. I、II、III 和 IV

144. 你所在的组织推崇开放式创新，开放式创新的典型优点是什么？

    A. 节省组织研发成本   B. 有更多的创意涌现

    C. 节约组织人员时间   D. 引入外部智力，共同创造

145. 乔治是项目经理，他把产品分为多个模块，通过估算单位模块的开发成本以及多少个模块的方法，来估算整个产品项目的总开发成本。乔治正在应用哪种技术？

    A. WBS   B. 参数估算   C. 自下而上   D. 历史估算

146. 你正在管理一个产品项目，该项目在项目初期编制计划的过程中应用了不少假设条件，应如何管理这些假设？

    A. 假设条件对项目目标影响有限，可以暂不考虑

    B. 将应对假设的措施记录在项目管理计划中，随着项目的进展不断更新

  C. 将假设因素记录在项目风险登记册中，并制订相应的风险管理计划，不断验证假设条件，调整风险管理计划

  D. 将假设条件在项目计划过程中逐一加以分析验证，只有经过验证的假设条件记录在项目计划中

147. 苹果公司利用 Apple Store 开发了新的商业模式，商业模式的核心要素包括哪些？

  I. 客户价值主张

  II. 盈利模式

  III. 核心技术

  IV. 关键风险

  A. I 和 II   B. II 和 III

  C. I、II 和 III   D. I、II、III 和 IV

148. 你所在公司非常注重新产品开发流程的规范性，要求每一个产品项目都必须编写产品创新章程（PIC）。产品创新章程（PIC）的哪一部分确认项目的战略和目的？

  A. 聚焦领域   B. 目的和目标   C. 背景   D. 特殊原则

149. 你正在管理一个产品项目，公司领导非常重视项目的盈利性，要求在项目中运用销售预测技术来预测项目的盈利空间，其中你使用了 ATAR 模型。以下哪个不是 ATAR 销售模式的要素？

  A. 知晓（Aware）   B. 尝试（Trial）

  C. 关注（Attention）   D. 重复购买（Repeat purchase）

150. 你正在筹建公司产品组合管理委员会。其中你邀请了公司多位高层管理者参与组合管理委员会。组合管理中高层管理者的角色是什么？

  I. 方向指引者

  II. 项目组合经理

  III. 产品线架构师

  IV. 产品发起人

  A. I 和 II   B. I、II 和 IV   C. I、II 和 III   D. I、II、III 和 IV

151. 某产品处于产品概念生成阶段，高层正在运用项目组合管理的方法对产品项目进行评分排序，过程中高层希望全部使用财务评分标准，如 NPV、ROI 等进行评分，以达到更好地进行投资评估的目的。如果你是产品经理，如何实施组合管理？

  A. 按照高层的意图来实施，因为财务维度是产品的重要考虑方面

  B. 按照高层的意图来实施，但财务标准需要进一步细化，毕竟评分需要明确的标准依据

  C. 向高层建议增加技术和市场的维度，这样评估更加全面

  D. 向高层建议目前阶段以非财务评分标准为主，如市场和技术可行性，毕竟早期阶段财务数据不准确

152. 你是公司产品组合管理委员会负责人，正在负责筹建公司产品组合管理委员会。其中你邀请了多个人担任组合评审者。组合评审者通常包括哪些人？

I. 产品经理

II. 高层管理者

III. 事业部经理

IV. 职能经理

A. I 和 II　　　　　　B. I、II 和 III　　　　　　C. II、III 和 IV　　　　　　D. I、II、III 和 IV

153. 公司给产品项目设置了多项创新指标。关于创新项目指标，下列哪一项表述是不正确的？

A. 公司指标应用平衡计分卡考虑资源、进度、成本和质量等方面的绩效

B. 创新指标应平衡生产力、质量、成本和上市时间等因素

C. 平台指标包括需求数、变更数、单位生产成本、产品设计范围等

D. 项目指标包括根据公司长期和短期目标决定项目类型分布比例

154. 你是一名产品经理，正在与 **CPO**（首席产品官）沟通创新项目指标。创新项目指标建立的依据通常有哪些？

I. 战略支持和业务增长

II. 财务回报和组织能力

III. 最佳实践和持续学习

IV. 政治氛围和经济环境

A. I、III、IV　　　　　　B. I、II、III　　　　　　C. I、II、IV　　　　　　D. I、II、III 和 IV

155. **AY** 公司处于一个竞争激烈的行业，快速的上市时间是克敌制胜的关键。萨姆希望在未来能够快速推出一系列标准化产品，并可以简化产品设计。以下哪个方法可能是最佳途径？

A. 产品开发运用敏捷方法　　　　　　B. 加快关口评审的速度

C. 加速产品的市场推广　　　　　　D. 制定有效的产品平台战略

156. **BK** 公司推出一款名为微宝的智能机器人产品，该产品采用先进的人工智能技术，可以与人进行顺畅交流，并能做 80% 的常见家务。而且 **BK** 拥有该款产品的批量生产技术，市场售价仅为 3000 元。原以为该产品能获得巨大成功，但一年的销售量表明产品并不为市场所接受。市场人员反映他们并不知道该产品应推销给谁，以及如何推销。其中最大可能的问题是什么？

A. 没有成功的商业模式　　　　　　B. 缺乏有效的市场战略

C. 缺乏系统的市场人员培训　　　　　　D. 技术与市场没有很好结合

157. 行业中有新产品开发的领先公司，也有产品创新的落后者。下列哪一项导致新产品的佼佼者和失败者的差别？

A. 高层管理者的角色，他们宏观管理新产品开发流程

B. 强烈的市场导向、市场渠道、客户聚焦

C. 节约资源投资，以执行的速度和质量为代价

D. 直觉反应跳转到新产品项目的执行，不在开发前的工作上浪费时间

158. 你所在公司重视新产品流程的执行，公司高层认为新产品概念的管理是新产品上市成功的关键。以下哪一个是新产品概念的好的来源？

A. 研发、市场和 / 或运营的内部来源

B. 外部来源，如教育机构、发明者和聚焦于纯粹研究的其他公司

C. 客户的外部来源，包括领先用户

D. 以上都是新产品概念的好的来源

159. 你是一名产品经理。公司领导在多个公众场合表示，市场研究是做出好产品的关键。你在产品项目中运用了联合分析的方法。关于产品开发中联合分析的方法，下列哪个表述是正确的？

I. 一种市场研究技术，可以获得客户关于产品属性的看法

II. 每次只呈现给客户两个产品属性，请客户二选一进行优先级排序

III. 联合分析是通过估计客户的价值选择来进行销售预测的技术

IV. 联合分析可与 QFD 结合使用

A. I、III、IV B. I、II、III C. I、II、IV D. I、II、III 和 IV

160. CPO（首席产品官）在与你沟通的过程中，提到新产品战略的差别，其中迈尔斯和斯诺战略框架中的什么战略与库珀框架中的非博弈战略相近？

A. 反应者战略 B. 保守战略 C. 分析者战略 D. 差异化战略

161. 你所管理的产品项目团队分布在世界五个国家和地区，团队想收集团队参与者的想法，并协同产生更多创意。以下哪种方法最合适？

A. 头脑风暴 B. 名义小组 C. 脑力写作 D. 电子头脑风暴

162. 你负责一个产品团队。该团队在前期已经通过头脑风暴产生了不少产品创意，目前团队想用一种思维技术将产品创意进行快速的分类。以下哪种方法最合适？

A. 民主投票 B. 亲和图 C. SWOT 分析 D. 情景分析

163. 你是一名产品经理，所负责的产品是公司众多产品线的一个。你的直接上级产品线经理问你所负责的产品目前正处于哪个生命周期的阶段。确定产品处于产品管理生命周期阶段的最好方法通常是下面哪一项？

A. 参考销售团队的产品销售数据　　　B. 参考产品的财务表现数据

C. 参考产品的运营状况数据　　　D. 参考产品的企划案

164. 你所负责的产品项目大量运用原型技术。对于产品原型，下列哪一项表述是错误的？

A. 即刻进入全面量产　　　B. 功能完整，满足客户需求

C. 有最终产品的外观和感觉　　　D. 可以让客户进行测试

165. 你正在负责一个新产品项目，正在确定新产品的定价和成本信息。新产品定价和成本信息是在哪个阶段产生的？

    A. 机会识别阶段，是在市场机会评估图中产生的

    B. 概念评估阶段，是在商业论证中产生的

    C. 开发阶段，是在全面的商业论证中产生的

    D. 上市阶段，是在引入的新产品中产生的

166. 你正在负责一个新产品项目，对于你负责的产品管理团队来说，通常哪项工具可以帮助产品生命周期定位明确后的直接措施？

    A. 报告仪表盘   B. 产品 KPI   C. 安索夫矩阵   D. 营销组合模型

167. 产品经理每天工作量很大，日常工作负担很重，不能为新产品提供支持；另一方面，发布产品往往持续七八年还在产品线上，收益越来越少，但却无人问津。解决这个状况的最好的方法可能是下面哪一项？

    A. 给产品经理提供系统化的新产品开发培训

    B. 实施有效的发布后的产品管理

    C. 建立资源调配委员会，动态化掌控和分配产品开发和管理资源

    D. 优化产品组合

168. 你是一名产品经理，负责整个产品生命周期的管理。整个生命周期的产品组合优化通常需要考虑哪些要素？

    I. 新产品规划和导入的项目往往只会带来负现金流

    II. 发布后的产品管理领域项目通常会带来正现金流

    III. 组合管理重点只是回顾和分析投资及成果

    IV. 制定决策框架，以及所触发的行动

    V. 与公司和部门的发展战略建立连接

    A. I、II、III、IV   B. I、II、IV、V   C. I、II、III、V   D. I、II、III、IV、V

169. 你是一名技术架构师，负责一个产品项目的技术架构。下列关于技术的知道—为什么（**Know-why**）的说法正确的是？

    A. 技术应用的底层原因   B. 技术的代码实现

    C. 技术的核心能力   D. 技术的核心专家

170. 你是一名产品经理，负责整个产品生命周期的管理。你认为，产品生命周期的规划较好的启动时机是什么？

    A. 新产品概念形成阶段   B. 新产品开发阶段

    C. 新产品上市阶段   D. 新产品发布后

171. 你所在组织重视新产品开发的治理，公司高层责成你负责筹备新产品开发治理委员会，负责制定新产品开发治理流程。下列哪一项不是新产品开发治理的一级流程？

    A. 新产品开发决策   B. 企划案回顾   C. 产品组合优化   D. 项目筛选

172. 你所在组织重视新产品开发的治理，公司高层责成你负责筹备新产品开发治理委员会，负责制定新产品开发治理流程。下列哪一项不是新产品开发治理的二级流程？

A. 关口产品开发流程　　　　　　　　B. 创新方案监管

C. 产品组合优化　　　　　　　　　　D. 营销组合管理

173. 新产品构思和概念是新产品项目的重要部分，产生好的新产品构思和概念是推出一款伟大的产品的前提。下列哪一项不是新产品构思和概念产生的步骤？

A. 选择构思工具　　　　　　　　　　B. 授权进行构思

C. 构思会议　　　　　　　　　　　　D. 筛选、改进想法和最终概念

174. 你负责一个新产品项目团队，所在组织非常重视每款产品的上市收益，因此公司的产品卓越中心要求在新产品开发过程中，财务分析贯穿始终。以下哪一项是关于使用财务分析来评估新产品的最佳答案？

A. 财务分析对新产品来说容易直接——只要生成预测并计算投入产出比

B. 预测和财务分析应当视为活化的——不断演变，随着新产品概念了解更多需要及时修订

C. 同样类型的预测和财务分析应该应用于所有项目类型：新问世产品、新公司产品、产品改进、平台产品等，因为这种一致性将会导致更精确的分析

D. 你可以也应该为新产品的预测和财务分析生成销售历史数据的报告

175. 你负责一款即将上市的新产品，正在与市场部门一起规划上市的战略平台和／或驱动决策。战略平台和／或驱动决策，通常是在新产品市场经理的管控下，包括下列哪一项？

A. 确定是否应该进行生产外包

B. 确定采用什么客户接受测量来定义成功

C. 与竞争对手相比，确定如何定位产品

D. 确定在发布管理系统中跟踪什么问题

176. 你是所在组织的一名产品经理，你和你的团队有时会用到麦哲伦流程。下列哪一项不是麦哲伦流程的步骤？

A. 创新讨论会　　　B. 对话领军企业　　　C. 白皮书框架　　　D. 成立开放创新小组

177. 兔八哥餐馆是一家位于纽约的中餐馆，它的产品是一款名为兔八哥的中式快餐，仅在中午售出（早餐和晚餐均不提供），客户群定位为上班的白领，快餐只有三种口味可选，下单后快餐直接被送到纽约核心商业区的办公楼宇。事实表明，这款产品很受客户欢迎。如果用波特的产品战略框架来分析，它属于哪种产品战略？

A. 产品差异战略　　　B. 产品细分战略　　　C. 成本领先战略　　　D. 快速跟进战略

178. 你负责组织的一个产品项目，该项目在不同阶段会用到不同的市场研究方法。在新产品开发的阶段 3（立项分析）使用的市场研究测试手段是什么？

A. 市场测试　　　B. 产品使用测试　　　C. 概念测试　　　D. 以上都不对

179. 你是一名产品经理，你要求项目团队都要运用产品使用测试。关于产品使用测试，下列哪个表述是正确的？

I. 在产品使用测试中，客户通过实际使用产品来验证用户对产品的体验

II. 产品使用测试的目标需要记录在产品协议中

III. 产品使用测试包含了全面量产的提前测试

IV. 产品使用测试的输出是产品销售、交付、支持等设施的提前准备

A. I 和 II　　　　　B. I、II 和 IV　　　　C. I、II 和 III　　　　D. I、II、III 和 IV

180. 你正在负责一个产品项目，致力于打造高绩效的新产品开发团队。新产品开发团队的相属关系可以帮助团队（　　　）。

A. 了解团队成员间的相互关系网

B. 营造高效团队氛围，加强合作和分享

C. 加强团队建设

D. 有利于理解各自不同习惯，分配工作任务

181. 你所在公司重视新产品流程的执行，公司高层认为新产品概念的管理是新产品上市成功的关键。下列哪一个是制定新产品概念的最佳方法？

A. 从有趣的科技开始，制定产品形式，这种形式能给予客户实际利益并能将该利益销售给客户

B. 预想新产品的形式，利用能创造该种形式的技术，并将利益销售给客户

C. 理解客户的需要，明确客户利益，确定满足客户需要的技术，以及发展交付该项技术的形式

D. 以上全不正确

182. 你所在组织是一家制造型企业。企业高层要求产品经理都要使用质量功能展开（QFD）工具。质量功能展开（QFD）的步骤通常是下列哪一项？

I. 分析产品需求开发矩阵

II. 确定客户心声

III. 制定矩阵行信息

IV. 调查客户需求

V. 制定矩阵列信息

A. I、II、III、V、IV　　　　　　　　B. II、IV、III、V、I

C. I、II、IV、V、III　　　　　　　　D. IV、II、III、V、I

183. 某家跨国企业的创新战略是探索者战略，在其产品组合的项目类型中，有近50% 的项目是衍生型项目，有20% 的项目是突破型项目，另外有20% 的项目是支持型项目，10% 的项目是平台型项目。这个组合是否有效？

A. 有效。衍生型能够节约开发成本，有效提升产品的边际利润

B. 有效。突破型项目、平台型项目、衍生型项目和支持型项目的比例分别是20%、

10%、50% 和 20%，有效平衡了项目风险和回报

C. 无效。组合没有与战略很好地对应

D. 无法判断

184. 你是所在组织的组织管理委员会的成员，被邀请评审产品项目。项目组合评分标准采用财务指标，如 **ROI** 或 **NPV**，往往用于（　　）。

A. 项目初期　　　　B. 项目中期　　　　C. 项目后期　　　　D. 项目上市

185. 你是一名产品经理，在产生新产品创意和概念的时候要求项目团队使用多种思维技术。关于收敛思维技术，下列哪一项表述是恰当的？

I. 收敛思维技术通常用于对大量想法进行筛选，最终聚焦于 2 ～ 3 个想法

II. 收敛思维技术不应对想法产生负面的评论

III. 收敛思维应从客户角度，以及创新的基本要素出发来考虑

IV. 收敛思维聚焦产品概念后，即可进入开发阶段

A. I、III、IV　　　B. I、II、III　　　C. I、II、IV　　　D. I、II、III 和 IV

186. 作为组织的优秀产品经理，你曾负责过多个产品项目。因为你产品管理经验丰富，被邀请成为组织企业大学的专家讲师，负责兼职教授《产品创新》这门课程。在授课过程中，学员问你新产品包括什么，下列哪些正确？

I. 新问世产品或突破式产品，例如个人计算机

II. 新类别目录或平台，例如英特尔 386、486 奔腾等

III. 产品线的追加或完善，例如奔腾 II 500MHz 等

A. I 和 II　　　　　B. I 和 III　　　　C. II 和 III　　　　D. I、II 和 III

187. 你是一名产品经理，正在制定产品项目的产品创新章程。产品创新章程包括新产品概念的以下哪些部分？

I. 市场和技术聚焦点

II. 目的和目标

III. 详细的财务分析和项目计划

A. I 和 II　　　　　B. I 和 III　　　　C. II 和 III　　　　D. I、II 和 III

188. 你所在组织重视新产品开发的规范化管理，新产品开发流程有多个阶段。新产品开发流程中哪一个阶段具有以下特点：时间周期较长、成本较高、涉及众多部门的参与？

A. 上市　　　　　　B. 开发　　　　　　C. 概念评估　　　　D. 机会生成

189. 你是一名产品经理，所负责的产品项目正在经历开发阶段。下列关于开发阶段的描述，哪一项是正确的？

I. 产品原型开发完成

II. 产品需要通过市场测试

III. 制订运营计划

IV. 制订市场计划

A. I 和 II　　　　　B. I、II 和 IV　　　　C. I、II 和 III　　　　D. I、II、III 和 IV

190. 你是一名产品经理，正在制定产品项目的产品创新章程。产品创新章程是有价值的，因为下面哪项原因？

A. 提供了新产品概念的聚焦点和方向

B. 明确了新产品项目的目的和团队成员的角色和职责

C. 定义了新产品项目的里程碑和详细的团队可交付成果

D. 识别新的产品项目风险、应急计划和储备金

191. 你是一个产品经理，正在主持所负责产品项目的概念测试。应完成新概念的概念测试，因为下列哪个原因？

A. 测试产品的组合包及其市场计划，从而确定成功的水平

B. 过滤和消除不好的概念，并帮助制定好的概念

C. 确定产品工作是否如期进行

D. 确定新产品是否满足客户需求，以及新产品对他们来讲是否是成本有效的

192. 你是一个产品经理，正在组织产品团队开发产品协议。下列哪一个是产品协议的目的？

A. 沟通对开发团队的必要因素

B. 定义研发团队交付的可交付成果，而这些可交付成果将促成客户购买的最终产品

C. 以可测量结果的方式来定义需求

D. 以上都是产品协议的目的

193. 你所负责的产品团队来自于多个职能部门，有市场部门成员，有技术部门成员，有制造部门成员等。下列哪一项在技术产品开发中对于市场团队成员是最合适的角色？

A. 总是领导开发团队

B. 将试图与客户对话的技术开发团队成员过滤掉

C. 通过参与成员会议等方式，始终了解技术进度

D. 在没有技术人员参与的情况下，做出市场决策

194. 在 1997 年产品开发与管理协会的关于产品开发最佳实践的一份研究报告中，"将新产品引入市场的最佳组织"定义为那些从新产品中取得至少 49% 的销售量，而这些新产品不包含在过去 5 年内的已有产品线中。下列哪一项是这些组织的关键最佳实践？

A. 每两年至少继续一次组织变更

B. 应用财务方法去做所有新产品开发的决策

C. 聚焦于上市速度，并且拥有行业最快的周期时间

D. 通过思虑周密的战略来驱动新产品开发

195. 你是一个产品经理，所负责的产品处于上市阶段。下列哪一项是关于新产品发布中市场测试应用的最佳表述？

A. 市场测试必须总是用于测试产品组合包和市场计划，从而确定成功的水平

B. 当产品使用测试成功，资本投资相对低廉，组织理解业务的情况，市场测试就没有必要

C. 伪销售市场测试是有价值的工具，因为它提供了关于客户是否会购买新产品的全面和准确的信息

D. 测试产品的市场是市场测试最有力和成功的方法

196. **AB 公司是一家世界 500 强公司，该公司拥有多条产品线，某些产品在市场上非常成功，但公司高层感觉产品间缺乏衔接，而且产品研发时间过长，导致产品的整体更新换代速度非常慢，如果恰好请你来提供建议，你会怎样做？**

A. 更换产品经理　　　　　　　　　　B. 检查该组织的项目组合管理体系

C. 审查产品研发流程是否合理　　　　D. 制定公司产品平台战略

197. **你是一个产品经理，正在组织产品团队做产品使用测试。下列哪一个问题是通过产品使用测试来解决的？**

A. 产品是否正常

B. 产品是否能解决问题就会导致产品的开发

C. 产品是否能解决客户所有的问题

D. 以上都是通过产品使用测试来回答的

198. **根据 1997 年产品开发与管理协会的关于新产品开发的市场研究工具应用评估的研究报告，基于 383 个项目，下列哪一个是最重要的工具？**

A. 焦点研讨　　　　　　　　　　　　B. 客户现场考察

C. 调查研究、取样和统计　　　　　　D. 市场测试

199. **对新产品团队和市场经理来说，新产品发布都是最令人兴奋且又是最有挑战的任务。为了确保新产品发布的成功，以下哪个是重要的？**

A. 开发团队每个团队成员在发布阶段的持续参与

B. 发布管理系统，用来识别和跟踪新产品发布的潜在问题

C. 市场测试，用来确定发布过程中的新产品成功

D. 以上都不重要

200. **你是一个产品经理，产品已经成功上市。目前你正在做产品上市后管理的缺口分析。缺口分析量表通常包括哪些考量维度？**

I. 市场窗口

II. 企划案

III. 管理层支持

IV. 财务状况

V. 跨职能支持

A. I、II、III、IV　　　B. I、II、IV、V　　　C. I、II、III、V　　　D. I、II、III、IV、V

通关密卷一参考答案及详解

1. **答案：D。考点提示：新产品开发流程中的角色。**

新产品开发流程中的角色有所有者（Process Owner）和推动者（Process Facilitator）。所有者对新产品开发过程中的战略结果负责，与高管一起，确保新产品系统按照过程顺利进行，平衡资源，确保战略一致性等；推动者负责新产品系统实施，负责产品开发过程的持续改进，培训团队、把关者和用户等。

把关者是门径管理流程中的角色，其职责包括跨职能管理团队在关口处批准项目，这些管理者来自技术、营销、运营或财务等部门。把关人可以打开或关闭关口，证明项目继续符合在项目章程中所概述的战略目标。把关人的"不通过"或"终止"的决定，阻止项目继续运行。把关人必须有批准下一阶段计划工作的预算支配权，给项目分配足够和适当的资源的能力。

执行者并不是新产品流程的特定角色。

2. **答案：D。考点提示：产品跨职能团队。**

Ⅰ错误，产品团队负责产品的全生命周期管理，而项目团队负责产品开发和演进。

Ⅱ错误，产品发布后，从原型到产品跨越鸿沟的阶段，产品管理最好由跨职能团队主导，而不是立即解散。

Ⅲ和Ⅳ正确，故选D。

3. **答案：C。考点提示：产品发布审计。**

A项，高管应在产品管理早期参与，因为早期参与可以决定产品战略方向，有利于产品的成功上市，而不是在上市后参与。

B项，专职的产品经理应当设立，但不仅仅是上市后，应该着眼于整个产品生命周期。

C项，产品发布后遇到不少问题，比较好的方式是产品发布审计，发现产品问题，从而协调跨部门资源及时跟进和解决。故C项正确。

D项，产品管理的绩效指标应合理设置，这个说法没错，但是对于题意来说并不能解决问题。因为仅有绩效指标，而没有类似审计的手段是不可能有效发现问题和解决问题的。

4. **答案: B**。考点提示: **门径管理流程**。

整个门径管理流程有五个阶段和五个关口。

A 项是第二个关口重点关注的评审任务。B 项是第一个关口重点关注的评审任务。C 项是第四个关口重点关注的评审任务。D 项是第五个关口重点关注的评审任务。

还有一个关口是概念评审: 立项值得吗? 这是第三个关口重点关注的评审任务。

5. **答案: D**。考点提示: **商业论证**。

A 项说法正确, 因为商业分析从概念产生到开发阶段, 是不断渐进明细, 不断丰富的。

B 项说法正确, 商业论证记录了针对商业问题的不同解决方案, 以及选择某一个解决方案的商业理由。因此可以说是权衡产品概念选择的投资决策。

C 项说法正确, 商业论证关于成本和收益的估算精度是不断细化的, 原因在于从概念产生到开发阶段, 信息也在不断丰富, 因此估算精度也逐步提高。

D 项说法不正确, 项目章程标志着项目的正式启动, 而商业论证是项目章程的重要输入。因此选 D。

6. **答案: B**。考点提示: **门径管理流程**。

A 项错误, 机会识别阶段, 重点是判断要不要进入市场。

B 项, 概念评估的市场需求分析就是概念测试, 重点分析消费者想要什么, 目的是更好地定义产品。因此选 B。

C 项错误, 开发阶段的产品使用测试, 重点是分析市场是否能接受产品。

D 项错误, 上市阶段的市场测试, 重点是分析消费者购买产品的意愿。

7. **答案: A**。考点提示: **创新指标**。

II 说法不正确。指标不应有太大的复杂性, 否则不易被理解, 起不到有效衡量的作用。I、III、IV 说法正确。

8. **答案: A**。考点提示: **产品生命周期**。

I 说法正确。从广义上来讲, 产品生命周期包括新产品规划、新产品导入和发布后的产品管理三部分。

II 说法不正确。广义的产品生命周期有八个关口检查点, 而狭义的产品生命周期则有五个关口检查点。

III 说法不正确。新产品导入阶段往往不能给企业带来正现金流, 通常在新产品增长或成熟期才能给企业带来正现金流。

IV 说法正确。PDCA 戴明环是计划—执行—检查—改进的循环, 本质是根据计划对实际成果评估。而产品生命周期也是一样, 根据商业论证等计划对产品本身进行评估。

9. **答案: D**。考点提示: **智力信任**。

A 项, 在 NPDP 中没有绩效信任这样的官方说法, 绩效是做出来的, 不是信任出来的, 故 A 不正确。

B 项, 情感信任是对高风险项目的工作团队必不可少的, 反映了团队成员之间的团结。与题干意思"团队成员相信其他成员有能力完成任务, 能胜任工作"不相符, 故 B 不正确。

C 项, 在 NPDP 中没有能力信任这样的官方说法, 能力是培养出来的, 不是信任出来的, 故 C 不正确。

D 项, 相信其他成员有能力完成任务, 被称为智力信任。与题干意思"团队成员相信其他成员有能力完成任务, 能胜任工作"相符, 故选 D。

10. **答案: D**。考点提示: **虚拟团队**。

I 说法正确, 因为虚拟团队需要安排面对面的启动会议, 一方面是让成员快速熟悉彼此, 另一方面也是营造信任的氛围。

II 说法正确, 因为有效的沟通协议可以让虚拟团队的成员明确如何沟通, 从而提升沟通效率。

III 说法正确, 因为有效的会议协议可以让虚拟团队的成员明确如何开会, 从而提升会议效率。

IV 说法正确, 因为虚拟团队不像集中办公的团队那样利于管控, 因此项目经理安排与团队成员的定期会议有利于管控。

因此选 D。

11. **答案：C。考点提示：迈尔斯和斯诺新产品战略。**

探索者战略：风险激进者，基于开拓市场机会；技术原型，多个冲刺。

捍卫者战略：狭隘和稳定的领域，核心能力，抵制激进的技术，快速抵制竞争者。

分析者战略：是跟进战略，观察竞争对手动向，然后集中研发产品、抢夺市场。

反应者战略：通常经历行业、市场或内部业务领导的变革，零散的方式进行市场的反应。

题干所述是典型的分析者战略。因此选 C。

12. **答案：C。考点提示：气泡图。**

饼状图是显示比例分布的工具。柱状图是显示分布情况（如资源分布）的工具。气泡图是风险与回报权衡的有效工具，用于平衡项目组合。仪表盘是显示项目绩效的工具。

题中提到"产品风险与回报的权衡"，与 C 项相符，故选 C。

13. **答案：C。考点提示：财务方法和非财务方法。**

Ⅰ正确。组合决策财务方法和非财务方法要结合运用。

Ⅱ正确。组合决策的原则之一是战略一致性。

Ⅲ正确。组合决策中要用到多种工具。

Ⅳ不正确。组合决策中要用到多种工具，不仅要用到财务方法，也要用到非财务方法。

14. **答案：D。考点提示：产品概念。**

产品概念的生命周期经历了机会识别、概念生成、概念评估、开发、上市五个阶段。

15. **答案：B。考点提示：高管在新产品战略中的作用。**

A 项，高管在新产品战略中的作用是瞄准市场机会，而不是开发市场机会。故 A 不正确。

B 项，高管在新产品战略中的作用有瞄准市场机会和有效管理资源，故 B 正确。

C 项，管理新产品开发过程是产品经理的职责，不是高管的职责，故 C 不正确。

D 项，项目实施是项目经理的职责，不是高管的职责，故 D 不正确。

16. **答案：A。考点提示：产品路线图。**

A 项，产品路线图确定了满足未来技术和市场需求的多个必要步骤，包括产品平台和衍生产品，故 A 正确。

B 项，产品路线图无法决定产品的平台战略，产品的平台战略是由创新战略所决定的，故 B 不正确。

C 项，产品路线图并不是关于整个产品线的图形化显示，故 C 不正确。

D 项，产品路线图不是产品开发的路径，而是满足未来技术和市场需求的产品路径，故 D 不正确。

17. **答案：D。考点提示：产品生命周期。**

A 项，组合管理才是有效调配各阶段的资源，故 A 不正确。

B 项，产品生命周期不仅仅为了明确产品发展的阶段，更重要的是预测产品在不同周期阶段的战略和战术选择，故 B 不正确。

C 项，产品生命周期不能预测各阶段的收益，因为每个阶段的收益与产品销量和定价有关，而不是与产品生命周期有关，故 C 不正确。

D 项正确。故选 D。

18. **答案：A。考点提示：产品生命周期。**

Ⅰ正确。从产品生命周期管理来讲，产品可行性不高，应当立即终止或优化，而不是听之任之。

Ⅱ不正确。如果产品进入成熟或衰退期，更需要关注产品的发展。尤其是进入衰退期后，应该制定产品收割策略，明确其未来的方向，是使其退市，还是重新定位。

Ⅲ正确。运维老产品的产品经理通常没有良好的职业发展通道，也得不到较高的组织可见度，因此高层领导应当给予职业发展方面的关怀。

Ⅳ正确。利用营销组合投资可以有效维持产品的生存，因为营销本身就是扩展产品市场份额，或提升市场认知度的一种策略。

综上所述，A 项正确。

19. 答案: B。考点提示: 安索夫矩阵。

A 项, 市场渗透, 通过提高现有产品或市场的销售规模来带动增长的市场战略, 是最经济的战略;

B 项, 市场开发, 为现有产品线打开新市场。

C 项, 产品开发, 开发新产品来更好地满足现有市场的需求。

D 项, 多元化, 既包括新产品开发又包括开发新市场; 风险较高; 依赖当前经济和行业趋势; 横向 (产业链延伸) 和纵向 (崭新领域) 多元化。

根据题意, 公司正致力于新的产品市场战略, 它试图通过开拓新的市场区域, 吸引更多的客户来购买他们的产品。这是市场开发的特征, 即开发新的市场区域, 故选 B。

20. 答案: D。考点提示: 新技术应用来源。

新技术应用的来源包括内部研发、版权活动、共同创造和开源, 因此选 D。

21. 答案: D。考点提示: 盈亏平衡点。

A 项, 贴现值与企业当前的现金流有关, 而与回收现金流的时间无关。故 A 不正确。

B 项, 经济利润应考虑资金的机会成本。经济利润 = 净利润 - 资金收益, 因此经济利润率与回收现金流的时间无关。故 B 不正确。

C 项, 门槛收益率是投资回报率的变形, 投资回报率设定某一个门槛值, 则是门槛收益率, 因此门槛收益率与回收现金流的时间无关。故 C 不正确。

D 项, 盈亏平衡点是快速回收现金流的重要项目指标, 故 D 正确。

22. 答案: D。考点提示: 消费者采纳过程。

这个知识点与跨越鸿沟有关联。一个产品被消费者接纳的过程分为创新者、早期接受者、早期大众、晚期大众、落后者等五个阶段。在此期间, 应考虑创意本身、沟通路径、时间和社会系统等多个要素, 因此选 D。

23. 答案: B。考点提示: 产品创新章程。

A 项, 聚焦领域描述了目标市场、关键技术和营销方法等, 因此不包含项目的关键成功要素, 故 A 不正确。

B 项, 目的和目标包括经营目标、项目目标、绩效指标等, 产品创新章程 (PIC) 中的目的和目标部分定义了项目的关键成功要素, 故 B 正确。

C 项, 背景描述了项目目的、与战略的关系、为什么做这个项目等信息。因此不包含项目的关键成功要素, 故 C 不正确。

D 项, 特殊原则描述了项目团队内的工作关系、项目汇报频率和形式等。因此不包含项目的关键成功要素, 故 D 不正确。

24. 答案: D。考点提示: 产品创新章程。

A 项, 聚焦领域描述了目标市场、关键技术和营销方法等, 因此不包含基本规则和会议协议, 故 A 不正确。

B 项, 目的和目标包括经营目标、项目目标、绩效指标等, 因此不包含基本规则和会议协议, 故 B 不正确。

C 项, 背景描述了项目目的、与战略的关系、为什么做这个项目等信息。因此不包含基本规则和会议协议, 故 C 不正确。

D 项, 特殊原则描述了项目团队内的工作关系、项目汇报频率和形式等。因此关于基本规则和会议协议等是在产品创新章程 (PIC) 的特殊指南部分记录的, 故 D 正确。

25. 答案: D。考点提示: 名义小组技术。

A 项, 头脑风暴是一种群体创新技术。与题意不相符, 故 A 不正确。

B 项, 脑力写作是不断传递想法的思维技术。与题意不相符, 故 B 不正确。

C 项, 电子头脑风暴, 即书写头脑风暴法或头脑书写法, 即参与者不通过口头表达来传递创意, 而是写下用于解决具体问题的创意。然后, 每个参与者将他们的创意传递给其他人。后者写出自己的看法, 再将创意传递给下一个人。大约 15 分钟后，将这些创意收集在一起，进行小组讨论。与题意不相符，故 C 不正确。

D 项，名义小组技术促成面对面的讨论，并对排序达成一致。与题意相符，故 D 正确。

26. 答案：**C**。考点提示：**质量屋（QFD）**。

QFD 是一种客户之声技术，用来连接客户需求和工程设计规范，QFD 的矩阵行信息代表客户需求，矩阵列信息代表技术信息。可用联合分析法进行需求的排序。故 I 和 IV 正确，II 和 III 错误。应选 C。

27. 答案：**A**。考点提示：**产品创新章程**。

A 项，产品创新章程（PIC）是一份战略文件，整合了完成新产品开发项目的关键战略要素。这是产品创新章程（PIC）的核心价值，故 A 正确。

B 项，项目的愿景和目标固然是产品创新章程（PIC）的一部分，但这部分只是战术层面的内容，因此不是产品创新章程（PIC）的核心价值，故 B 不正确。

C 项，结合市场和技术是产品创新章程（PIC）的一部分，但这部分只是战术层面的内容，因此不是产品创新章程（PIC）的核心价值，故 C 不正确。

D 选，产品创新章程（PIC）中的目的和目标部分定义了项目的关键成功要素，但这部分只是战术层面的内容，因此不是产品创新章程（PIC）的核心价值，故 D 不正确。

28. 答案：**A**。考点提示：**探索者战略**。

A 项，探索者战略：首先上市，寻求增长，敢冒风险。探索新的商业模式是探索者战略，故 A 正确。

B 项，分析者战略：快速跟随，产品通常更好。快速跟进自身产品的竞争对手是干扰信息，其核心是探索新的商业模式，故 B 不正确。

C 项，捍卫者战略：在稳定市场中维护利基市场份额，故 C 不正确。

D 项，反应者战略：只有在遭遇威胁时才有所反应，故 D 不正确。

29. 答案：**A**。考点提示：**差异化战略**。

A 项，差异化战略聚焦于较宽的产品基础。通过交付独特的、优质的产品和建立忠诚的客户关系获取市场份额。客户通常更关注产品的品质和性能。市场上第一个推出产品就是提供独特的价值，因此是差异化战略，故选 A。

B 项，没有市场领先战略这种战略类型，故 B 不正确。

C 项，市场细分战略也称为聚焦战略（Focus Strategy）。市场细分战略适用于比较狭小的市场，而不像成本领先战略和差异化战略那样聚焦于比较广大的市场。市场细分战略的基础是对一个主要市场的深入认识，该市场通常具有独特的需求。与题意不符，故 C 不正确。

D 项，技术推动战略是库珀战略框架的一种。特点是最新技术、高度创新想法、较少关心客户需求，与题意不符，故 D 不正确。

30. 答案：**C**。考点提示：**新产品流程**。

机会识别阶段是战略方向的选择，因此机会识别阶段的活动包括战略适应性的评估、市场吸引力评估、初步技术可行性评估等，故 I、II、III 正确。IV 产品概念评估是第三阶段的活动，故不正确。

31. 答案：**D**。考点提示：**市场机会评估图**。

市场机会评估图与产品路线图通常是同一阶段产生的，主要用于评估细分市场的整体规模和潜在增长率、预期利润率，以及供应链优势。综上所述，应选 D。

32. 答案：**C**。考点提示：**门槛收益率**。

题干中说"高层希望产品项目不能低于 20% 的最低收益率，同时也要考虑项目的现金流表现情况"，因此选择项目应首先考虑门槛收益率，其次再看净现值的大小。四个选项中只有 B 和 C 高于 20% 的门槛收益率，而 C 选项的现金流净现值更大，因此选 C。

33. 答案：**A**。考点提示：**经济利润**。

经济利润应考虑资金的机会成本。经济利润 = 净利润 - 资金收益。该题目的经济利润 = 1000-3000×10%=700。

34. **答案：A。考点提示：探索者战略。**

A项，探索者战略：首先上市，寻求增长，敢冒风险。

B选，分析者战略：快速跟随，产品通常更好。

C选，捍卫者战略：在稳定市场中维护利基市场份额。

D选，反应者战略：只有在遭遇威胁时才有所反应。

题干中指出"高层管理者对于项目风险大多是风险规避者"，因此这家公司最不可能采取的战略是风险最大的探索者战略。

35. **答案：B。考点提示：组合管理。**

A项，题干指出"高层对于这些项目都很重视，并亲自参加每个项目的启动会，强调每个项目都很重要"，这说明高层支持力度很大，故A不正确。

B项，高层认为每个项目都很重要就意味着资源平均分配，组合管理不完善，没有起到价值最大化的目标，因此B正确。

C项，题干中并没有说明产品经理不胜任，因此C不正确。

D项，任何组织资源都是稀缺的，这个组织的核心问题是资源配备没有聚焦，项目间争抢资源而导致部门关系紧张。故D不正确。

36. **答案：C。考点提示：组合管理。**

标准优先级不一样时，需要进行权重分配，全体评审者都要参与评分，故C正确。

37. **答案：D。考点提示：组合管理。**

组合管理的本质是战略决策过程，并且根据决策调整资源分配，关键在于管理稀缺资源。需要持续审核与更新，保证组合项目与战略保持一致性。组合管理是在高度动态的环境中应对未来的不确定性。综上所述，四个选项均正确，故选D。

38. **答案：A。考点提示：组合中的四种项目类型。**

突破性项目（Breakthrough Projects）：通过新技术向市场引入崭新产品的项目，与组织的现有项目有明显不同，且风险水平较高。

平台性项目（Platform Projects）：开发出一系列子系统及其接口，由此建立一个通用架构，继而高效地开发、制造出其他衍生产品。基于该通用架构，一系列衍生产品得以被开发和生产。这类项目的风险通常比产品改进或渐进式改进的风险更大，但比突破性项目的开发风险要小。

衍生性项目（Derivative Projects）：由现有产品或平台衍生出的项目。它们可以弥补现有产品线的空白，建立具有成本优势的制造能力；或者基于组织的核心技术提升性能和引入新特性。通常风险水平较低。

支持性项目（Support Projects）：对现有产品渐进式改进，或提升现有产品的制造效率。通常风险水平较低。

根据题意，突破性项目不确定性较大，但收益回报也较大，故选A。

39. **答案：C。考点提示：分析者战略。**

明星产品：在一个整体市场中占有重要的市场份额，且该市场在不断增长。

野猫（问题）产品：处于一个高增长的市场之中，但尚未获得显著的市场份额。

金牛产品：在一个整体市场中占有重要的市场份额，但该市场的增长率很小。

瘦狗产品：所占的市场份额较低，所处的市场增长较慢。

分析者战略是跟进式战略，与野猫项目不匹配，因为野猫项目风险比较高。故选C。

40. **答案：A。考点提示：项目组合。**

项目组合的目标之一是选择价值最大的项目，故A正确。B项的"利润"、C项的"客户满意度"、D项的"市场份额"只是价值的一种形式，故不正确。

41. **答案：D。考点提示：项目组合。**

项目组合的维度有多个方面，成本和收益、风险和回报、产品开发难度和市场吸引力、战略一致性和行业新机会等都是常用维度。综上所述，四个选项都对，故选D。

42. 答案：**A**。考点提示：**战略桶法**。

首先排除 D 项，没有"战略统御"这一说法。

项目选择和审查的三种方法：

自上而下：也被称为"战略桶"方法。首先明确战略，再根据战略重要性排列产品优先级，并根据优先顺序将项目对应分配入战略桶中。

自下而上：自下而上的方法始于单个项目。通过严格的项目评估和筛选过程，最终形成一个战略调整后的项目组合。

二者结合：这种方法综合了自下而上和自上而下的方法的优势。

战略桶是自上而下进行资源分配，确保战略一致性，这与题干中"高层描绘了总体产品愿景，并制定了战略。组合经理负责根据高层意图进行资源的分配"的意思一致，故选 A。

43. 答案：**C**。考点提示：**两者结合法（迭代法）**。

首先排除 D 项，没有"战略统御"这一说法。

项目选择和审查的三种方法：

自上而下：也被称为"战略桶"方法。首先明确战略，再根据战略重要性排列产品优先级，并根据优先顺序将项目对应分配入战略桶中。

自下而上：自下而上的方法始于单个项目。通过严格的项目评估和筛选过程，最终形成一个战略调整后的项目组合。

二者结合：这种方法综合了自下而上和自上而下的方法的优势。

两者结合法（迭代法）是自上而下和自下而上结合的方式，这与题干中"高层通过路线图制定清晰的战略，组合经理基于战略产生资源分配的区域，关口评审团队针对每个区域的项目进行评估排序"的意思一致，故选 C。

44. 答案：**C**。考点提示：**库珀战略**。

库珀战略有五种：

差异化战略：与波特的差异化战略类似，提供价格昂贵、优越的产品。适应客户需求。

高成本多样化战略：瓷器店的公牛。研发成本高昂，较少关注市场和客户需求。

技术推动战略：最新技术、高度创新想法、较少关心客户需求。

保守战略：低风险、有限研发投入。与波特市场细分战略相近。

非博弈战略：与迈尔斯和斯诺框架的回应者战略相似。导致抄袭产品，新旧产品也不容易链接，与竞争者雷同。

45. 答案：**A**。考点提示：**组合管理**。

饼状图是反映项目类型资源分配比例的有效工具，与题意相符，故选 A。柱状图又称为直方图，通常反映分布情况，如产品缺陷分布、资源分布等。气泡图是组合平衡的工具，通常气泡图通过风险和回报来描绘项目。仪表盘是显示项目绩效的工具。

46. 答案：**A**。考点提示：**净现值**。

A 项，净现值（Net Present Value，NPV）是资金流入的现值与资金流出的现值之差。在资本预算过程中，该数值有助于分析预期投资或项目的潜在利润。净现值考虑当前和未来的收益、通货膨胀以及收益率因素。A 正确。

B 项，投资回报率（Return on Investment，ROI）＝项目收益／投资。B 不正确。

C 项，内部收益率（Internal Rate of Return，IRR）是净现值为零的贴现率（r）。C 不正确。

D 项，投资回收期（Payback Period）是项目追回成本的时间。D 不正确。

47. 答案：**A**。考点提示：**新产品流程**。

结构化的新产品开发流程包含有纪律的、确定的、正常的和可重复的，以及将萌芽创意转化为可销售产品等要素，故 I 和 II 正确。

III 不正确。新产品开发流程通常不会运用多种组合工具，这是组合管理所关注的。

IV 不正确。新产品开发流程通常会综合运用财务方法和非财务方法，而不仅仅是运用财务方法。

综上所述，选 A。

48. 答案：C。考点提示：关口评审。

A 正确。新产品开发通过阶段的关口评审来减小过程中的不确定性。

B 正确。通过关口的产品必须满足关口条件，因此关口反映了新产品开发工作完成。同时，关口也是进入下一阶段的决策点。

C 不正确。关口评审结果不仅有"通过"和"不通过"，还有"重定向"。故选 C。

D 正确。关口评审的标准一致才能确保决策的一致性。

49. 答案：B。考点提示：组合管理。

史蒂文忙于各种项目，说明不了资源使用不足。故 A 不正确。自从产品项目启动后，史蒂文就忙于应付各种项目的专家指导。故 B 正确。史蒂文各种救火，看不出能力不够。故 C 不正确。从题意中，无法看到关口控制不力，故 D 不正确。

50. 答案：C。考点提示：项目组合。

A 不正确，会导致资源过度使用。

B 不正确，会导致资源利用不足。

C 正确，项目组合中资源分配原则：当一个大型项目和一个小型项目同时分配给工程师时，生产力可以达到 80%。故选 C。

D 不正确，会导致资源利用不足，且工作协同性较差。

51. 答案：A。考点提示：新产品流程。

A 不正确，新产品流程中的关口把关者未必都是高层管理者，故选 A。

B 正确。作为跨职能团队，把关者能更好地从多角度来进行把关。

C 正确。项目必须与战略相一致。

D 正确。把关者必须有审批下一阶段计划的预算审批权，才能真正起到把关的作用。

52. 答案：A。考点提示：新产品开发流程。

新产品开发流程包括机会识别、概念生成、概念评估、开发、上市五个阶段。机会评估不是其中的流程环节，故选 A。

53. 答案：C。考点提示：新产品战略。

在制定新产品战略时，应关注业务、客户、行业趋势、政策、环境、优劣势分析等，故 I、II、III 正确。IV 不正确。现金流情况属于具体开发时考虑的因素。故选 C。

54. 答案：C。考点提示：模糊前端。

产品开发的前三个阶段（机会识别、概念生成、概念评估）称为模糊前端，A 项正确。模糊前端包含了新产品开发的启动环节，奠定了新产品开发的框架，B 项正确。模糊前端阶段往往伴随着产品概念不明确，工作不可预知的情况，D 项正确。C 项错误，模糊前端不应快速启动开发，因为现在需求和概念都不明确。故选 C。

55. 答案：D。考点提示：新产品流程。

机会识别是确定方向的阶段，因此必须与战略紧密联系。重点是确定客户需求，找寻可用市场。目的是将市场和战略计划与技术可行性分析联系在一起，以确保合理的新产品机会进入到下一阶段。故 A、B、C 正确。D 项不正确，机会识别阶段市场人员和技术人员都应参与。故选 D。

56. 答案：C。考点提示：失效分析。

A 项，卓越设计的目的是优化产品设计，提升产品质量和体验。与题意不符。

B 项，并行工程是指产品设计与制造工艺开发并行。与题意不符。

C 项，失效分析（FMEA）是识别问题和风险，从而消除和减少失败风险。与题意相符。

D 项，快速原型法是一种产品开发工具，其核心理念是所见即所得，客户看到的原型就是未来产品的样子。通过快速原型法，可以不断逼近客户的真实需求。与题意不符。

57. 答案：D。考点提示：新产品度量指标。

设计创新指标要考虑的步骤有明确业务和战略目标、规划创新指标、实施创新指标，以及开展指标项目，答案选 D。

58. 答案：A。考点提示：新产品流程。

A 不正确。概念生成阶段不应产生完整的商业论证，因为这个阶段财务估算并不精确。因此选 A。

B 正确。概念生成阶段应关注满足市场的机会，才能产生符合市场需求的产品概念。

C 正确。概念生成阶段应确定尽可能多的想法，解决确定的客户问题，从而为后续概念评估的阶段做准备。

D 正确。概念生成阶段通常使用头脑风暴来产生解决问题的方法。

59. 答案：C。考点提示：新产品流程。

A 项应是开发阶段产品测试（伽马测试）的目的。B 项应是开发阶段产品测试（贝塔测试）和市场测试的目的。C 项，新产品流程中初步的技术与市场评估的目的是确定先前使用过什么技术，以及产品如何满足消费者。故选 C。D 项应是机会识别阶段技术分析和竞争者分析的目的。

60. 答案：C。考点提示：新产品战略。

A 错误，战略是企业基于行业定位、机遇和资源，为实现长远目标而制定的规划，而不是严肃地玩一场游戏。

B 错误，确定资源分配是组合管理的关注点，而不是战略所关注的事情。

C 正确，战略就是找到聚焦点，将组织资源集中于一点产生更好的竞争优势。

D 错误，战略与战术是两个层面的事情。

61. 答案：B。考点提示：新产品概念。

新产品概念关注给客户的利益，以及产品或服务的核心功能改变，包括收益、产品形式和开发技术三部分，故 I、II、IV 正确。III 不正确，新产品概念不能保证一定能转化为成熟的产品，因为新产品流程存在很大的不确定性。综上所述，答案选 B。

62. 答案：B。考点提示：致命变因（杀手变量）。

I 正确。杀手变量是产品开发中的重大问题，如技术、政策等。

II 正确。找到杀手变量，有利于避免项目投入更多无谓的资源。

III 不正确。致命变因（杀手变量）如果不能解决，则项目可能就没有再评估的机会，否则项目会投入更多无谓的资源。

IV 正确。试点生产和消费者研究都可以帮助找到杀手变量。

综上所述，答案选 B。

63. 答案：D。考点提示：概念评估。

A 正确。概念评估阶段开始将产品概念缩小到有限的几个，并从中挑选能立项的产品概念。

B 正确。概念评估阶段通过概念测试确定能解决客户问题的产品概念，从而进行立项。

C 正确。概念评估的可交付成果包括产品协议和商业论证，从而为后续的立项做准备。

D 不正确。概念评估的重点是确保用户对产品概念感兴趣，从而继续推进项目立项。

64. 答案：C。考点提示：产品协议。

I 正确，产品协议是技术与市场的握手协议，描述了需要做什么工作才能实现产品上市。

II 不正确，产品协议并不是给领导汇报的主要方式。

III 正确，产品协议是给产品设计者、开发人员和营销人员的行动指南。

IV 正确，产品协议需要以量化的术语来规定。

综上所述，本题选 C。

65. 答案：C。考点提示：伽马测试。

A 正确。阿尔法测试旨在发现产品的设计缺陷。

B 正确。贝塔测试检查产品在现场环境下是否能如期工作，旨在发现产品的功能缺陷。

C不正确。伽马测试是检查产品是否能满足客户需求，能否使客户满意。故选C。

D正确。产品使用测试通常包括阿尔法、贝塔和伽马三种类型，分别关注设计缺陷、功能缺陷和是否能满足客户需求。

66. 答案：B。考点提示：市场测试。

I 正确。市场测试要根据营销计划测试新产品。

II 正确。市场测试要与战略发布计划紧密相关，才能实现市场与技术的协同。

III 不正确。市场测试不是在阶段4（开发）开展的，而是在阶段5（上市）开展的。

IV 正确。市场测试的重要输出是营销计划在真实市场的模拟。

综上所述，本题选B。

67. 答案：D。考点提示：资源计划。

A 不正确，商业论证是产品项目立项的重要输入，而不是进入产品开发前需要明确的项目关键因素之一。

B 不正确，产品创新章程是产品的战略性文件。

C 不正确，产品概念表明了产品能否被客户接受。

D 正确。资源计划是产品开发前需要明确的项目关键因素之一，故选D。

68. 答案：B。考点提示：产品使用测试。

A 正确。市场测试是上市阶段的活动，目的是测试产品能否为市场所接受。

B 不正确。产品使用测试并不是上市阶段的活动，而是开发阶段的活动。故选B。

C 正确。全面量产是上市阶段的活动，目的是源源不断地给市场供应产品。

D 正确。建立分销渠道是上市阶段的活动，目的是通过分销渠道推广产品。

69. 答案：C。考点提示：上市计划。

I 正确。上市计划通常包括确定新产品的销售周期，制订沟通计划。

II 不正确。上市计划应在开发阶段制订，在上市阶段指导产品上市的活动。

III 正确。上市管理是监控上市计划的有效性。

IV 正确。上市计划在开发阶段制订，上市管理是在上市阶段执行的。

综上所述，本题选C。

70. 答案：D。考点提示：营销计划。

营销计划是关于产品如何定位、怎样加强客户与产品利益间的联系的计划。故选D。

71. 答案：B。考点提示：营销传播。

A 项不正确，营销计划包括客户价值主张、产品利益的情感联系、产品如何在市场上定位以及竞争对手对产品销售的影响等方面。

B 项正确，营销传播与营销计划紧密相关。一旦确定了针对新产品或服务的产品定位和情感联系，营销传播就要解决以什么样的最好方式传达到目标受众。

C 项不正确，分销计划需要考虑产品库存来源、产能提升速度、生产质量、分销渠道可靠性等。

D 项不正确，运营管理是如何运营产品的流程和方法。故选B。

72. 答案：C。考点提示：新产品流程。

A 项不正确，新产品流程中的全面量产涉及供应链、物流和分销渠道等多方面的问题，而不是简单地大批量生产新产品。

B 项不正确，数量重要，质量也同样重要。

C 项正确。全面量产涉及供应链、物流和分销渠道等多方面问题。故选C。

D 项不正确，全面量产涉及多方面的问题，不仅仅是产品原型的生产。

73. 答案：D。考点提示：新产品上市。

启动产品的生产过程、进行产品营销的部署、进行客户和销售人员的培训、制定客户服务和支持协议都是新产品上市的活动。故选D。

74. 答案：A。考点提示：新产品运营。

A 正确，新产品转化为主要业务后，需要与运营团队交接过渡一段时间，才能确保顺利切换到主流业务上。

B 不正确，新产品转化为主要业务后，不可能马上产生收入和盈利。

C 不正确，新产品转化为主要业务后，新产品团队不能马上分配到其他项目团队，需要等交接结束后才能解散。

D 不正确，新产品转化为主要业务后，产品团队与运营团队需要共同构建新产品的运营平台，而不能追求短期利益。

75. 答案：D。考点提示：分销计划。

分销计划需要考虑产品库存来源、产能提升速度、生产质量、分销渠道可靠性等。故选 D。

76. 答案：B。考点提示：上市后审查。

上市后审查的本质是检查缺陷和不足，目的是鼓励组织不断学习，持续改进，因此上市后审查是新产品开发项目的关键反馈环节，故 I、II、III 正确。IV 不正确，上市后审查是在上市后进行的。综上所述，选 B。

77. 答案：B。考点提示：上市后审查。

上市后审查的三个基本问题包括哪里做得好、哪里有问题，以及下次如何提高，故 I、II、IV 正确。故选 B。

78. 答案：B。考点提示：组合管理。

组合管理是一个动态的决策过程，而不是一年才更新一次的项目投资列表。故选 B。

79. 答案：C。考点提示：新产品流程。

A 不正确。要尽可能多地产生新产品概念，不能只产生一个概念。

B 不正确。不能因为上市速度产生尽可能少的新产品概念。

C 正确。尽可能多地产生新产品概念，成功概念的概率就越大。

故选 C。

80. 答案：B。考点提示：新产品流程。

A 不正确。产品创新章程是新产品流程中的机会生成阶段的可交付成果之一。

B 正确。新产品流程中的概念生成阶段的可交付成果之一就是产品概念说明。

C 不正确。产品协议是新产品流程中的概念评估阶段的可交付成果之一。

D. 商业论证是新产品流程中的概念评估阶段的可交付成果之一，故 D 不正确。

81. 答案：C。考点提示：上市后审查。

上市后审查的触发时机有三个：第一个是产品上市后，新产品团队解散前；第二个是产品上市几周或几个月，与产品销售周期一致；第三个是产品销售周期完成，通常在一年后。故 II、III、IV 正确。答案选 C。

82. 答案：C。考点提示：上市后审查。

上市后审查通常有三次，目的是评估新产品开发流程、进行早期的市场评估，以及评估战略目标和财务目标是否达成。故选 C。

83. 答案：C。考点提示：产品使用测试。

概念测试是在阶段 3（概念评估阶段）完成。营销测试是在阶段 5（上市阶段）完成。产品使用测试是在阶段 4（开发与测试阶段）完成。市场测试是在阶段 5（上市阶段）完成。故选 C。

84. 答案：C。考点提示：新产品流程。

机会识别是新产品流程中发现市场机会的阶段，故 A 不正确。

概念产生是新产品流程中生成产品概念的阶段，故 B 不正确。

新产品流程中的概念评估又称为技术开发的预评估，故 C 正确。

开发是新产品流程中生成产品原型的阶段，故 D 不正确。

85. **答案: D**。考点提示: **模糊前端**。

"模糊前端"阶段之所以称为模糊，是因为产品概念是模糊的。故选 D。

86. **答案: D**。考点提示: **市场战略**。

市场战略需要考虑: 我们的产品是什么? 我们的客户是谁? 产品如何送达客户? 为什么客户要选择我们? 综上所述，四个选项都是产品的市场战略需要考虑的因素。因此选 D。

87. **答案: C**。考点提示: **新产品流程**。

新产品在项目立项前经历了机会评估、概念评估和项目评估三个阶段，故 I、II、III 正确。

88. **答案: B**。考点提示: **市场研究**。

市场研究通常关注什么是客户最需要解决的问题、市场研究的目的是什么、市场研究需要解决哪些具体问题，但不关注市场研究的成本范围，故 I、II、IV 正确, III 错误。

89. **答案: B**。考点提示: **次级市场研究**。

次级市场研究的数据并不是针对某个特定目的或项目的，因此称为次级。故选 B。

90. **答案: D**。考点提示: **新产品战略**。

新产品战略存在问题，产品没有聚焦点，也就是产品不可能对所有人都适用，而要聚焦某些细分客户群。故选 D。

91. **答案: A**。考点提示: **次级市场研究**。

次级市场研究为主要市场研究提供支持。故选 A。

92. **答案: ; D**。考点提示: **多元化战略**。

市场开发是指开拓全新的市场，与题干中所说的多元化战略不符，因此 A 不正确。

横向多元化 (又称为水平多元化) 战略是指利用公司的优势能力，在新的市场生产新的产品。与题干中所说的多元化战略不符，因此 B 不正确。

纵向多元化 (又称为垂直多元化) 战略是指公司会收购价值链的其他公司。与题干中所说的多元化战略不符，因此 C 不正确。

侧向多元化是进入崭新的行业。如题意所说，在飞机制造方面表现出色的公司进入滑水市场，以便对冲其在飞机制造行业可能出现的不景气风险。因此 D 正确。

93. **答案: A**。考点提示: **自治团队**。

自治型团队的团队领导者非常像初创企业中的首席执行官。因此 A 正确。

团队领导者通常对团队成员完全负责，至少在项目周期内是这样的。并非团队成员自己负责。因此 B 错误。

自治型团队通常适用于重要的、周期长的项目。并非短期的项目。因此 C 错误。

自治团队的成员与组织的其他部门隔离开，通常不属于职能部门。因此 D 错误。

94. **答案: C**。考点提示: **焦点小组**。

调查问卷的特点是样本量大、成本低、时间短，故 A 不正确。

客户之声 (客户心声) 通常与人种学研究结合，并通常使用结构性的深度访谈引导潜在客户通过他们经历的一系列情境来回答问题，从而观察客户与产品如何相互交互。故 B 不正确。

焦点小组通常可以引导参与者的相互协作，从而澄清产品的特性。故 C 正确。

客户现场考察是一级市场研究的一种形式，目的是帮助公司了解客户对新产品或改进现有产品的需求。故 D 不正确。

95. **答案: A**。考点提示: **推测式销售**。

推测式销售又称为捆绑式销售，用于工业情况，销售人员根据客户对销售描述的反应来推测购买的可能性。故 A 正确。

非正式销售通常用于工业产品的免费样品销售。故 B 不正确。

假购买又称为伪销售，是仿造销售情况，客户不实际购买产品，并且往往是概念测试或焦点小组的延伸。故 C 不正确。

直销的本质是直接面向消费者，并且产品目录是根据客户来定制化的。故 D 不正确。

96. 答案：B。考点提示：客户心声。

客户之声（客户心声）通常与人种学研究结合，并通常使用结构性的深度访谈引导潜在客户通过他们经历的一系列情境来回答问题，从而观察客户与产品如何相互交互。故选 B。

97. 答案：B。考点提示：伪销售。

伪销售（假购买）是仿造销售情况，客户不实际购买产品，并且往往是概念测试或焦点小组的延伸。Ⅰ和 Ⅳ 正确

Ⅰ不正确。伪销售（假购买）不用于工业企业。

Ⅲ 不正确。推测式销售又称为捆绑式销售，用于工业情况，销售人员根据客户对销售描述的反映来推测购买的可能性。

综上所述，选 B

98. 答案：B。考点提示：试销。

展开（Roll-out）是一种分层营销技术。故 A 不正确

试销是在选定的市场范围内展开各种要素的营销活动。故 B 正确。

微市场是将产品投放到有限的销售网点，并且进行产品相关变量的测试。故 C 不正确。

直销的本质是直接面向消费者，并且产品目录是根据客户来定制化的。故 D 不正确。

99. 答案：D。考点提示：新产品团队。

职能工作团队适合于风险最低的支持型产品。

轻量级团队适合于风险较低的衍生型产品。

重量级团队适合于风险较高的平台型产品。

新问世产品的风险最高，适合使用创业团队。

100. 答案：D。考点提示：组合管理。

新产品组合通常采用多种技术来选择项目。故选 D。

101. 答案：B。考点提示：高层管理者在新产品开发中的作用。

A. 不正确。高层管理者不应在新产品开发后期参与，后期参与影响效果较小。

B. 正确。高层管理者应该在新产品开发的早期就参与，这样可以最大化影响成果。

C. 不正确。高层管理者不是自始至终深度参与，参与成本过高，且效果不好。

D. 不正确。高层管理者不应没有任何参与。

102. 答案：B。考点提示：非正式销售。

展开（Roll-out）是一种分层营销技术。故 A 不正确。

非正式销售通常用于工业产品的免费样品销售。故 B 正确。

微市场是将产品投放到有限的销售网点，并且进行产品相关变量的测试。故 C 不正确。

直销的本质是直接面向消费者，并且产品目录是根据客户来定制化的。故 D 不正确。

103. 答案：C。考点提示：新产品团队。

有兼职的项目经理，项目经理很多时间花在资源谈判上，这种组织结构通常是轻量级团队，轻量级团队适合于风险较低的衍生型产品，C 项正确。

A 项，突破型项目的风险最高，适合使用创业团队。B 项，重量级团队适合于风险较高的平台型产品。D 项，职能工作团队适合于风险最低的支持型产品。

104. 答案：C。考点提示：微市场。

微市场是将产品投放到有限的销售网点，并且进行产品相关变量的测试。故 C 正确。

105. 答案：A。考点提示：问卷调查。

调查问卷的特点是样本量大、成本低、时间短。故 A 正确。

106. 答案：D。考点提示：客户现场考察。

客户现场考察是一级市场研究的一种形式，目的是帮助公司了解客户对新产品或改进现有产品的需求。故 D 正确。

107. 答案：C。考点提示：受控销售。

I 正确。受控销售通常用于同时测试营销计划和新产品。在受控销售中产品配送是受限的，以至于供应链没有在商业水平上得到完全测试。

II 正确。在全销售方法中，产品可在没有大量约束或限制的情况下销售。

III 正确。在全销售方法中，产品同时测试物流和供应链系统。

IV 不正确。受控销售的营销计划不完整。

108. 答案：C。考点提示：新产品团队。

团队的定义为：正致力于一个共同目的、一组绩效目标的具有互补技能的少数人员，并为此相互负责。I、II、III 正确。IV 不正确。团队是相互负责，而不是各自负责。故选 C。

109. 答案：A。考点提示：展开。

展开（Roll-out）是一种分层营销技术。故 A 正确。

110. 答案：C。考点提示：DFX 卓越设计系统。

并行工程是指产品设计与制造工艺开发并行。故 A 不正确。

计算机辅助设计（CAD）和计算机辅助工程（CAE）的软件是设计人员和工程师使用计算机来完成设计工作的工具。故 B、D 不正确。

DFX 卓越设计系统考虑生命周期的所有问题。故 C 正确。

111. 答案：D。考点提示：直销。

直销的本质是直接面向消费者，并且产品目录是根据客户来定制化的。故 D 正确。

112. 答案：C。考点提示：新产品团队。

职能工作团队的特点是没有正式的项目经理，开发工作都是依次完成的。故 A 不正确。

轻量级团队有兼职项目经理，项目工作的优先级小于职能工作。故 B 不正确。

重量级团队通常是有专职的项目经理和成员，项目经理设定工作优先级。故 C 正确。

创业团队有高管任职的项目经理，完全独立自治。项目经理对项目有完全的掌控权。故 D 不正确。

113. 答案：B。考点提示：新产品团队。

成员选择和分配同时考虑组织发展和个人发展两方面的诉求，III 表述错误。需要根据业务需求、项目需求、成员技能、职业发展等综合因素来选择成员，故 I、II 表述正确。团队成员对产品可能有不同观点，需整合团队成员的任务，以达到创新的目的，故 IV 表述正确。综上所述，选 B。

114. 答案：D。考点提示：新产品团队。

新产品开发团队需要考虑团队架构、团队目标、团队文化三个要素，而不是单一要素。故选 D。

115. 答案：C。考点提示：产品度量指标。

I 正确。项目目的和目标都要记录在产品创新章程（PIC）中。

II 正确。绩效目标和成功措施都需要考虑，以保障项目的成功。

III 正确。项目指标与战略一致才能确保方向正确。

IV 不正确。绩效指标需要考虑项目目标和人员发展目标。

综上所述，选 C。

116. 答案：B。考点提示：新产品团队。

I 正确。新产品团队的职责之一就是严格控制新产品开发的出错率，减少项目成本，确保项目成功率。

II 正确。新产品团队需要鼓励创新，因此鼓励成员分享不同的观点。

III 正确。新产品团队需要鼓励创新，因此鼓励团队不断改进和学习。

IV 不正确。新产品团队需要容错，并且弱化权威。

综上所述，选 B。

117. 答案：C。考点提示：新产品团队。

A 是职能型团队的特点，不适合开发公司新产品。故 A 不正确。

B 是轻量级团队的特点，不适合开发公司新产品。故 B 不正确。

C 是创业团队的特点，公司新产品最好用创业团队。故 C 正确。

118. 答案：B。考点提示：商业模式。

价值主张是产品传递给客户的核心利益。故 A 不正确。

客户渠道是考虑如何将产品的价值主张传递给客户。故 B 正确。

客户关系是如何维护与客户之间的良好关系。故 C 不正确。

关键业务指的是关键业务环节有哪些。故 D 不正确。

119. 答案：A。考点提示：项目沟通。

Ⅰ 正确。项目经理应关注与项目相关的不同沟通渠道，以达到更好的沟通效果。

Ⅱ 正确。项目经理应注重与项目发起人的有效沟通。

Ⅲ 正确。项目经理应花费大量时间用于项目的沟通，平衡各相关方的诉求。

Ⅳ 不正确。项目经理通常同时应用同步和异步的沟通方式。

综上所述，应选 A。

120. 答案：B。考点提示：塔克曼模型。

形成阶段是建立团队行为规则和文化的阶段。故 A 不正确。

震荡阶段与高度的冲突情绪相关联，因为个体成员在相互竞争，确立在新组织（新产品开发团队）中的层级地位，因此团队冲突最大的阶段最可能是在震荡阶段。故 B 正确。

规范阶段，团队统一于共同的目标、理念和目的。故 C 不正确。

成熟阶段，团队从事建设性的工作，并试图将先前确定的任务和活动圆满完成。故 D 不正确。

121. 答案：C。考点提示：塔克曼模型。

规范阶段，团队统一于共同的目标、理念和目的。故 C 正确。

122. 答案：C。考点提示：团队合约。

团队合约又称团队章程，记录了新产品开发团队成员之间的内部协议。诸如沟通和会议协议、商业计划书和目的、项目可交付成果等都是其中的条目。C 项销售预测不是团队合约的内容。故选 C。

123. 答案：B。考点提示：并行工程。

并行工程是指产品设计与制造工艺开发并行。故选 B。

124. 答案：A。考点提示：RACI 模型。

B 项名义小组技术是对输出的想法进行排序或优先级划分；C 项亲和图是将众多想法进行分类的有效方法；D 项德尔菲是在一组专家内部采用的重复打分法，据此得出对未来情况的最可能预测。三者都是用于解决团队问题、有效决策的工具之一。A 项 RACI 模型不是解决团队问题的工具，而是团队责任分配的工具。故选 A。

125. 答案：D。考点提示：高层管理者在新产品开发中的作用。

高层管理者在新产品开发项目中承担啦啦队队长、发起人、引导者、教练或导师的角色。综上所述，选 D。

126. 答案：C。考点提示：问题思维技术。

问题思维技术通常是最先使用的，其次是发散思维和聚合思维技术。目的是先通过问题思维技术识别问题，其次是通过发散思维技术尽可能地产生创意，最后是通过聚合思维技术进行产品创意和产品概念的筛选，最终产生立项。故选 C。

127. 答案：A。考点提示：问题思维技术。

基于问题的思维技术用于机会生成和概念生成阶段，目的是通过问题思维技术识别问题，从而生成产品创意和产品概念。综上所述，选 A。

128. 答案：D。考点提示：情景分析。

头脑风暴是利用群体的力量来创造性地解决问题的方法。故 A 不正确。

SWOT 分析组织的优势、劣势、机会和威胁，有助于发现问题。故 B 不正确。

名义小组技术是对输出的想法进行排序或优先级划分，是用于解决团队问题、有效决策的工具之一。故 C 不正确。

情景分析是基于推测的故事和通用人物，来研究客户选择和购买产品的行为。故 D 正确。

129. 答案：B。考点提示：脑力写作。

头脑风暴是利用群体的力量来创造性地解决问题的方法。故 A 不正确。

脑力写作是不断传递想法的思维技术。故 B 正确。

电子头脑风暴适合利用网络技术进行头脑风暴，产生更多创意。故 C 不正确。

名义小组技术是对输出的想法进行排序或优先级划分。故 D 不正确。

130. 答案：A。考点提示：产品创新章程。

聚焦领域部分是将技术、产品和市场进行关联的部分。故 A 正确。

目的和目标描述了针对新产品开发项目的目的和目标。故 B 不正确。

背景部分目的是确认战略，将项目工作和企业战略及业务单元的目标关联起来。故 C 不正确。

特殊原则记录了产品团队的基本的工作规则。故 D 不正确。

131. 答案：B。考点提示：思维技术。

I SWOT 分析组织的优势、劣势、机会和威胁，有助于发现问题，是思维技术之一，故该项正确。

II 产品概念声明解释了在产品或服务上将有什么改变，以及客户如何从变化中获益，是思维技术之一，故该项正确。

III 人种学市场研究是观察和学习客户的行为，以及潜在客户如何与产品互动，是思维技术之一，故该项正确。

IV 对问题进行市场预测和财务分析并不是思维技术，故该项不正确。

综上所述，选 B。

132. 答案：A。考点提示：计算机辅助设计（CAD）和计算机辅助工程（CAE）。

计算机辅助设计（CAD）和计算机辅助工程（CAE）的软件是设计人员和工程师使用计算机来完成设计工作的工具。CAD 是一个静态的设计工具，CAE 是一个动态的辅助工具。故选 A。

133. 答案：A。考点提示：新产品团队。

职能工作团队的特点是没有正式的项目经理，开发工作都是依次完成的。故 A 正确。

轻量级团队有兼职项目经理，项目工作的优先级小于职能工作。故 B 不正确。

重量级团队有强势项目经理，项目工作的优先级大于职能工作。故 C 不正确。

创业团队有高管任职的项目经理，完全独立自治。项目经理对项目有完全的掌控权。故 D 不正确。

134. 答案：A。考点提示：失效分析 FMEA。

失效分析 FMEA 找到失效原因，并且评估每种类型失效的结果。故 A 正确。

计算机辅助设计（CAD）和计算机辅助工程（CAE）的软件是设计人员和工程师使用计算机来完成设计工作的工具。故 B、D 不正确。

DFX 卓越设计系统考虑生命周期的所有问题。故 C 不正确。

135. 答案：C。考点提示：仿真。

仿真和原型都是以低成本模拟新产品概念和功能，目的是快速测试产品是否可行，可以在产品制造前就利用仿真和原型技术进行测试改进，从而以低成本确认产品。I、II、IV 正确。III 不正确。仿真通常没有实体模型。综上所述，选 C。

136. 答案：B。考点提示：营销组合 4P。

营销组合 4P 是产品、价格、投放和推广。故选 B。

137. 答案：**D**。考点提示：*产品发布后的绩效维度*。

产品发布后的绩效维度通常要考虑损益表、法律法规、与其他职能的合作、人力资源管理、供应链管理、理。综上所述，选 D。

138. 答案：**B**。考点提示：*使命*。

愿景描述了一个产品或组织最期望的未来状态。故 A 不正确。

使命是组织存在的意义。故 B 正确。

价值观是指引一家公司的道德准则。故 C 不正确。

战略是一个公司根据其在行业中的地位、新的机会和可用的资源，为取得长远目的和目标而制定的策略。故 D 不正确。

139. 答案：**D**。考点提示：*项目三重制约*。

项目管理的三重制约是范围、时间、成本，重心是质量。综上所述，选 D。

140. 答案：**D**。考点提示：*进度压缩方法*。

工作分解结构（WBS）是将工作分解到工作包的方法。故 A 不正确。

关键链法是通过识别关键路径来规划进度的方法。故 B 不正确。

快速跟进是改变活动逻辑关系，而赶工是资源换时间。故 C 不正确、D 正确。

141. 答案：**C**。考点提示：*颠覆式创新（突破式创新）*。

渐进创新是小步改进式的创新。故 A 不正确。

维持创新是小步改进式的创新。故 B 不正确。

突破式创新是从边缘市场开始，逐步成为主流市场的产品。故 C 正确。

开放创新主动寻求外部和内部的创新源。故 D 不正确。

142. 答案：**D**。考点提示：*产品生命周期管理*。

产品生命周期需要考虑的组合决策包括规划中的产品应该继续还是取消、开发中的产品是否可以满足企划案的目标、是否需要简化目前处于增长阶段的产品的运营支持结构、是否需求简化或终止某条产品线。综上所述，选 D。

143. 答案：**B**。考点提示：*新产品发布策略*。

新产品发布策略与市场和技术都有关系，与需求的潜在市场大小相关，需要依靠市场测试来证实产品是否能被消费者所接受，确认产品是否具有满足客户价值主张的能力。综上所述，选 B。

144. 答案：**D**。考点提示：*开放式创新*。

开放式创新的优点是引入外部智力，共同创造。故选 D。

145. 答案：**B**。考点提示：*参数估算*。

A. 工作分解结构（WBS）是将工作分解到工作包的方法。故 A 不正确。

B. 参数估算是估算单位数，再乘以单位的数量。故 B 正确。

C. 自下而上估算法是估算工作包的成本或进度，然后叠加到顶层的工作的成本或进度。故 C 不正确。

D. 历史数据是根据历史的项目数据进行估算，经常与参数模型结合使用。故 D 不正确。

146. 答案：**C**。考点提示：*假设*。

假设因素与风险相关，因此应将假设因素记录到风险登记册中。C 项正确。

147. 答案：**A**。考点提示：*商业模式*。

商业模式的核心要素包括客户价值主张、盈利模式、客户渠道、客户关系等。综上所述，选 A。

148. 答案：**C**。考点提示：*产品创新章程（PIC）*。

聚焦领域部分是将技术、产品和市场进行关联的部分。故 A 不正确。

目的和目标描述了针对新产品开发项目的目的和目标。故 B 不正确。

产品创新章程（PIC）的背景部分确认项目的战略和目的。故选 C。

特殊原则记录了产品团队的基本的工作规则。故 D 不正确。

149. 答案：C。考点提示：ATAR 模型。

ATAR 模型分别是知晓（Aware）、尝试（Trial）、购买（Available）、重复购买（Repeat purchase）。故选 C。

150. 答案：C。考点提示：高层管理者在组合管理中的角色。

高层管理者在组合管理中的角色包括方向指引者、项目组合经理、产品线架构师等，不包括产品发起人。综上所述，选 C。

151. 答案：D。考点提示：组合管理。

新产品开发早期应以非财务评分标准为主，更符合早期信息不确定性较高的特性。故选 D。

152. 答案：C。考点提示：组合管理。

组合评审者可以包括高层管理者、事业部经理、职能经理等，但不包括产品经理。综上所述，选 C。

153. 答案：A。考点提示：创新项目指标。

资源、进度、成本和质量并不是公司指标的平衡计分卡所考虑的要素，故选 A。

154. 答案：B。考点提示：创新项目指标。

创新项目指标包括战略支持、业务增长、财务回报、组织能力、最佳实践、持续学习等。综上所述，选 B。

155. 答案：D。考点提示：产品平台战略。

未来能够快速推出标准化产品系列，并可以简化产品设计，因此应该制定有效的产品平台战略。故选 D。

156. 答案：B。考点提示：市场战略。

市场人员反映他们并不知道该产品应推销给谁，以及如何推销，这说明该公司缺乏有效的市场战略。故选 B。

157. 答案：B。考点提示：市场导向。

强烈的市场导向、市场渠道和客户聚焦导致新产品佼佼者和失败者的差别。故选 B。

158. 答案：D。考点提示：新产品概念。

新产品概念的来源包括研发、市场和 / 或运营的内部来源、教育机构、发明者、研究机构、领先用户的外部来源等。故选 D。

159. 答案：C。考点提示：联合分析。

联合分析是获得客户关于产品属性看法的市场研究技术，是用来进行产品属性排序的，可与 QFD 结合使用。综上所述，选 C。III 不正确。联合分析不是用来销售预测的。

160. 答案：A。考点提示：回应者战略（反应者战略）。

迈尔斯和斯诺的反应者战略与非博弈战略相近，其特点都是被动反应市场的变化。故选 A。

伴随着有限研发投入的低风险战略被称为保守战略。产品开发工作和现有产品线紧密相关，研发主要聚集于公司熟悉的领域。故 B 不正确。

迈尔斯和斯诺的分析者战略通常会快速跟随探索者公司，模仿探索者公司的产品。故 C 不正确。

波特的差异化战略通过交付优越和独特的客户体验赢得市场份额和忠诚的客户。故 D 不正确。

161. 答案：D。考点提示：电子头脑风暴。

电子头脑风暴适合利用网络技术进行头脑风暴，产生更多创意。故 D 正确。

162. 答案：B。考点提示：亲和图。

民主投票是通过每个人参与投票的方式来进行决策。故 A 不正确。

亲和图适合将创意进行快速分类。故 B 正确。

SWOT 分析组织的优势、劣势、机会和威胁，有助于发现问题。故 C 不正确。

情景分析是基于推测的故事和通用人物，来研究客户选择和购买产品的行为。故 D 不正确。

163. 答案：D。考点提示：产品生命周期。

产品的企划案中有关于产品处于产品生命周期哪个阶段的描述，故选 D。

164. 答案：A。考点提示：产品原型。

产品原型出来后不能马上进入全面量产，A 项说法错误，故选 A。

产品原型描述完整的功能，满足客户需求；有最终产品的外观和感觉；可以让客户进行测试。B、C、D 说法均正确。

165. 答案：C。考点提示：新产品流程。

新产品定价和成本信息是在开发阶段的全面商业论证中产生的。故选 C。

166. 答案：C。考点提示：安索夫矩阵。

报告仪表盘是反映项目的健康状况的工具。故 A 不正确。

产品 KPI 是反映产品关键绩效指标。故 B 不正确。

安索夫矩阵可以帮助产品生命周期阶段确定后的措施明确。故 C 正确。

4P 营销组合模型是进行产品营销的工具。故 D 不正确。

167. 答案：D。考点提示：组合管理。

题意表明产品线组合有问题，应优化产品组合，故选 D。

168. 答案：B。考点提示：组合管理。

新产品规划和导入的项目往往只会带来负现金流，要等到产品到了增长和成熟阶段才会带来正现金流，I、II 正确。组合管理的目的是制定决策框架，以及所触发的行动，因此组合管理应与公司和部门的发展战略建立连接，IV、V 正确。III 不正确。组合管理重点不是回顾和分析成果，而是进行产品决策。综上所述，应选 B。

169. 答案：A。考点提示：技术应用。

技术应用的底层原因是 Know-why，故 A 正确。

170. 答案：C。考点提示：产品生命周期。

上市阶段是规划产品生命周期的较好时机，故 C 正确。

171. 答案：C。考点提示：产品治理。

产品治理的一级流程包括新产品开发决策、企划案回顾、项目筛选、营销组合管理等。产品组合优化不是产品治理一级流程，而是二级治理流程，故选 C。

172. 答案：D。考点提示：产品治理。

产品治理二级流程包括关口产品开发流程、创新方案监管、产品组合优化等。营销组合管理不是产品治理二级流程，而是一级治理流程，故选 D。

173. 答案：A。考点提示：新产品流程。

新产品构思和概念产生的步骤包括授权进行构思、构思会议、筛选、改进想法和最终概念等。不包括选择构思工具，故选 A。

174. 答案：B。考点提示：新产品流程。

预测和财务分析不是静态分析的。故 A 不正确。

预测和财务分析应当视为活化的——不断演变，随着新产品概念了解更多需要及时修订。故选 B。

同样类型的预测和财务分析不能应用于所有项目类型。故 C 不正确。

不是为新产品的预测和财务分析生成销售历史数据的报告，故 D 不正确。

175. 答案：C。考点提示：产品定位。

战略平台决策就是要确定如何定位产品，故选 C。

176. 答案：D。考点提示：麦哲伦流程。

对话领军企业、开展创新讨论会、产生白皮书框架等都是麦哲伦流程的一部分，故选 D。

177. 答案：B。考点提示：产品细分战略。

波特的差异化战略通过交付优越和独特的客户体验赢得市场份额和忠诚的客户。故 A 不正确。

定位在核心商业区的上班白领，而且只提供中餐，这属于产品细分战略，故选 B。

成本领先战略追求成本优势，着眼于广阔的市场。故 C 不正确。

迈尔斯和斯诺的快速跟进战略通常会快速跟随探索者公司，模仿探索者公司的产品。故 D 不正确。

178. 答案：C。考点提示：新产品流程。

市场测试是上市阶段的活动，目的是测试产品能否为市场所接受。故 A 不正确。

产品使用测试通常包括阿尔法、贝塔和伽马三种类型，分别关注设计缺陷、功能缺陷和是否能满足客户需求。故 B 不正确。

阶段 3（立项分析）使用的市场研究测试手段是概念测试，故选 C。

179. 答案：D。考点提示：产品使用测试。

产品使用测试是客户通过实际使用产品来验证用户对产品的体验，目标需要记录在产品协议中，包含了全面量产的提前测试，输出是产品销售、交付、支持等设施的提前准备。综上所述，选 D。

180. 答案：B。考点提示：产品团队。

相属关系的增强可以加强团队的合作与分享，故 B 正确。

181. 答案：C。考点提示：新产品概念。

新产品概念包括客户利益、技术和形式三要素，故 C 正确。

182. 答案：B。考点提示：质量功能展开（QFD）。

质量功能展开（QFD）的流程顺序：确定客户心声—调查客户需求—制定矩阵行信息（需求信息）—制定矩阵列信息（技术信息）—分析产品需求开发矩阵（需求与技术的关系）。因此选 B。

183. 答案：C。考点提示：探索者战略。

探索者战略应将多数资源投资于突破型和平台型的产品项目，而题意中突破型和平台型的产品项目加起来只有 30%，因此该组合与战略没有很好地对应，故选 C。

184. 答案：C。考点提示：财务分析。

项目初期适用于非财务指标，财务指标往往用于项目后期，因为可以更加精确。故 A 不正确。

项目中期适用于非财务指标和财务指标混合的方式。故 B 不正确。

财务指标往往用于项目后期，因为可以更加精确。故 C 正确。

项目上市后，确定性越来越大，没必要采用财务指标预测了。故 D 不正确。

185. 答案：B。考点提示：思维技术。

收敛思维技术通常用于对大量想法进行筛选，最终聚焦于 2 ～ 3 个想法。不应对想法产生负面的评论。应从客户角度，以及创新的基本要素出发来考虑。I、II、III 正确。IV 不正确，收敛思维得到产品概念后，需经过全面筛选和立项分析，才能进入开发阶段。综上所述，选 B。

186. 答案：D。考点提示：新产品定义。

新产品包括新问世、新公司、产品线的衍生产品、改良产品、新定位产品和降本产品六种。综上所述，选 D。

187. 答案：A。考点提示：产品创新章程（PIC）。

产品创新章程（PIC）包括背景、目的和目标、聚焦领域、特殊指南四个方面。不包括详细的财务分析和项目计划。综上所述，选 A。

188. 答案：B。考点提示：新产品流程。

新产品流程中开发阶段往往周期最长、成本最高，故选 B。

189. 答案：D。考点提示：新产品流程。

在开发阶段，产品原型开发完成，产品需要通过市场测试，需要制订运营计划和市场计划。综上所述，选 D。

190. 答案：A。考点提示：产品创新章程（PIC）。

产品创新章程（PIC）提供了新产品概念的聚焦点和方向，故 A 正确。

团队合约明确了新产品项目的目的和团队成员的角色和职责，故 B 不正确。

项目章程定义了新产品项目的里程碑和详细的团队可交付成果，故 C 不正确。

风险登记册和风险管理计划识别新的产品项目风险、应急计划和储备金，故 D 不正确。

191. 答案：B。考点提示：概念测试。

概念测试最重要的就是能过滤和消除不好的概念，并帮助制定好的概念。故选 B。

192. 答案：D。考点提示：产品协议。

产品协议是握手协议，因此要沟通对开发团队的必要因素，也需要定义研发团队交付的可交付成果，以可测量结果的方式来定义需求。故 D 正确。

193. 答案：C。考点提示：新产品流程。

市场与技术应密切合作，因此参与了会议了解进度是合适的做法，故选 C。

194. 答案：D。考点提示：新产品战略。

周密的战略不是每两年折腾一次组织变更，故 A 不正确。

周密的战略不是应用财务方法去做所有新产品开发的决策，也应综合非财务方法，故 B 不正确。

周密的战略不是拥有行业最快的周期时间，快不一定都是好事，故 C 不正确。

周密的战略是新产品开发的关键最佳实践，故选 D。

195. 答案：B。考点提示：市场测试。

市场测试不总是用于测试产品组合包和市场计划，故 A 不正确。

市场测试的最终目的是验证新产品是否能为市场所接受。因此当 B 选项成立时，市场测试的必要性就不大。因此选 B。

伪销售（假购买）是仿造销售情况，客户不实际购买产品；并且往往是概念测试或焦点小组的延伸，因此伪销售（假购买）不能提供关于客户是否会购买新产品的全面和准确的信息，故 C 不正确。

市场测试有多种方法，测试产品的市场不一定是市场测试最有力和成功的方法，需要根据情况选用合适的方法，故 D 不正确。

196. 答案：D。考点提示：产品平台战略。

这个问题的关键是公司产品平台战略不完善，故选 D。

197. 答案：D。考点提示：产品使用测试。

产品使用测试分为阿尔法、贝塔和伽马测试三种，可以回答产品是否正常、产品是否能解决问题就会导致产品的开发、产品是否能解决客户所有的问题等问题。故选 D。

198. 答案：B。考点提示：客户现场考察。

焦点小组（焦点研讨）通常可以引导参与者的相互协作，从而澄清产品的特性。故 A 不正确。

客户现场考察是一级市场研究的一种形式，目的是帮助公司了解客户对新产品或改进现有产品的需求。故 B 正确。

调查研究、取样和统计的特点是样本量大、成本低、时间短。故 C 不正确。

市场测试的最终目的是验证新产品是否能为市场所接受。故 D 不正确。

199. 答案：B。考点提示：产品生命周期管理。

发布管理系统可以有效跟踪新产品发布的潜在问题，从而及时解决，故选 B。

200. 答案：C。考点提示：产品生命周期管理。

缺口分析量表是新产品发布后持续进行产品生命周期管理的有效方法，其考量维度包括市场窗口、企划案、管理层支持和跨职能支持等方面。缺口分析量表不包括财务状况。综上所述，选 C。

1. 你是一家世界五百强公司的 **CPO**（首席产品官）。公司高层授权你制定公司的整体产品战略。你计划近期召开一次关于公司产品战略的研讨会，邀请公司高层与公司重要产品线的总监一起参与。在这个会上，你计划向与会者们说明战略层级的关系。关于战略层级，以下说法哪个是错误的？

    A. 组织必须有整体战略，该战略为组织提供目标、目标优先级以及聚焦点

    B. 对于大型和多领域的组织，组织战略也称为公司战略

    C. 对于小型组织可以称为事业部战略或经营战略

    D. 大部分公司依靠战略变革来延续和成长

2. 你所在公司是一家互联网金融企业，公司领导提出打造"全国第一的金融 **SaaS** 支付服务商"的发展愿景。关于愿景，哪个说法是错误的？

    A. 是一种想象行为   B. 有远见、基于大量信息的洞察力所指导

    C. 揭示了各种可能以及实践限制   D. 它描绘了一个组织最想要的竞争环境

3. **2016 年上海新建迪士尼乐园，成为亚洲最大的迪士尼乐园。在上海迪士尼乐园开园之际，迪士尼中国区总裁又重申了迪士尼的使命：为人们制造快乐。关于使命，下列哪个说法是错误的？**

    A. 对企业的信条、理念哲学的描述   B. 对企业的目的、经营原则的描述

    C. 对企业信念的阐述   D. 目的是聚焦组织的向心力和资源

4. 你是组织的一名产品总监，负责制定新产品开发的战略。在确定新产品开发战略前，需要参考公司的战略。公司战略回答了哪两大问题？

    A. 企业在哪些领域展开竞争，为提高企业整体竞争优势，这些业务如何整合

    B. 企业在哪些地域展开竞争，为提高企业整体竞争优势，这些业务如何开展

    C. 企业在哪些领域展开竞争，为提高企业产品线竞争优势，这些业务如何组合

    D. 企业在哪些地域展开竞争，为提高企业产品线竞争优势，这些业务如何整合

5. 你是一家世界五百强的 **CIO**（首席创新官），正在制定公司的创新战略。什么是好的创新战略？

    A. 针对特定企业量身定制的，没有明确的标准规定企业创新战略应该是什么样

    B. 好的创新战略应与业内标杆企业的行业创新战略保持一致

C. 针对特定企业量身定制的，应具有明确的行业前沿前瞻性

D. 好的创新战略应结合本企业独特竞争优势，在技术上领先行业半步

6. 你是一个组织的产品经理，正在使用创新画布工具规划新产品的创新方式。创新画布中，不包含以下哪个创新？

    A. 常规式创新　　　　B. 突破式创新　　　　C. 架构式创新　　　　D. 渐进式创新

7. 你正在开发一款创新产品，这款创新产品的特点是：这类新产品针对细分市场中的特定需求。新产品初期在很多方面不如已有产品，但某些性能对细分市场更有价值，这是新产品的市场立足点。新产品性能也随之不断改进，当达到某一节点，客户就开始转向新产品，并将市场上已有产品对客户不利的负面特性远远抛掉。这属于什么类型的创新？

    A. 常规式创新　　　　B. 突破式创新　　　　C. 架构式创新　　　　D. 颠覆式创新

8. 一家企业从事锂电池行业多年，在行业内具有一定的竞争优势，但是随着锂电池应用越来越广，很多专利失效，越来越多的企业进入这个领域，该企业决定扩大采购议价能力，优化采购环节，优化生产流程，进一步降低生产成本，同时考虑将现有电池产品的价格调低 5%，以压迫竞争对手的利润空间。该企业采取了什么战略？

    A. 成本领先战略　　　B. 差异化战略　　　　C. 细分市场战略　　　D. 创新战略

9. 上述锂电池行业的企业采取成本领先战略获得了更大的市场份额，进一步掌握锂电池行业的话语权。因此，该企业领导希望能采取相关措施，进一步强化成本领先战略。强化成本领先战略有一系列措施，以下哪项不是？

    A. 倡导规模经济，提高产能以降低单位制造成本

    B. 生产不含不必要的服务，或物有所值的产品来降低整体制造成本

    C. 优化供应链，标准化的组件、材料、包装，准时交货

    D. 必须降低价格，来构筑市场壁垒

10. 一家主打旅游的企业近期面临较大的竞争威胁，所在行业目前竞争激烈，龙头企业通过降价来提高进入壁垒，导致后进者生存空间进一步压缩。同时该企业发现市场产品同质化严重，决定在产品上做微创新、小规模调整，产品风格年轻化，更多聚焦年轻人市场。该企业采取了什么战略？

    A. 防御者战略　　　　B. 进攻性战略　　　　C. 差异化战略　　　　D. 跟随战略

11. 你所在的企业是一家军工企业，专注于军用无人机的研发。无人机产品往往用于军事侦察、反恐等场景。该企业采取防御者战略，防御者战略通常不具有以下哪个特点？

    A. 聚焦狭窄但稳定的市场和类别产品，规避风险

    B. 聚焦核心能力，即使是某一单一技术

    C. 迅速应对竞争挑战

    D. 技术上通常具有一定威胁性

12. 一家企业从事奶制品行业，牛奶饮品行业竞争较为激烈，传统牛奶饮料已经达到市场饱和，市场份额固定，很难带来销量突破。因此企业决定在原有牛奶饮品生产线的基础上，增加新配方和口味，辅以新的罐装风格，开发全新的牛奶健康饮品。请问该企业没有采用下面哪个战略？

    A. 产品平台战略   B. 防御者战略   C. 成本领先战略   D. 差异化战略

13. 你所在企业是一家汽车整车制造企业。企业有多条生产线，每个生产线都配以产品平台的研发。下面哪一项不是产品平台战略的好处？

    A. 公司能够迅速地、始终如一地开发近似的产品

    B. 鼓励产品战略，具备更长远眼光

    C. 可显著提高公司运营效率

    D. 公司和客户都能深刻理解该产品平台的根本要素

14. 你是所在企业的 CTO（首席技术官），公司领导希望你能描绘出未来 3 ~ 5 年内行业的技术发展趋势，以便给公司的创新产品做前瞻性的技术指导。因此你使用了一种技术随着时间变化趋势而变化的曲线。该曲线叫作什么？

    A. 生长曲线   B. S 曲线   C. 趋势曲线   D. 周期曲线

15. 你是所在企业的 CTO（首席技术官），你正在准备一份材料，目的是预见未来 3 ~ 5 年行业的技术发展。以下哪项是技术预见的正确描述？

    A. 展望未来的一个过程，可以预测技术趋势以及对企业潜在的影响

    B. 展望未来技术的会议，可以预测技术趋势以及对行业潜在的影响

    C. 展望未来基础科技的峰会，可以预测技术趋势以及对行业发展潜在的影响

    D. 展望未来科技的一套会议流程，可以预测技术趋势以及对企业潜在的影响

16. 你是一名产品经理，与市场部门一起评估产品的市场前景。你们正在使用波士顿矩阵工具。关于波士顿矩阵，下列哪项表述正确？

    A. 是用于市场现状和产品组合分析的战略工具

    B. 是用于产品组合分析的市场战略工具

    C. 分为问号、明星、细狗和金牛四个象限

    D. 问号象限的问题产品是处于低增长率、低市场占有率象限内的产品群

17. 你所在组织是一个风险承受力较高的民营企业，近期公司刚融到 5 亿美金，希望能在医疗领域发力，研发抑制新冠疫情的疫苗，尽快投放市场。这款疫苗产品前途未卜，属于问题产品。关于波士顿矩阵中的问题产品，以下说法哪项是不正确的？

    A. 问号象限高增长率说明市场机会大，前景好

    B. 低市场占有率说明在市场营销上存在问题

    C. 其财务特点是利润率较低，所需资金不足，负债比率高

    D. 问题产品可能是处于市场衰退期

18. 你是组织的产品管理顾问，正在准备给组织所有的产品经理做一场培训，希望能将基本的产品管理理念传递给他们。其中你准备讲授产品层次的知识点。关于产品层次的说法，哪一项是错误的？

A. 产品的三个层次，第一层是核心利益和服务

B. 第二层是有形性能，包括品牌包装、特色、款式、质量

C. 第三层是附加性能，包括免费送货、提供信贷、安装、售后服务、保修

D. 三个层次中，核心利益和服务永远是竞争的重点

19. 你是一名产品经理，产品处于上市阶段。你正在与产品团队一起规划产品营销组合。关于产品营销组合，下列哪项说法是错误的？

A. 营销组合中的所有要素应同步

B. 价格应与客户期望保持一致。客户通过评判产品的共同属性和审美来认定价格值不值

C. 促销不光要强调产品的核心利益，还要强调有形特征和附加特征

D. 只要产品质量和性能过硬，在任何种类的零售场所都可以取得好的销售业绩

20. 你所在公司是一家咨询公司，主营业务是帮助客户进行知识产权管理。某一家客户的高管问你知识产权的类型，以下哪项不是知识产权的类型？

A. 专利　　　　　　　B. 版权　　　　　　　C. 商标　　　　　　　D. 动物品种权

21. 你所在公司是一家制造型企业，企业注重运用六西格玛工具和方法。关于六西格玛的 **DFSS**，下列哪项说法是错误的？

A. DFSS 是在设计后期制定与成本和质量相关的标准，且在设计过程中不断改进优化

B. DFSS 弥补了 DMAIC 模型的内在局限

C. 通过科学的方法准确地理解和定义客户需求，对新产品、新技术及新流程进行鲁棒性设计

D. 通过质量功能展开（QFD）的方法明确定义设计的方向与目标，把握客户及市场的需求

22. 你所在公司的领导在公开场合提倡，要打开创新格局，不拘泥于自身去做创新，公司要倡导开放式创新。关于开放式创新，哪项说法是不正确的？

A. 开放式创新使用外部资源和内部资源以获取创意

B. 使用外部渠道和内部渠道进行市场营销

C. 企业与外部环境间的边界是相互隔离的，因此技术专利不容易转移

D. 全靠企业自己研发，企业财力无法承受，而是应购买和获得发明专利授权

23. 你是一名产品经理，正在编写产品创新章程（PIC）。关于产品创新章程（PIC），哪个说法是错误的？

A. 产品创新章程包括项目启动的原因、目的、目标、指南、边界

B. PIC 回答了产品开发项目中的谁、什么、在哪儿、何时和为什么五个问题

C. 指南中提到了如何开会，如何进行沟通，如何进行决策等管理制度

D. PIC 的书写非常复杂，需要极高的专业性和前瞻性

24. 你是所在组织的 **CPO**（首席产品官），负责公司的产品组合管理。关于组合管理的目标，下列哪个说法是错误的？

A. 寻求项目价值最大化   B. 寻求长期与短期的平衡

C. 寻求不同产品和市场类型的平衡   D. 项目数量尽可能多一些

25. 你所在组织有多种产品项目类型，作为产品组合管理委员会的管理者之一，你认为以下哪项不属于产品组合项目的类型？

A. 突破型   B. 平台型   C. 衍生型   D. 常规性

26. 你是组织的一名资深产品经理，曾负责过多种类型的新产品项目。当公司高管问你，采用哪种产品组合类型最可能使组织获得长期成功，你的回答是？

A. 突破型   B. 平台型   C. 衍生型   D. 支持型

27. 你是组织的组合管理委员会的负责人，负责公司的产品组合管理。为确保产品组合与战略方向一致，下列方法哪个是正确的？

A. 自上而下法   B. 自下而上法

C. 自上而下与自下而上相结合的方法   D. 以上方法都正确

28. 你是一名产品经理，你所负责的项目正在被组合管理委员会进行评估。评委在评估产品机会时使用打分法，关于打分法的描述哪项不正确？

A. 是用于评估产品机会的财务评估指标

B. 选择评判标准，根据重要度确定每项评分标准的权重

C. 对每个新产品的创意的每项准则在十分以内打分

D. 对所有评分进行加权汇总之后进行排序

29. 你是组织的组合管理委员会的负责人，负责公司的产品组合管理。组合管理其中有一项很重要的职责就是组合平衡。关于组合平衡，下列哪项说法是错误的？

A. 在组合中的产品类型可以根据目标市场、客户群体等进行划分（如老年项目、中年项目、青年项目），也可以根据产品项目的某个特征进行划分（如突破型、平台型、衍生型和支持型）

B. 要考虑成本、收益、风险

C. 考虑技术可行性

D. 考虑退市时间

30. 你正在负责所在组织的产品组合管理，为了平衡产品组合，你使用了气泡图。以下哪种指标不适合以气泡图的形式表达？

A. 风险、回报、投资额   B. 市场风险、技术风险、资源量

C. 技术新颖度、市场新颖度、资源量   D. 市场风险、产品价格、投资额

31. 你正在管理产品团队，公司领导希望能通过潜移默化的方式影响团队成员，打造高绩效团队，从而提升产品创新的成功率。以下哪项可以直接或间接地影响员工感知？

    A. 企业氛围　　　　B. 企业信条　　　　C. 企业规范　　　　D. 企业愿景

32. 你所在的公司致力于学习标杆公司，希望能通过对标全面提升公司的管理水平。近期，公司领导倡导要学习标杆公司的"狼性文化"，建议各事业部、各产品团队都要充分发挥"群狼进攻"的战术，加强协同，提升客户满意度。关于企业文化，以下哪项说法正确？

    A. 组织员工共享的信念、核心价值观、假设与期望

    B. 恰当的人力资源实践

    C. 工作环境特点的集合

    D. 员工可以直接或间接感知，对员工的行为有重大影响

33. 你所在公司重视文化建设和团队管理，公司领导推崇"造物先造人"的理念，认为人是所有工作的决定性因素。下列哪项因素对团队不能产生积极影响？

    A. 宽容失败　　　　　　　　　　　　B. 管理层设定目标

    C. 对目标进行绩效评价　　　　　　　D. 避免建设性冲突

34. 你是一名产品经理，正在奉命组建产品团队。以下哪项不是对团队的正确理解？

    A. 有着互补技能的一群人　　　　　　B. 这群人承诺一个共同的目的

    C. 他们有绩效目标和实现方法　　　　D. 团队领导对目标负责

35. 你是一名产品经理，正在管理产品项目团队。关于团队的创建阶段的描述，下列哪项说法是错误的？

    A. 在此阶段大多数成员是积极的，有礼貌的

    B. 有些人比较焦虑，因为他们不能完全理解团队要做什么

    C. 在此阶段领导起着重要作用，因为团队成员的角色和知识还不清晰

    D. 这一阶段一般会很快渡过

36. 你是一名产品经理，你所负责的产品项目团队已经构建完成，正处于激荡阶段。关于激荡阶段，下列哪项说法是错误的？

    A. 人们开始巩固已经建立起来的边界

    B. 激荡经常源于团队成员之间的工作风格冲突，大家以不同的方式工作，有不同的个性，他们可能变得很沮丧

    C. 有时团队成员会由于方向不明确和工作任务分配不公平变得沮丧，甚至离开团队

    D. 这些问题需要团队负责人及时解决，要与整个团队进行清晰的沟通

37. 你是一名产品经理，领导授权你可以有团队人员的选择权。你正在通过招聘、内部选拔等多种手段组建你的产品团队。团队人员组成的关键是（　　　　）。

    A. 由不同互补能力的人组成　　　　　B. 必须推选一位有领导魅力的人

    C. 年龄组成最好差异化　　　　　　　D. 有均衡的性别搭配

38. 你是一名产品经理，你所负责的产品项目团队已经构建完成，正处于激荡阶段。你的领导对你有信心，认为你一定可以管理好团队，顺利通过激荡期。团队在激荡阶段之后，下一个阶段是（　　）。

    A. 执行期
    B. 休整期
    C. 规范期
    D. 不确定，有可能回到上一个阶段

39. 你是一名产品经理，正在组建产品团队。你认为团队成员需要有互补的个性，才能更具有创新性。以下成员中哪个角色不是必须的？

    A. 创新开发者
    B. 企业家
    C. 项目领导
    D. 企业专职教练

40. 你是一名产品经理，正在组建产品团队。你非常关注团队的组织结构，因为你认为良好的团队组织结构是发挥产品团队潜力的关键。关于团队结构，职能团队与重量级团队负责人的权力比较，哪项说法是正确的？

    A. 重量级团队项目优先级低于职能活动
    B. 重量级团队负责人的人事权力大于职能经理
    C. 权力相当
    D. 成员的薪酬、晋升最终决策权取决于职能经理

41. 你是一名产品经理，你所在的产品团队正在做市场研究。下列哪一项研究又称为"文献研究"？

    A. 调查问卷　　　　B. 主要市场研究　　　　C. 焦点小组　　　　D. 次级市场研究

42. 你所在团队开发的产品是散热器。家庭空调的散热器放在楼梯外侧，其设计原理是基于 **TRIZ** 的哪个原则？

    A. 不对称　　　　B. 联合　　　　C. 套装　　　　D. 抽取

43. 想要给予职能经理和项目经理同等权力，问题是这种安排容易引起管理混乱。关于谁有最终的人事权力，最好的解决方法是（　　）。

    A. 职能经理负责人员绩效评价与晋升
    B. 项目经理负责项目绩效，并参与人员晋升
    C. 职能经理负责项目绩效评价
    D. 项目经理只负责人员的绩效评价

44. 你是一名产品经理，所在组织是一个民营企业。该企业采用项目制来运作，因此大部分产品项目团队采用的团队结构都是重量级矩阵。以下哪项不是重量级矩阵的特点？

    A. 对员工来说有一定接受难度
    B. 要求必须打破部门墙
    C. 强化项目聚焦、承诺与责任、集成解决方案
    D. 对个人有挫败感

45. 你是一名产品经理，所在产品项目正处于模糊前端的阶段。产品开发环节中对于模糊前端的表述，哪项不正确？

    A. 在这个阶段，项目很不清晰，所以模糊

    B. 相比整个开发阶段，这个阶段投入非常小

    C. 该阶段对降低不确定性和风险非常重要

    D. 从一个新产品思想产生开始到该思想通过评估，并进入产品开发阶段的阶段

46. 你所在的组织很重视规范的产品管理流程，公司的产品卓越中心建议每个项目都采用门径管理流程。关于门径管理，哪个说法是正确的？

    A. 出现于 20 世纪 60 年代

    B. 主要的理论跨越是由 Cooper 在 1980 年提出的

    C. 发现和商业论证是它的前两个主要步骤

    D. 跨职能部门的协作会带来评分准则的混乱，应该避免

47. 你所在组织是一家制造型企业，学习业界标杆企业的先进产品管理经验。从去年开始，公司引入集成产品开发（IPD）方法。关于集成产品开发（IPD）的基本原则，下列哪项说法是不正确的？

    A. 理解客户内心的需求，并且管理客户的需求

    B. 从一开始就对成本进行管理

    C. 鲁棒开发设计

    D. 对生产流程进行持续改善

48. 你所在组织广泛使用集成产品开发（IPD）方法，公司领导认为只有 IPD 的方法能使得组织产生协同，提升产品上市成功率。IPD 基本原理的一个关键步骤是什么？

    A. 汇总项目数据，进行董事会汇报　　　B. 对设计进行持续改进

    C. 项目总结，着手新项目　　　　　　　D. 总结高效的产品开发方法

49. 你所在组织是一家咨询公司，致力于提供产品管理的专业咨询服务。你是其中一名资深顾问，国内一家民营企业客户找到你，希望引入 IPD 体系，并试图在 5 年内打造业界最完善的 IPD 体系。客户问你 IPD 改进框架的最高阶段是什么？

    A. 知识、技能和创新　　　　　　　　　B. 知识显化和管理

    C. 能力发展和制造力提升　　　　　　　D. 绩效量度

50. 你所在组织是一家传统的制造型企业，公司目前仍广泛采用瀑布模型来进行产品开发。关于瀑布模型，下列哪项说法正确？

    A. 1970 年温斯顿提出了著名的瀑布模型，直到 20 世纪初一直是唯一被广泛采用的软件开发模型

    B. 瀑布模型相当于敏捷中的冲刺

    C. 瀑布模型可以与客户保持规律性的互动

    D. 瀑布模型仍然是目前主流的开发模型

51. 你所在组织是一家传统的制造型企业，公司目前采用瀑布模型来进行产品开发。下列哪项不是瀑布模型的流程？

    A. 设计   B. 实施   C. 验证   D. 迭代

52. 你是一名产品经理，所负责的产品团队正在使用 SCAMPER 来激发新产品的创意。以下哪项不属于 SCAMPER 的范畴？

    A. 替代   B. 合并   C. 去除   D. 降维

53. 你所管理的项目团队经常使用头脑风暴工具来激发创意。关于头脑风暴，下列哪项描述正确？

    A. 通常由 6 到 10 人小组组成   B. 必须有主持人来主持
    C. 头脑风暴是思维尽可能发散的过程   D. 头脑风暴过程中无规则限定

54. 你是一名项目经理，你要求项目团队成员都使用思维导图来管理想法和创意。关于思维导图，下列哪项说法不正确？

    A. 思维导图又称脑图、心智地图、脑力激荡图
    B. 是一种树状图，模拟人类大脑的神经元结构
    C. 是一种收敛式思维的工具
    D. 是一种利用图像思考的辅助工具

55. X 公司为研究新型配方，采用了一种专家调查法，把经过调查得到的情况邮件发给几位专家，各专家能够在不受干扰的情况下，独立、充分地表明自己的意见，之后，根据各位专家的意见做出综合汇总，再发给专家们，通过多轮意见交换，获得最终解决方案。汇集了专家团的集体的智慧。请问，上述方法属于什么方法？

    A. 德尔菲法   B. 头脑风暴法   C. 故事板   D. 脑力书写

56. 你所在的产品团队会定期邀请各职能人员，通过德尔菲法来获取想法。以下哪项不是德尔菲方法的特点？

    A. 能够借助专家的知识和经验，直接或经过简单的推算得出最终结论
    B. 对研究对象进行综合分析研究，寻求其特性和发展规律，并进行预测的一种方法
    C. 它的最大优点是简便
    D. 过程严谨，避免了权威观点对整体观点的影响

57. 你是一名产品经理，你的职责之一就是定期估算新产品开发成本，以便于更好地控制新产品的营收水平。关于成本，下列哪个说法是正确的？

    A. 分为固定成本、变动成本和资本成本 B. 资本成本是融资成本
    C. 固定成本中包含销售人员的工资   D. 变动成本包含厂房的折旧

58. 你是一名产品经理，你的职责之一就是定期向公司的财务经理汇报新产品开发成本和营收情况。财务经理希望在报告中明确产品的固定成本。以下哪个不是固定成本？

    A. 房屋设备的折旧 B. 管理人员的工资 C. 房屋租金   D. 计件工资

59. 你是一名产品经理，你的职责之一就是定期向公司的财务经理汇报新产品开发成本和营收情况。财务经理希望在报告中明确产品的运营成本。下面关于运营成本的表述，哪项是错误的？

A. 广义的运营成本又称总营运资本

B. 指产品销售前发生的，用于直接成本和可变成本的资金

C. 包括所有的制造成本、营销成本，以及采购新设备的资本成本等

D. 具体包括应付账款、存货、预收票据、预提费用等

60. 你是公司组合管理委员会的评委，正在评估哪个项目更值得投资。其中一个重要指标是净现值，下列哪个项目的净现值（NPV）最大（单位：美元）？

项目	1 年	2 年	3 年	4 年	5 年
A	20 000	30 000	40 000	100 000	
B	20 000	40 000	60 000	80 000	100 000
C		10 000	30 000	50 000	100 000

A. A　　　　　　B. B　　　　　　C. C　　　　　　D. 相同

61. 你所在企业是一家专门做手机代工的企业，企业内部用六西格玛流程来管控产品质量，并且用 DFSS 来优化管理。关于 DFSS 的说法，以下哪项是不正确的？

A. DFSS 的目标是完成资源的高效利用、高产出并能够处理不同变化的设计

B. IDOV 方法是 DFSS 中的一种重要方法

C. 创造、设计、优化、验证是 IDOV 的四个步骤

D. CDOV 中包含概念、设计、优化、验证四个步骤

62. 你所在组织正处于创新转型的过程中，原来组织的项目采用瀑布模式来管理，公司高层希望换一种方式来管理，因此授权你引入敏捷模式做项目试点。关于瀑布模型和敏捷模型的比较，哪项说法是错误的？

A. 敏捷模型中包含迭代的概念

B. 敏捷模型的业务互动比瀑布模型频繁

C. 瀑布模型不可以回退，而敏捷模型可以

D. 敏捷组织中的 Scrum Master 等同于项目经理

63. 你是一家软件开发公司的项目经理，以前公司所运用的项目管理方法是引入软件业界标杆的方法。后来，公司领导了解到国际项目管理协会（PMI），因此外派你参加 PMP 培训。培训后，你的公司领导问你，哪个是正确的项目管理过程组？

A. 启动、计划、执行、检测、收尾

B. 启动、计划、执行、监控、收尾

C. 启动、计划、执行、监控、解散

D. 发动、计划、执行、监控、收尾

64. 你是一名产品经理，正在编写产品项目的创新章程（PIC）。下面关于创新章程的理解，哪项是不正确的？

A. 一个关键的战略性文件

B. 产品创新章程是组织推动新产品创新过程的核心

C. 包括项目启动的原因、目的、目标、指引和项目的边界

D. 是产品项目开发的 who、what、where、when、how

65. 你是一家互联网公司的项目经理，公司外派你参加 PMP 培训。培训后，你的公司领导问你关于项目管理中的三重约束，下面哪项理解不正确？

A. 任何项目面对的最常见挑战之一

B. 项目范围增加，预算会增加，项目进度会压缩

C. 如预算降低，项目范围可能缩减，项目完成时间可能要求提前

D. 如项目工期压缩，项目预算不变，项目范围可能扩大

66. 你是一名项目经理，在项目报告中提到关键路径的概念。关于关键路径，下列说法哪项不正确？

A. 项目网络中最长的或者耗时最多的活动完成的时间，是该项目能够最早完成的时间

B. 这条最长的活动路线就叫作关键路径

C. 一个项目可以有多个并行的关键路径

D. 关键路线的耗时是可以完成项目的最长的时间量

67. 你是一名产品项目的项目经理，正在管理开发中的产品项目。客户认为项目进度有些落后，希望压缩进度。因此你采用了多种压缩进度的方法。下列哪项可以压缩进度，但必须增加成本？

A. 赶工　　　　　　B. 增加资源　　　　　C. 快速跟进　　　　D. 资源平衡

68. 你是一名互联网公司的项目经理，正在管理一个产品项目。公司正在与多家竞争对手竞争，希望能将该产品尽快上市，赢得市场先机。因此你在项目中运用了进度压缩技术。进行进度压缩时，首先集中于（　　　　）。

A. 尽可能多的任务　B. 非关键路径任务　C. 关键路径任务　　D. 耗时最长的任务

69. 你是一名咨询顾问，正在给客户做产品决策的咨询服务。客户对于你推荐给他们的决策树工具有疑问。关于决策树，以下哪个说法不正确？

A. 是一种辅助决策工具，利用树形决策模型得出可能的结果

B. 考量因素包括项目结果、资源和成本

C. 该方法提供了一个高度有效的结构，可以研究各个选项的可能结果

D. 它有助于形成一份关于每个可能的行动带来的价值和收益的平衡图景

70. 你所在组织是一家制造型企业。企业自去年起就全面引入六西格玛来提升产品制造过程的质量。六西格玛中关于 DMAIC 的表述，正确的是（　　　　）。

A. 代表定义、评估、分析、改善、控制

B. 代表定义、测量、分析、改进、控制

C. 代表维度、测量、分析、改进、控制

D. 代表定义、测量、行动、提高、控制

71. **A 公司去年针对女性市场，成功开发了一款新型号拍照手机，今年销售形势喜人，在董事会年度总结中，产品副总汇报了以下数据，其中哪一项不是常用的绩效度量指标？**

A. 活力指数

B. 研发费用占收入百分比

C. 盈亏平衡时间和盈利时间

D. 新产品未来五年可预见的市场份额

72. **你是一名产品经理，你的产品项目使用了多种产品度量指标向公司领导汇报，其中包括活力指数。关于活力指数，以下哪项说法正确？**

A. 过去 N 年开发的产品占当年的销售收入的比例

B. 过去 N 年开发的产品占当年的营业额的比例

C. 过去 N 年开发的产品占今年销售收入的比例

D. 过去 N 年开发的产品占当年营业利润的比例

73. **B 公司打算进入单反镜头领域，创建中国自己的品牌，单反镜头技术需要学习和借鉴日本和德国很多专利和技术，因此必须建立新产品开发学习型团队，但是 B 公司不知道如何着手。作为产品经理，您建议应该怎么做，下列哪一项任务不是首选？**

A. 说服 CEO，得到 CEO 等高层的支持

B. 聚集对新产品开发有激情的人

C. 一定鼓励来自不同职能部门的人参与

D. 成立企业大学，并尝试与清华大学联办，任命研发总监为大学校长

74. **你所在组织是一家专注于人工智能（AI）领域的研发公司，为了能使 AI 在金融、互联网等行业应用，符合客户需求，你作为产品总监非常注重市场研究的作用。关于市场研究在新产品开发中的角色，下列哪项描述是不正确的？**

A. 市场研究在整个新产品开发过程中为做出正确的决策提供关键的信息

B. 市场研究降低了不确定性

C. 随着新产品开发走向最终上市，潜在的失败成本大幅减少

D. 随着新产品开发走向最终上市，潜在的失败成本大幅增加

75. **你所在组织是一家时尚服装的零售商，给一线城市的年轻女性按季节提供多种服装产品选择。为了使服装能既时尚又符合客户需求，组织都会定期开展客户心声活动。关于客户心声（VOC），下列哪项说法是不正确的？**

A. VOC 是洞察客户的需求和反馈的一系列方法

B. VOC 是指客户的数量

C. VOC 可以用于市场研究

D. VOC 也可以来自内部客户

76. 你所在组织是一家市场咨询公司，专注于给企业客户提供市场研究服务。客户关心你能给他们提供哪些市场研究的方法。以下哪项是数据收集的两种基本的市场研究方法？
    A. 次级研究和一级研究
    B. 定性分析和定量分析
    C. 众包和大数据
    D. 统计报告与出版物

77. ABC 企业为了调研新的手机功能创意的市场接受度，发放了 2500 份调查问卷，调查了 500 位男性、2000 位女性受访者。在 2000 位女性受访者中，重点发放给 1～30 岁的女性手机使用者。在一千万人口的城市，ABC 企业设定的置信水平为 90%，误差率为 2%，计算得出抽样数量可以在 191 人次。请回答以下问题：ABC 企业使用了哪一种数据分析模式？
    A. 定性定量研究相结合
    B. 定性研究
    C. 定量研究
    D. 都不是

78. 上述 ABC 企业采用了什么抽样方式？
    A. 分层抽样
    B. 整群抽样
    C. 分层抽样结合整群抽样
    D. 随机抽样

79. 上述 ABC 公司增加了抽样人数，实际上等效于（   ）。
    A. 扩大了置信区间　　B. 增大了误差率　　C. 上述两者都可以　　D. 做了无用功

80. 随着近年来空气污染的加剧，一线城市的居民越来越注重室内空气质量的净化。你开发的空气净化器产品率先上市，并顺利地抢占了华北、华东等市场。目前产品处于成熟阶段，此时越来越多的竞争对手进入市场。竞品上市，处于成熟期的产品该如何处理，哪一项不合适？
    A. 如果公司采取首先上市战略，竞争者的产品将近期上市的证据，将迫使公司压迫发布时间
    B. 如果竞争者已经上市一个改进产品，这可能要求项目范围变更增加一些新的产品功能
    C. 如果出现了一项新的突破性的技术，这可能要求改变项目范围，以利用该技术
    D. 如果竞争对手的产品严重模仿我公司产品，可以调低我公司产品价格，与竞争对手打价格战赢得市场

81. ABC 企业决定在调查问卷获得的信息的基础上，与终端客户更多地沟通。他们准备了一个专业的场所，找到一个训练有素的主持人主持一个访谈会议，邀请 12 位女性参与会议。工作人员通过单面镜子观察会议，并录制小组音频和视频。请据此回答以下问题。
    ABC 公司组织了什么活动？
    A. 领先用户
    B. 焦点小组
    C. 人种学调查
    D. 头脑风暴

82. 以上 ABC 企业的这次活动会带来哪些收益？
    A. 可以提供新鲜的、有深度的见解
    B. 能够听到市场声音
    C. 问题能够快速切换
    D. 以上都是

83. 以上 ABC 企业的这次活动对于新产品开发决策有一些价值，下列哪项不是它的价值？

A. 产品可以进行改进，使产品接受度更高

B. 能持续为产品改进提供方向

C. 领先用户的信息特别有用

D. 可以识别客户隐性需求

84. 你所在组织是一家市场咨询公司，专注于给企业客户提供市场研究服务。客户关心你能给他们提供哪些市场研究的方法。你告诉客户会提供定量研究和定性研究的方法。以下哪项不属于定性研究的方法？

A. 焦点小组　　　B. 客户现场访问　　　C. 人种学调查　　　D. 行业峰会

85. 你所在企业专注于供应链金融，给企业客户提供一站式的供应链金融解决方案。因此企业非常重视 B2B 的市场研究方法，以便及时了解企业客户的金融需求。以下哪项是 B2B 企业使用最多的一种市场研究方法？

A. 焦点小组　　　B. 客户现场访问　　　C. 人种学调查　　　D. 社交媒体

86. 你所在企业专注于为商业银行与金融机构提供金融基础服务。企业经常会拜访客户，了解他们的金融需求。关于客户拜访的理解，下列哪一项是错误的？

A. 面对面沟通能提供很多信息，能够看到产品正在使用时的情景

B. 客户拜访对于参与新产品开发的技术人员特别有用，能更好地了解需求

C. 理解如何将客户需求转换为产品设计规格

D. 销售和项目领导组成的拜访团队，能够实现更好地沟通，更好地理解需求，能够在跨职能新产品开发中形成更大的合力

87. 你是一家互联网公司的产品经理，公司领导建议产品经理要经常上公司的社群与用户直接沟通，获取用户的需求。以下哪项是社交媒体的优势？

A. 为企业提供直接的联系

B. 有机会让忠诚的追随者、支持者或领先用户参与

C. 作为持续创新、激发或产品设计过程中的输入来源

D. 能够避免偏见和影响

88. 你所在组织是一家市场咨询公司，专注于给企业客户提供市场研究服务。客户关心你能给他们提供哪些市场研究的方法。你告诉客户会提供定量研究和定性研究的方法。下面哪种是定量分析的方法？

A. 客户现场访谈　　　B. 焦点小组　　　C. 多变量分析　　　D. 人种学调查

89. Z 公司决定从前期调查的变量中，提取几个关键变量一起分析，想确定这些关键的特性的组合是否最能影响客户做出选择和决策。这些变量包括电池待机时间、屏幕尺寸、手机厚度等。Z 公司的做法实际是（　　　　）。

A. 联合分析　　　B. 因子分析　　　C. 聚类分析　　　D. 多维尺度分析

90. **X 公司决定采用大众参与的方式来设计手机的一项特殊功能，即拍照哈哈镜功能。X 公司通过某知名网站搜集创意，参与贡献创意的用户客户以 85 折抢购第一批手机，如果有 10 000 人支持某个创意，创意获奖的用户可以免费获得一部手机。X 公司的做法属于（   ）。**

    A. 众筹   B. 众包   C. 网络投票   D. 吸粉

91. **在上题的情境中，X 公司通过本次活动获得了非常出色的方案，请问最后由谁来做出投产决策？**

    A. CEO   B. 产品副总
    C. 项目经理   D. 企业官方评审委员会

92. **X 公司可以通过大数据获取数据来支持创意产生，以下哪条渠道不太合适？**

    A. 通过市面上所有竞争对手的市场表现数据分析
    B. 通过购物平台的手机数据分析
    C. 通过手机测评网站的各项数据分析
    D. 通过 X 公司的市场份额和客户反馈进行分析

93. **X 公司运用大数据方法获取大量的用户数据。以下哪一项不属于大数据的特点？**

    A. 数量（volume）   B. 速度（velocity）   C. 类型（variety）   D. 可视性（visuality）

94. **你是一名产品经理，在新产品开发过程中特别注重市场研究技术的运用，目的是更好地获取客户需求。新产品开发流程中的市场研究中，在概念开发阶段的研究方法有（   ）。**

    A. 以定性研究为主   B. 客户现场访问   C. 领先用户   D. 以上都是

95. **你是一名产品经理，正在开发一款区块链产品。产品已经成功上市，当产品经过引入期之后，进入（   ）。**

    A. 成长期   B. 成熟期   C. 发展期   D. 衰退期

96. **你所在的公司开发 VR 产品，产品广泛用于医疗、汽车等行业。目前你所负责的一款新 VR 产品已经成功上市，这款产品准备用于教育行业，希望能使老师和学生在线上有身临其境的感觉，以应对目前新冠疫情影响而导致的线下课堂无法开展的痛点。在传统的产品生命周期中，哪个阶段销量最高？**

    A. 引入期   B. 跨越鸿沟期   C. 增长期   D. 成熟期

97. **你是一名产品经理，有丰富的产品管理经验。近年来，你发现产品生命周期越来越短。关于这一现象的原因，下列哪个理解是不正确的？**

    A. 顾客需求越来越高   B. 竞争越来越激烈
    C. 新技术不断涌现   D. 产品质量不持久也是主要影响原因之一

98. **面对产品生命周期越来越短，企业会采取一些行动，下列哪项理解不正确？**

    A. 企业需要不断地研究市场，关注价格调整，构筑价格壁垒
    B. 企业不得不持续地更新产品，包括全新产品

C. 企业也要做已有产品的调整和改进

D. 企业需要做好产品全生命周期的营销组合管理

99. 你所在公司是一家生产无人机的企业，开发的无人机产品已成功上市。目前在产品的导入期，可采用一些定价方法，下列哪个方法不可取？

A. 采用渗透性定价方法，即用低价扩大市场份额

B. 撇脂定价，即用高价来弥补开发成本

C. 成本定价法，根据实际成本加成定价

D. 特殊定价法，如一元或万元，来获取市场关注，免去广告成本

100. 经过近两年的热卖，ABC 公司设计的手机已成为业界经典，随着技术的更新，当年的旗舰机型已经不那么受关注了。此时，ABC 公司应如何处理这款旗舰机？以下哪个选项不可取？

A. 维持产品，通过增加新功能或发现新用途来复兴产品

B. 通过降价来收获产品残余利润，继续提供产品，但主要卖给那些忠诚度高的利基细分市场

C. 终止产品，清算剩余库存

D. 广泛征集大众对该款旗舰手机的意见，并重新众包

101. 你是一名产品经理，正在与产品团队一起设定产品的价值主张。关于产品的价值主张，以下哪项说法是正确的？

A. 你的产品与竞争对手相比，如果价值相同，价格应设定高一些

B. 你的产品与竞争对手相比，如果价值相同，应该小于等于竞争对手的价格

C. 你的产品与竞争对手相比，如果价值更大，您的产品价格一定要和竞争对手的产品价格保持一致，以获得更大销量

D. 你的产品与竞争对手相比，如果价值更大，您的产品价格应该低于竞争对手

102. 你是产品经理，产品团队正在开发一款最新款的 VR 头盔，这款头盔将在下个月投放到市场。公司领导担心这款产品不能跨越鸿沟。关于产品生命周期中的跨越鸿沟，以下哪项是正确的理解？

A. 高科技企业的早期市场和主流市场之间存在着一条巨大的"鸿沟"，能否顺利跨越鸿沟并进入主流市场，成功赢得实用主义者的支持，就决定了一项高科技产品的成败

B. 每项新技术都会经历鸿沟

C. 成功的关键在于采取适当的策略令企业成功地跨越鸿沟

D. 以上所有

103. 你是一名产品经理，所开发的产品已经成功上市，正在研究如何进入市场的战略，以下哪项是正确的？

A. 是什么，即卖什么产品
B. 是谁，即你将产品卖给谁
C. 如何，即你将如何进入你的目标市场
D. 以上都正确

104. 你的产品团队正在开发一款新的智能金融产品。这款智能产品的价值主张是"千人千面的金融智能账户"。关于价值主张，哪项说法是错误的？

A. 关注利益，而不是特性

B. 价值的本质在于客户从新产品中获得的利益和客户支付价格之间的平衡

C. 价值 = 收益 – 成本

D. 在产品的描述中应谨慎传递价值主张

105. 你所负责的产品已经成功上市，作为产品经理，你准备选择销售渠道，以增加产品的销量。选择销售渠道时，下列哪项说法是对的？

A. 当产品复杂度高，应采取直接销售渠道

B. 产品复杂度低，或标准化，同时价值也高的产品，采用间接销售渠道

C. 当产品复杂度低，应采取直接销售渠道

D. 产品复杂度高，同时价值也低的产品，采用间接销售渠道

106. 选择销售渠道时，如考虑顾客因素，客户是在实体商店购买产品，有若干个分销层级，下列哪项不属于其中的分销层级？

A. 大型分销或密集分销，大量的商店　　B. 特许分销，连锁商店的独立店铺

C. 选择分销，在特定区域选择少许零售店　D. 直销，通过网络直销给终端客户

107. 你所在企业是一家世界五百强公司，公司领导重视产品的可持续创新。关于可持续创新，下列哪项说法正确？

A. 既是新产品新服务从开发到商业化的过程，也是从采购、生产、使用到服务终了的全生命周期遵循可持续发展的过程

B. 可从经济、环境和社会多角度出发

C. 需要一个全球性思维

D. 以上都正确

108. 你所在产品团队正在开发共享单车的产品。公司领导希望用循环经济来解决单车的循环再利用问题。循环经济的目标是在产品生命周期中创建闭环，基于以下哪项原则？

A. 通过控制有限股票，平衡再生资源，来保护和改善原始资本

B. 通过产品组件材料的循环，在技术和生命周期内，实现全时和最高效利用，以优化资源收益

C. 通过揭示和设计出正外部影响，使系统更有效

D. 产品组件的循环利用、环境友好，是循环经济的设计基础

109. 你所在企业正在使用可持续性工具来强化可持续创新。在可持续性工具中，下列关于LCA（Life Cycle Assessment，生命周期评估）的说法，哪项是不正确的？

A. 一种分析环境影响的科学方法　　　　B. 可通过二氧化碳足迹分析

C. 可通过水足迹分析　　　　　　　　　D. 可通过氧足迹分析

110. 以下哪项不属于可持续性工具？

A. 面向环境的设计（DFE）　　　　B. 可持续性设计 DFS

C. 生命周期评估（LCA）　　　　　D. 漂蓝（BlueWashing）

111. 产品经理小王计算了当年的销售量、单价和总收入，又计算了当年的固定成本、可变成本和总成本，小王计算的是什么财务数据？

A. 当年的现金流　　　B. 资本成本　　　C. 回收期　　　D. 内部收益率

112. 你是一名产品经理，所负责的产品项目需要定期向财务经理汇报项目的成本收益情况。财务经理希望你能将固定成本做特别说明。关于固定成本，下列哪项说法不正确？

A. 在一定的时期内或生产规模下，固定成本的费用总额不随业务变动成本比例变化

B. 包括行政管理费用

C. 包括租金

D. 包括销售团队的奖金

113. 你是一名产品经理，所负责的产品项目涉及资本成本。这部分成本是 **CTO** 特别希望看到的。关于资本成本，下列哪项说法正确？

A. 是指用于购买土地、建筑设施和设备时产生的成本

B. 也称流动资金

C. 是指产品或服务销售前发生的，用于直接的、可变的成本的资金，包括所有的制造成本

D. 销售成本，以及采购新设备的资本成本等

114. 你是一名产品经理，财务部要求你所管理的项目考虑资金收益。以下哪项说法中没有体现现金的时间价值？

A."你今天投资了一美元，明年你得到的将多于一美元"

B. 净现值（PV）是一种计算将来的钱现在值多少的指标

C. 净现值和内部收益率（IRR）都可以体现现金的时间价值

D. 投资回报率体现了现金的时间价值

115. 为了提升产品项目的财务分析效率，你所在的项目团队被要求使用财务分析工具。下列哪一项财务分析工具为风险评估奠定了良好基础？

A. 电子表格中的净现值内部收益率

B. 电子表格中的假设分析和敏感性分析

C. Spreadsheet 中的多元回归和相关性分析

D. Spreadsheet 中的置信区间和错误边际

116. 你是一名产品经理，所负责的项目正处于设计阶段，因此需要用到设计辅助工具。除质量功能展开 **QFD**（也称质量屋）之外，下列哪项是产品设计的辅助工具？

A. 开放式创新　　　B. 众包　　　　C. DFSS　　　　D. 大数据

117. 你所在产品团队正在使用 IDOV 的方法。请问 IDOV 的步骤是（　　）。

　　A. 识别、设计、优化、验证　　　　　　B. 定义、设计、优化、验证

　　C. 发现、假设、优化、验证　　　　　　D. 发明、设计、优化、验证

118. 你所在企业的主业是生产家用电器，你所在的产品事业部主要生产冰箱。冰箱的上、中、下三段三开门的设计原理是基于 TRIZ 的哪个原则？

　　A. 不对称　　　　　　B. 联合　　　　　　C. 套装　　　　　　D. 分割

119. 你所在企业是一家制造型企业，为了更好地创新，产品总监建议引入 TRIZ 方法。关于 TRIZ，下列哪一项描述是错误的？

　　A. TRIZ 是一种解决问题的方法　　　　　B. TRIZ 基于逻辑和数据而非直觉

　　C. TRIZ 是阿奇舒勒在 1933 年开发的方法　D. TRIZ 是一门有关国际创造性的科学

120. 基于上题的场景，TRIZ 的基本活动包括（　　）。

　　A. 功能性的，资源性的，理想化的，矛盾性的，趋势性的

　　B. 实用性的，资源性的，理想化的，矛盾性的，趋势性的

　　C. 功能性的，资源性的，现实的，矛盾的，趋势性的

　　D. 实用性的，资源性的，理想化的，两面性的，趋势性的

121. 基于上题的场景，TRIZ 问题解决矩阵包括下列哪项内容？

　　A. 你的具体问题，TRIZ 常规问题，TRIZ 常规解决方案，你的具体解决方案

　　B. 你的特殊问题，TRIZ 具体问题，TRIZ 常规解决方案，你的具体解决方案

　　C. 你的具体问题，TRIZ 具体问题，TRIZ 常规解决方案，你的常规解决方案

　　D. 你的特殊问题，TRIZ 常规问题，TRIZ 常规解决方案，你的特殊解决方案

122. 你正在负责一个新产品开发项目，项目采用新产品开发流程来主导产品上市。新产品开发流程的市场研究中，在原型和产品测试阶段，研究方法有哪些？

　　A. 有更多定量研究参与　　　　　　　　B. 焦点小组

　　C. 领先用户测试　　　　　　　　　　　D. 以上都可以

123. 基于上述的问题场景，新产品开发流程的市场研究中，在上市前测试阶段，研究方法有哪些？

　　A. 定量研究　　　　　B. 贝塔测试　　　　　C. 市场测试　　　　　D. 以上皆可

124. 基于上述的问题场景，新产品开发流程的市场研究中，在机会识别和机会评估阶段，有哪些研究方法都适用？

　　A. 次级研究　　　　　B. 焦点小组　　　　　C. 客户现场访问　　　　D. 以上皆可

125. 你是一名产品经理，公司要求所有项目都必须遵循可持续性战略。以下哪些是可持续性战略的三重底线？

　　A. 人、地球、利润　　　　　　　　　　B. 驱动力、地球、利润

　　C. 人、环境、创新　　　　　　　　　　D. 人、地球、市场

126. 你是一名产品经理，所负责的项目是公司的可持续创新项目。整个公司也在持续实施改善三重底线的最佳实践，这属于成熟度模型中的哪个阶段？

　　A. 开始　　　　　　B. 改进　　　　　　C. 成功　　　　　　D. 领先

127. 你所在产品团队正在使用 DFSS 的方法。以下哪项不是 DFSS 的步骤？

　　A. DMADV　　　　　B. DMAIC　　　　　C. IDOV　　　　　D. CDOV

128. 你是一名产品经理，所负责的产品团队正在开发一款高风险产品。风险型项目适用于什么矩阵团队？

　　A. 自治团队　　　　　　　　　　　　B. 职能团队

　　C. 重量级团队　　　　　　　　　　　D. 轻量级团队

129. 折叠刀和自动铅笔的设计原理是基于 TRIZ 的哪个原则？

　　A. 不对称　　　　　B. 联合　　　　　　C. 嵌套　　　　　　D. 抽取

130. 塔可曼（Tuckman）阶梯理论中，规范期最适合哪一种管理方式？

　　A. 指导式　　　　　B. 支持式　　　　　C. 参与式　　　　　D. 授权式

131. 立体化车库的设计原理是基于 TRIZ 的哪个原则？

　　A. 维数变化　　　　B. 预先作用　　　　C. 嵌套　　　　　　D. 抽取

132. 你所在的产品项目正处于产品开发阶段，使用产品测试来优化产品。关于产品测试的类型，下列哪项说法正确？

　　A. Alpha 测试就是试生产

　　B. Alpha 测试的目的是发现和消除最明显的设计缺陷和不足

　　C. Beta 测试是试生产测试的外部测试

　　D. Beta 测试是在进入常规市场销售前对产品的一部分功能进行测试

133. 你正在负责一个产品项目，公司领导希望能有更多的产品创意产生，以便产生新问世产品。因此领导要求产品项目都要使用创意产生工具。以下哪项不是创意的产生工具？

　　A. Scamper　　　　B. 头脑风暴　　　　C. PEST 分析　　　D. 思维导图

134. 你正在负责一个产品项目，正在组织团队成员开展创意讨论。其中用到了六顶思考帽工具。六顶思考帽中，哪一项是关于控制的？

　　A. 白帽　　　　　　B. 黑帽　　　　　　C. 红帽　　　　　　D. 蓝帽

135. 你正在负责一个产品项目，正在组织团队使用德尔菲方法。以下关于德尔菲法的描述，哪项是错误的？

　　A. 德尔菲法当中，需要有一个主持人

　　B. 专家需要通过邮件的方式来阐释自己的观点

　　C. 专家在提出意见前，可以相互讨论了解对方观点

　　D. 主持人汇总各个专家的观点，将得出的结论再发给专家，直到意见统一看法一致

136. 你所在公司正在开发针对女性护理的产品。公司任命你为产品经理，要求使用人种学方法。以下哪项不是人种学调查的优点或缺点？

A. 有机会识别客户真正看中的问题

B. 客户不愿意或者不能识别他们想要的产品的特征和好处，而人种学方法可以解决这个问题

C. 人种学花费的时间较长

D. 具有一定的统计信度

137. 你是一名互联网公司的产品经理。为了开发出更符合时代潮流的产品，公司要求产品经理都要使用社交媒体，去定期关注新生代用户的需求。关于社交媒体的理解，下列哪项是不正确的？

A. 社交媒体属于定性研究

B. 社交媒体属于定量研究

C. 社交媒体提供直接的、即时的联系

D. 社交媒体也会受到偏见影响

138. 基于以上的场景，社交媒体对新产品开发决策的价值不包括？

A. 机会获取   B. 探寻客户需求

C. 更多产品改进机会   D. 开发新的客户

139. 随着新产品开发流程往前推进，累计成本会大幅增加，因此做出正确决策非常重要，随着决策带来的风险大幅增长，以下哪项相对次要？

A. 市场研究信息的质量   B. 有效信息的数量

C. 信息的可信度   D. 信息的精确水平

140. 你正在开发一款智能家电产品，客户希望了解这款产品的层次。关于产品的三个层次，哪一项是附加性能？

A. 包装   B. 款式   C. 保修   D. 品牌

141. 你正在管理产品团队，团队的发展符合塔可曼理论，而不同阶段应该用不同管理方式。塔可曼阶梯理论中，震荡阶段最适合哪一种管理方式？

A. 指导式   B. 支持式   C. 参与式   D. 授权式

142. 美工刀片的可多处折断的设计原理是基于 **TRIZ** 的哪个原则？

A. 不对称   B. 预先作用   C. 嵌套   D. 抽取

143. 你的产品项目正在使用 **ATAR** 模型进行预测。关于 **ATAR** 模型，下列哪一项描述是错误的？

A. 它是用于销售预测和财务预测的

B. 它是创新扩散概念的数学模型

C. 它可以用于创新扩散

D. ATAR 模型是一个概念测试工具，无法量化

144. 你负责的产品是公司整体组合中的一个。今年公司产品组合中有上百个项目，产品组合管理中，以下哪项不是常见的产品类型？

A. 突破型　　　　　B. 平台型　　　　　C. 衍生型　　　　　D. 成本领先型

145. 塔可曼阶梯理论中，成熟期最适合哪一种管理方式？

A. 指导式　　　　　B. 支持式　　　　　C. 参与式　　　　　D. 授权式

146. 你正在负责一个产品项目，正在组织团队成员开展创意讨论。其中用到了六顶思考帽工具。下列关于六顶思考帽的说法，哪一项是错误的？

A. 白帽负责数据和事实

B. 黑帽负责批判和风险

C. 红帽负责理智与情感

D. 绿帽负责创新和改变

147. 你是一名产品经理，所负责的产品正处于设计阶段。产品团队使用设计思维来进行产品设计。关于设计思维，下列哪项说法是错误的？

A. 设计思维是一个创造性解决问题的方法

B. 设计思维是一个完整的、系统的、合作的方法

C. 在设计思维过程中，思维是先收敛再发散的

D. 设计思维是一个非线性的解决方案

148. 你是一名金融项目管理者，因为行业特性的原因，项目非常重视金融风险的管理。下列哪项不属于风险管理的方法？

A. 消除　　　　　B. 规避　　　　　C. 转移　　　　　D. 减轻

149. 你管理产品团队，其发展符合塔可曼模型。关于塔克曼团队模型，在形成阶段之后，下列哪项说法正确？

A. 会进入执行期　　B. 会进入休整期　　C. 会进入震荡期　　D. 会进入规范期

150. 你是一家软件公司产品项目的项目经理，公司正在大力推广 Scrum 模式。以下关于 Scrum 的描述，哪个是错误的？

A. 起源于橄榄球争球　　　　　　　　B. 是最流行的敏捷框架

C. 产品被划分成固定长度的迭代　　　D. 产品团队可以自主设计框架

151. 你是一家互联网公司的项目经理，你认为管好一个项目的关键是把握项目的三重约束。项目三重约束的要素是什么？

A. 范围、进度和成本　　　　　　　　B. 过程、时间和预算

C. 产品、流程和客户　　　　　　　　D. 计划、性能和成本

152. 你是一家快消品行业的产品经理。所负责的产品项目被视为公司重点项目，因此公司领导希望你能不断压缩进度，争取早日上市产品。哪种压缩项目时间的方法通常会增加成本，但可以使项目按时完成？

A. 遵循关键路径　　B. 减少工作范围　　C. 添加资源　　　　D. 增加松动量

153. 你是一名工程项目的项目经理，目前正在进行工程预算编制的工作。以下哪项是根据性质相似的以往项目数据来估计新产品开发成本的一种项目预算估计方法？

    A. 历史数据　　　　B. 参数　　　　　C. 自下向上　　　　D. 自上而下

154. 你所负责的是一个投融资产品的项目，重视项目的风险管理。项目风险管理通常侧重减少下列哪个选项？

    A. 项目成本　　　　　　　　　　　　B. 项目范围

    C. 项目期限　　　　　　　　　　　　D. 项目的不确定性

155. 你所在企业是一家制造型企业，企业的产品项目都使用精益流程来管理。精益新产品开发的一个原则是？

    A. 顾客定义价值　　　　　　　　　　B. 项目管理可以使风险最小化

    C. 产品框架是动力　　　　　　　　　D. 高层管理者参与整个过程

156. 你所在企业是一家互联网企业，产品项目大多运用迭代的方法开展。自发组织的团队在协作环境中进行迭代的方法被称为？

    A. 集成产品开发　　　　　　　　　　B. 螺旋瀑布模型

    C. 精益产品管理　　　　　　　　　　D. 敏捷方法

157. 你是一名项目经理，所负责的项目正在经历一轮冲刺。冲刺是指什么？

    A. 团队通过小幅和迭代的工作节奏去应对不可预测性

    B. 连续和无限的可变性

    C. 集成产品开发

    D. 精益新产品开发过程的一部分

158. 你是一名产品经理，正在与负责营销的团队同事一起制定产品的营销组合。制定新产品的市场营销组合的一个重点是？

    A. 在产品开发前制定　　　　　　　　B. 与产品开发并行

    C. 在产品开发后制定　　　　　　　　D. 在营销部门做决定时进行

159. 你正在设计一款智能手机产品。为了更好地进行设计，你需要明晰产品的层次特性。产品的有形好处包括？

    A. 特点、造型和包装　　　　　　　　B. 安装、信用和质保

    C. 价格和促销　　　　　　　　　　　D. 以上所有选项

160. 你开发的一款"智能云"产品深受市场欢迎，被公司定位为"现金牛"产品。"现金牛"产品的定义是？

    A. 具有显著未来市场潜力的产品

    B. 奶制品

    C. 销售下滑的产品

    D. 在整体增长缓慢的市场上具有较高份额的产品

161. 你开发了一款数码相机产品，这款产品在经历了五年的盈利期后，已经不再受到用户关注。公司将其定位成"瘦狗"产品。在 **BCG** 增长份额矩阵中，什么样的策略最适合"瘦狗"型产品？

    A. 更广泛地推广产品　　　　　　　　B. 投入大量的研发资金来改进产品

    C. 价值主张强调剥离或改变　　　　　D. 降低产品价格

162. 你是一家生产汽车轴承公司的产品经理，所开发的产品获得了行业专利，因此公司领导决定要加强该产品的知识产权管理。为什么知识产权对产品开发较重要？

    A. 它有利于产品开发经理的信誉

    B. 它可以为产生收益奠定基础

    C. 它鼓励创造力

    D. 它是一个好的开发过程的指标

163. 你是一家生产汽车轴承公司的产品经理，所开发的产品获得了行业专利。具有知识产权的新产品价值可以通过什么方式而产生？

    A. 用公司品牌来营销产品　　　　　　B. 把知识产权卖给另一家公司

    C. 把知识产权授权给另一家公司　　　D. 以上所有选项

164. 你是组织的 **CPO**（首席产品官），由于产品与营销密不可分，因此你被邀请参与一起制定组织的营销战略。组织的市场营销战略应该（　　　）。

    A. 由营销部门独立开发　　　　　　　B. 符合整体业务战略

    C. 每五年制定一次　　　　　　　　　D. 制定时无需考虑整体业务战略

165. 你是一名产品经理，在产品项目管理的过程中运用大量市场研究方法获取市场信息。哪种研究方法在概念生成阶段是最常用的？

    A. 客户现场访问　　B. 二手研究　　　C. 问卷调查　　　D. 概念测试

166. 基于上述的问题场景，概念评价阶段进行市场研究的目的是什么？

    A. 测试设计　　　　　　　　　　　　B. 理解顾客的需求

    C. 确定概念　　　　　　　　　　　　D. 选择投资项目

167. 在整个产品开发过程中积累成本大幅增加，尤其是在最后建立原型和为发布做准备阶段。为了最小化后期的失败风险，市场研究应当？

    A. 又快又轻松地进行　　　　　　　　B. 提供关于客户需求的明确信息

    C. 相对便宜　　　　　　　　　　　　D. 提供可靠的统计结果

168. 你是一名产品经理，产品项目正处于调研期。你正在通过较小数量的项目或人群来推断被称为全体的较大群体的特征，这一过程是（　　　）。

    A. 统计分析　　　　B. 采样　　　　　C. 参数　　　　　D. 非参数

169. 你是一名产品经理，通常你会采用焦点小组法来进行市场研究。理想的焦点小组的大小是多少人？

    A. 少于 5 人　　　B. 8 到 12 人　　　C. 约 12 人　　　D. 超过 20 人

170. 你是一名产品经理，正在制定产品的价值主张。你认为一种价值主张应侧重（　　），而不是（　　）。

A. 产品的特点，客户得到的好处　　　　B. 产品的效益，客户得到的成本

C. 产品的收入，客户得到的费用　　　　D. 产品的好处，客户得到的特点

171. 你所在公司是一家世界五百强公司，在开展产品创新活动时，考虑到包括关乎所有利益者的全球因素。这种创新办法叫什么？

A. 利益相关者创新　　　　B. 可持续创新

C. 连续创新　　　　D. 以上都不是

172. 你所在的公司专注于开发经济型连锁酒店产品，公司的使命是"让每一个客人宾至如归，感受到服务的温度"。公司目前的市场覆盖整个大中华地区，以及东亚、东南亚和南亚市场。为了将业务拓展到全球，公司的战略是打造可持续产品和服务，使得酒店的耗材可回收。如果公司想要发展可持续型产品，他们必须怎样做？

A. 理解消费者的顾虑　　　　B. 检查产品的生命周期

C. 考虑新的商业模式　　　　D. 以上所有选项

173. 你所在公司是一家互联网企业，公司开发的产品不断更新。这种不断更新产品的需要是缩短什么的结果？

A. 阶段 - 关卡　　　　B. 概念测试

C. 思维能力　　　　D. 产品生命周期

174. 你所开发的产品已成功上市，目前正处于产品运营中。在产品生命周期中，哪个阶段销量最高？

A. 引入期　　　　B. 跨越鸿沟

C. 增长期　　　　D. 成熟期

175. 你是一名产品经理，正在与团队成员一起制定营销战略。市场营销组合定义为（　　）。

A. 在同一时间销售的产品的组合　　　　B. 产品、价格、地点和促销的组合

C. 参与营销产品的群体的组合　　　　D. 营销战略和计划的组合

176. 你的产品团队正在开发一款针对小学生的智能学习笔。这款智能学习笔有哆啦 A 梦的外形、可以帮助小学生查阅单词、上网搜索疑难问题。通过用户的产品使用测试，更加明确了产品的核心利益。产品的核心利益是（　　）。

A. 那些真正驱使人们购买和重新购买某种产品的好处

B. 产品的基本技术

C. 产品的工作原理

D. 产品生命周期的长度

177. 下列哪一项是附加产品的例子？

A. 产品在冰箱里保质期延长　　　　B. 增强引擎功能的化学剂

C. 具有多个清洁附件的吸尘器　　　　D. 免费售后服务

178. 你负责的产品项目团队正在用敏捷开发模式进行管理。敏捷产品开发的主要原则包括团队授权、小幅渐进发布、一次完成一个功能，以及（　　　）。

A. 杜绝浪费　　　　　B. 线性过程　　　　　C. 用户积极参与　　　D. 忽略风险

179. 你的企业是一家传统软件集成商，公司的产品项目使用瀑布流程来管理。在典型的瀑布流程中，设计阶段可以被描述为什么？

A. 根据项目要求来写实际的代码

B. 确保产品符合客户的期望

C. 通过客户来识别产品缺点

D. 根据具体需要来发现项目完成需要的软件和硬件

180. 你的项目使用的是敏捷管理模式，在一个冲刺迭代中，由团队完成的足够小的工作单位被称为什么？

A. 产品待办列表　　　B. Scrum　　　　　C. 概念评估　　　　　D. TQM

181. 你是一名产品经理，产品项目遵循新产品开发流程。对大多数产品开发过程的最初阶段的期望是什么？

A. 进行深入的技术、营销和业务分析

B. 测试新的产品及其商业化计划的各个方面

C. 快速了解市场机会、技术要求和可用功能

D. 完善产品的设计、原型、制造设计、制造准备和发布计划

182. 你正在负责组织的产品项目，为了更好地管理项目，你使用了识别和创造性地解决问题的系统合作方式。这被称为什么？

A. 综合项目开发　　　B. 设计思维　　　　　C. 敏捷方法　　　　　D. 精益新产品开发

183. 在 20 世纪 80 年代初期，分阶段的新产品开发流程应用的一个飞跃来自于？

A. 博思艾伦咨询公司的六阶段进程　　　　B. 新产品发展三部曲

C. 库珀的门径管理体系　　　　　　　　　D. NASA 的阶段审查过程

184. 你所在组织使用 IPD（集成产品开发）来管理新产品的开发。什么能力是一个组织具有成熟的 IPD 产品开发流程的标志？

A. 将利益相关人和高级管理者结合在整个开发流程中

B. 使用迭代和风险限制步骤去促进有效和高效的新产品开发

C. 持续地在进程中引入新产品

D. 基于各种模型和经验来发展自己的最佳实践

185. 你是一个新产品项目的产品经理，该项目正在处于项目评估阶段。谁应该对新产品机会进行评分？

A. 跨职能团队　　　　　　　　　　　　　B. 仅限市场营销经理

C. 仅限新产品经理　　　　　　　　　　　D. 仅限首席执行官

186. 你是公司组合评审委员会的负责人，公司领导非常关心组合管理的价值。下列哪项是一个良好的组合管理过程的结果？

A. 资源分配能够满足所有项目的要求

B. 项目质量范围广

C. 对所有项目资源进行平均分配

D. 利用所有可用资源

187. 你正在负责公司产品组合，组合中有多种类型的项目。在项目组合中，哪种类型的项目代表填补现有产品线空缺的副产品？

A. 突破型　　　　　B. 平台型　　　　　C. 衍生型　　　　　D. 支持型

188. 你是公司产品组合管理委员会的主任，负责公司所有产品组合的管理。项目组合管理包括两个重要方面。它们是？

A. 组合选择和组合审查

B. 组合启动和完成

C. 资源分配和组合支持

D. 会议营销和技术要求

189. 你所在企业是一家央企，整个产品组合项目的管理由公司企划部负责。在年初，企划部会根据公司战略发展要求，统一进行自上而下的项目选择。什么是自上而下组合选择方法的第一步？

A. 制定目标和策略　　　　　　　　B. 记录可用资源

C. 分配研发预算　　　　　　　　　D. 与自下而上组合进行比较

190. 你是一名产品经理，致力于将产品项目团队打造成高绩效团队，提升项目成功率。下列哪项对一个高绩效的团队很重要？

A. 共同的目标、领导能力和开放的沟通

B. 赋予权力、相互信任和冲突管理

C. 维护自尊、有效团队过程与多样性管理

D. 所有这些对一个高绩效的团队都重要

191. 一个小规模人群致力于一个既定的目标，并通过绩效目标来实现他们对之承担责任的共同目的。这被称为什么？

A. 团队　　　　　B. 工作组　　　　　C. 矩阵　　　　　D. 职能

192. 你是一名产品经理，所管理的项目采用重量级团队结构。重量级团队领导者的权威和职能领导相比如何？

A. 权威取决于本组织使用的矩阵结构

B. 重量级团队领导者和职能团队领导者有平等的权威

C. 职能团队领导者的权威优先

D. 重量级团队领导者的权威优先

193. 你所负责的团队所开发的产品"雷神二号"在市场上深受欢迎，属于"现金牛"型产品。在 BCG 增长份额矩阵中，什么样的策略最适合"现金牛"型产品？

A. 更广泛地推广产品

B. 投入大量的研发资金来改进产品

C. 价值主张强调剥离或改变

D. 采用撇脂或投资的策略

194. 一家软件公司 BD 正在对一个特定的网上购物软件进行开发更新。潜在风险：凭借过往产品上市的经历，公司在目标市场中具备丰富的经验。即使程序中存在些许错误，公司也可以在产品发行后迅速补救，不会产生显著的负面客户反响。周期：采纳快速开发流程，缩短开发周期。上市速度至关重要。所需的市场信息：客户对改进功能和新程序功能的反馈。

根据上述信息，下列市场研究方法中哪项不太合适？

A. 回顾过往产品性能的问卷调查和客户反馈

B. 在内部完成阿尔法测试

C. 在阿尔法测试后进行贝塔测试

D. 领先用户焦点小组进行机会评估

195. 由于公司在目标市场中具备丰富的经验。即使程序中存在些许错误，公司也可以在产品发行后迅速补救，请问 BD 公司采用什么软件开发流程较为合适？

A. 瀑布　　　　B. 敏捷　　　　C. 螺旋　　　　D. 迭代

196. 玩具公司开启了一个面向 10 ~ 12 岁儿童的动力车开发项目。潜在风险：公司在玩具市场的经验丰富，但主要为 5 岁以下儿童开发玩具。与该项目有关的主要风险是，公司没有进行过 10 ~ 12 岁儿童的玩具开发，没有满足该年龄段儿童需求的经验。周期：产品正确比上市速度更重要。所需的市场信息：目标市场的输入信息，用于概念开发和设计规格市场。此情景带来了一些问题。鉴于目标市场是 10 ~ 12 岁的儿童，对该年龄段的儿童进行调查会涉及一些敏感问题。

假定公司知晓并遵守了道德许可，那么该公司最不可能使用什么市场研究方法？

A. 焦点小组　　　B. 消费者监测组　　　C. 贝塔测试　　　D. 人种学调查

197. 针对 10 ~ 12 岁的儿童，下列哪项市场调查活动形式不合适？

A. 通过模型或图纸来传递概念创意

B. 从学校选出一群适龄的孩子，为持续设计和最终的设计提供输入信息

C. 通过观察记录适龄孩子的兴趣点和偏好来确定玩具特性

D. 通过发放问卷调查来搜集适龄孩子的需求

198. 与 10 ~ 12 岁年龄段的用户交流可能涉及哪些问题，限制了市场研究的方法？

A. 道德问题，与该年龄段儿童进行的交流互动涉及道德考量

B. 玩具的安全风险问题

C. 代沟带来的沟通难度问题

D. 这个年龄段的孩子不确定性很大

199. 一家食品公司正在开发针对高水平运动员的营养品。**潜在风险：公司有丰富的营养品开发经验，但对高水平运动员和他们的需求了解很少。鉴于公司缺乏在该特定市场和产品类别的经验，极为重要的一点是铺垫好有关目标市场的知识基础。同时，在开发早期就要确保新产品的概念是这个市场所重视的。周期：该公司的品牌良好，与新产品的上市速度相比，公司更关心这个品牌的未来前景。所需的市场信息：从高水平的运动员处了解其当前需求和未满足的需求。**

请推荐合适的市场研究方法，下列哪项方法不太合适？

A. 面对面或在线方式的领先用户研究

B. 人种学研究，借助各类工具找出高水平运动员的态度和需求，其中的许多需求可能不是运动员本人所清楚的

C. 做二手市场研究，了解行业内的知识和市场信息

D. 社交网络会是很好的信息来源

200. 根据上题情境，该公司最可能使用哪项新产品开发流程？

A. 门径管理流程   B. 精益开发

C. IPD 集成开发   D. 敏捷开发

通关密卷二参考答案及详解

答案速览							
1～5	DDDAA	6～10	DDADC	11～15	DCABA	16～20	ADDDD
21～25	ACDDD	26～30	BDADD	31～35	AADDD	36～40	AACDD
41～45	DDADD	46～50	BDBAA	51～55	DDACA	56～60	CADDA
61～65	CDBBD	66～70	DACDB	71～75	DADCB	76～80	ACAAD
81～85	BDDDB	86～90	DDCAB	91～95	DDDDA	96～100	DDADD
101～105	BDDDA	106～110	DDBDD	111～115	ADADB	116～120	CADCA
121～125	ADDDA	126～130	CBACC	131～135	ADCDC	136～140	DBDBC
141～145	BBDDD	146～150	CCACD	151～155	ACADA	156～160	DABAD
161～165	CBDBA	166～170	DDABD	171～175	BDDDB	176～180	ADCDA
181～185	CBCDA	186～190	DCAAD	191～195	ADDDB	196～200	CDADA

1. 答案：D。考点提示：战略层级。

战略四个层级的解释如下：

第一层级：使命陈述——组织存在的最重要的原因，聚焦能力和资源。比如：成为便携式音响设备领域的领导者。

第二层级：公司/经营战略——实现使命的行动规划。比如：市场份额扩大10%，创造1000万美元的新市场，收入增长25%。

第三层级：创新战略——为整个组织的创新明确目标、业务优先级与方向。比如：强调技术水平、关注外部合作度。

第四层级：职能战略——支持经营战略的各职能部门战略。比如：IT战略、人力资源战略、销售战略等。

进一步解析题目的四个选项：

A 正确。组织必须有整体战略，该战略定义了组织的独特定位。

B 正确。组织战略也称为公司战略。

C 正确。小型组织公司战略和经营战略是一体的，是实现使命的行动规划。

D 不正确。大部分中小公司依靠创新实现生存和增长，而大公司则是通过战略变革和创新来延续和成长。这也正是创新战略的价值。因此选D。

2. 答案：D。考点提示：愿景。

愿景是一种基于洞察力和远见的想象。它揭示了可能性和实践制约条件，描述了组织最期望的未来状态。A、B、C说法正确。D项说法不正确，愿景并不是描绘了组织最想要的竞争环境，因为环境条件是不可控的。因此选 D。

3. **答案: D**。考点提示: **使命**。

使命的目的是使得组织的精力和资源得以集中，而不是聚焦组织的向心力和资源。因为向心力的聚焦需要企业文化，而资源的聚焦需要战略。因此选 D。

4. **答案: A**。考点提示: **公司战略**。

A 正确。一个公司战略是指一个多元化组织的整体战略，能够回答"我们应该在哪些业务领域进行竞争"以及"如何使不同的业务得以协同，提升整个组织的竞争优势"这两个问题。因此选 A。

B 不正确。在哪些地域展开竞争，这属于市场战略所关注的，而不是公司战略所关注的。业务如何开展是具体的战术，而非公司战略所应该关注的。

C 不正确。业务如何组合属于组合管理应该关注的，而非公司战略应该关注的。

D 不正确。在哪些地域展开竞争，这属于市场战略所关注的，而不是公司战略所关注的。

5. **答案: A**。考点提示: **创新战略**。

A 正确。创新战略应当与具体组织相匹配。不存在一个教科书式的标准定义能够界定何为优秀的创新战略。因此选 A。

B 不正确。标杆企业的创新战略不一定能适用组织。

C 不正确。创新战略不一定要有行业前沿前瞻性，只要符合组织现状即可。

D 不正确。创新战略不一定要在技术上领先行业半步。

6. **答案: D**。考点提示: **创新画布**。

创新画布的四个创新象限分别是:

常规式创新（Routine Innovation）：以组织现有的技术能力为基础，与现有的商业模式相匹配的创新，专注于功能改进和新版本或新模型的开发。

颠覆式创新（Disruptive Innovation）：需要新的商业模式，但不一定需要新的技术。比如，谷歌的安卓操作系统对苹果操作系统而言就有潜在的颠覆影响。

突破式创新（Radical Innovation）：该类创新主要聚焦于纯技术。例如，基因工程和生物医药技术对制药企业有重大影响。

架构式创新（Architectural Innovation）：颠覆式技术创新和商业模式创新的有效整合。典型案例之一是颠覆了柯达和宝丽来等公司的数字摄影产品。

D 项的渐进式创新（Incremental Innovation）注意协调和平衡各方利益以达成大多数人能共同接受的方案。这一模式主张创新决策是在循序渐进中不断总结、不断修正、不断完善形成的，并不是创新画布的四象限之一。因此选 D。

7. **答案: D**。考点提示: **颠覆式创新**。

题干所描述的是颠覆式创新的特点，其核心特点是创造新市场和新价值网络，并将最终促成现有市场和现有价值网络的颠覆。因此选 D。

8. **答案: A**。考点提示: **成本领先战略**。

波特的三种战略形式具体如下:

成本领先战略：通过吸引价格敏感型客户提升公司的市场份额。通常适用于规模生产日常用品的公司。在一个价格竞争激烈的市场，这通常是进入市场或者保持市场地位的唯一方法。

差异化战略：聚焦于较宽的产品基础。通过交付独特的、优质的产品和建立忠诚的客户关系获取市场份额。客户通常更关注产品的品质和性能。

细分市场战略：也称为聚焦战略（Focus Strategy）。细分市场战略适用于比较狭小的市场，而不是像成本领先战略和差异化战略那样聚焦于比较广大的市场。细分市场战略的基础是对一个主要市场的深入认识，该市场通常具有独特的需求。

题目中所描述的企业通过优化采购环节，优化生产流程，进一步降低生产成本，同时考虑将现有电池产品的价格调低 5%，以压迫竞争对手的利润空间。这是明显的成本领先战略，因此选 A。

9. **答案：D**。考点提示：成本领先战略。

成本领先战略可以通过以下途径实现成本领先：

一是规模经济，通过提高产量来降低单位制造成本；

二是提供无冗余或物有所值的产品来降低整体制造成本；

三是优化供应链，标准化零部件或原材料、包装，及时交付。

A、B、C分别是上述三种途径的描述。成本领先战略不是必须降价，即使价格不降，企业成本降低，也是能实现领先的。因此选D。

10. **答案：C**。考点提示：差异化战略。

迈尔斯和斯诺的防御者战略，特点是在稳定市场中维护利基市场份额。与题意不符，故A不正确。

在NPDP中没有进攻性战略这个专有名词。故B不正确。

通过该企业的背景可以确定其处在较宽广的市场范围。差异化战略是通过持续创新，亲近客户，充分理解他们的需求，通过交付独特的、优质的产品和建立忠诚的客户关系获取市场份额。与题干中所描述的"产品风格年轻化，更多聚焦年轻人市场"相符。因此选C。

跟随战略是迈尔斯和斯诺的分析者战略，其特点是快速跟随，产品通常更好。与题意不符，故D不正确。

11. **答案：D**。考点提示：防御者战略。

采用防御者战略的公司通常聚焦狭窄、稳定的市场和类别产品，规避风险。聚焦核心能力，如果有新的竞争对手，迅速应对竞争挑战。做好全产品线，通常聚焦产品改进。A、B、C均是防御者战略的特点。D项不是防御者战略的特点，防御者战略不具备技术进取性，更不用提威胁性。因此选D。

12. **答案：C**。考点提示：成本领先战略。

该企业通过原有牛奶饮品生产线的产品架构，可以开发制造其他衍生型产品，这属于产品平台战略的特点，因此A正确。

该企业仍然聚焦于奶制品市场，只是在原有的生产线上进一步扩充产品类别，并关注产品的改进，这属于防御者战略的特点，因此B正确。

该企业并没有通过压缩成本来保持市场地位，因此没有采用成本领先战略，故选C。

增加新配方和口味等做法属于对产品进行创新，开发新的产品性能来吸引客户，这属于差异化战略的做法，因此D正确。

13. **答案：A**。考点提示：产品平台战略。

产品平台战略的好处通常有以下几点：

一是鼓励产品从长期角度来研发，具备更长远的眼光。

二是产品平台复用各种产品模块，因此能显著提高公司运营效率。

三是通过产品平台，公司和客户都能深刻理解该产品平台的根本要素。

四是客户容易接受产品平台及核心技术，有助于公司产品和竞争产品建立显著差异。

因此B、C、D说法正确。A项不是产品平台战略的好处，产品平台战略能够让企业快速、连续地推出一系列产品，而并非单一近似的产品。因此选A。

14. **答案：B**。考点提示：技术S曲线。

技术S曲线基本上显示了大多数技术的生命周期阶段，即技术随着时间的变化趋势。引入期：技术的最初启用阶段，技术性能往往有限，技术进展缓慢；成长期：技术显著改进、性能大幅提高；成熟期：科学限制和缺乏导致该技术无法实现进一步发展，或是一项新的技术已经取代该技术。题干中说的"技术随着时间变化趋势而变化"正是技术S曲线的特性，B项正确。

A、C不正确，NPDP中没有生长曲线或趋势曲线的说法。D不正确，周期曲线（如产品生命周期、项目生命周期）描述的是生命周期的变化特性，与题意不符。故选B。

15. **答案：A**。考点提示：技术预见。

技术预见是指一种洞察未来以预见技术趋势及其对组织潜在影响的流程，A项正确。技术预见与任何会议无关，B、C、D 均错误。故选 A。

16. **答案: A**。考点提示: **波士顿矩阵**。

波士顿矩阵为现有的产品组合放在市场份额和市场占有率这个分析框架中进行分析的一种工具。因此 A 正确。

波士顿矩阵不是产品组合分析工具，而是将产品组合放在相应市场份额和市场占有率分析的工具，本质上是一种市场工具。因此 B 不正确。

波士顿矩阵分为问号、明星、瘦狗和金牛四个象限，不是细狗。因此 C 不正确。

问号象限的产品是处于高市场增长率、低市场占有率象限内的产品群，因此 D 不正确。

17. **答案: D**。考点提示: **波士顿矩阵**。

问题产品处于一个高增长的市场之中，说明市场机会大，前景好。因此 A 正确。

问题产品尚未获得一个显著的市场份额，这可能在市场营销上存在问题。因此 B 正确。

问题产品的财务特点是收入低，利润率低，现金流为负，负债比率高。所以问题产品应采取选择性投资战略，分析其潜力是否能成长为明星产品或者退为瘦狗产品。因此 C 正确。

问题产品处在高增长的市场之中，并非市场衰退期，因此 D 不正确。

18. **答案: D**。考点提示: **产品层次**。

产品的三个层次: 第一层是核心利益，即目标市场将从产品中获得的利益; 第二层是有形性能，即赋予产品外观和功能的物理美学设计; 第三层是附加性能，即产品所提供的额外利益。因此 A、B、C 正确。

三个层次中，核心利益和服务虽然很关键，但有形性能和附加性能往往也会成为竞争的重点。因此 D 错误。

19. **答案: D**。考点提示: **营销组合**。

在开发一个产品的营销组合时，应考虑以下内容: 营销组合的所有元素都应该保持同步; 价格应与顾客对产品价值的期望相一致，体现了它的功能和审美属性; 促销应强调核心利益、有形性能和附加性能; 销售地点应与目标市场的产品质量、功能和行为相一致。因此 A、B、C 说法正确。D 说法错误，销售地点应与目标市场的产品质量、功能和行为相一致才能取得好的销售业绩。因此本题选 D。

20. **答案: D**。考点提示: **知识产权**。

知识产权的类型主要包括专利、版权、商标、植物品种权和商业秘密。

21. **答案: A**。考点提示: **六西格玛设计（DFSS）**。

DFSS 方法涵盖了从客户心声到产品或服务上市的全系列产品设计和服务设计。并非是在设计后期制定的标准。因此 A 不正确，故选 A。

DMAIC 方法可以将现有产品和服务改进到所能达到的最佳水平，但整体产品或服务性能可能受设计所限。为了克服这个限制，可以选择六西格玛设计（DFSS）方法。因此 B 正确。

六西格玛设计（DFSS）专注于设计或重新设计产品和服务及其支持流程的专门改进，并满足客户的需求和期望。因此 C 正确。

质量功能展开（QFD）可以让设计属性和目标与客户需求匹配起来，因此 D 正确。

22. **答案: C**。考点提示: **开放式创新**。

开放式创新的特点是组织与外部环境之间的边界变得可渗透，因此组织会使用内外部资源以获取创意，使用内外部渠道进行市场营销，可以购买和获得发明专利授权，也可以通过合资和企业分拆的方式来获得创新性。因此 A、B、D 说法正确。

开放式创新的特点是技术能够容易地在公司内外转移。因此 C 选项说法错误。

23. **答案: D**。考点提示: **产品创新章程**。

产品创新章程涵盖了项目的立项原因、目的、目标、准则和边界。因此 A 正确。

它回答了产品开发项目中"谁、什么、哪里、何时、为什么"这 5 个问题。因此 B 正确。

指南中提到了项目团队内的工作关系，如何开会，如何汇报，如何决策等管理制度，因此 C 正确。

产品创新章程通常是一个相对简短的总结性文件以及一些其他附加文件，因此不会非常复杂。因此 D 错误。

24. 答案：D。考点提示：组合管理。

组合管理的五大目标是：价值最大化、项目平衡、战略协同、管道平衡、财务稳健。因此 A 正确。

在寻求项目平衡中，需维持正确项目之间的正确平衡，包括长期与短期平衡，高风险与低风险平衡，具体产品与市场类别平衡，因此 B、C 正确。

在管道平衡中，应确定正确的项目数量，保证资源和焦点不会过于分散。因此 D 不正确。

25. 答案：D。考点提示：产品项目类型。

产品或项目组合的类型包括突破型、平台型、衍生型、支持型。因此选 D。

26. 答案：B。考点提示：产品组合。

突破型产品是风险最高的一类产品，因此不太容易成功。因此 A 不正确。

平台型产品是构建产品平台，产品可以基于平台有更多衍生，使产品线更有延展性。因此这类产品最容易使得组织获得长期成功。因此 B 正确。

衍生型和支持型仅关注某一个相对简单的产品，无法使组织获得长期成功。因此 C、D 不正确。

27. 答案：D。考点提示：组合平衡。

库珀于 2001 年提出了项目选择和持续审查的三种方法，以确保在战略和产品组合之间建立起一个明确的联系，即自上而下法、自下而上法，或二者结合的方法，这三种方法的运用初衷是确保组合中的项目搭配是最优的，由此在资源有限的条件下实现战略目标。因此本题选 D，即都是正确的。

28. 答案：A。考点提示：产品机会评估。

打分法是评估产品机会的工具中非财务类评估的一种。因此 A 错误。

打分法的评估过程需选择评估准则，对每个评估准则赋予权重，以显示其相对重要性。因此 B 正确。

打分法按照每个评估准则对产品创意逐一进行 10 分制打分。因此 C 正确。

计算出每个产品创意的加权分数，这样就得出了所有产品创意的排序。因此 D 正确。

29. 答案：D。考点提示：组合平衡。

组合平衡的目的是确定组合项目的比例，使得项目组合符合战略，因此就涉及如何进行项目的分类。所属的业务单元、产品类别、目标市场，或者是项目和产品的某个特征（如突破型、平台型、衍生型和支持型），都可以作为新产品机会的分类标准。因此 A 正确。

组合平衡要考虑成本、收益、风险水平、技术难度、设施设备上的资金投入。因此 B、C 正确。

组合平衡要考虑上市时间，即从决定开发到获得商业回报的时间，而并非退市时间，因此 D 错误。

30. 答案：D。考点提示：气泡图。

气泡图的本质是使得产品项目组合更好的平衡，例如风险与回报的平衡、市场与技术的平衡，技术与市场新颖度和资源量的平衡，因此 A、B、C 正确。

风险和价格并不是一对平衡变量，因此不适合。本题选 D。

31. 答案：A。考点提示：企业氛围。

企业氛围被定义为"员工可直接或间接地感知到的工作环境特点的集合，对员工的行为有重大影响"，因此可以直接或间接地影响员工感知，选 A。

企业信条是企业相信的东西，是主观的条件，并不能直接或间接地影响员工感知。因此 B 不正确。

企业规范是企业需要遵循的流程、制度等。因此 C 不正确。

企业愿景是一种基于洞察力和远见的想象。它揭示了可能性和实践制约条件，描述了组织最期望的未来状态。因此 D 不正确。

32. 答案：A。考点提示：企业文化。

企业文化指的是组织中人们共同拥有的信念、核心价值观、假设与期望。A 选项是标准定义，因此本题选 A。

B 项是人力资源的概念、C 项是企业环境的概念、D 项是企业氛围的概念。

33. **答案：D**。考点提示：**企业文化**。

宽容失败、管理层设定目标、对目标进行绩效评价，都是应该鼓励的企业文化要素，排除 A、B、C。

D 项，应该鼓励建设性冲突，激烈的辩论胜过被动的妥协。只要冲突对事不对人，是有利于创新的。因此 D 选项不能对团队产生积极影响，故选 D。

34. **答案：D**。考点提示：**团队定义**。

团队的定义是：为同一个目的而努力的少数几个人，拥有彼此互补的技能，遵循共同的目标和路线，共同担负责任，并肩作战。因此 A、B、C 正确。选项 D 中，应该是团队成员共同对目标负责，因此 D 错误。

35. **答案：D**。考点提示：**塔克曼模型**。

塔克曼模型的五个阶段：创建阶段、震荡阶段、规范阶段、执行阶段、解散阶段。

在团队的创建阶段，大多数团队成员表现得积极、得体。有些人有些焦虑，因为他们还不完全了解团队将要做什么。还有些人对将要完成的任务比较激动。此时，团队成员的角色和职责还不清晰，因此领导者的影响十分重要。因此 A、B、C 正确。

D 项，这个阶段可能会持续一段时间。因此 D 不正确。

36. **答案：A**。考点提示：**塔克曼模型**。

塔克曼模型的五个阶段：创建阶段、激荡阶段、规范阶段、执行阶段、解散阶段。

在团队的激荡阶段，人们开始打破而非巩固已经建立起来的边界。因此 A 选项错误。

另外，激荡往往源于团队成员之间工作模式的冲突。大家以不同的方式工作，有不同的个性。有时，团队成员会由于方向不明确和工作任务分配不公平变得沮丧。团队领导者必须及时解决这些问题，并向整个团队清晰地传达解决方案。这是很多团队失败的阶段。因此 B、C、D 选项正确。

37. **答案：A**。考点提示：**团队定义**。

团队的定义是：为同一个目的而努力的少数几个人，拥有彼此互补的技能，遵循共同的目标和路线，共同担负责任，并肩作战。因此 A 正确。选项 B、C、D 并不是团队定义的关键要素，因此错误。

38. **答案：C**。考点提示：**塔克曼模型**。

塔克曼模型的五个阶段：创建阶段、激荡阶段、规范阶段、执行阶段、解散阶段。激荡阶段之后是规范阶段。因此 C 选项正确。

39. **答案：D**。考点提示：**团队组成个性**。

团队应当包容个体的诸多个性特征，个性特征有创造力的产品开发者、企业家、项目领导者、发起倡议者、信息处理者、氛围制造者，因此 A、B、C 都正确。企业专职教练不是必须的，D 不正确，故选 D。

40. **答案：D**。考点提示：**团队组织结构**。

在职能型团队中，项目被分为多个职能模块，每个模块由相应的职能经理负责，并由职能经理或高级管理人员进行协调。

在重量级团队中，认为项目优先于职能。项目负责人有权力、有威信指导团队成员专注于项目。在大多数情况下，团队领导者对团队成员的绩效考核有一定的影响，但薪酬、晋升和职业发展的最终决定权在职能经理。故选 D。

41. **答案：D**。考点提示：**次级市场研究**。

调查问卷的特点是样本量大、成本低、时间短。故 A 不正确。

主要市场研究（又称为一级市场研究）是为了处理新产品开发项目中的具体问题而收集的信息。主要市场研究的数据通常是直接从潜在客户那里收集而来。故 B 不正确。

焦点小组通常可以引导参与者的相互协作，从而澄清产品的特性。故 C 不正确。

次级市场研究通常又称为"文献研究"。故 D 正确。

42. 答案：D。考点提示：TRIZ。

不对称：利用改变系统的状态而达到优化系统的目的。如三项插头利用了不对称原理。故 A 不正确。

联合：将相同的物体或完成类似操作的物体联合起来。如瑞士军刀利用了联合原理。故 B 不正确。

套装：又称为嵌套原理。把一个物体嵌入另外一个物体，然后将这两个物体再嵌入第三个物体。如折叠刀和自动铅笔是基于嵌套原理。故 C 不正确。

抽取：①从系统中抽出可产生负面影响的部分或者属性；②仅从系统中抽出必要的部分和功能。家庭空调的散热器放在楼梯外侧是基于抽取原则。因此本题选 D。

43. 答案：A。考点提示：团队组织结构。

职能经理负责人员绩效评价与晋升，有利于团队管理，也有利于统一调配资源。因此，在大多数情况下，即使团队领导者对团队成员的绩效考核有一定的影响，但薪酬、晋升和职业发展的最终决定权在职能经理，所以选 A。B、C、D 都不正确。

44. 答案：D。考点提示：团队组织结构。

重量级矩阵的优势为强化项目聚焦、承诺与责任，整合解决方案。局限性为对员工有难度，要求有深度。必须打破部门壁垒。因此 A、B、C 均是重量级矩阵的特点。

在轻量级矩阵中，由于项目领导和项目聚焦不足，个体会有挫败感，D 项并非重量级矩阵的特点，因此选 D。

45. 答案：D。考点提示：模糊前端。

模糊前端是项目中定义最不明确的一个阶段。因此 A 正确。

在项目早期，成本相对较低。因此 B 正确。

在这个早期阶段，明智的决策对减少不确定性和风险非常重要，因为可以对持续投资该项目提供信心，因此 C 正确。

组织在该阶段识别机会、形成概念，是发生在进入正式的产品开发流程之前的阶段，因此 D 错误。

46. 答案：B。考点提示：门径管理流程。

门径管理流程的主要理论是库珀和艾杰特在 20 世纪 80 年代早期首先提出的，主要的理论飞跃是由库珀在 1980 年提出的，因此 A 错误、B 正确。

门径管理流程的主要阶段是发现、筛选、立项分析、开发、测试与修正、上市。前两个主要步骤是发现和筛选，因此 C 错误。

跨职能部门在阶段中通过交流，分析职能活动的协作，在关口做出有关项目未来的关键决策，因此 D 错误。

47. 答案：D。考点提示：集成产品开发（IPD）。

集成产品开发的定义为：系统地、综合地应用不同职能体系的成果和理念，有效、高效地开发新产品、满足客户需求的方式。集成产品开发（IPD）从"并行工程"发展而来，并行工程建立在两个概念上：其一，产品生命周期中的所有要素都应在早期设计阶段被逐一考虑；其二，考虑到并行推动流程能显著提高生产力和产品质量，前述设计活动都应同时进行，即并行。

因此集成产品开发（IPD）的特性包括理解客户内心的需求，并且管理客户的需求。从一开始就通过并行工程的方式对成本进行管理。并行工程使得产品生命周期中的所有要素都应在早期设计阶段被逐一考虑，因此设计更为合理，所以鲁棒（健壮性）开发设计是成立的。A、B、C 选项的说法都正确。

对生产流程进行持续改善是精益的特性，而不是集成产品开发（IPD）的特性，因此 D 不正确。

48. 答案：B。考点提示：集成产品开发（IPD）。

IPD 基本原理的一个关键步骤就是通过并行工程对设计进行持续改进。因此 B 正确。

汇总项目数据，进行董事会汇报是项目阶段总结的特点，因此 A 不正确。

项目总结，着手新项目是项目结项的特点，因此 C 不正确。

总结高效的产品开发方法是产品开发总结的特点，因此 D 不正确。

49. 答案：A。考点提示：集成产品开发改进框架。

集成产品开发改进的五个阶段分别是基本工具，项目与团队，聚焦客户，战略与组合，知识、技能与创新。因此选 A。

50. 答案：A。考点提示：瀑布模型。

瀑布模型是温斯顿·罗伊斯于 1970 年提出的。在 20 世纪初，瀑布模型被广泛应用在软件行业。因此 A 正确。

瀑布模型和敏捷模型是两种不同的工具，瀑布模型与敏捷中的冲刺不是一回事。因此 B 不正确。

与客户保持规律性的互动是敏捷模型的特性，不是瀑布模型的特性，因此 C 不正确。

目前主流的开发模型有门径管理体系、集成产品开发（IPD）、精益、敏捷等模型。因此 D 错误。

51. 答案：D。考点提示：瀑布模型。

瀑布模型的 5 个典型阶段是：需求、设计、实施、验证和维护。没有迭代阶段，迭代阶段是敏捷模型的特性，因此选 D。

52. 答案：D。考点提示：SCAMPER。

SCAMPER 策略是指采用一系列行动来激发创意，特别适用于修改现有产品或制造新产品的情况。SCAMPER 是一系列行动的首字母缩写：S（Substitute）指替代；C（Combine）指合并；A（Adapt）指改造；M（Modify）指调整；P（Put to another use）指改变用途；E（Eliminate）指去除；R（Reverse）指逆向操作。因此 A、B、C 都是正确的。D 错误，所以选 D。

53. 答案：A。考点提示：头脑风暴。

头脑风暴法是一群人（通常为 6 ～ 10 人）共同使用的方法。因此 A 正确。

头脑风暴可以没有主持人，只要确保每个人自由表达观点即可。因此 B 错误。

头脑风暴是尽可能让有用观点和想法多，思维并不是无限制的发散。因此 C 错误。

头脑风暴并不是完全没有规则限定。因此 D 错误。

54. 答案：C。考点提示：思维导图。

思维导图是在各种信息或创意之间建立思维连接的图形化技术。又称脑图、心智地图，脑力激荡图，因此 A 正确。

思维导图模拟人类大脑的神经元结构，因此 B 正确。

思维导图是一种发散式思维工具。因此 C 错误。

思维导图是一种利用图像思考的辅助工具，可视化是思维导图的特点。因此 D 正确。

55. 答案：A。考点提示：德尔菲法。

德尔菲：在一组专家内部反复征询对开发的共识，据此得出对未来情况的最可靠预测。过程中会发出几轮问卷，收回每轮问卷后统计匿名问卷的反馈并分享给小组专家。本题的做法符合德尔菲法。因此选 A。

头脑风暴法：一群人（通常为 6 ～ 10 人）共同使用的方法。鼓励人们提出创意，同时人们可以自由发表自己的看法，而不用担心会受到批评。故 B 不正确。

故事板：聚焦于故事开发，一般是关于用户如何使用产品的，以便更好地理解，可能带来特定产品设计属性的问题或事项。故 C 不正确。

脑力书写：参与者不通过口头表达来传递创意，而是写下用于解决具体问题的创意。然后，每个参与者将他们的创意传递给其他人。后者写出自己的看法，再将创意传递给下一个人。大约 15 分钟后，将这些创意收集在一起，进行小组讨论。故 D 不正确。

56. 答案：C。考点提示：德尔菲法。

德尔菲法是在一组专家内部反复征询对开发的共识，据此得出对未来情况的最可靠预测，因此 A 正确。

德尔菲法会对研究对象进行综合分析研究，寻求其特性和发展规律，并进行预测。因此 B 正确。

德尔菲法在进行过程中会发出几轮问卷，收回每轮问卷后统计匿名问卷的反馈并分享给小组专家。工作量较大，因此简便并不是德尔菲方法的特点。因此本题选 C。

德尔菲法过程严谨，每个专家是背靠背做出判断，避免了权威观点对整体观点的影响。因此 D 正确。

57. 答案：A。考点提示：成本。

成本的基本组成是固定成本、可变成本和资本成本等。因此 A 正确。

资本成本是指购买土地、建筑物和设备等资产的成本。因此 B 错误。

固定成本包括行政费用、租金、利息、综合管理费用，销售人员的工资是可变成本，因此 C 错误。

可变成本是与企业活动成比例变化的费用，厂房折旧属于固定成本。因此 D 错误。

58. 答案：D。考点提示：固定成本。

固定成本是指在相关时间段或生产规模内，总额不与业务活动成比例变化的费用，包括行政费用、租金、利息、综合管理费用。计件工资是随着生产的进行变化的，因此不属于固定成本。因此本题选 D。

59. 答案：D。考点提示：运营成本。

运营成本又称工作资本、营运资本等，是指在等待销售时，与产品或服务相关的直接成本和可变成本中花费的资金，包括制造和销售的所有成本，以及新设备的资本成本等。因此 A、B、C 正确。

账款、存货、预收票据、预提费用属于合同款项，不属于运营成本的范畴，因此选 D。

60. 答案：A。考点提示：投资回报率。

回答这类题目的技巧是，越早获得越多现金，净现值（NPV）越大，因为 NPV 的核心理念是资金有时间价值。从题目中可知，A 项目在前 4 年内就获得了 10 万美元，B 项目在 5 年内才获得 10 万美元，C 项目在后四年内才获得 10 万美元。因此项目 A 的净现值最大，故选 A。

61. 答案：C。考点提示：六西格玛设计（DFSS）。

DFSS 的目标是完成资源高效利用、高产出、对流程变化稳健的设计。因此 A 正确。

IDOV 是设计新产品和服务以满足六西格玛标准的特定方法。因此 B 正确。

IDOV 的四个步骤是识别、设计、优化、验证。I 是 identify 的缩写，包括识别客户需求和战略意图，而不是创造。因此 C 错误。

CDOV 中包含概念、设计、优化、验证四个步骤。因此 D 正确。

62. 答案：D。考点提示：瀑布与敏捷的区别。

敏捷流程是最流行的敏捷实施框架。通过该方法，软件生成得以按规律的步调进行，并由一系列固定长度的迭代过程开发出产品。因此，敏捷模型中包含迭代的概念，故 A 正确。

敏捷宣言第三条：客户合作胜过合同谈判。因此，敏捷模型的业务互动比瀑布模型频繁，故 B 正确。

瀑布是串行过程，而敏捷是由一系列固定长度的迭代过程开发出产品。因此瀑布模型不可以回退，而敏捷模型可以。故 C 正确。

敏捷教练（Scrum Master）是团队和产品主管之间的协调者。他的工作职责不是管理团队，而是帮助团队和产品主管，因此敏捷教练与项目经理不同，故 D 不正确。

63. 答案：B。考点提示：项目管理过程组。

项目管理过程组分为 5 个过程阶段，分别是启动、计划、执行、监控和收尾。因此本题选 B。

64. 答案：B。考点提示：产品创新章程。

产品创新章程是一份关键的战略性文件。因此 A 正确。

产品创新章程是组织推动新产品商业化过程的核心，并非创新过程。因此 B 错误。

产品创新章程涵盖了项目的立项原因、目的、目标、准则和边界。因此 C 正确。

产品创新章程回答了产品开发项目中"谁、什么、哪里、何时、为什么"这 5 个问题。因此 D 正确。

65. 答案：D。考点提示：三重约束。

任何项目面对的最常见挑战之一是管理的三重约束，即范围、进度和预算。故 A 正确。

项目范围增加，预算会相应增加。而预算增加后，项目进度也会因为资源投入的增加而压缩，故 B 正确。

如预算降低，项目资源少了，能做的事情也变少了，因此项目范围可能缩减，项目完成时间也可能因此提前。故 C 正确。

项目工期压缩，预算不变，可能导致范围缩小，而不是扩大。故 D 错误。

66. 答案：D。考点提示：关键路径。

在项目计划中，关键路径是从开始到完成的最长路径，或没有任何时差的路径。因此，该路径是项目能够完成的最短时间。故 A、B 正确。

一个项目可以有多个关键路径。故 C 正确。

某些路径虽然时间也很长，但是活动中间有时差，关键路径中间是没有时差的，是能够完成项目的最短时间。故 D 错误。

67. 答案：A。考点提示：进度压缩。

有两种方法可以实现进度压缩：一是赶工，赶工的特点是添加资源（和成本）来换取时间；二是快速跟进，并行地执行任务，而非串行。因此 A 正确。

增加资源有多种目的，有可能增加资源是为了有更高的质量，未必是更快的进度。因此 B 不正确。

快速跟进的特点是并行地执行任务，而非串行的方式。这种方式不需要增加资源（和成本），因此 C 不正确。

资源平衡是资源的削峰去谷，因此 D 不正确。

68. 答案：C。考点提示：关键路径。

关键路径是项目能够完成的最短时间，因此进度压缩时需要压缩关键路径的时间，才能将总体进度缩短。因此本题选 C。

69. 答案：D。考点提示：决策树。

决策树是一种辅助决策工具，利用树形图或者决策模型得出可能的后果。决策树会考虑包括项目结果、资源和成本在内的多种要素。该方法提供了一个高度有效的结构，在此你能一一列出备选方案，并且研究备选方案对应的可能的后果。因此 A、B、C 说法正确。

D 项，决策树有助于绘制一幅关于每个可采取的行动所带来的风险和回报的平衡图景，并非价值与收益的平衡图景，因此 D 错误，选 D。

70. 答案：B。考点提示：六西格玛。

DMAIC 是一种用于改进流程的数据驱动的质量战略。它是六西格玛的一个组成部分。DMAIC 是五个阶段的首字母缩写，D 代表定义（Define），M 代表测量（Measure），A 代表分析（Analyze），I 代表改进（Improve），C 代表控制（Control）。因此本题选 B。

71. 答案：D。考点提示：绩效度量。

绩效度量指标是管理层在汇报产品开发投资的回报并证明未来投资合理性时所用到的关键工具。高层管理者汇报时常用的度量指标有：①活力指数（当年销售收入中来自过去 N 年开发的产品的比例）；②研发费用占收入的百分比；③盈亏平衡时间或盈利时间；④专利申请和授予的数量；⑤在一定时期内新产品发布数量。新产品未来五年可预见的市场份额不是常用的绩效度量指标，因此本题选 D。

72. 答案：A。考点提示：绩效度量。

活力指数指当年销售收入中来自过去 N 年开发的产品的比例。因此本题选 A。

73. 答案：D。考点提示：学习型团队。

建立学习型团队有多种方法，首要是争取公司领导支持，因此 A 正确。

团队人员也很重要，因此聚集对新产品开发有激情的人也是重要条件之一，故 B 正确。

团队成员一定鼓励来自不同职能部门的人参与，才能形成群策群力的氛围，故 C 正确。

除此之外，打造愿意并且渴望学习的氛围，主动学习那些驱动新产品开发成功的知识，都是打造学习型团队的途径，但并不一定要成立企业大学，因为企业大学的建立需要大量的成本付出。这种成本付出对于一家企业可能是值得的，但对于一个团队的投入产出比就比较小。因此 D 错误，选 D。

74. 答案：C。考点提示：市场研究。

市场研究为新产品开发流程中的正确决策提供基础信息，因此 A 正确。

流程中的不确定性因为市场研究提供的基础信息而下降（降低风险）。因此 B 正确。

随着新产品开发走向最终上市的过程，潜在失败成本（由于错误决策）大幅增加。因此 C 错误，D 正确。所以本题选 C。

75. 答案：B。考点提示：客户心声。

VOC（Voice of Customer），即客户心声，可用于市场研究，它被应用于各种方法，以捕获（内部或外部的）客户的需求 / 反馈。因此 A、C、D 正确。客户的数量不是 VOC，因此 B 错误，选 B。

76. 答案：A。考点提示：市场研究。

有两种基本的市场研究方法：①次级研究（Secondary Research），即研究以其他个人、团体或机构过往研究中的信息为基础；②一级研究（Primary Research），即为公司的具体需求直接参与信息收集，可能的市场研究方法包括焦点小组、问卷调查、个人访谈和观察等。因此本题选 A。

77. 答案：C。考点提示：定量市场研究。

定量市场研究是一种用户调研方法，最常使用的形式是问卷调查，通过对大量用户的调查得出可信数据结果，用于预测一般用户的反馈。本题采用的是定量研究，而不是定性研究方法。因此本题选 C。

78. 答案：A。考点提示：抽样方法。

NPDP 介绍了三种抽样方法：

随机抽样：随机样本统计人口的一个子集，其中每个成员被抽取中的概率相等。一个简单的随机样本是一个群体的无偏代表。

分层抽样：将样本根据某些变量分成若干层，从每一层中抽取一个样本的抽样方法。这些变量与研究中的目标变量相关。

整群抽样：将整体分为多个"群"，再以群为单位从中进行抽样。

由以上知识点，分析该题目，会发现女性用户是根据年龄段分为若干层，并从 1 ～ 30 岁这个层级进行抽样的，这是明显的分层抽样法，因此选 A。

79. 答案：A。考点提示：抽样方法。

样本大小的选择对于在研究结果中建立统计信度至关重要。样本量越大，精度越高，结果的置信度就越高。ABC 公司增加了抽样人数，实际上等于扩大了置信区间，因此选 A。

80. 答案：D。考点提示：产品生命周期。

成熟阶段的产品很有可能遇到竞争者，此时可以采用以下方法：

产品：需要增加产品特性，通过产品差异化与竞争对手区分开来。

定价：由于出现了新的竞争者，价格可能有所降低。

分销：强化分销渠道，给分销商更多激励，从而扩大客户购买产品的机会。

促销：强调产品差异化和增加新的产品特性切忌打价格战。

据此分析，A、B、C 选项都是正确的。D 不正确，因为这个时期打价格战只会导致恶性竞争，损害企业的利润。需要增加产品特性，通过产品差异化与竞争对手区分。

81. 答案：B。考点提示：焦点小组。

领先用户是指那些对产品类型兴趣很大的客户，以及那些引领市场购买倾向的客户。12 位女性的终端用户并不是领先用户，因此 A 不正确。

焦点小组是将 8 ～ 12 个市场参与者集中起来，在一位专业主持人的引导下进行讨论的一种定性市场调研方法。因此本题选 B。

人种学调查是指研究客户及其相关环境的一种定性描述性的市场调研方法。研究者在现场观察客户和所处环境，以获得对他们的生活方式或文化环境的深刻理解，从而获得理解客户需求和问题的基本信息。因此 C 不正确。

头脑风暴是一群人（通常为 6～10 人）共同使用的方法。鼓励人们提出创意，同时人们可以自由发表自己的看法，而不用担心会受到批评。因此 D 不正确。

82. 答案：**D**。考点提示：**焦点小组**。

焦点小组的优点是：群体之间的互动能够引发讨论，并提供新见解和促进深入思考；评论直接来自市场的代表，借助问卷调查或分析获得第一手资料；可以随时修改问题，迅速响应参与者的意见；可以观察参与者的行为，尤其在进行产品使用研究时。A、B、C 选项均是焦点小组带来的收益，因此本题选 D。

83. 答案：**D**。考点提示：**焦点小组**。

焦点小组会议是一种识别显性需求的好方法，可以使用这种方法改进产品，使产品接受度更高，能持续为产品改进提供方向。因此 A、B 均正确。

邀请领先用户参与焦点小组，获取的领先用户的信息特别有用，因此 C 正确。

对于识别那些客户还没有认识到或未能明说的需求而言，焦点小组不是一种好方法。焦点小组的调查结果很可能是当前产品或市场范围内的创意。因此 D 错误。本题选 D。

84. 答案：**D**。考点提示：**定性研究**。

定性研究方法包括焦点小组、社交媒体、客户现场访问、人种学调查等，不包括行业峰会。因此本题选 D。

85. 答案：**B**。考点提示：**客户现场访问**。

客户现场访问这种市场研究方法特别适合 B2B 企业的产品开发，能够洞察到新的技术或竞争者的产品信息，能够获取客户的隐性需求，还能够提出使产品更易于接受的产品改进。因此选 B。

86. 答案：**D**。考点提示：**客户现场访问**。

客户拜访的优点是：面对面沟通能提供很多信息，特别是当访问是在征得客户同意时，经常能够看到产品的使用情形。因此 A 正确。

对产品的优点和缺点进行第一手观察，可以直接与客户讨论应该做哪些改进。对于参与新产品开发的技术人员特别有用。因此 B 正确。

能够更好地了解客户需求，理解如何将客户需求转换为产品设计规范。因此 C 正确。

由营销和技术人员组成的访问团队能够实现更好地沟通，深入了解客户需求，从而在新产品开发的跨职能团队中形成更大的合力。并非由销售和项目领导组成的团队。因此 D 错误。本题选 D。

87. 答案：**D**。考点提示：**社交媒体**。

社交媒体的优点是：提供与现有的和潜在的市场之间直接的、即时的联系。因此 A 正确。

如果仔细选择的话，某个社交媒体能让你与某类特定的客户建立联系；有机会与忠诚的"支持者"或"领先用户"互动，因此 B 正确。

社交媒体是持续开发创意的基础或产品设计过程中输入信息的来源。因此 C 正确。

社交媒体受偏见的影响极大，因为人们倾向于使用聚集活跃人士的社交平台。因此 D 错误。故本题选 D。

88. 答案：**C**。考点提示：**定量分析**。

客户现场访问、焦点小组、人种学调查都是定性研究方法。A、B、D 不正确。

多变量分析是探讨一个结果变量（也称作因变量）与一个或多个预测变量（也称作自变量）之间的关系。需要用到统计学知识，是一种定量分析方法。因此本题选 C。

89. 答案：**A**。考点提示：**联合分析**。

联合分析是一种统计分析方法，用于确定人们对构成一个产品或服务的不同属性（特性、功能、利益）的看重程度。联合分析的目的是，确定最能影响客户选择或决策的属性组合，组合中的属性数量是既定的。本题的做法符合联合分析。因此选 A。

因子分析方法是：其一，减少变量的数量；其二，找出变量之间的结构关系。在产品开发中，因子分析能够用于关键变量的优先级排序和分组。因此 B 不正确。

聚类分析是指将物理或抽象对象的集合分组为由类似的对象组成的多个类的分析过程。因此 C 不正确。

多维尺度分析是以可视化手段表现一个数据集中各个用案之间的相似度；该方法能够以可视化手段呈现出消费者眼中十分相似的产品；借助多维尺度空间上的产品分布推断出消费者眼中各个维度的重要性；该方法也能为发掘现有产品的市场空白提供参考。因此 D 不正确。

90. 答案：B。考点提示：众包。

众包（Crowd Sourcing）的定义是：通过大量征集他人的解决方案，从而获取信息并将其用于特定任务或项目的一系列工具。该服务可以是有偿的，也可以是无偿的，通常借由互联网实现。本题的做法属于众包。因此本题选 B。众筹是大众筹资的概念，A 不正确。网络投票和吸粉与题意不符，故 C、D 都不正确。

91. 答案：D。考点提示：官方评审委员会。

通过创意收集获得的方案一般会被提交给官方评审委员会，该委员会将决定是否投产。这道题目的核心是市场创意的评估不应被个人决定，而是由委员会的集体来决定。因此本题选 D。

92. 答案：D。考点提示：市场研究。

大数据可以由组织从各种来源收集到，包括交易业务、社交媒体、来自传感器的信息，或机器之间的数据。因此 A、B、C 都正确。

市场份额和客户反馈不能代表整个行业和市场，因此不适合用大数据的方式分析，因此本题选 D。

93. 答案：D。考点提示：大数据。

大数据的特点是 3V，即数量（Volume）、速度（Velocity）、类型（Variety）。因此本题选 D。

94. 答案：D。考点提示：市场研究。

在概念开发阶段采用一级定性研究方法将会特别有用，包括焦点小组、领先用户群体、在线论坛、客户现场访问、问卷调查和具体的多变量技术。因此本题选 D。

95. 答案：A。考点提示：产品生命周期。

产品生命周期是指大多数产品所经历的从出现到消失的四个阶段，即引入期、成长期、成熟期和衰退期。因此引入期后进入成长期。本题选 A。

96. 答案：D。考点提示：产品生命周期。

引入期：公司要为产品建立品牌知晓度，开发市场。

成长期：公司要建立品牌偏好，增加市场份额。

成熟期：竞争加剧，公司要维护市场份额，实现利润最大化。

衰退期：销售额开始下降，公司需要对产品何去何从做出艰难的决策。

由此可知，产品生命周期的成熟期是销量最高的阶段，以实现利润最大化。故选 D。

97. 答案：D。考点提示：产品生命周期。

产品生命周期正在变得越来越短，这是因为：客户有更多需求；竞争加剧；技术持续进步 / 变化；全球化交流增加。因此 A、B、C 都正确。产品质量不持久是影响产品使用寿命的原因，并非产品生命周期。因此本题选 D。

98. 答案：A。考点提示：产品生命周期。

大多数产品生命周期的缩短给以下方面带来很大压力：持续更新公司产品，包括新产品以及对现有产品的修改和改进；在整个产品生命周期对营销组合进行管理。因此 B、C、D 正确。产品生命周期缩短与价格无关，与产品推陈出新的速度有关。因此本题选 A。

99. 答案：D。考点提示：产品生命周期。

在产品的导入期，可能采用低价位的渗透定价法以获取市场份额，或者采取高价位的撇脂定价法以尽快收回开发成本，或者采用中价位的成本定价法根据实际成本来定价。因此 A、B、C 正确。

特殊定价法不可取，原因在于取得市场份额的同时，也要考虑后期的产品收益。因此 D 不正确，选 D。

100. 答案: D。考点提示: **产品生命周期**。

在产品的衰退期，可以使用以下战略：维护产品，还可以通过增加新特性和发现新用途重新定位该产品；通过降低成本收割产品，持续提供产品，但是产品只投放入忠诚的利基细分市场；让产品退出市场，仅保留部分存货，或者将该产品卖给别的公司。因此 A、B、C 正确。重新众包征集意见的方法不可取，因为产品已不是用户的关注点，众包的方法不会得到有效意见。因此本题选 D。

101. 答案: B。考点提示: **价值主张**。

产品价值主张定义如下：有关产品概念在哪些维度上如何向潜在客户传递价值的一份陈述，陈述是简短且明确的。"价值"的本质根植于客户从新产品中获得的利益和客户的支付价格之间的权衡。基于这个定义，分析四个选项。

A 项，价值相同，价格不应更高。客户会在利益和价格之间做权衡，而不会选择我们的产品。因此 A 不正确。

B 项，价值相同，价格更低。客户会因此选择我们的产品。因此 B 正确，选 B。

C 项，价值更大，价格可以一致，也可以稍高。最终的目的是获得更高的利润，而不单单是销量。因此 C 不正确。

D 项，价值更大，产品价格未必要低于竞争对手，因为最终的目的是获得更高的利润。因此 D 不正确。

102. 答案: D。考点提示: **跨越鸿沟**。

在产品生命周期中，会经过产品引入市场极为关键的时期，从早期接受者到被大众所接受，客户的数量获得较大提升，摩尔（2006）称这一时期为"跨越鸿沟"。用户此时不要求有完整的解决方案，对价格敏感度低。因此需要企业采取适当的策略令企业成功跨越这一鸿沟。因此 A、B、C 均正确。故本题选 D。

103. 答案: D。考点提示: **走向上市的路径**。

走向上市的新式路径是迭代的过程，它分四个象限：①什么：出售什么？②谁：向谁出售产品？③哪里：在哪里进行产品促销；④如何：如何将产品推向目标市场。因此 A、B、C 均正确。本题选 D。

104. 答案: D。考点提示: **价值主张**。

"价值"的本质根植于客户从新产品中获得的利益和客户的支付价格之间的权衡。价值主张首先着眼于确定产品的利益。价值 = 收益 - 成本。因此 A、B、C 正确。一个正在开发中的新产品最终能否在市场上取得成功，核心取决于其价值主张的清晰程度，而不是谨慎传递价值主张。因此 D 错误。

105. 答案: A。考点提示: **渠道选择**。

在进行产品渠道选择的时候，要考虑到：复杂程度高的产品直接销售给购买者，而不复杂的或者低价的标准化产品主要通过间接渠道分销。因此 A 正确。

106. 答案: D。考点提示: **渠道战略**。

如果客户在实体店购买产品，一般有三种主要的产品分销范围：①大量的或集中的——大型商店；②专卖店——连锁店中的一个；③有选择性的——在一个特定的区域内有几家零售店。因此 A、B、C 都正确。D 选项是线上销售，不属于实体店销售。因此 D 不正确，选 D。

107. 答案: D。考点提示: **可持续创新**。

可持续创新的定义是：新产品或服务的开发和商业化过程。在产品生命周期中，从经济、环境和社会角度强调可持续发展的重要性，并在采购、生产、使用和服务结束的若干阶段遵循可持续发展的模式。

可持续创新需要全球化思考的角度。可持续创新超越了产品 / 服务的基本的生命周期，影响了所有的利益相关者。因此 A、B、C 都正确，因此本题选 D。

108. 答案: B。考点提示: **循环经济**。

循环经济的目标是在产品生命周期中创造闭环。其原理如下所述：

原理 1：通过控制库存商品以及平衡可再生资源的流动，保护并增加自然资源；

原理 2：通过循环利用产品、零部件和原材料实现资源产出的优化，在技术和生命周期中保持利用率最大化；

原理 3：通过揭露和消除负面的外部影响来提升系统效率。

因此只有 B 正确。本题选 B。

109. 答案：D。考点提示：生命周期评估。

生命周期评估是分析环境影响的一种科学方法（二氧化碳足迹、水足迹等）。因此 A、B、C 正确，D 错误。选 D。

110. 答案：D。考点提示：可持续性工具。

可持续性工具包括面向环境的设计（DFE）、可持续性设计（DFS）、生命周期评估（LCA）。因此 A、B、C 正确。D 选项，漂蓝（BlueWashing）的定义是仅仅通过对社会福利措施的捐赠来修补形象。因此 D 错误。

111. 答案：A。考点提示：财务分析。

在财务分析框架中，由销量和单价算出总收入，由固定成本和可变成本算出总成本，由此可得出年度现金流。因此本题选 A。

资本成本：购买土地、建筑物和设备等资产的成本，这些是在商品生产或服务提供时要用到的。因此 B 不正确。

回收期：投资回收期是项目追回成本的时间。因此 C 不正确。

内部收益率：是净现值为零的贴现率（r）。因此 D 不正确。

112. 答案：D。考点提示：固定成本。

固定成本是指在相关时间段或生产规模内，总额不与业务活动成比例变化的费用，包括行政费用、租金、利息、综合管理费用。销售团队的奖金不属于固定成本，属于可变成本。因此本题选 D。

113. 答案：A。考点提示：资本成本。

资本成本是指购买土地、建筑物和设备等资产的成本，这些是在商品生产或服务提供时要用到的。因此 A 正确。

流动资金不是资本成本，而是可支配的现金流。因此 B 不正确。

工作资本是指在等待销售时，与产品或服务相关的直接成本和可变成本中花费的资金，包括制造和销售的所有成本，以及新设备的资本成本等。因此 C、D 不正确。

114. 答案：D。考点提示：资金的时间价值。

今天投资 1 美元，明年你得到的将多于 1 美元。这意味着，现在的钱具有投资机会。因此 A 正确。

现值指未来的钱在今天的价值。净现值（NPV）等于收益的累积现值减去成本的累积现值。内部收益率（IRR）为净现值为零时的折现率。净现值和内部收益率都和时间有关，因此 B、C 正确。

投资回报率包括三个度量指标，即投资回收期、净现值和内部收益率。其中投资回收期无法捕捉货币的时间价值这一重要因素。它没有考虑到投资收益的时间安排。因此 D 错误。本题选 D。

115. 答案：B。考点提示：财务分析。

电子表格中的净现值和内部收益率是分析现金流的，与风险管理无关，因此 A 不正确。

基于电子表格的假设分析和敏感性分析能够为风险管理奠定良好的基础。因此本题选 B。

多元回归和相关性分析是分析各财务变量的相关性的，因此 C 不正确。

置信区间和错误边际是分析置信水平的，因此 D 不正确。

116. 答案：C。考点提示：产品设计工具。

产品设计工具主要有设计思维、质量功能展开（QFD）、六西格玛法（DFSS）和创造性解决问题方法（TRIZ）。因此本题选 C。

A 项，开放式创新是通过有目的的知识流入和流出加速内部创新，并利用外部创新扩展市场的一种创新范式。因此 A 是创新方法，不正确。

B 项，众包是指通过大量征集他人的解决方案，从而获取信息并将其用于特定任务或项目的一系列工具，因此 B 是创意工具，不正确。

D 项，大数据是从各种来源收集数据，包括交易业务、社交媒体、来自传感器的信息，或机器之间的数据。因此 D 是市场研究工具，不正确。

117. 答案：A。考点提示：六西格玛设计。

IDOV 是设计新产品和服务以满足六西格玛标准的特定方法。IDOV 是一个四阶段过程，包括识别（Identify）、设计（Design）、优化（Optimize）、验证（Validate）。因此选 A。

118. 答案：D。考点提示：TRIZ。

不对称：利用改变系统的状态而达到优化系统的目的。如三项插头利用了不对称原理。故 A 不正确。

联合：将相同物体或完成类似操作的物体联合起来。如瑞士军刀利用了联合原理。故 B 不正确。

套装：又称为嵌套原理。把一个物体嵌入另外一个物体，然后将这两个物体再嵌入第三个物体。如折叠刀和自动铅笔基于嵌套原理。

分割：根据 TRIZ 中阿奇舒勒的 40 个原则在产品生产中的应用，冰箱的上、中、下三段三开门的设计原理是基于分割原则，即将一个物体分成多个独立的部分。因此本题选 D。

119. 答案：C。考点提示：创造性解决问题方法（TRIZ）。

创造性解决问题方法（TRIZ）是一种不基于直觉，而基于逻辑和数据的问题解决方法，TRIZ 是国际创造性科学的体现。因此 A、B、D 正确。阿奇舒勒和其同事在 1946—1985 年开发了该方法。因此 C 错误。本题选 C。

120. 答案：A。考点提示：创造性解决问题方法（TRIZ）。

TRIZ 是一个大规模的创新流程。它包含一系列活动，既可用于右半脑的创造性思考，也可用于左半脑的分析性思考。基本的 TRIZ 活动有：功能性的、资源性的、理想化的、矛盾性的、趋势性的。因此本题选 A。

121. 答案：A。考点提示：创造性解决问题方法（TRIZ）。

TRIZ 问题解决矩阵主要包括：TRIZ 通用问题；TRIZ 通用解决方案；你的具体解决方案；你的具体问题。因此本题选 A。

122. 答案：D。考点提示：市场研究。

在原型和产品测试阶段，可选择一级定量研究方法，如问卷调查、阿尔法测试、消费者监测组、领先用户测试、焦点小组和客户现场访问等。因此 D 正确，本题选 D。

123. 答案：D。考点提示：市场研究。

在上市前测试阶段，以其最终的商业形式和功能呈现出来，此时更需要进行慎重考虑，以避免产品失败，因此需要进行更多的定量研究。这往往涉及市场需求和上市速度之间的权衡。如果上市速度是绝对优先的或产品失败的风险较低，那么进行贝塔测试或全面推广上市是可行的。但是，若潜在的品牌损失或财务损失极大，那么进行市场测试则是更为合理的一步。因此 D 正确，本题选 D。

124. 答案：D。考点提示：市场研究。

在机会识别和机会评估阶段，风险水平相对较低，此时的市场研究以定性分析为主，如次级研究、社交媒体、焦点小组、客户现场访问、领先用户群、人种学调查和多变量工具等。因此 D 正确，本题选 D。

125. 答案：A。考点提示：三重底线。

三重底线从三个方面报告绩效，即财务、社会、环境。这三个方面也可以用 3P 表示，即利润（Profit）、人类（People）、星球（Planet）。因此本题选 A。

126. 答案：C。考点提示：可持续创新成熟度。

可持续创新成熟度的四级特点如下：

开始：企业政策不认可三重底线（经济的、社会的和环境的）。

改进：集中的可持续性报告功能已经到位。

成功：改善三重底线的最佳做法始终贯穿于整个企业。

领先：公司可持续发展政策完全纳入其他的公司政策，被视为推动增长和盈利的重要杠杆。

由上可知，题意所示的特点是成功级别的特点，故选 C。

127. 答案：B。考点提示：六西格玛设计。

六西格玛设计（DFSS）的主要过程是 DMADV，即界定（Define）、测量（Measure）、分析（Analyze）、设计（Design）和验证（Verify），因此 A 正确。

DMAIC 是一种用于改进流程的数据驱动的质量战略。DMAIC 方法可以将现有产品和服务改进到所能达到的最佳水平，但整体产品或服务性能可能受设计所限。而 DFSS 可以涵盖从客户心声到产品或服务上市的全系列产品设计和服务设计。因此 B 不正确，本题选 B。

IDOV 是设计新产品和服务以满足六西格玛标准的特定方法。IDOV 是一个四阶段过程，即识别（Identify）、设计（Design）、优化（Optimize）、验证（Validate）。它是 DFSS 的组成部分，因此 C 正确。

CDOV 中包含概念、设计、优化、验证四个步骤，是 DFSS 的组成部分，因此 D 正确。

128. 答案：A。考点提示：团队组织结构。

自治型团队（也称为"老虎"团队）通常适用于重要的、周期长的项目，比如高风险项目。因此选 A。其他类型的团队结构不适用于高风险项目。重量级团队适合类似平台型产品的较高风险项目，轻量级团队适合类似衍生型产品的中等风险项目，职能团队适合类似支持型产品的低风险项目。

129. 答案：C。考点提示：TRIZ。

不对称：利用改变系统的状态而达到优化系统的目的。如三项插头利用了不对称原理。故 A 不正确。

联合：将相同物体或完成类似操作的物体联合起来。如瑞士军刀利用了联合原理。故 B 不正确。

套装：又称为嵌套原理。把一个物体嵌入另外一个物体，然后将这两个物体再嵌入第三个物体。如折叠刀和自动铅笔的设计原理是基于嵌套原理。因此本题选 C。

抽取：①从系统中抽出可产生负面影响的部分或者属性；②仅从系统中抽出必要的部分和功能。如家庭空调的散热器放在楼梯外侧是基于抽取原则。故 D 不正确。

130. 答案：C。考点提示：塔可曼模型。

创建阶段适合使用指导式的管理方式。领导者要明确给予团队成员任务和要求，以确保团队成员能快速进入角色。故 A 不正确。

震荡阶段最适合使用支持式的管理方式。领导者必须及时解决由工作模式产生的冲突，并向整个团队清晰地传达解决方案。故 B 不正确。

规范阶段最适合使用参与式的管理方式。这一阶段大家开始解决彼此之间的分歧，欣赏同事的优点，尊重领导者的权威。领导者可以参与到和成员一起完成团队目标中去。因此本题选 C。

成熟阶段（或称执行阶段）最适合使用授权式的管理方式。这一阶段由项目负责人建立起的团队结构和流程运行良好。团队领导者能够将更多的工作授权给团队成员完成，并将多数精力放在开发各个团队成员的潜力上。故 D 不正确。

131. 答案：A。考点提示：TRIZ。

维数变化：为实现系统功能将系统的维度提升。立体化车库的设计原理是基于维数变化，即将停车的二维空间变成三维空间。立交桥也是生活中常见的维数变化的例子。因此本题选 A。

预先作用：预先安置物体，使其在必要时能立即在最方便的位置发挥作用。比如，美工刀片的可多处折断的设计原理是基于预先作用，即将折断面预先加工在刀片上。生活中的易拉罐也属于预先作用的应用例子。因此 B 不正确。

嵌套：把一个物体嵌入另外一个物体，然后将这两个物体再嵌入第三个物体。如折叠刀和自动铅笔基于嵌套原理。因此 C 不正确。

抽取：①从系统中抽出可产生负面影响的部分或者属性；②仅从系统中抽出必要的部分和功能。如家庭空调的散热器放在楼梯外侧是基于抽取原则。因此 D 不正确。

132. 答案：D。考点提示：产品使用测试。

阿尔法测试类似于可用性测试，通常由内部开发人员完成，试图发现错误并修正。因此 A、B 不正确。

贝塔测试是在产品交付前由一部分最终用户完成的，并要求用户报告异常情况、提出批评意见，版本进行改错和完善。因此 C 不正确，D 正确，本题选 D。

133. **答案：C。考点提示：创意工具。**

创意工具主要包括 Scamper 策略、头脑风暴法、思维导图、故事板、头脑书写法、六项思考帽、SWOT 分析、PESTLE 分析、德尔菲法等。因此本题选 C。

134. **答案：D。考点提示：六项思考帽。**

六项思考帽是由爱德华·德·博诺开发的思维工具，鼓励团队成员将思维模式分成六种明确的职能和角色。每种角色对应一个颜色的"思考帽"。

白色：聚焦事实。

黄色：寻找积极的价值和利益。

黑色：魔鬼的倡议，寻找问题或缺陷。

红色：表达情感——喜欢、不喜欢、担心等。

绿色：创造力——寻找新的创意、可能性、其他选项。

蓝色：控制——确保按适当的流程进行。

因此本题选 D。

135. **答案：C。考点提示：德尔菲法。**

德尔菲法指在一组专家内部反复征询对开发的共识，据此得出对未来情况的最可靠预测。过程中会有主持人，会发出几轮问卷，专家通过邮件的方式来阐释自己的观点。主持人收回每轮问卷后统计匿名问卷的反馈并分享给小组专家。该方法主要用于预测未来趋势，因此 A、B、D 都正确。由于是匿名的方式进行，所以 C 错误。本题选 C。

136. **答案：D。考点提示：人种学。**

人种学市场研究的优点有：①有机会了解客户真正看重的东西；②通常在传统的访谈或问卷调查中，客户不愿意或者不能识别出他们想要的产品特性或利益，这种情况在客户面对不熟悉的新产品时尤为明显，而人种学市场研究可以解决这个问题；③可以识别出无法明确表达的需求，这些隐性需求是创造全新产品的基础。因此 A、B 均正确。

人种学市场研究的缺点有：①花费的时间比较长，特别是当研究者想要调查目标市场中众多的受访者时；②依赖研究者对观察到的内容的解读；③缺乏统计信度的依据。因此 C 正确，D 不正确，本题选 D。

137. **答案：B。考点提示：社交媒体。**

社交媒体属于定性研究工具。它能提供与现有的和潜在的市场之间直接的、即时的联系，但是其受偏见的影响极大，因为人们倾向于使用聚集活跃人士的社交平台。因此 A、C、D 正确，B 错误。本题选 B。

138. **答案：D。考点提示：社交媒体。**

社交媒体对新产品开发决策的价值包括：①发掘机会；②了解客户的需求；③提出使产品更易于接受的产品改进。因此 A、B、C 都正确，D 不正确。本题选 D。

139. **答案：B。考点提示：市场研究信息。**

随着新产品开发走向最终上市的过程，潜在失败成本（由于错误决策）大幅增加。随着新产品开发的逐步推进，对高质量的、可靠的信息的需求越来越多。因此相对于信息的数量来说，信息的质量、可信度和精确水平更加重要。因此本题选 B。

140. **答案：C。考点提示：产品三层次。**

产品的三个层次是指：①核心利益，即目标市场将从产品中获得的利益；②有形性能，即赋予产品外观和功能的物理和美学设计；③附加性能，即产品所提供的额外利益，可以是免费的，也可以因此使产品价格更高。本题中，A、B、D 都属于有形性能。保修属于附加性能。因此本题选 C。

141. **答案：B。考点提示：塔可曼模型。**

震荡阶段最适合使用支持式的管理方式。领导者必须及时解决由于工作模式产生的冲突，并向整个团队清晰地传达解决方案。故本题选 B。

142. 答案：B。考点提示：TRIZ。

预先作用：预先安置物体，使其必要时能立即在最方便的位置发挥作用。美工刀片的可多处折断的设计原理是基于预先作用，即将折断面预先加工在刀片上。生活中的易拉罐也属于预先作用的例子。因此本题选 B。

143. 答案：D。考点提示：ATAR 模型。

ATAR（知晓—试用—可获得性—重复购买）是预测销售潜力（包括新产品可行性分析和财务分析）的模型，试图对创新扩散概念进行数学建模的预测工具，可以进行量化分析。因此本题选 D。

144. 答案：D。考点提示：产品组合类型。

常见的项目或产品类型有突破型产品、平台型产品、衍生型产品和支持型产品。因此本题选 D。

145. 答案：D。考点提示：塔可曼模型。

成熟阶段（或称执行阶段）最适合使用授权式的管理方式。这一阶段中由项目负责人建立起的团队结构和流程运行良好。团队领导者能够将更多的工作授权给团队成员完成，并将多数精力放在开发各个团队成员的潜力上。因此本题选 D。

146. 答案：C。考点提示：六顶思考帽。

六顶思考帽是由爱德华·德·博诺开发的思维工具，鼓励团队成员将思维模式分成六种明确的职能和角色。每种角色对应一个颜色的"思考帽"。其中：

白色：聚焦事实。

黄色：寻找积极的价值和利益。

黑色：魔鬼的倡议，寻找问题或缺陷。

红色：表达情感——喜欢、不喜欢、担心等。

绿色：创造力——寻找新的创意、可能性、其他选项。

蓝色：控制——确保按适当的流程进行。

综上所述，红帽代表情感。因此 C 错误。本题选 C。

147. 答案：C。考点提示：设计思维。

设计思维是一种创造性的问题解决方法，或者说，是以更全面、系统、协作的方式发现问题并创造性解决问题的方法。设计思维是解决问题的非线性方法，设计思维也被斯坦福大学设计学院称为 D-Thinking。因此 A、B、D 正确。设计思维是先发散再收敛的。因此 C 错误。本题选 C。

148. 答案：A。考点提示：风险管理。

风险管理的方法包括规避、转移、减轻和接受。消除不是风险管理的方法，本题选 A。

149. 答案：C。考点提示：塔克曼模型。

塔克曼模型的五个阶段是创建阶段、震荡（激荡）阶段、规范阶段、执行阶段、解散阶段。在创建阶段之后，团队进入震荡期。因此本题选 C。

150. 答案：D。考点提示：Scrum。

Scrum 流程是由杰夫·萨瑟兰在 1993 年创建的一种流程，灵感来自橄榄球队的"争球"（Scrum）阵。可以说，Scrum 流程是最流行的敏捷实施框架。通过该方法，软件生成得以按规律的步调进行，并由一系列固定长度的迭代过程开发出产品。因此 A、B、C 都正确。产品团队不能自主设计框架，而需要与 PO（产品负责人）一起设计产品框架，因此 D 不正确，本题选 D。

151. 答案：A。考点提示：三重约束。

项目的三重约束是指范围、进度和成本。因此本题选 A。

152. 答案：C。考点提示：进度压缩。

在许多情况下，项目的结束日期是固定的，如果项目落后，就必须设法"压缩"进度，同时确保不会对范围产生重大影响。一般有两种方法可以实现进度压缩：①赶工，添加资源（和成本）；②快速跟进，并行地执行任务，而非串行。第一种方法通常会增加成本，但可以使项目按时完成，因此本题选 C。

153. 答案：A。考点提示：历史数据。

用历史数据来确定项目预算是指利用过往项目中特定的数据作为预算估计的基础，比如原型开发或市场研究的数据。因此本题选 A。

参数估算是估算单位数再乘以单位的数量。故 B 不正确。

自下而上估算法是估算工作包的成本或进度，然后叠加到顶层的工作的成本或进度。故 C 不正确。

没有自上而下估算法。故 D 不正确。

154. 答案：D。考点提示：风险管理。

风险管理是对风险的识别、评估和优先级排序，然后协调和经济地应用资源，以最小化、监测和控制不幸事件的概率和 / 或影响，或最大限度地实现机会。减少项目的不确定性可以减少风险对项目的范围、进度、成本或质量的影响。因此本题选 D。

155. 答案：A。考点提示：精益产品开发。

精益产品开发的原则是：

（1）建立由客户定义的价值，去掉无法带来增值的浪费；

（2）在产品开发前端投入更多精力，全力探索所有可能的解决方案，最大化设计空间；

（3）创建高水准的产品开发流程；

（4）实施严格的标准化流程，以降低变数，创造灵活性，产出可预见的结果；

（5）建立首席工程师体系，由他从头到尾负责开发流程的整合；

（6）平衡职能专长和跨职能整合；

（7）培养每位工程师的能力；

（8）充分整合供应商，将其纳入产品开发体系；

（9）建立学习与持续改进的理念；

（10）营造支持卓越和不断改进的组织文化；

（11）采用与人员和流程相匹配的技术；

（12）通过简单的可视化沟通，使整个组织协同一致；

（13）善用有效的标准化工具和组织学习工具。

因此首要原则就是顾客定义价值，本题选 A。

156. 答案：D。考点提示：敏捷产品开发。

集成产品开发：系统地、综合地应用不同职能体系的成果和理念，有效、高效地开发新产品、满足客户需求的方式。因此 A 不正确。

螺旋瀑布模型：瀑布流程的五个典型阶段是需求、设计、实施、验证和维护。螺旋瀑布模型的特点是其过程是从上一项活动接收该项活动的工作对象作为输入，利用这一输入实施该项活动应完成的内容，给出该项活动的工作成果，并作为输出传给下一项活动。螺旋瀑布模型兼具瀑布和螺旋两种模型的特点。因此 B 不正确。

精益产品管理的特点是对产品流程进行持续改善，消除过程中的浪费。因此 C 不正确。

敏捷方法是在合作环境下由自组织的团队进行产品迭代开发的过程。因此本题选 D。

157. 答案：A。考点提示：冲刺。

通过渐进式的迭代工作步骤，团队可以应对未预期的事项，这也被称为冲刺（Sprints）。因此本题选 A。

158. 答案：B。考点提示：营销组合。

营销组合通常又被称为 4P，即产品（Product）、定价（Price）、促销（Promotion）、地点（Place）。制定营销组合应该与产品开发并行，目的是更好地与产品开发交互。因此本题选 B。

159. 答案：A。考点提示：产品三层次。

产品的三个层次是指：①核心利益，即目标市场将从产品中获得的利益；②有形性能，即赋予产品外观和功能的物理和美学设计；③附加性能，即产品所提供的额外利益，可以是免费的，也可以因此使产品价格更高。特点、造型和包装属于第二层次——有形性能，因此本题选A。安装、信用和质保属于第三层次——附加性能，B选项不正确。价格和促销属于产品营销组合的要素，故C选项不正确。

160. 答案：D。考点提示：产品组合矩阵。

"现金牛"产品是指在一个整体市场中占有重要的市场份额，但该市场的增长率很小的产品。因此本题选D。

161. 答案：C。考点提示：产品组合矩阵。

"瘦狗"产品是指所占的市场份额较低，所处的市场增长较慢的产品。采用的战略可以是放弃或者改变价值定位。因此本题选C。

162. 答案：B。考点提示：知识产权。

知识产权在产品开发中尤为重要，因为它界定了组织从新产品上收获价值的潜在可能。因此本题选B。

163. 答案：D。考点提示：知识产权。

组织可以直接在其制造和销售新产品的阶段申请知识产权，可以利用公司品牌来营销产品，可以将知识产权授权给另一个组织，也可以出售知识产权。因此本题选D。

164. 答案：B。考点提示：营销战略。

组织的市场营销战略不是营销部门一个单位的事情，因此A不正确。

营销战略必须基于业务目标，并且与业务目标保持一致，而业务目标由整体经营战略决定。因此B正确，D不正确。本题选B。

营销战略不是组织战略，不需要每五年制定一次，通常是短期的1～3年的战略，因此C不正确。

165. 答案：A。考点提示：市场研究。

当产品改进的讨论中涉及详细的概念或者原型时，客户现场访问的效果比较好。而概念生成阶段的主要目标是生成详细的产品概念，因此本题选A。

166. 答案：D。考点提示：市场研究。

概念评价的目的是确定要投资的项目，并进行立项。因此本题选D。

167. 答案：D。考点提示：市场研究。

在这一阶段，对于产品的利益、样式和功能的正确决策显得愈发重要，因此信息的精度和可信度就很重要。因此市场研究应提供可靠的统计结果，故本题选D。

168. 答案：A。考点提示：统计分析。

统计分析法就是运用数学方式，建立数学模型，通过较小数量的项目或人群来推断被称为全体的较大群体的过程，并对获取的各种数据及资料进行数理统计和分析，形成定量的结论。因此本题选A。

采样是指从总体中抽取个体或样品的过程，也就是对总体进行试验或观测的过程。因此B不正确。

参数也叫参变量，研究问题时通常关心某几个变量的变化以及它们之间的相互关系。因此C不正确。

非参数是指统计总体分布形式未知或虽已知却不能用有限个参数刻画的统计问题。因此D不正确。

169. 答案：B。考点提示：焦点小组。

焦点小组是将8～12个市场参与者集中起来，在一位专业主持人的引导下进行讨论的一种定性市场调研方法。因此本题选B，与焦点小组定义的人数相符。

170. 答案：D。考点提示：价值主张。

价值主张是指有关产品概念在哪些维度上如何向潜在客户传递价值的一份陈述。而"价值"的本质根植于客户从新产品中获得的利益和客户的支付价格之间的权衡。因此价值主张应该更加侧重于客户得到的好处，而不是产品的特点。因此本题选D。

171. 答案：B。考点提示：可持续创新。

可持续创新需要全球化思考的角度。可持续创新超越了产品 / 服务的基本的生命周期，影响了所有的利益相关者。因此本题选 B。A 项，没有利益相关者创新这个名词，故 A 不正确。C 选项，连续创新（持续式创新）是通过对现有市场或价值网络的开发，赋予其更高的价值，并使公司具备与市场上其他持续式改进的产品相抗衡的能力，故 C 不正确。

172. 答案：D。考点提示：可持续创新。

可持续创新需要从全球化角度考虑所有的利益相关者。因此 A 正确。

可持续创新超越了产品 / 服务的基本的生命周期，因此 B 正确。

可持续创新是要将产品 / 服务的生命周期形成可循环的闭环，因此考虑新的商业模式。因此 C 正确。

综上所述，本题选 D。

173. 答案：D。考点提示：产品生命周期。

正因为竞争加剧，客户有更多的需求，使得需要不断更新产品，产品生命周期正在变得越来越短。因此本题选 D。

174. 答案：D。考点提示：产品生命周期。

引入阶段（Introduction）：公司要为产品建立品牌知晓度，开发市场。

成长阶段（Growth）：公司要建立品牌偏好，增加市场份额。

成熟阶段（Maturity）：竞争加剧，公司要维护市场份额，实现利润最大化。

衰退阶段（Decline）：销售额开始下降，公司需要对产品何去何从做出艰难的决策。

因此产品生命周期四个阶段中，成熟期销售额最高，故选 D。

175. 答案：B。考点提示：营销组合。

营销组合通常又被称为 4P，即产品（Product）、定价（Price）、促销（Promotion）、地点（Place）。因此本题选 B。

176. 答案：A。考点提示：产品层次。

产品的三个层次是指：①核心利益，即目标市场将从产品中获得的利益；②有形性能，即赋予产品外观和功能的物理和美学设计；③附加性能，即产品所提供的额外利益。因此本题选 A。

177. 答案：D。考点提示：产品层次。

附加产品是指产品所提供的额外利益，可以是免费的，也可以因此使产品价格更高。因此本题选 D。

178. 答案：C。考点提示：敏捷产品开发。

敏捷产品开发包括 12 项主要原则：

（1）我们的首要任务是通过尽早和持续交付有价值的软件来满足客户；

（2）即使在开发后期，我们也欢迎需求变更，敏捷流程将这些变更转化为客户的竞争优势；

（3）频繁地交付可运行的软件，数周或者数月交付一次，时间间隔越短越好；

（4）项目期间，业务人员与开发者共同工作；

（5）招揽积极主动的人员来开发项目，为他们提供所需的环境和支持，相信他们能做好自己的工作；

（6）开发团队里最省时有效的信息传递方式是面对面交流；

（7）可运行的软件是衡量进展的主要标准；

（8）敏捷流程有利于可持续开发，发起人、开发人员和用户应始终保持一个固定的前进步伐；

（9）持续关注先进的技术和优秀的设计，提高敏捷性；

（10）简洁——令待办工作最少化的艺术是一切的基础；

（11）只有自组织团队才能做出最好的架构和设计；

（12）团队定期反思如何提高效率并调整工作流程。

用户积极参与对应第 4 项原则：项目期间，业务人员与开发者共同工作。因此本题选 C。

179. 答案：D。考点提示：瀑布流程。

瀑布流程的设计阶段是指确定完成项目所需的软件和硬件，随后将它们转化为物理设计。因此本题选 D。

180. 答案：A。考点提示：产品待办列表。

A 项，一个产品待办列表项是一个足够小的工作单元，团队能够在一次冲刺迭代周期中完成。因此本题选 A。

B 项，通过 Scrum 方法，软件生成得以按规律的步调进行，并由一系列固定长度的迭代过程开发出产品。故 B 不正确。

C 项，概念评估是向消费者提供概念说明以记录反馈的过程。消费者的反馈可以用来帮助开发者评估概念的销售价值，或由此做出相应调整以提高潜在销售价值。故 C 不正确。

D 项，TQM 全面质量管理是在组织的所有职能领域中，实行全面持续改进的商业思想。故 D 不正确。

181. 答案：C。考点提示：产品开发过程。

产品开发流程的基本阶段分为六个，即探索、筛选、商业评估、开发、测试和商业化。最初阶段的探索指寻找新的机会和新产品创意，筛选指初步评估市场机会、技术需求以及能力的可获取性。故 C 项正确。

A 项，进行深入的技术、营销和业务分析是商业评估阶段的关注点。故 A 不正确。

B 项，测试新的产品及其商业化计划的各个方面是商业化（上市）阶段的关注点。故 B 不正确。

D 项，完善产品的设计、原型、制造设计、制造准备和发布计划是开发阶段的关注点，故 D 不正确。

182. 答案：B。考点提示：设计思维。

A 项，在 NPDP 中没有综合项目开发这个名词，故 A 不正确。

B 项，设计思维是一种创造性的问题解决方法，或者说，是以更全面、系统、协作的方式发现问题并创造性解决问题的方法。因此本题选 B。

C 项，敏捷方法是软件生成得以按规律的步调进行，并由一系列固定长度的迭代过程开发出产品的方法。故 C 不正确。

D 项，精益新产品开发特点是对产品流程进行持续改善，消除过程中的浪费。因此 D 不正确。

183. 答案：C。考点提示：产品开发流程。

A 项，博思艾伦咨询公司的六阶段进程是在 20 世纪 60 年代中期由博斯、艾伦和汉密尔顿所设计的，这一流程为后来推出的众多流程奠定了基础。因此 A 不正确。

B 项，在 NPDP 中没有"新产品发展三部曲"这个名词。因此 B 不正确。

C 项，新产品流程的定型及其在工业界的广泛应用发生于 20 世纪 80 年代。这要归功于 20 世纪 80 年代早期出现的库珀的门径管理流程。因此本题选 C。

D 项，NASA 的阶段审查过程是 NASA（美国国家航空航天局）所使用的，阶段评审流程是将项目分成若干阶段，每个阶段有里程碑的可交付成果，如果可交付成果通不过评审，则不能进入下一个阶段。这个流程与门径管理体系的形式比较像，但目的和特性则不一样。NASA 的阶段评审流程是为了项目的过程控制。故 D 不正确。此为超纲内容，了解即可。

184. 答案：D。考点提示：集成产品开发。

集成产品开发共有 5 级，第 1 级是产品开发基本工具的应用，第 2 级是项目管理的应用，第 3 级是客户心声，第 4 级是战略联结，第 5 级是构建出基于知识获取和管理的学习文化。因此企业具有成熟的产品开发流程需要具有第 5 级知识获取与管理的能力。因此本题选 D。

185. 答案：A。考点提示：组合评审。

进行新产品机会评分时，最好邀请跨职能部门的代表们来参与评审（营销、技术、制造部门），将广泛的知识和经验应用于评估过程，而不是只邀请单一的人员来参与评审。因此本题选 A。

186. 答案：D 考点提示：组合管理的五个目标。

组合管理的五个目标包括价值最大化、项目平衡、战略协同、管道平衡、财务稳健。其中价值最大化是通过资源分配最大化组合价值（各个项目的商业价值之和），所以利用所有可用资源，确保价值最大化是组合管理的期望成果。

考生可能会对这道题目有疑问，资源是要预留的，为什么要利用所有可用资源？这其中的一个关键是，组合管理的目的就是筛选所有合格的项目，一旦项目筛选成功，就必须配备充足的资源，这样才能确保价值最大化。因此本题选 D。

187. 答案：C。考点提示：组合项目类型。

突破型：通过新技术向市场引入崭新产品的项目，与组织的现有项目有明显不同，且风险水平较高。故 A 不正确。

平台型：开发出一系列子系统及其接口，由此建立一个通用架构，继而高效地开发、制造出其他衍生产品。基于该通用架构，一系列衍生产品得以被开发和生产。这类项目的风险通常比产品改进或渐进式改进的风险更大，但比突破型项目的开发风险要小。故 B 不正确。

衍生型：由现有产品或平台衍生出的项目。它们可以弥补现有产品线的空白，建立具有成本优势的制造能力；或者基于组织的核心技术提升性能和引入新特性。通常风险水平较低。因此本题选 C。

支持型：对现有产品渐进式改进，或提升现有产品的制造效率。通常风险水平较低。故 D 不正确。

188. 答案：A。考点提示：组合管理。

组合管理通常被认为由两个独立活动所构成，即组合选择和组合审查。因此本题选 A。

189. 答案：A。考点提示：组合审查。

自上而下的方法也被称为"战略桶"方法，该方法有五步：

（1）首先明确组织战略和经营战略，以及与创新相关的战略目标和优先级。

（2）确定可用于整个项目组合的资源水平。

（3）根据在组织中所占的战略重要性，排列出业务单元或产品类别的优先顺序。

（4）确定战略桶和分配至各个业务单元或产品类别的理想比例。

（5）根据优先顺序将项目对应分配入战略桶中。

因此本题选 A。

190. 答案：D。考点提示：高绩效团队。

高绩效团队的框架包括共同的目标、领导力、参与互动、自我尊重、开放式沟通、授权、有效的流程、互信、多样性、冲突管理等。因此 A、B、C 选项均正确，本题选 D。

191. 答案：A。考点提示：团队定义。

团队的定义是：为同一个目的而努力的少数几个人，拥有彼此互补的技能，遵循共同的目标和路线，共同担负责任，并肩作战。因此本题选 A。

工作组：NPDP 中没有工作组这一名词。故 B 不正确。

矩阵：矩阵组织结构是一种组织结构，其中的汇报关系按照网格或矩阵建立，而不按照传统的层级结构。故 C 不正确。

职能：职能型团队中，项目被分为多个职能模块，每个模块由相应的职能经理负责，并由职能经理或高级管理人员进行协调。故 D 不正确。

192. 答案：D。考点提示：重量级团队。

重量级团队认为项目优先于职能。项目负责人有权力、有威信指导团队成员专注于项目。因此本题选 D。

193. 答案：D。考点提示：波士顿矩阵。

"现金牛"产品在一个整体市场中占有重要的市场份额，但该市场的增长率很小。"现金牛"型产品可以采用撇脂或投资的策略。因此本题选 D。

194. 答案：D。考点提示：市场研究。

回顾过往产品性能的问卷调查和客户反馈，有利于了解客户对改进功能和新程序功能的反馈。故 A 是合适的方法。

在内部完成阿尔法测试有利于优化产品设计，从而改进产品功能。故 B 是合适的方法。

在阿尔法测试后进行贝塔测试有利于优化产品设计和功能。故 C 是合适的方法。

　　领先用户是指那些对产品类型兴趣很大的客户，以及那些引领市场购买倾向的客户。由领先用户组成的焦点小组提出使产品更易于接受的产品改进。持续不断地运用焦点小组，可以为产品改进提供指导，但让其进行机会评估不太合适。因此本题选 D。

195. 答案：B。考点提示：敏捷方法。

　　瀑布：瀑布流程的五个典型阶段是需求、设计、实施、验证和维护。瀑布流程是串行的关系。故 A 不正确。

　　敏捷：快速应对变化，因此本题选 B。

　　螺旋：其过程是从上一项活动接收该项活动的工作对象作为输入，利用这一输入实施该项活动应完成的内容，给出该项活动的工作成果，并作为输出传给下一项活动。故 C 不正确。

　　迭代：通过不断演进产品原型而无限逼近客户的真实需求。故 D 不正确。

196. 答案：C。考点提示：市场研究。

　　鉴于目标市场是 10～12 岁的儿童，对该年龄段的儿童进行调查会涉及道德问题。假定公司知晓并遵守了道德许可，那么最可能的研究方法是使用互动焦点小组，还可以采用消费者监测组，因此可排除 A、B。人种学调查可以通过观察小朋友所处的环境，获得对他们的活动方式的理解，从而获得他们的需求，因此也适合，排除 D。

　　贝塔测试是软件产业中主要采用的市场研究方式，因此不太适合。本题选 C。

197. 答案：D。考点提示：市场研究。

　　针对儿童，可以使用互动焦点小组，通过模型或图纸来传递概念创意，排除 A。

　　也可以采用消费者监测组，比如从学校或体育队选出一群孩子，如此也可以为持续设计和最终的设计规格提供输入信息。排除 B。

　　也可以使用人种学调查，观察小朋友所处的环境，获得对他们的活动方式的理解，从而获得他们的需求，因此也适合。排除 C。

　　而 D 项，通过发放调查问卷的方法搜集孩子的需求，对这个年龄段的小朋友进行问卷调查的结果不够可靠，也不能发掘他们真正的需求，因此不太适合。因此本题选 D。

198. 答案：A。考点提示：市场研究。

　　对 10～12 岁年龄段的儿童进行调查会涉及道德问题。因此本题选 A。

199. 答案：D。考点提示：市场研究。

　　本题的情境可以采用面对面或在线方式的领先用户研究，故排除 A。

　　也可以使用人种学研究，借助各类工具找出高水平运动员的态度和需求，其中的许多需求可能不是运动员本人所清楚的。故排除 B。

　　另外，鉴于公司缺乏在该特定市场和产品类别的经验，可以做二手市场研究，了解行业内的知识和市场信息。故排除 C。

　　而 D 项，社交网络由于受偏见影响较大，不能聚焦于具体问题，在此不太适合。因此本题选 D。

200. 答案：A。考点提示：市场研究。

　　该公司的品牌良好，与新产品的上市速度相比，公司更关心这个品牌的未来前景。因此采用门径管理流程比较适合，可以为产品开发提供准则和约束。因此本题选 A。

　　精益开发流程适合新产品开发流程的优化，因此 B 不正确。

　　IPD 集成开发适合产品设计和产品制造的并行工程，因此 C 不正确。

　　敏捷开发适合需求变化较大的项目，因此 D 不正确。

1. 新年初，新创公司为了提升公司的整体竞争力，决定制定全面的战略。在制定战略的过程中，公司发现某个关键岗位缺少专业人员，如果你是这家公司的高层管理者，你觉得这需要提升什么战略？

    A. 公司战略　　　　B. 经营战略　　　　C. 创新战略　　　　D. 职能战略

2. 新创公司的组织识别具有如下关键特征，哪一个是正确的？

    A. 核心的、持久的、独特的　　　　　　B. 核心的、持久的、聚焦的

    C. 核心的、整体的、独特的　　　　　　D. 核心的、整体的、聚焦的

3. 随着竞争的逐步深化，要想在市场上取得成功，就需要公司顺应未来的发展，通过调查分析，新创公司认为无人驾驶是未来的趋势，准备专注于开发无人驾驶技术，新创公司所采用的竞争战略方式为？

    A. 成本领先战略　　B. 差异化战略　　　C. 细分市场战略　　D. 波特竞争战略

4. 新创公司致力于开发新技术，希望通过新的技术寻求更大的市场机会，进而获得产品开发的成功，在产品开发的过程中遇到很多技术阻碍和难题，甚至一度产生资金短缺的状况，请问该公司采用的是什么战略？

    A. 探索者　　　　　B. 分析者　　　　　C. 防御者　　　　　D. 回应者

5. 新创公司请你为该公司进行产品管理咨询，通过信息收集发现，该公司在这一段时间采用了回应型战略，作为该公司的产品管理咨询顾问，你可能会给出怎样的分析结论？

    A. 新创公司采用的战略通常不具有技术进攻性

    B. 新创公司采用的战略将无法取得长久的成功

    C. 新创公司采用的战略具有逆向工程和设计改进的能力

    D. 新创公司采用的战略能承受适度的风险

6. 新创公司专注于现有技术的开发的创新，该公司可能采用的是？

    A. 突破式　　　　　B. 架构式　　　　　C. 常规式　　　　　D. 颠覆式

7. 新创公司通过新的、创新性的技术获得竞争优势，这是什么方面的说明？

    A. 技术战略　　　　B. 技术预见　　　　C. 技术驱动　　　　D. 市场驱动

8. 新创公司对知识产权非常重视，其中有一种类型备受关注，"在一定的时间阶段内生效的、由政府授权或许可的权利，特别指禁止他人制造、使用或销售一个发明的独有权利"，请问这是一种什么类型的知识产权？

   A. 品牌　　　　　　　B. 商标　　　　　　　C. 版权　　　　　　　D. 专利

9. 自主型团队又称为什么？

   A. 臭鼬工厂　　　　　B. 老虎　　　　　　　C. 冒险　　　　　　　D. 以上都是

10. 新创公司在研究与产品开发方面具有运营自由度，具有与业务相关的组合，主动识别授权伙伴，收集关键行业角色的竞争情报，监控外部风险，防止侵权。请问新创公司采用的是哪种知识产权管理方法？

    A. 回应型　　　　　　B. 主动型　　　　　　C. 战略型　　　　　　D. 优化型

11. 新创公司非常注意营销组合的管理，因此我们可以预测到该公司会在哪些方面进行深入的研究？

    A. 产品（Product）、定价（Price）、促销（Promotion）、地点（Place）

    B. 产品（Product）、定价（Price）、套餐（Package）、地点（Place）

    C. 产品（Product）、定价（Price）、促销（Promotion）、许可（Permission）

    D. 产品（Product）、定价（Price）、套餐（Package）、许可（Permission）

12. 新创公司生产了一款豪华汽车受到市场的欢迎，产品 3 个层次的设计都可圈可点，以下哪一组内容符合产品 3 个层次的特征？

    A. 展示财富、技术先进、5 年保修

    B. 展示财富、加热座椅、2 年免费保养

    C. 展示财富、强大引擎、加热座椅

    D. 展示财富、5 年保修、2 年免费保养

13. 新创公司分析现有的产品组合，应该用哪个工具进行展示？

    A. BCG 矩阵　　　　　B. 气泡图　　　　　　C. 产品路线图　　　　D. 技术 S 曲线

14. 新创公司对于开放式创新的理解是：（1）创意产生是内外都有的，创意管理只是内部的。（2）利用外部资源和内部资源产生创意，利用外部途径和内部途径拓展市场。请问该公司的理解是否正确？

    A.（1）对（2）错　　B.（1）错（2）对　　C. 两个都对　　　　　D. 两个都错

15. 新创公司在设定公司的组合管理目标，你作为产品高级管理者，发现其中有一项组合管理目标不正确，请问你会指出哪一条目标呢？

    A. 通过资源分配最大化组合价值，保证各个项目的商业价值之和最大化

    B. 给予预先设定的决策准则，维持正确项目间的恰当平衡，包括长期与短期平衡、高风险与低风险平衡、具体项目或市场类别平衡

    C. 组织整体战略与经营战略及创新战略始终保持一致

    D. 实现资源集约化管理，保证资源分散到更多产品上，创建更大的商业价值

16. 新创公司对组合管理特征有着独到的解读：（1）组合管理中的项目处于不同的完成阶段，需要经常性地动态审查。（2）组合管理涉及未来事件，因此无法确保成功，只能提高成功的可能性。以上组合管理的特征描述是否正确？

    A.（1）对（2）错　　B.（1）错（2）对　　C. 两个都对　　　　D. 两个都错

17. 益生缘奶制品公司投入科研发现一种益生菌，能有效平衡饮用者的肠道菌群，公司具此开发出各种奶制品，作为产品管理咨询顾问，你会建议该公司采用哪种项目或产品类型？

    A. 突破型项目　　　　B. 平台型项目　　　　C. 衍生型项目　　　　D. 支持型项目

18. 2012 年，PDMA 进行了一项调查显示，新产品的成功率为多少？

    A. 61%　　　　　　　B. 82%　　　　　　　C. 59%　　　　　　　D. 34%

19. VOC 是指（　　　）。

    A. 运用结构化和深入的方式捕捉客户需求的过程

    B. 潜在客户对新产品概念的看法

    C. 市场调研中提到的一系列有逻辑性的特征和属性

    D. 工程师用以开发产品规范的文档

20. 新创公司加强了新产品失败的管控力度，在整个产品开发流程中，随着产品开发不断向前推进，以下哪个描述是正确的？

    A. 风险增加，投资增加　　　　　　　B. 风险降低，投资增加

    C. 风险增加，投资减少　　　　　　　D. 风险降低，投资减少

21. 新创公司通过大量的前期收集和整理工作，最终创建了自己的阶段关口流程，形成说明性文档，准备下发给执行部门进行落地实施。作为该公司的产品管理咨询顾问，在以下阶段、关口的描述中，正确的是？

    （1）阶段评审、关口执行。（2）阶段分析、关口决策。

    A.（1）对（2）错　　B.（1）错（2）对　　C. 两个都对　　　　D. 两个都错

22. 一家有着悠久历史、坚实技术和良好制造能力的冰激凌公司打算开发一款新产品，该公司对该产品领域比较熟悉，开发的复杂程度较低，综合评估后确认该产品的失败风险也较小，如果在此基础上采用门径管理流程，应该建议该公司采用几个阶段的流程？

    A. 三个阶段，包括营销测试　　　　　B. 三个阶段，包括技术测试

    C. 五个阶段，包括 12 个月的测试过程　　D. 五个阶段，包括技术测试

23. 某家汽车制造企业新开发一款汽车，可以确定的是其设计和制造过程涉及多专业、跨越多个学科，各个部件采用模块化设计，各模块之间的相关度比较小。作为产品管理专家，你建议该公司采用哪种流程？

    A. 集成产品开发　　B. 敏捷产品开发　　C. 瀑布产品开发　　D. 门径产品开发

24. 新创公司基于集成产品开发进行组织实践，其目标是达到最高层级的开发，那么新创公司的最高层级目标可能包含哪一项内容？

   A. 项目管理 　　　　　　　　　　　　　　B. 客户心声

   C. 知识和技能的提升 　　　　　　　　　　D. 绩效度量

25. 某传统生产型企业，生产管理过程中的工作环境比较混乱，缺乏明确的优先级管理，不同职能间的沟通存在障碍，该企业希望能提高产品利润，对设计开发人员进行更有效的利用，请问你会建议如何进行改进？

   A. 质量屋 　　　　　B. TRIZ 　　　　　C. SCAMPER 　　　　　D. 精益

26. 微微软件公司在开发软件的过程中，市场需求体现为要求上市速度快，通过小幅迭代的方式进行产品交付，请问你会建议微微软件公司采用哪种管理流程进行产品开发？

   A. 精益 　　　　　B. 敏捷 　　　　　C. 瀑布 　　　　　D. 门径

27. 新创公司的团队中，有一个角色，负责掌握客户需求信息和整体项目进展情况，如果你是这家公司的高层管理者，会给这个角色起一个什么名字，以符合业界的普遍认知？

   A. 产品经理 　　　　　B. 敏捷交流 　　　　　C. 业务负责人 　　　　　D. 开发团队

28. 新创公司的某项活动描述如下：通常用来描述董事会的工作内容，其重点是思考战略问题，而不是业务的日常运营。用来指导项目、程序和项目组合管理中的活动的框架、功能和流程。请问这项活动是什么？

   A. 战略管理 　　　　　B. 组合管理 　　　　　C. 流程治理 　　　　　D. 文化建设

29. 新创公司非常重视治理工作，作为该公司的高层负责人，从治理的角度来看，你觉得首先应当回答以下哪些问题，除了？

   A. 新产品或服务的结果是否要满足一些可度量的目标

   B. 你是否恰当地平衡了管理权限和个人责任

   C. 是否存在任何重大的、不必要的、可能导致失败和延误的障碍

   D. 是否基于组织的主要职能部分进行定期审查

30. 新创公司新开发了一款产品，对该产品编制产品创新章程中，以下不符合目标和目的的内容为？

   A. 为经营战略做出贡献的特定目标

   B. 经营目标——利润、销售量、成本削减、生产力增加

   C. 项目相关的目标——财务预算、上市时间

   D. 绩效指标应针对总目标具备具体、可衡量性

31. 新创公司打算开发一款针对 12 周岁以上少年的新汽车玩具，作为咨询顾问，产品经理向你咨询，在产品开发初期需要提供哪些关键性的文件，你建议 TA 提供这份最关键的文件是？

   A. 可行性分析报告 　　B. 产品创新章程 　　C. 商业分析报告 　　D. 需求设计规范

32. 新创公司目前领导力水平不足，团队成员之前缺乏相互的了解和认可，公司急需提升组织文化的氛围，因此制定相关的举措，你被聘用为该公司的产品顾问，发现提交上来的措施有一项并不属于组织文化的氛围的内容，是哪一项？

    A. 领导力水平   B. 责任   C. 机会   D. 办公地点

33. 新创公司着力于改善公司的流程，分别设定了流程拥护人、流程主管、流程经理、项目经理的角色，在实际实施的过程中，发现大家对各自的职责存在异议，到底谁该对流程执行的最终结果负责呢？

    A. 流程拥护人   B. 流程主管   C. 流程经理   D. 项目经理

34. 新创公司开发更多符合市场需求的产品，提升团队创造力和公司整体竞争力，公司准备组建创新团队，新晋的负责人想听听你的建议，是保留原有的非常牛气的骨干员工，还是全部招聘全新的团队成员呢，你会给出怎样的建议？

    A. 创新团队建议有少数几个人，拥有互补的技能，为共同目标担负责任

    B. 创新团队最好包含某个专业职能领域的骨干成员，保证其具有专业性

    C. 创新团队建议启用全新的外部成员，思路广泛，又能保证负责人的权威性

    D. 创新团队最好由骨干成员和全新外招成员组成，保证业务传承和思路开阔

35. 新创公司在摸索创新团队的过程中，逐步意识到为了保证高绩效的工作，团队中的成员还需要具备不同的个性类型，其中一种角色叫作有创造力的产品开发者，要招聘到这样的团队成员，产品经理向人力资源部门描述了该类成员的角色特征，下列哪项特征符合要求？

    A. 现实、传统，有很好的自控力，忠诚度高，多考虑团队利益而忽略个人利益

    B. 性格外向，人际关系处理能力强，对外界环境敏感度高，并能从外界收集信息

    C. 具有高度的创造力，富有想象力，爱出主意但并不一定高明，不喜欢遵守规则，性格大多内向，人际关系处理能力弱

    D. 注重细节，力求完美，不受外界刺激和干扰，不做没有把握的事情，事必躬亲，不会也不愿授权，对团队中的打酱油者容忍度低

36. 新创公司的创新团队中，大家开始解决彼此之间的分歧，欣赏同事的优点，尊重领导者的权威。请问该团队目前正处于哪个阶段？

    A. 创建阶段   B. 激荡阶段   C. 规范阶段   D. 执行阶段

37. 平台战略的有利之处在于（   ）。

    A. 它能迅速并且持续地开发产品

    B. 它鼓励从长远角度看待产品策略

    C. 它可以提供一个显著的和竞争产品的区分点

    D. 以上都是

38. 新创公司在实际操作过程中，面临着各方面的挑战，高层管理者在初期很少参与到项目的原因是什么？

    A. 高层管理者本身可能缺乏高屋建瓴的判断力

B. 高层管理者未意识到早期指导项目的重要性

C. 高层管理者信息不足，很难给出明确的意见

D. 高层管理者未能跟踪、把握未来的发展趋势

39. 新创公司特别重视跨职能团队的组建和建设，他们对跨职能团队有着深入的认识，以他们的观点来看，下列对跨职能团队的描述正确的是？

A. 由所有对项目成功起到关键影响的职能代表组成

B. 跨职能代表们不需要自始至终参与整个项目

C. 团队成员们可以通过虚拟团队方式进行积极沟通

D. 不需要有清晰的报告顺序，但需要有清晰的绩效目标

40. 新创公司分析了各种团队的特点，发现许多形式的矩阵结构都可以作为跨职能团队的构成基础，不同的结构对应着不同层次的项目团队自治水平，适合不同的组织和项目情景。该公司按照量级顺序进行了排序，其中正确的跨职能团队模式的量级顺序是？

A. 职能型、轻量级、重量级、自治型　　　B. 重量级、职能型、自治型、轻量级

C. 自治型、轻量级、重量级、职能型　　　D. 职能型、自治型、轻量级、重量级

41. 度量可以被定义为（　　）。

A. 一套衡量标准，用于跟踪产品开发情况，并使企业随着时间的推移衡量流程改进的影响

B. 预测顾客需求的一系列措施，并利用这些信息使内部资源与外部机会相匹配

C. 衡量绩效指标的效果和频率的方法

D. 一种矩阵工具，可根据需要分解产品，并提供可进行有针对性分析的技术组件

42. 一家生产日用品的公司，在现有产品线的基础上进行改进，衍生出多款免手拧拖把，得到市场的广泛欢迎，请问该公司应选用什么类型的团队？

A. 轻量级项目团队　　B. 重量级项目团队　　C. 职能型项目团队　　D. 老虎型项目团队

43. 新创公司在开发一款面向 12 岁男孩的玩具新产品时，采用了六顶思考帽的方法进行创意研讨。会议期间进行了角色安排，有人乐观，有人理智，有人负责控制，请问这几顶帽子分别是什么颜色的？

A. 黄色、绿色、黑色　　　　　　　　　B. 红色、白色、蓝色

C. 黄色、黑色、蓝色　　　　　　　　　D. 红色、白色、黑色

44. 新创公司在产品开发方面创意不足，作为该公司的产品管理顾问，你建议他们应当多采用什么类型的思维方式？

A. 创新思维　　　　B. 设计思维　　　　C. 发散思维　　　　D. 聚合思维

45. 在整个产品开发过程中累积成本大幅增加，尤其是在最后建立原型和为发布做准备阶段。为了最小化后期的失败风险，市场研究应当（　　）。

A. 又快又轻松地进行　　　　　　　　　B. 提供关于客户需求的明确信息

C. 相对便宜　　　　　　　　　　　　　D. 提供可靠的统计结果

46. 新创公司通过 ATAR 方法进行销售预测分析，结果如下所示：

    购买者数量：3 000 000 人

    认知百分比：40%

    试用百分比：20%

    可获得性百分比：40%

    重复购买百分比：50%

    年度购买次数：1.5 次

    销售量：72 000 个

    单价：¥25.00

    单位成本：¥12.50

    单位利润：¥12.50

    利润：¥9 00 000

    如果认知百分比降低到 30%，试用百分比提高到 30%，可获得性百分比降低到 30%，最后的利润是多少？

    A. 758 000　　　　B. 759 375　　　　C. 765 600　　　　D. 769 575

47. 新创公司在确定成本的过程中严格区分固定成本和可变成本，方便进行产品边际成本的核算，在产品生产过程中涉及多种费用成本，以下哪项属于可变成本？

    A. 高管工资　　　B. 设备投资　　　C. 销售人员奖金　　D. 场地租赁费

48. 新创公司某产品出厂之后，公司承担将产品送到销售地点所需的运输费用是 4 美元，固定成本忽略不计，可变成本是 2 美元。请问该产品的售价是多少，可以实现 3 美元的边际利润？

    A. 8　　　　　　　B. 9　　　　　　　C. 10　　　　　　　D. 11

49. 新创公司在进行产品开发管理过程中，你作为咨询顾问建议该公司设置了最低预期回报率，公司的高级管理者询问时，你会如何解说最低预期回报率存在的意义？

    A. 知道大多数公司或组织所需的投资回报率水平

    B. 如果产品的回报不如银行的收益，就将钱存到银行

    C. 不同的投资风险应当对应着不同的最低预期回报率

    D. 保证产品可以获得符合要求的投资收益

50. 新产品的投资选择需要考虑投资回报的信息收集和评估，新创公司通过多项指标进行投资回报率度量，以下哪一项指标不正确？

    A. 现值（Present Value）　　　　　　　B. 投资回收期（Payback Period）

    C. 净现值（Net Present Value，NPV）　　D. 内部收益率（Internal Rate of Return，IRR）

51. 新创公司开发的一款产品投资 250 万元，投资期 5 年，请问多少复利能确保得到原额度的 110%？

    A. 1.6%　　　　　B. 1.8%　　　　　C. 2%　　　　　　D. 2.2%

52. 以下叙述错误的是？

A. 产品创新章程是一份由高阶主管撰写的策略文件，目的是发展创新

B. 风险管理的六步骤为：风险管理规划、风险识别、定性风险分析、定量风险分析、风险应对计划、风险检测和控制

C. 市场调研的原则为：一手（初级）数据调研优先、二手（次级）数据调研次之

D. 甘特图是条状图的一种流行类型，显示项目、进度以及其他与时间相关的系统进展的内在关系随着时间进展的情况

53. 新创公司开发的一款产品投资 180 万元，折现因子为 10%，投资期 5 年后，请问该产品的利润为多少万元？

A. 110　　　　　　　　B. 115　　　　　　　　C. 120　　　　　　　　D. 125

54. 下列哪项为门径管理的正确流程？

A. 初步筛选，开发，商业论证，上市，测试与验证

B. 初步筛选，开发，商业论证，测试与验证，上市

C. 初步筛选，商业论证，开发，测试与验证，上市

D. 商业论证，初步筛选，开发，测试与验证，上市

55. 新创公司投资一款新产品，投资了 250 万元，第一年获得的现金流为 100 万元，第二年获得的现金流为 120 万元，以折现率为 10% 为准，请问该产品的净现值为多少？

A. -42　　　　　　　　B. -20　　　　　　　　C. -30　　　　　　　　D. 30

56. 新创公司通过内部收益率进行产品衡量，发现有一个产品的 IRR 长期低于银行利率，企业应该采取什么措施？

A. 什么也不用操作，等待产品的后续发力

B. 在所有其他条件相同的情况下，将钱存到银行

C. 因为 IRR 较低，应在年终时终止该产品的开发

D. 寻找 IRR 比较高的、可替代的新型产品进行开发

57. 新创公司采用电子表格进行财务分析的管理，以下哪项描述不正确？

A. 大多数通用的电子表格嵌入了包括净现值和内部收益率在内的财务模块

B. 简化的财务分析电子表格为产品经理提供了有力的工具

C. 基于电子表格的"假设"以及"敏感性"分析能够为风险管理奠定良好的基础

D. 电子表格中的内容不宜经常变动，应保持一定的稳定性，以利于分析对比

58. 以下新创公司关于产品概念和设计规格之间区别的描述，正确的是？

（1）是从概念描述到产品设计规范，再到技术规范的过程。

（2）概念描述侧重于定性描述，产品设计规范是提供给制造商的规范，技术规范是定量描述。

A.（1）对（2）错　　　B.（1）错（2）对　　　C. 两个都对　　　　　D. 两个都错

59. 新创公司采用质量屋进行质量功能展开工作，从市场调研客户需求之后，下一步应该做什么？

    A. 识别客户属性
    B. 识别设计属性 / 要求
    C. 连接客户属性与设计属性
    D. 对竞争产品进行评估

60. Tuyko 公司是做手机研发的一家本土公司，最近公司高层决定推出一个全方位的新产品去占领市场，有的功能定位于女性消费者，有的功能定位于老年消费者，有的功能定位于中青年消费者，而产品推出后近一年的销售额表明，市场占有率不但没有上升，反而下降了，有可能的原因是什么？

    A. 公司销售不给力
    B. 新产品体验不佳
    C. 产品技术不够领先
    D. 产品不可能对所有人都适用

61. 新创公司在产品开发情景下进行项目管理，非常重视项目管理中的三重约束，以下描述正确的是？

    （1）任何项目面对的最常见挑战之一是管理三重约束——范围、进度和预算。
    （2）任何项目面对的最常见挑战之一是管理三重约束——绩效、时间、成本。
    A.（1）对（2）错　　B.（1）错（2）对　　C. 两个都对　　　　D. 两个都错

62. 新创公司尝试使用决策树进行辅助决策管理，以下描述正确的是？

    （1）利用树形图或者决策模型得出可能的成果，包括项目结果、资源和成本。
    （2）有利于绘制一幅关于每个可采取的行动所带来的风险和回报的平衡图景。
    A.（1）对（2）错　　B.（1）错（2）对　　C. 两个都对　　　　D. 两个都错

63. 新创公司研究哪些因素使得成功企业与众不同、脱颖而出，发现最好的公司做正确的事，以下哪项是正确的？

    （1）在每个项目上花更多的时间，但是做更少的项目。
    （2）采用首先上市战略，促进创意转化为实践。
    A.（1）对（2）错　　B.（1）错（2）对　　C. 两个都对　　　　D. 两个都错

64. 新创公司希望建立新产品开发学习型团队，以下哪项是正确的？

    （1）团队来自组织内不同职能部门，选择对新产品开发有激情的队员。
    （2）团队愿意并且渴望学习，CEO 参与或直接得到 CEO 的支持。
    A.（1）对（2）错　　B.（1）错（2）对　　C. 两个都对　　　　D. 两个都错

65. 某人开了一个餐厅非常成功，之后他准备在另外一个地方再开一家餐厅，请问他最先需要做哪方面的研究？

    A. 二手研究　　　　B. 问卷调查　　　　C. 社交媒体　　　　D. 标杆对照

66. 新创公司想要提高某产品调查的置信水平，下列哪一项是正确的？

    A. 增加样本量
    B. 减少样本量
    C. 样本量多少没有影响
    D. 样本量小只会降低精度

67. **以下哪一个是新产品概念的好的来源？**

A. 研发、市场和 / 或运营的内部来源

B. 外部来源，如教育机构、发明者和聚焦于纯粹研究的其他公司

C. 客户的外部来源，包括领先用户

D. 以上都是新产品概念的好的来源

68. **新创公司采用的市场研究方法，哪一个不是定量市场测试？**

A. 控制试销　　　B. 贝塔测试　　　C. 模拟营销测试　　　D. 试销

69. **新创公司做了一项调研，用来了解客户隐性需求，请问是什么调研方法？**

A. 焦点小组　　　B. 客户现场访问　　　C. 社交媒体　　　D. 人种学市场研究

70. **新创公司在产品开发中使用了贝塔测试，请问贝塔测试应用在哪个阶段？**

A. 市场测试　　　B. 上市前测试　　　C. 内部测试　　　D. 预发布测试

71. **DEC 公司为了提升响应客户的速度采用了矩阵式结构模式，Mary 是 DEC 公司其中一个项目团队的成员，该团队认为项目优先于职能，Mary 的团队领导者对她的绩效考核有一定的影响，但是 Mary 的薪酬最终决定权在她的职能经理，请问 Mary 所在的团队是哪一种矩阵结构模式？**

A. 职能型团队　　　B. 轻量级团队　　　C. 重量级团队　　　D. 自治型团队

72. **新创公司资金紧张，自己的产品部分已经测试没有问题，但是其中一个国外的部件无法进行单独测试，请问应选用什么样的销售测试？**

A. 销售波研究　　　B. 模拟试销　　　C. 控制试销　　　D. 选择一个商场

73. **新创公司采用大数据技术进行市场研究，启用了道格·莱尼提出的 3V 理论，以下有一个不正确的选项，请问是哪一个？**

A. 数量（Volume）　B. 速度（Velocity）　C. 类型（Variety）　D. 客户心声（VoC）

74. **新创公司希望依托产品建立品牌知名度，作为该公司的产品管理咨询顾问，你会建议公司在哪个阶段建立品牌知名度？**

A. 引入期　　　B. 成长期　　　C. 成熟期　　　D. 衰退期

75. **新创公司发现产品生命周期正在变得越来越短，这是因为什么？**

A. 客户有更多需求　　　　　　　　B. 竞争加剧

C. 技术持续进步 / 变化　　　　　　D. 以上全部选项

76. **新创公司有一个产品正处于衰退阶段，以下哪个是正确的？**

（1）维护产品，还可以通过增加新特性和发现新用途重新定位该产品。

（2）降价收割。持续提供产品，但是产品只投放入忠诚的利基细分市场。

A.（1）对（2）错　　　　　　　　B.（1）错（2）对

C. 两个都对　　　　　　　　　　D. 两个都错

77. 新创公司研究其他公司旗下处于不同生命周期阶段的产品，发现以下哪个产品属于成长期的？

    A. 全息投影　　　　B. 3D 打印机　　　　C. iPhone　　　　D. 录像机

78. 新创公司某个产品的生命周期过程如下：2013 年 3—4 月份，概念创意生成阶段；2013 年 5 月概念生成关口；2013 年 7—10 月概念筛选阶段；2013 年 12 月—2014 年 1 月概念关口；2014 年 3 月市场测试；2014 年 6 月市场测试关口……2016 年 8 月上市；2016 年 12 月上市评估总结，请问该产品的生命周期中上市周期是多长？

    A. 46 个月　　　　B. 35 个月　　　　C. 30 个月　　　　D. 4 个月

79. 新创公司最近刚做了某项产品的市场调研，然后产品经理 A 与制造部门确认了制造的可能性，与营销部门沟通了渠道的问题，最后和市场部门确定了优惠促销相关问题，请问市场调研还缺少了哪个关键要素？

    A. 高层领导的支持　　B. 上市时间　　　　C. 目标用户　　　　D. 在哪里促销

80. 耐克公司最近在开发一种新的运动鞋，他们在社交媒体上广泛征集意见，讨论所用的材料的回收和重复利用问题，请问这属于什么？

    A. 可持续发展　　　B. 可持续战略　　　C. 可持续性整合战略　D. 循环经济与创新

81. 一个聚焦收购业务的技术公司，关闭业务并将收购的产品整合进公司已有的产品线，这一经营战略属于（　　　）。

    A. 收购战略　　　　B. 营销战略　　　　C. 技术战略　　　　D. 公司战略

82. ABC 公司是一所制药企业，专注于研究新药治疗皮肤病，研发了一种利用激光治疗皮肤病的方法。这种激光治疗技术属于哪种创新？

    A. 颠覆式　　　　　B. 架构式　　　　　C. 常规式　　　　　D. 突破式

83. ABC 公司在现有汽车生产平台的基础上，研究开发了新的汽车转向装置，该公司采用的是哪种战略方法？

    A. 技术战略　　　　B. 平台战略　　　　C. 营销战略　　　　D. 能力战略

84. A 公司考虑对旗下的产品引进可持续性设计，准备选定一款产品进行改造，其中 50% 的零部件准备用回收二手货。影响这款产品的设计因素是什么？

    A. 产品生命　　　　B. 产品使用　　　　C. 材料选择　　　　D. 营销计划

85. ABC 公司的理查德正在考虑公司近期的产品组合战略，他应该采用哪个工具来分析和推动公司的发展战略？

    A. QFD　　　　　　B. BCG 矩阵　　　　C. SWOT　　　　　D. 市场细分

86. 公司目前已经投资了 3 个项目，为了全面考虑产品的情况，现在对其他 10 个项目进行评分，并且进行了加权综合，每一打分尺度上为每个分数提供了参考性的描述，排序后 10 个项目中最靠前的有 4 个项目，这 4 个项目评估后的分数差在 10 分评价标准以内，请问公司可以考虑投资几个项目？

    A. 3 个　　　　　　B. 4 个　　　　　　C. 10 个　　　　　D. 一个都不投资

87. 约翰想创办一家新公司，作为小微企业，他去银行寻求贷款，银行要求他出具营运资本。为什么营运资本对于一家新公司的贷款审批会如此重要呢？

    A. 营运资本是法人要开新公司投入的钱

    B. 营运资本能体现企业的短期贷款偿还能力

    C. 营运资本是投资计算投资回报率的基础

    D. 营运资本能确定累计净值（返回成本）与项目成本（资金成本）的相对值

88. A 项目设计成本 10 万美元，预计第一年销售收入 20 万美元；B 项目设计成本 7.5 万美元，预计第一年销售收入 15 万美元。根据投资回报率，应选择哪个项目？

    A. 选择 A 项目，因为 A 项目的投资回报是 20 万美元

    B. 选择 B 项目，因为 B 项目的投资回报是 15 万美元

    C. 选择 A 项目，因为 A 项目的投资回报是 10 万美元

    D. 选择 B 项目，因为 B 项目的投资回报是 7.5 万美元

89. 哪种流程能应对产品开发的复杂性？

    A. 集成产品开发　　　B. 门径管理　　　　　C. 瀑布　　　　　　D. 敏捷

90. 敏捷产品开发的主要原则包括团队授权、小幅渐进发布、一次完成一个功能，以及？

    A. 杜绝浪费　　　　　B. 线性过程　　　　　C. 用户积极参与　　D. 忽略风险

91. 敏捷教练和项目经理的区别是什么？

    A. 敏捷教练是协调员，项目经理是管理者

    B. 敏捷教练不管理团队，项目经理管理团队

    C. 敏捷教练激发团队的创造力，项目经理则不需要

    D. 敏捷教练与项目经理从概念上是无法相互替代的

92. 玛丽由于表现突出，刚刚被晋升，公司正在制定职能战略，高层团队认为职能战略必须符合高层战略要求，因此决定由玛丽负责制定，玛丽感觉压力很大，向你倾诉，你会建议职能战略由谁来制定呢？

    A. 流程经理　　　　　B. 产品经理　　　　　C. 职能经理　　　　D. 高层团队

93. 理查德是 ABC 公司的产品经理，团队经历了组建、内部冲突、不断规范的艰难历程，目前项目已经成功执行，作为项目负责人，他此时应该做什么？

    A. 放手交给团队去做　　　　　　　　　B. 申请团队奖励

    C. 解散团队　　　　　　　　　　　　　D. 组建新的团队

94. 沉没成本是什么？

    A. 已经花费在无价值项目上的外包支出　B. 其他项目支出的资金

    C. 本年度尚未发生的固定成本和可变成本　D. 扩建厂房的资金支出

95. 净现值为 0 时的财务分析工具是？

    A. 现值　　　　　　　B. ROI　　　　　　　C. 内部收益率　　　D. ATAR

96. ABC 公司正在进行手机产品的设计，发现电池电量在低温时会瞬间消耗，导致关机，设计人员共同定位问题的根本原因，发现这是一个常规问题，设计人员通过专利研究获得很多设计灵感，最终解决了手机电池问题。他们正在采用的是哪种工具方法？

    A. 奔驰法　　　　　　B. 设计思维　　　　　　C. 精益原则　　　　　　D. TRIZ

97. ABC 公司应用某项技术领域开发产品多年。最近他们想要对技术和产品进行重大改进，以适应市场。该公司的产品技术处于技术 S 曲线的哪个阶段？

    A. 成长期　　　　　　B. 萌芽期　　　　　　C. 衰退期　　　　　　D. 成熟期

98. 老板让约翰评审他手下的产品经理所做的新产品开发战略，约翰看了内容，里面体现了目标市场、产品特性、营销渠道、促销计划。但好像还缺了一个很重要的东西，是什么？

    A. 沟通信息　　　　　　B. 产品效益　　　　　　C. 宣传用语　　　　　　D. 定价

99. 下表显示了三项 5 年期投资 A、B、C 的情况，单位为美元。每项投资的金额都是 10 万美元，投资回收期均为 5 年。你会选择哪个项目投资？

项目	第 1 年	第 2 年	第 3 年	第 4 年	第 5 年	NPV
A	20 000	30 000	40 000	10 000		79 858
B	20 000	20 000	20 000	20 000	20 000	75 816
C		10 000	30 000	50 000	10 000	71 164

    A. 投资 A 项目　　B. 投资 B 项目　　C. 投资 C 项目　　D. 不能确定

100. 下表列出了不同时间段和利率对应的折现因子。若 5 年后的收入为 1000 美元，且利率为 10%，则其现值为多少美元？

年	利率			
	10%	20%	30%	40%
1	0.9091	0.8333	0.7692	0.7142
2	0.8264	0.6944	0.5917	0.5102
3	0.7513	0.5787	0.4552	0.3644
4	0.6830	0.4823	0.3501	0.2603
5	0.6029	0.4019	0.2693	0.1859

    A. 751　　　　　　B. 698　　　　　　C. 603　　　　　　D. 不能确定

101. 下表是 A 项目折现率为 10% 时的 5 年信息，单位为美元，请问 A 项目的净现值为多少美元？

年份	第 1 年	第 2 年	第 3 年	第 4 年	第 5 年
收益	3500	10 800	15 000	20 000	21 000
成本	8370	3500	4800	7800	8000
现金流	-4870	7300	10 200	12 200	13 000
折现因子	0.9091	0.8264	0.7513	0.6830	0.6209
现值	-4427	6033	7663	8333	8072

    A. 25 674　　　　　　B. 28 333　　　　　　C. 30 101　　　　　　D. 不能确定

102. ABC 公司某个新产品有 **40%** 的可能性花费 **50** 万美元，有 **60%** 的可能性需要花费 **100** 万美元，请问决策中该新产品可能会投入多少钱？

A. 60 万美元　　　　B. 70 万美元　　　　C. 80 万美元　　　　D. 不能确定

103. ABC 公司是大规模日常用品生产公司，广大客户对价格非常敏感，请问 ABC 公司应该使用什么战略？

A. 细分市场战略　　B. 差异化战略　　C. 成本领先战略　　D. 平台战略

104. 用焦点小组选择新产品方案的主要缺点之一是？

A. 定性数据　　　　B. 样本容量有限　　C. 成本　　　　　　D. 占用的时间

105. 理查德所在的 ABC 公司目前采用差异化战略，他应该如何扩大该种战略的优势？

A. 努力建立客户忠诚度

B. 进行降价销售

C. 瞄准目标细分市场，进行有针对性的促销

D. 通过平台化，提高技术领先性

106. 理查德所在的 ABC 公司目前采用差异化战略，他应该注意避免该种战略的哪种不足？

A. 持续降低成本可能会影响产品质量，最终导致部分顾客转向竞争对手

B. 公司必须持续进行创新，以开发出新的产品性能，吸引客户

C. 过于依赖单一狭小的市场可能导致风险

D. 新技术的出现可能会导致现有产品过时

107. 玛丽所在公司的产品开发的投入比较高，并不像其他公司那样聚焦于比较广大的市场，玛丽所在的这家公司采用的是哪种战略？

A. 细分市场战略　　B. 差异化战略　　C. 成本领先战略　　D. 平台战略

108. 约翰所在的公司敢于冒险，不断开发和应用高新技术，并借助于较快的上市速度，占领了更大的市场份额。请问约翰所在的公司采用的是哪种战略？

A. 探索者　　　　　B. 分析者　　　　　C. 防御者　　　　　D. 回应者

109. 你是一家消费品生产企业的产品经理。由于项目时间有限，你的团队做了简单的市场研究工作，你们收集了一些用户数据并进行分析，还预测了用户的需求。当产品发布后新产品销售非常不理想，你认为该新产品失败的两个主要的原因是什么？

A. 欠佳的市场调查和没有彻底识别真正的市场需求

B. 欠佳的执行过程和市场调查

C. 上市周期长和没有识别客户需求

D. 欠佳的市场调查和缺乏项目计划

110. DEF 公司聚焦于核心能力的开发，甚至某个单一技术的研究，为了迅速应对市场竞争对手的策略，该公司开发了全系列产品，并不断改进产品技术，聚焦于产品的持续改进。该公司采用的是哪种战略？

A. 探索者　　　　　B. 分析者　　　　　C. 防御者　　　　　D. 回应者

111. 以下哪项对于技术 S 曲线的描述是正确的？

   A. 引入期应用新技术的公司承担的风险相对较小

   B. 成长期越来越多的风险厌恶型组织会考虑应用该技术

   C. 成熟期突破技术难关，技术得到显著提升

   D. 衰退期遇到科学技术瓶颈，性能提升停止

112. 下列何者不是用来衡量 Sustainability（可持续性）的工具？

   A. 可持续性设计　　　B. 优秀的设计　　　C. 面向环境的设计　　　D. 客户满意度

113. ABC 公司非常重视知识产权的战略管理，因为它界定了组织获益的可能，该公司的品牌最近遭到某公司的侵害，ABC 公司的品牌应该如何获得保护？

   A. 专利　　　　　　B. 版权　　　　　　C. 注册商标　　　　　D. 商业秘密

114. 一家公司面临市场的激烈竞争时，在知识产权的管理中，有简单的组合追踪能力，在研究与产品开发方面会事后考虑知识产权，请问该公司采用的是哪种知识产权管理方法？

   A. 反应型　　　　　B. 主动型　　　　　C. 战略型　　　　　D. 优化型

115. 玛丽在负责公司的营销组合工作，她将产品、促销、地点和定价分别交给手下不同的人起草方案。她手下的理查德专门针对定价方面提交了内容，玛丽发现他提交的一项信息超出了定价范畴，你觉得会是哪项信息呢？

   A. 实体分销　　　　B. 捆绑销售　　　　C. 信用条款　　　　D. 撇脂定价

116. 一家汽车生产企业，正在展示其产品信息，请问以下哪项不属于产品的附加性能？

   A. 功能强大的加热座椅　　　　　　　B. 五年保修

   C. 特殊优惠支付条款　　　　　　　　D. 两年免费保养

117. 玛丽在制定产品战略的过程中，发现波士顿咨询公司（BCG）的成长－市场份额矩阵中，有一种产品目前收入低，营业表现不稳定，但是所处市场处于高增长状态，产品收入也在增长之中，请问这是何种类型的产品？

   A. 瘦狗　　　　　　B. 现金牛　　　　　C. 问题　　　　　　D. 明星

118. 下列关于组织战略的表述哪项正确？

   A. 新产品开发在实现组织业务目标中的角色

   B. 新产品开发的结构

   C. 用来确定新产品成功的基本衡量指标

   D. 用于新产品开发的平台

119. ABC 公司在波士顿咨询公司（BCG）的成长－市场份额矩阵中，发现有一种产品属于瘦狗型产品，该公司应该采用哪种战略方式？

   A. 决策判断其是否有潜力继续进化或者退化

   B. 放弃或改变价值定位

C. 加大投资，利于其继续成长

D. 撇脂或投资

120. ABC 公司在波士顿咨询公司（BCG）的成长－市场份额矩阵中，发现有一种产品属于明星型产品，这说明这个产品处于什么产品阶段？

A. 引入期　　　　　　B. 成长期　　　　　　C. 成熟期　　　　　　D. 衰退期

121. DEF 公司在整合公司能力战略时，发现公司缺乏某种能力，DEF 公司希望通过外部能力来获得这种能力，请问 DEF 公司可以通过以下哪种方式来获得呢？

A. 改善营销　　　　　B. 获取新能力　　　　C. 重新培训　　　　　D. 兼并或收购

122. ABC 公司为提高公司的竞争性，仔细权衡决策公司的整体战略和产品组合战略，在发展和持续性维护产品组合时，总要面对一系列彼此竞争的资源和投资的项目，为了确保产品开发和产品管理项目的正确优先级顺序和平衡关系，ABC 公司需要在组合管理中实现哪些重大的目标呢？

A. 价值最大化、项目平衡、战略协同、管道平衡、财务稳健

B. 价值最大化、项目平衡、战略协同、管道平衡、平台稳健

C. 价值最大化、产品平衡、战略协同、管道平衡、平台稳健

D. 价值最大化、产品平衡、战略协同、管道平衡、财务稳健

123. 创新扩散理论（也称为"跨越鸿沟"）到哪个阶段，说明大多数顾客接受和购买新产品了？

A. 创新者　　　　　　　　　　　　B. 早期采用者

C. 早期大众　　　　　　　　　　　D. 晚期大众

124. DEF 公司在组合管理中为了实现战略协同的三大目标，如需要进行战略匹配、战略贡献等的考虑，请问题干中没有给出的第三个目标所对应需要考虑的问题是什么？

A. 项目与所采用的战略是否一致？

B. 在经营战略中定义了哪些特定目标？

C. 组合中的各项投资额度是否反映了战略优先级？

D. 这些项目在多大程度上促成了这些目标的实现？

125. 某公司在选择产品的时候采用了以下步骤：

（1）首先明确组织战略和经营战略，以及与创新相关的战略目标和优先级。

（2）确定可用于整个项目组合的资源水平。

（3）根据在组织中所占的战略重要性，排列出业务单元或产品类别的优先顺序。

（4）确定战略桶和分配至各个业务单元或产品类别的理想比例。

（5）根据优先顺序将项目对应分配入战略桶中。

请问该公司采用的是什么方法？

A. 自上而下　　　　　　　　　　　B. 自下而上

C. 二者结合　　　　　　　　　　　D. 二者分离

126. 某软件公司已开发一款智能音箱产品，该公司发现最近有很多其他公司也在开发此领域产品，该公司提出需要通过产品差异化或新产品特性与竞争对手区分开来，销售重点在于扩大客户购买产品的机会，这最有可能处于产品生命周期的哪一个阶段？

    A. 引入阶段   B. 成长阶段   C. 成熟阶段   D. 衰退阶段

127. **ABC** 公司在寻找渠道代理商进行合作，促成新产品的成功，**ABC** 公司所看中的渠道代理商应能提供哪些方面的关键要素？

    A. 拥有一个独特的、优越的产品

    B. 能够提供一个具有吸引力的、不断增长的大型市场

    C. 提升组织内部优势

    D. 以上全是

128. **DEF** 公司目前正在用评分方法进行产品的筛选，以下哪项操作不符合评分方法的评估过程？

    A. 先判断产品创意是否满足一些基本准则，进行粗略的筛选

    B. 再对每个评估准则赋予权重，以显示其相对重要性

    C. 按照每个评估准则对产品创意逐一进行 10 分制打分，计算出每个产品创意的加权分数，得出所有产品创意的排序

    D. 为了确保评分方法的客观性，特别是当评估者众多时，极为重要的一点是在打分尺度上为每个分数提供参考性的描述

129. **ABC** 公司正在进行一次详细的财务分析，玛丽负责此次工作，她在审查评估内容时，期望看到哪些信息？

    A. 风险水平、利益或回报、基于制造和营销的成本

    B. 风险水平、利益或回报、与投资建筑物、厂房及设备相关的成本

    C. 利益或回报、基于制造和营销的成本、资本成本

    D. 风险水平、基于制造和营销的成本、资本成本

130. **DEF** 公司在进行财务类评估时，将一些具体的财务指标用于确定累计净值（返回成本）与项目成本（资金成本）的相对值。这些指标包括？

    A. 净现值、内部收益率、投资回报率

    B. 净现值、内部收益率、投资回收期

    C. 内部收益率、投资回报率、投资回收期

    D. 净现值、内部收益率、投资回报率、投资回收期

131. **ABC** 公司在进行平衡组合工作，该公司在产品组合中加入一系列新产品机会。新产品机会所属的业务单元、产品类别、目标市场，或者项目或产品的特征，都可以作为新产品机会的分类标准。以下描述中哪种信息一般不作为分类标准？

    A. 研发成本、商业化成本   B. 潜在的回报或利益

    C. 风险水平   D. 法律法规

132. 气泡图通过两个维度——X 轴和 Y 轴来描绘项目。X 轴和 Y 轴分别代表一个标准。按照项目的 X 轴和 Y 轴上的评分，确定气泡的位置。气泡的大小则代表了第三个标准。风险与回报以及资金投入的气泡图组合分析中，气泡的大小通常指代什么？

 A. 回报 B. 风险 C. 资金投入 D. 资源投入

133. DEF 公司认为组合管理中的一项重要任务就是进行资源配置。因此进行了深入的受限因素分析，他们觉得新产品开发的成功率与持续性产品管理的有效性受限于以下因素，除了？

 A. 同时段内进行的项目太多 B. 同时段内执行项目的人员太少
 C. 项目计划糟糕，任务执行能力太差 D. 上市延期，按时完成难度很大

134. ABC 公司在进行产品开发时，注意在早期设计阶段就逐一考虑各种要素，并且会并行推动流程，这样能够显著提高生产力和产品质量。请问 ABC 公司采用的新产品开发流程最可能是以下哪种？

 A. 敏捷 B. 集成产品开发 C. 精益 D. 瀑布

135. 下列哪项活动是组织最有可能在新产品开发中遗漏的？

 A. 团队建设 B. 上市评估 C. 市场研究 D. 技术开发

136. 你正在为 ABC 公司进行新产品开发流程选择的咨询服务，分析发现该公司的产品开发流程方面要求比较复杂，为了能有效体现流程复杂程度，你应该建议该公司采用以下哪种流程？

 A. 敏捷 B. 集成产品开发 C. 精益 D. 瀑布

137. 挑选新产品开发团队成员时，应该遵循以下哪个原则？

 A. 考虑项目所需的技能和信息 B. 总是挑选公司中最突出的员工
 C. 寻找享受一起工作的人 D. 团队成员集中办公

138. DEF 公司的理查德正在负责产品开发流程的治理，在治理过程中，理查德需要考虑多种因素，进而为组织的项目管理的战略执行框架提供指导、决策和监督。从治理的角度来看，他应当回答以下哪个问题？

 A. 是否基于组织的跨职能部分输入信息、输出信息和流程度量指标，定期审查产品开发流程
 B. 是否对整个产品开发流程进行管理，是否专注于跨职能团队的使用，是否能加速上市速度
 C. 是否非常重视流程的遵守，严格执行相关的原则，按照既定流程彻底执行和操作
 D. 以上都需要考虑

139. 产品创新章程通常是一个相对简短的总结性文件以及一些其他附加文件，玛丽负责为 ABC 公司编写创新章程的重点舞台部分的内容，她所撰写的部分应该包含哪项内容？

 A. 项目的目的、与经营战略和创新战略的关系

B. 目标市场

C. 为经营战略做出贡献的特定目标

D. 项目团队内的工作关系

140. 产品创新章程通常是一个相对简短的总结性文件以及一些其他附加文件，理查德负责为 **ABC** 公司编写创新章程的目标和目的部分的内容，他所撰写的部分应该包含哪项内容？

A. 项目范围   B. 目标市场   C. 经营目标   D. 预算支出责任

141. 产品创新章程通常是一个相对简短的总结性文件以及一些其他附加文件，约翰负责为 **ABC** 公司编写创新章程的特别准则部分的内容，他所撰写的部分应该包含哪项内容？

A. 项目团队在实现项目目标中的作用

B. 支持项目成功的关键技术和市场规模

C. 每个目的或目标应该对应的具体的、可衡量的成功标准

D. 项目团队内的工作关系

142. **ABC** 公司在进行产品管理的过程中发现很多问题，目前的状况是领导力水平不足，责任划分不清，团队成员之间缺乏沟通，互相之间不信任。此时你被聘用为 **ABC** 公司的管理咨询顾问，针对公司的目前状况，你应该最优先改变公司哪方面的内容？

A. 文化（Culture）   B. 气候（Climate）

C. 环境（Environment）   D. 战略（Strategy）

143. 请根据以下陈述选择最优答案：

陈述 1：采用探索者战略较为成功的公司，瘦狗产品占比较低。

陈述 2：采用防御者战略较为成功的公司，问题产品占比较低。

A. 陈述 1 正确，陈述 2 错误   B. 陈述 2 正确，陈述 1 错误

C. 二者皆对   D. 二者都错

144. 你是 **DEF** 公司的人力资源主管，**DEF** 公司的总经理想设立一个负责如下工作的职位，该职位的人员会向 **CEO** 汇报，并能制定整体的产品战略，监控/管理产品的营销与开发。请问你如何为这个职位命名？

A. 首席产品官   B. 高级副总裁   C. 产品群经理   D. 产品经理

145. 约翰在 **ABC** 公司负责团队管理的过程中，发现团队成员之间在工作模式上存在冲突，有时，团队成员会由于方向不明确和工作任务分配不公平变得沮丧，甚至有人想到要离职。请问约翰所负责的团队正处于塔克曼五阶段中的哪个阶段？

A. 创建阶段   B. 激荡阶段   C. 规范阶段   D. 执行阶段

146. Joy 的公司两年前通过一项成功的技术开发，迅速获得市场领导者地位，面对市场越来越激烈的竞争，公司投入更多资源来技术革新，却没有获得进展，这表明该技术处在技术生命周期的哪个阶段？

A. 衰退阶段   B. 成长阶段   C. 引入阶段   D. 成熟阶段

147. 很多项目团队只存在一段时间，即便永久性团队也可能会由于组织结构的重组而解散，有人在需要面对不确定性的前景时感觉很难渡过。请问这描述的是塔克曼五阶段中的哪个阶段？

    A. 创建阶段   B. 激荡阶段   C. 规范阶段   D. 解散阶段

148. 理查德刚刚加入 DEF 公司，进行新产品研发，他发现自己所在的团队中，项目负责人没有实权，只是负责监督由别人制订好的计划。项目负责人没有权力改变或重新分配资源，这些都需要和职能经理沟通。团队成员在项目和职能之间被来回调遣。请问理查德所在的组织很可能采用哪种团队组织方式的？

    A. 职能型团队   B. 轻量级团队   C. 重量级团队   D. 自治型团队

149. 在创意工具中，SCAMPER 策略是一系列激发创意的行为，SCAMPER 是由首字母缩写而成，以下哪项说明是不正确的？

    A. S 指替代、C 指合并、A 指改造   B. C 指合并、A 指改造、M 指调整

    C. A 指改造、M 指移动、P 指挪为他用   D. P 指挪为他用、E 指消除、R 指逆向操作

150. 约翰新成立了一家创业公司，他在汇总公司全部产品的财务分析信息的时候，发现各个经理上报上来的财务资料内容都不统一，他发现需要给基层经理进行澄清和讲解关于成本的基本组成，请问以下哪些内容是成本的基本组成？

    A. 固定成本、潜在成本、资本成本   B. 固定成本、可变成本、总成本

    C. 固定成本、潜在成本、总成本   D. 固定成本、可变成本、资本成本

151. 约翰在分析公司的财务信息的过程中，看到这样一些成本信息，与产品服务相关的资金，包括制造和销售的所有成本，以及新设备的资金成本等。他应该将这部分成本归入以下哪项成本中？

    A. 固定成本   B. 可变成本   C. 资本成本   D. 潜在成本

152. 以下关于投资回报率的描述中，哪个是正确的？

    A. 投资回报率是通过投资而获得的销售收入与投资成本的比率

    B. 投资回报率不适合用于评估单一投资的价值或作为多种投资选择的比较工具

    C. 大多数公司所需要的投资回报率水平被称作基准收益率，一般为 10% 或 15%

    D. 较高的投资风险通常对应着较低的最低预期回报率

153. 杰克在从事新产品开发的过程中发现从初始创业到最终商业化，期间的概念清晰度及其发展过程是新产品成功的关键，从产品概念到设计规范，最终到技术规范中，都需要进行相关的设计。杰克在概念描述阶段，应该描述哪些信息？

    A. 产品的定性描述   B. 特定描述转化为定量参数

    C. 提供给产品制造商的详细规范   D. 以上都符合

154. 适合用轻量级团队开发的典型项目是？

    A. 轻微的产品改进   B. 新的公司项目

C. 破坏性的项目　　　　　　　　　　D. 开发衍生产品

155. 设计思维有多种方法，早期，卢克斯等人于 **2015** 年提出了设计思维的框架，该框架包含以下关键内容，它们是？

A. 发现、定义、创建、评估　　　　　B. 识别、发现、定义、创建

C. 发现、定义、解决、评估　　　　　D. 发现、定义、创建、解决

156. 玛丽在研究六西格玛设计中意识到，六西格玛方法旨在通过各种流程中的专门改进来减少业务和制造流程的变动。这需要团队所有成员的持续投入。那么，哪一种方法适用于现有产品改进？

A. DFSS　　　　　B. DMAIC　　　　　C. DMADV　　　　　D. CDOV

157. 新产品开发门径管理流程中，在立项分析阶段需要完成的是（　　　　）。

A. 商业可行性分析　　B. 产品创意　　　C. 评估市场机会　　D. 上市规划

158. **ABC** 公司在进行新产品研发的过程中，采用了一种不基于直觉，而是基于逻辑和数据的问题解决方法，该方法能加速项目团队创造性地解决问题的能力。请问 **ABC** 公司采用的是哪种方法？

A. SCAMPER　　　　B. 头脑风暴　　　　C. 设计思维　　　　D. TRIZ

159. **DEF** 公司在制定产品开发的绩效度量指标时遇到了问题，邀请理查德作为顾问，提供相关意见。在制定度量指标的过程中，大家对这些指标应该符合怎样的条件进行了激烈的讨论。理查德应该怎样建议 **DEF** 公司呢？

A. 度量指标与战略紧密关联　　　　　B. 度量指标应形成学习和持续改进的基础

C. 以上两项都是　　　　　　　　　　D. 以上两项都不是

160. 一个产品处于其生命周期的成熟期阶段，为了有效地在市场中进行竞争，该产品经理应该采取下列哪个传统举措？

A. 如果该产品的价值较高，降低其价格

B. 如果所有产品的价值相同，降低该产品成本

C. 如果竞争对手产品的价值较高，增加该产品成本

D. 以上选项都不是

161. 约翰在创建新公司的过程中，研究那些成功的组织在新产品开发方面的成功因素，他发现最好的公司会致力于做正确的事，这样的公司会具备哪项特点？

A. 在每个项目上花更多的时间，但是做更少的项目

B. 采用首先上市战略

C. 建立全球市场和运营战略

D. 以上都是

162. 约翰在研究完成功的组织在"正确地做事"的成功因素和贡献指标后，制定了自己公司的正确地做事的指标，以下哪项不属于该类指标？

A. 市场研究报告次数

B. 高层管理者参加项目会议的次数

C. 高层管理者在公司汇报中提到新产品开发的次数

D. 外部合作的数量

163. 以下哪种方法已经成为一个流行词，被应用于各种方法，以捕获（内部或外部的）客户的需求 / 反馈，是新产品创意的来源之一？

A. 客户心声　　　　B. 次级研究　　　　C. 一级研究　　　　D. 抽样方法

164. 公司会在哪种情况选择重量级团队？

A. 产品改进项目　　　　　　　　　　B. 新分类的初始项目

C. 重新定位的项目　　　　　　　　　D. 产品线扩张项目

165. ABC 公司的玛丽为了研究新产品的市场情况，打算以其他个人、团体或机构过往研究中的信息为基础，进而获得新产品的思路。请问玛丽正在运用的是哪种市场研究方法？

A. 客户心声　　　　B. 次级研究　　　　C. 一级研究　　　　D. 抽样方法

166. A 公司是生产日常用品的公司，近期该公司决定通过对供应链进行优化，如标准化零部件、原材料、包装，以此来提升公司的市场份额，公司的这一决策是采用的什么策略？

A. 差异化战略　　B. 成本领先战略　　C. 分析者战略　　D. 探索者战略

167. ABC 公司的杰克在进行市场研究的过程中，采用了专门针对现有目标进行数据收集的初始研究的方法。请问杰克正在运用的是哪种市场研究方法？

A. 客户心声　　　　B. 次级研究　　　　C. 一级研究　　　　D. 抽样方法

168. 一家公司在进行定量研究中，采用了如下方法：统计人口的一个子集，其中每个成员被抽取的概率相等。每个样本都是这个群体的无偏代表。请问以上描述的是哪种概念？

A. 抽样方法　　　　B. 随机样本　　　　C. 分层抽样　　　　D. 整群抽样

169. DEF 公司在进行市场研究时，研究客户及其相关环境的情况，研究者在现场观察客户和所处环境，获得对他们的生活方式或文化环境的深刻理解，从而获得有关客户需求和问题的基本信息。请问 DEF 公司在此过程中采用了什么市场研究的方法？

A. 个人访谈　　　B. 客户现场访问　　C. 人种学市场研究　D. 社交媒体

170. 在 20 世纪 80 年代初期，分阶段的新产品开发流程应用的一个飞跃来自以下哪个事件？

A. 博思艾伦咨询公司的六阶段进程　　B. 新产品发展三部曲

C. 库珀的使用阶段和关口的流程　　　D. NASA 的阶段审查过程

171. DEF 公司在进行市场研究的过程中，采用的方法为其提供与现有的和潜在的市场之间直接的、即时的联系，从而获得了非常好的调研结果。请问 DEF 公司发挥了哪一种市场研究方法的优点？

A. 个人访谈　　　B. 客户现场访问　　C. 人种学市场研究　D. 社交媒体

172. 汤姆是一名项目经理，他最近刚刚到一家新公司工作，在项目开发的过程中遇到了难题，他搞不清楚是应该先进行项目立项，还是先提交项目预算，同事告诉他可以请教鲍勃，鲍勃不仅告诉了汤姆需要先进行项目立项，还告诉了汤姆，不要忘了按时进行项目评审，那么鲍勃可能是什么角色？

A. 研发项目负责人   B. 新产品开发流程经理

C. 流程拥护者   D. 工作流设计团队组长

173. ABC 公司在进行市场研究的过程中，为了测试促销材料的有效性，公司选出了部分客户，让他们暴露在与产品相关的促销材料中，然后为他们提供少量的资金并邀请他们前往商店，在这里，他们可能会购买任何产品。请问 ABC 公司这是采用了哪种市场研究方法？

A. 销售波研究   B. 模拟试销

C. 控制试销   D. 试销

174. DEF 公司采用了联合分析的方法进行市场分析，请问他们最有可能进行下列哪项操作？

A. 确定人们对构成一个产品或服务的不同属性的看重程度，确定最能影响客户选择或决策的属性组合

B. 探讨一个结果变量与另一个或多个预测变量之间的关系，通过专业的分析，为洞察客户的深层级需求提供了可能

C. 减少变量的数量，找出变量之间的结构关系，比如产品属性之间的关系和产品属性对产品偏好的影响；市场上产品之间的关系

D. 以可视化手段表现一个数据集中各个用例之间的相似度，借助多维尺度空间上的产品分布推断出消费者眼中各个维度的重要性

175. ABC 公司在分析产品的过程大致如下：

（1）定义新产品的潜在属性，这些属性的水平或性能不同

（2）将不同水平的属性进行随机组合

（3）要求一个消费者样本对这个属性组合打分

（4）分析结果，确定对消费者的决策起最大影响作用的属性

请问 ABC 公司最可能采用了哪种分析方法？

A. 联合分析   B. 多变量分析

C. 因子分析   D. 多维尺度分析

176. 一家软件公司正在对一个特定的网上购物软件进行开发更新，凭借过往产品上市的经验，公司在目标市场中具备丰富的经验。即使程序中存在些许 Bug，公司也可以在产品发行后迅速补救，不会产生显著的负面客户反响。上市速度至关重要，为了缩短开发周期，该公司比较适合采用哪种产品开发流程？

A. 敏捷   B. 精益

C. 门径   D. 瀑布

177. 一家软件公司正在对一个特定的网上购物软件进行开发更新，凭借过往产品上市的经验，公司在目标市场中具备丰富的经验。即使程序中存在些许错误，公司也可以在产品发行后迅速补救，不会产生显著的负面客户反响。该公司比较适合采用哪种市场研究方法？

A. 基于过往产品性能的问卷调查和客户反馈。在内部完成阿尔法测试，随后进行贝塔测试

B. 面对面或在线方式的领先用户研究，或人种学研究。借助各类工具找出客户的态度和需求，其中的许多需求可能不是客户本人所清楚的

C. 假定公司知晓并遵守了道德许可，那么最可能的研究方法是使用互动焦点小组，其形式是通过模型或图纸来传递概念创意

D. 可以采用消费者监测组，可以为持续设计和最终的设计规范提供输入信息

178. 一家食品公司，正在开发针对高水平运动员的营养品，虽然公司有丰富的营养品开发经验，但是对高水平运动员和他们的需求了解甚少。与新产品的上市速度相比，公司更关心这个品牌的未来前景。鉴于公司缺乏在该特定市场和产品类别的经验，铺垫好目标市场的知识基础极为重要，在开发早期就要确保新产品的概念是这个市场所真正重视的。该公司比较适合采用哪种产品开发流程？

A. 敏捷　　　　　　B. 精益　　　　　　C. 门径　　　　　　D. 瀑布

179. 一家食品公司，正在开发针对高水平运动员的营养品，虽然公司有丰富的营养品开发经验，但是对高水平运动员和他们的需求了解甚少。与新产品的上市速度相比，公司更关心这个品牌的未来前景。鉴于公司缺乏在该特定市场和产品类别的经验，铺垫好目标市场的知识基础极为重要，在开发早期就要确保新产品的概念是这个市场所真正重视的。该公司比较适合采用哪种市场研究方法？

A. 基于过往产品性能的问卷调查和客户反馈。在内部完成阿尔法测试，随后进行贝塔测试

B. 面对面或在线方式的领先用户研究，或人种学研究。借助各类工具找出高水平客户的态度和需求，其中的许多需求可能不是客户本人所清楚的

C. 假定公司知晓并遵守了道德许可，那么最可能的研究方法是使用互动焦点小组，其形式是通过模型或图纸来传递概念创意

D. 可以采用消费者监测组，可以为持续设计和最终的设计规范提供输入信息

180. 玩具公司开启了一个面向 10 ~ 12 岁儿童的"动力车"开发项目。公司在玩具市场的经验丰富，但是主要为 5 岁以下儿童开发玩具。与该项目有关的主要风险是，公司没有进行过 10 ~ 12 岁儿童的玩具开发，没有满足该年龄段儿童需求的经验。产品正确比上市速度更重要。该公司比较适合采用哪种市场研究方法？

A. 基于过往产品性能的问卷调查和客户反馈。在内部完成阿尔法测试，随后进行贝塔测试

B. 面对面或在线方式的领先用户研究，或人种学研究。借助各类工具找出高水平客户的态度和需求，其中的许多需求可能不是客户本人所清楚的

C. 假定公司知晓并遵守了道德许可，那么最可能的研究方法是使用互动焦点小组，其形式是通过模型或图纸来传递概念创意

D. 可以采用消费者监测组，可以为持续设计和最终的设计规范提供输入信息

181. **ABC 公司的一款新产品开发从概念推进到物理形式，还附带了一些可能提供的功能。项目成本已经开始显著上升，自此以后，对于产品的利益、样式和功能的正确决策显得愈发重要。请问该款新产品正处于什么阶段？**

A. 发掘机会   B. 机会评估   C. 概念开发   D. 原型和产品测试

182. **ABC 公司的产品生命周期正在变得越来越短，这最有可能是因为？**

A. 客户有更多需求   B. 人员充足   C. 技术已经成熟   D. 区域发展不平衡

183. **DEF 公司的某个产品目前正在考虑的定价方式为维持原有定价，此时的市场竞争较少，公司能够满足不断增长的需求。请问该产品正处于生命周期的哪个阶段？**

A. 引入阶段   B. 成长阶段

C. 成熟阶段   D. 衰退阶段

184. **DEF 公司的一个产品目前正处于引入阶段，作为咨询顾问，你认为该产品适合采用什么定价方式？**

A. 渗透定价法或撇脂定价法   B. 维持原有定价

C. 价格有所降低   D. 降低成本收割产品

185. **企业战略是引导一个组织的核心并可以被定义为下列哪项？**

A. 一个新产品被引入市场上为精确出售的方法

B. 该组织的愿景

C. 公司经营的业务和公司领导计划如何竞争

D. 实现目标的方式

186. **DEF 公司的一个产品目前可以通过增加新特性和发现新用途来重新定位。请问该产品处于生命周期的哪个阶段？**

A. 引入阶段   B. 成长阶段   C. 成熟阶段   D. 衰退阶段

187. **你是 ABC 公司的产品管理咨询顾问，该公司在新产品走向上市的新式路径认识方面还存在不足，作为顾问，你觉得以下哪项描述是存在问题的？**

A. 走向上市中，"什么"是指出售什么

B. 走向上市中，"谁"是指向谁出售产品

C. 走向上市中，"如何"是指如何进行产品促销

D. 走向上市中，"哪里"是指在哪里进行产品促销

188. **Circuit Meter（电路仪表）公司的产品在将产品特性与关键利益相关联的时候，更加看重快速找出节能选项、对比楼宇数据、投资收益快等优势，而对于每秒测量电路数据、具有分析点谐波的能力，以及云分析、低成本等方面则没有那么推崇。请问该公**

司这么做是出于怎样的考虑？

A. 要关注功能，而不是好处　　　　　　B. 要关注好处，而不是功能

C. 要关注价格，而不是功能　　　　　　D. 要关注功能，而不是价格

189. 以下叙述正确的是？

A. 问题产品表示市场成长快速、公司有很强的优势

B. 在产品创新章程中，需载明团队成员的角色及工作事项，才能达到创新的目的

C. 在产品规格制定之前，营销与研发人员并不需要积极介入

D. 组织者须与公司策略保持一致性

190. Circuit Meter（电路仪表）公司 采用下图所示的方式进行新产品开发，这是利用了哪种概念？

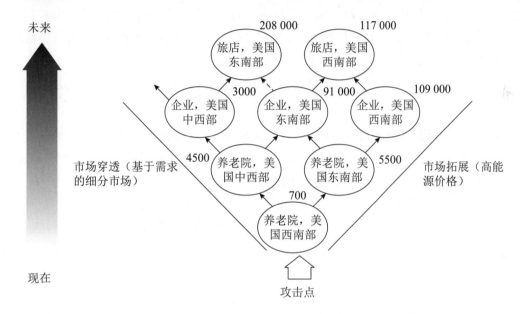

A. 细分市场　　　　B. 抢滩战略　　　　C. 市场拓展　　　　D. 以上都是

191. ABC 公司在进行可持续的产品创新方面非常注重构建这样一种发展模式，既能够满足当代人的需求，又不会损害后代满足自身需求的能力。请问该公司是在寻求什么？

A. 可持续开发　　　B. 可持续发展　　　C. 可持续创新　　　D. 可持续战略

192. 在传统产品追求利润减少损失的基础上，更多企业不断寻求更广阔的视角来评价商业绩效，将三重底线考虑在内。DEF 公司像众多传统企业一样，不断追求可持续性的发展，将会考虑以下哪三重底线？

A. 财务、社会、环境　　　　　　　　　B. 利润、大众、星球

C. 财务、社会、生态　　　　　　　　　D. 利润、客户、星球

193. 迈尔斯和斯诺战略描述了（　　　　）战略在稳定的产品或服务领域定位和维护安全利基。

A. 探索者　　　　　B. 分析者　　　　　C. 防御者　　　　　D. 回应型

194. 一个公司花费更多时间和金钱通过广告和营销宣传公司的绿色经营，而不是在其实际业务中努力减少对环境的影响，请问该公司正在从事的是一种什么行为？

A. 可持续性发展　　B. 合理变通　　C. 欺骗　　D. 漂绿

195. 一个公司花费更多时间和金钱通过广告和营销宣传公司的绿色经营，而不是在其实际业务中努力减少对环境的影响，为了避免该公司的这种行为，以下哪种手段最为有效？

A. 通过特定工具验证产品的生态环保效率

B. 通过大众举报有效杜绝该种行为的发生

C. 通过健全法律法规来合理有效实行控制

D. 通过定期和不定期抽查来进行合理监管

196. 在新产品开发初期，技术绩效改进会缓慢上升，随着开发新技术的经验不断积累，绩效增加和技术绩效呈跨越式增长。最后，新产品技术接近绩效极限后，技术绩效的增长速度放缓。请问这是在利用新产品管理的什么工具？

A. 可持续创新　　　　　　B. 技术 S 曲线

C. 并行工程　　　　　　　D. 产品复兴

197. ABC 公司在进行产品开发的过程中，会系统地列出所需的一系列事项要求清单，并按优先次序排序。这些事项包括功能和非功能的客户需求，也包括技术团队产生的需求。请问 ABC 公司采用的工具最可能是哪种？

A. 需求跟踪矩阵　　　　　B. 需求文件

C. 产品待办列表　　　　　D. 产品创新章程

198. 哪一种市场研究方法通常与人种学研究结合，并通常使用结构性的深度访谈引导潜在客户通过他们经历的一系列情境来回答问题，从而观察客户与产品如何互相交互？

A. 调查　　　　　　　　　B. 客户心声

C. 焦点小组　　　　　　　D. 客户现场考察

199. "现金牛"产品的定义是（　　　　）。

A. 具有显著未来市场潜力的产品

B. 奶制品

C. 销售下滑的产品

D. 在整体增长缓慢的市场上具有较高份额的产品

200. 在生命周期早期依靠自己的直觉和价值观购买新产品概念的顾客称为什么？

A. 早期采用者　　B. 快速跟随者　　C. 创新者　　D. 技术支持者

通关密卷三参考答案及详解

答案速览							
1～5	DACAB	6～10	ACDDB	11～15	ABABD	16～20	DAAAB
21～25	BAACD	26～30	BACDD	31～35	BDCAC	36～40	CDBAA
41～45	AACCD	46～50	BCBCA	51～55	CCACB	56～60	BDAAD
61～65	CCCCB	66～70	ADBDD	71～75	CADAD	76～80	CBACC
81～85	DDBCB	86～90	BBCBC	91～95	DCCAC	96～100	DDAAC
101～105	ACCBA	106～110	BAAAC	111～115	BDCAA	116～120	ACABB
121～125	DACCA	126～130	CDACD	131～135	DCBBC	136～140	BAABC
141～145	DACAB	146～150	DDBCD	151～155	CCADA	156～160	BADCB
161～165	DDABB	166～170	BCBCC	171～175	DBBAA	176～180	AACBC
181～185	DABAC	186～190	DCBDB	191～195	AACDA	196～200	BCBAA

1. 答案：D。考点提示：职能战略。

公司战略和经营战略是实现使命的行动规划。比如：市场份额扩大 10%，创造 1000 万美元的新市场，收入增长 25%。因此 A、B 不正确。

创新战略是指支持整个组织的创新明确目标、业务优先级与方向。比如：强调技术水平、关注外部合作度。因此 C 不正确。

职能战略是指支持经营战略的各职能部门战略，比如：IT 战略、人力资源战略、销售战略。某个关键岗位缺少专业人员，这是人力资源战略的内容，因此本题选 D。

2. 答案：A。考点提示：组织身份。

组织身份的关键特征是：①核心的，即该特征的改变将会导致组织的整体性质随之改变；②持久的，即根植于组织深处的特征，通常被明确标定为不可触犯的或铭刻于组织传承中；③独特的，即将组织从其他相似组织中区分开来的特征。因此本题选 A。

3. 答案：C。考点提示：细分市场战略。

成本领先战略通过吸引价格敏感型客户提升公司的市场份额。通常适用于规模生产日常用品的公司。在一个价格竞争激烈的市场，这通常是进入市场或者保持市场地位的唯一方法。因此 A 不正确。

差异化战略聚焦于较宽的产品基础。通过交付独特的、优质的产品和建立忠诚的客户关系获取市场份额。客户通常更关注产品的品质和性能。因此 B 不正确。

细分市场战略适用于比较狭小的市场，其基础是对一个主要市场的深入认识，该市场通常具有独特的需求。无人驾驶技术是汽车行业的一个独特的技术，属于细分市场战略的范畴。因此本题选 C。

波特竞争战略包括成本领先战略、差异化战略和细分市场战略三种。因此 D 不正确。

4. 答案：A。考点提示：迈尔斯和斯诺的战略框架。

探索者是首先上市，寻求增长，敢冒风险。新创公司致力于开发新技术，希望通过新的技术寻求更大的市场机会，采用的是探索者战略。因此本题选 A。

分析者是快速跟随，产品通常更好。因此 B 不正确。

防御者是在稳定市场中维护利基市场份额。因此 C 不正确。

回应者是只有在遭遇威胁时才有所反应。因此 D 不正确。

5. **答案：B。考点提示：迈尔斯和斯诺的战略框架。**

回应者是只有在遭遇威胁时才有所反应。采用回应型战略的公司没有清晰的战略目标，通常无法取得长久的成功。因此本题选 B。

6. **答案：A。考点提示：创新画布。**

常规式创新：以组织现有的技术能力为基础，与现有的商业模式相匹配的创新，专注于功能改进和新版本或新模型的开发。

颠覆式创新：需要新的商业模式，但不一定需要新的技术。比如，谷歌的安卓操作系统对苹果操作系统而言就有潜在的颠覆影响。

突破式创新：该类创新主要聚焦于纯技术。例如，基因工程和生物医药技术对制药企业有重大影响。

架构式创新：颠覆式技术创新和商业模式创新的有效整合。典型案例之一是颠覆了柯达和宝丽来等公司的数字摄影产品。

题干指出新创公司"专注于现有技术的开发的创新"，是突破式创新。故选 A。

7. **答案：C。考点提示：技术驱动。**

技术战略是有关技术维护和技术发展的计划，这些技术能够支持组织的未来发展，有助于组织战略目标的实现。因此 A 不正确。

技术预见是指一种洞察未来以预见技术趋势及其对组织潜在影响的流程。因此 B 不正确。

技术驱动型组织通过新的、创新性的技术获得竞争优势。因此本题选 C。

市场驱动型组织通过市场开拓获得竞争优势。因此 D 不正确。

8. **答案：D。考点提示：知识产权。**

品牌不是公司知识产权的一部分。因此 A 不正确。

商标是用于代表一个公司或者产品的经由法定注册或许可的符号、单词或词组。因此 B 不正确。

版权是在一定年限内，给予原创者独家的、指定的法律权利，包括印刷、出版、表演、放映、录制文学艺术或音乐材料。因此 C 不正确。

专利是在一定的时间阶段内生效的、由政府授权或许可的权利，特别指禁止他人制造、使用或销售一个发明的独有权利。因此本题选 D。

9. **答案：D。考点提示：跨职能团队。**

自主型团队，又叫老虎团队、臭鼬或冒险团队，故选 D。

10. **答案：B。考点提示：知识产权管理方法。**

回应型的特点是事后考虑知识产权，因此 A 不正确。

主动型的特点是研究与产品开发具有运营自由度，因此本题选 B。

战略型的特点是研究与产品开发与公司战略一致，因此 C 不正确。

优化型的特点是知识产权驱动战略优势，因此 D 不正确。

11. **答案：A。考点提示：营销组合。**

营销组合通常又被称为 4P，即产品（Product）、定价（Price）、促销（Promotion）、地点（Place）。因此本题选 A。

12. **答案：B。考点提示：产品的三个层次。**

对于豪华汽车，展示财富是核心利益，加热座椅是有形性能，免费保养属于附加性能。因此本题选 B。

13. **答案：A。考点提示：产品组合。**

分析现有的产品组合可以采用由波士顿咨询集团（BCG）开发的一种二维的（分别为市场份额和市场增长率）分析框架。因此本题选 A。

气泡图是组合平衡的工具，通常气泡图通过风险和回报来描绘项目。因此 B 不正确。

产品路线图是将短期和长期业务目标与特定产品创新的解决方案进行匹配，以实现这些目标的一份计划。因此 C 不正确。

技术 S 曲线基本上显示了大多数技术的生命周期阶段。引入期：技术的最初启用阶段，技术性能往往有限，技术进展缓慢；成长期：技术显著改进、性能大幅提高；成熟期：科学限制和缺乏导致技术无法实现进一步发展，或是一项新的技术已经取代该技术。因此 D 不正确。

14. 答案：B。考点提示：开放式创新。

企业可以采取开放式创新战略，与外部合作伙伴一起积极推进创新。因此（1）错误。利用外部资源和内部资源产生创意和利用外部途径和内部途径拓展市场是开放式创新的内容。因此（2）正确。故本题选 B。

15. 答案：D。考点提示：组合管理。

组合管理的目标之一是管道平衡，即确保资源和焦点不会过于分散，多数公司在产品组合中往往囊括了太多的项目。应确定正确的项目数量，以达到管道资源需求和可用资源之间的最佳平衡。因此本题选 D。

16. 答案：D。考点提示：组合管理特征。

组合管理有四个特征：

一是处于动态环境中的决策过程，需要持续不断地审查。

二是项目处于不同的完成阶段。

三是涉及未来事件，因此无法确保成功。组合管理是用来提高整个项目或产品的成功可能性的。

四是产品开发和产品管理的资源是有限的，通常需要与其他业务功能共享。为了获得最大回报，组织需要对这些资源进行分配。依照组织的整体目标和创新战略分配资源，是权衡取舍决策成功的基础。

（1）和（2）都对，因此本题选 C。

17. 答案：A。考点提示：突破型项目。

突破型项目是通过新技术向市场引入崭新产品的项目，与组织的现有项目有明显不同，且风险水平较高。本题属于新技术。因此本题选 A。

B. 平台型项目是开发出一系列子系统及其接口，由此建立一个通用架构，继而高效地开发、制造出其他衍生产品。基于该通用架构，一系列衍生产品得以被开发和生产。这类项目的风险通常比产品改进或渐进式改进的风险更大，但比突破型项目的开发风险更小。因此 B 不正确。

衍生型项目是由现有产品或平台衍生出的项目。它们可以弥补现有产品线的空白，建立具有成本优势的制造能力；或者基于组织的核心技术提升性能和引入新特性。通常风险水平较低。因此 C 不正确。

支持型项目是对现有产品的渐进式改进，或提升现有产品的制造效率。通常风险水平较低。因此 D 不正确。

18. 答案：A。考点提示：PDMA 调查。

2012 年，PDMA 的一项调查显示，新产品的成功率为 61%。因此本题选 A。

19. 答案：A。考点提示：客户心声。

客户心声（VOC）的定义是："为了找出问题的解决方法，引导消费者经历一系列情境并进行结构化的深度采访，以提炼出客户需求的过程。通过间接调查了解消费者如何满足自身需求以及他们选中某个解决方案的原因，进而最终确定消费者的需求。"因此 A 正确。

B 项描述的是概念测试，C 项是产品特性或功能，D 项是产品设计文档。

20. 答案：B。考点提示：新产品流程。

在整个产品开发流程中，随着产品开发往前推进，累计成本大幅增加。由于加强了新产品失败的管控力度，产品失败（不确定性水平）的风险下降。因此本题选 B。

21. 答案：B。考点提示：产品开发流程。

阶段是整个产品开发流程中的一个确定区域。包括活动、综合分析和可交付成果。关口是产品开发流程中的一个确定节点，流程进展至此处时，需要做出有关项目未来的关键决策，而不仅仅是执行。因此本题选 B。

22. **答案: A**。**考点提示: 门径管理体系。**

在门径管理流程中，划分出的阶段数量应根据具体情况进行调整。现有的知识面越广，风险越小，所需的阶段也就越少。因此该公司可以采用三个阶段流程。由于该公司技术实力雄厚，因此需要对新产品进行营销测试，而技术测试相比之下不是最重要的。因此本题选 A。

23. **答案: A**。**考点提示: 集成产品开发。**

集成产品开发（IPD）提供一种将产品开发中的功能、角色和行为集成起来的框架，可以将本产品设计的多个专业学科和模块整合起来。因此本题选 A。

敏捷产品开发是最流行的敏捷实施框架。通过该方法，软件生成得以按规律的步调进行，并由一系列固定长度的迭代过程开发出产品。因此 B 不正确。

瀑布产品开发多用于制造业等重资产项目，其特点是串行流程。因此 C 不正确。

门径产品开发的主要阶段是发现、筛选、立项分析、开发、测试与修正、上市。因此 D 不正确。

24. **答案: C**。**考点提示: 集成产品开发的改进框架。**

集成产品开发的五步改进框架是：

第 1 步：基本工具。

第 2 步：项目与团队，包括项目管理、跨职能团队和可制造性设计。

第 3 步：聚焦客户，包括客户心声和基于客户需求进行设计。

第 4 步：战略与组合，包括产品战略、项目选择流程和绩效度量。

第 5 步：知识、技能与创新，包括知识获取与管理、能力开发和创新文化开发。

集成产品开发的五步改进框架实际上代表了五个层次：工具、团队、客户、战略和创新。因此本题选 C。

25. **答案: D**。**考点提示: 精益产品开发。**

质量屋是运用矩阵分析将"市场需要什么"与"开发工作完成什么"相结合的结构化方法，通常应用于多职能团队就客户需求与产品细节特性之间的联系达成认可时。因此 A 不正确。

创造性解决问题方法（TRIZ）是一种不基于直觉，而基于逻辑和数据的问题解决方法，该方法能加速项目团队创造性地解决问题的能力。因此 B 不正确。

SCAMPER 是指采用一系列行动来激发创意，特别适用于修改现有产品或制造新产品的情况。SCAMPER 是一系列行动的首字母缩写：S（Substitute）指替代；C（Combine）指合并；A（Adapt）指改造；M（Modify）指调整；P（Put to another use）指改变用途；E（Eliminate）指去除；R（Reverse）指逆向操作。因此 C 不正确。

精益产品开发是有关生产率（Productivity）的，它能提高每小时或每单元产生的利润，并对设计者或开发者有效利用。因此本题选 D。

26. **答案: B**。**考点提示: 敏捷。**

精益产品开发建立在丰田首创的精益方法（Toyota Production System，TPS）的基础上，核心是消除浪费。因此 A 不正确。

敏捷产品开发的特点就是上市速度快，通过小幅迭代的方式进行产品交付。因此本题选 B。

瀑布产品开发多用于制造业等重资产项目，其特点是串行流程。因此 C 不正确。

门径产品开发的主要阶段是发现、筛选、立项分析、开发、测试与修正、上市。因此 D 不正确。

27. **答案: A**。**考点提示: 产品经理。**

产品经理就要对具体产品的整个生命周期负责，包括落实产品开发战略、跨职能合作、掌握客户需求信息等。因此本题选 A。

敏捷产品开发是最流行的敏捷实施框架。通过该方法，软件生成得以按规律的步调进行，并由一系列固定长度的迭代过程开发出产品。敏捷交流强调团队内部面对面和广泛的沟通。因此 B 不正确。

业务负责人是具体负责业务发展的角色。因此 C 不正确。

开发团队负责开发新产品的具体工作。因此 D 不正确。

28. 答案：C。考点提示：治理。

战略管理是基于行业定位、机遇和资源，企业为实现长远目标而制定的规划。因此 A 不正确。

组合管理聚焦于完成正确的项目。因此 B 不正确。

治理的重点是思考战略问题，而不是业务的日常运营。美国项目管理协会（Project Management Institute，PMI）将治理定义为"用来指导项目、程序和项目组合管理中的活动的框架、功能和流程"。因此本题选 C。

文化被定义为"组织中人们共同拥有的信念、核心价值观、假设和期望"。NPDP 的文化建设特指构建产品创新文化。因此 D 不正确。

29. 答案：D。考点提示：治理。

治理的重点是思考战略问题，而不是业务的日常运营，是用来指导项目、程序和项目组合管理中的活动的框架、功能和流程。其中 A、B、C 三个选项都是属于决策层面，D 选项是属于运营层面的内容。因此本题选 D。

30. 答案：D。考点提示：产品创新章程。

产品创新章程的目标和目的包括：①为经营战略做出贡献的特定目标；②经营目标——利润、销售量、成本削减、生产力增加；③项目相关的目标——财务预算、上市时间；④每个目的或目标应该对应着具体的、可衡量的成功标准——绩效指标。D 的表述不正确。因此本题选 D。

31. 答案：B。考点提示：产品创新章程。

可行性分析报告是分析一个项目或者一个新产品成功可能性的流程成果。因此 A 不正确。

产品创新章程包括目标、聚焦领域、特殊指南等部分，是产品的关键文件，因此本题选 B。

商业分析报告是分析针对商业问题的不同解决方案，以及选择某一个解决方案的商业理由。因此可以说是商业分析权衡产品概念选择的投资决策。因此 C 不正确。

需求设计规范是针对产品需求进行设计的规范。因此 D 不正确。

32. 答案：D。考点提示：氛围。

氛围包括：领导力水平，沟通，责任，信任，公平的认可与回报，机会，员工参与。

33. 答案：C。考点提示：流程经理。

流程拥护人负责推动组织内正式商业流程的日常工作，负责对流程进行调整、创新和持续改进。因此 A 不正确。

流程主管是对新产品开发流程的战略性结果，包括生产能力、输出质量和组织内的参与度等负责的执行经理。因此 B 不正确。

流程经理确保流程中的创意和项目按时有序进行。因此本题选 C。

项目经理采用组织认可的流程，负责管理特定的产品开发项目。因此 D 不正确。

34. 答案：A。考点提示：新产品团队。

团队的定义是：为同一个目的而努力的少数几个人，拥有彼此互补的技能，遵循共同的目标和路线，共同担负责任，并肩作战。因此 A 正确。

团队应该包含多个职能领域的队员，而不是某个专业职能领域的骨干成员。因此 B 不正确。

新产品团队成员不应是骨干成员和全新外招成员组成，而应是多职能领域的成员。因此 C、D 不正确。

35. 答案：C。考点提示：新产品团队。

A 项这类团队成员的特点适合高执行力、注重集体利益的工作环境，例如央企、国企。因此 A 不正确。

B 项这类团队成员的特点适合销售型工作。因此 B 不正确。

C 项有创造力的产品开发者一般具有高度的创造力，富有想象力。因此本题选 C。

D 项这类团队成员的特点适合流程管控类的工作。因此 D 不正确。

36. 答案：C。考点提示：塔克曼模型。

创建阶段：团队成员的角色和职责还不清晰，因此领导者的影响十分重要。队员们开始一起工作，尝试着去了解他们的新同事。因此 A 不正确。

激荡阶段：激荡源于团队成员之间工作模式的冲突。团队领导者必须及时解决这些问题，并向整个团队清晰地传达解决方案。因此 B 不正确。

规范阶段：大家开始解决彼此之间的分歧，欣赏同事的优点，尊重领导者的权威。成员们更加坚定于完成团队目标和获得自我成就。因此本题选 C。

执行阶段：团队在执行阶段通过无摩擦的协作和努力来实现团队目标，因此团队效率最高。团队领导者能够将更多的工作授权给团队成员完成。团队成员们感到相处愉快，享受作为团队中的一员。因此 D 不正确。

37. 答案：D。考点提示：平台战略。

平台战略的优势：快速、连续地推出一系列产品；鼓励从长期视角制定产品战略；能大幅提升运营效率；公司与市场能清晰理解产品平台的底层要素；能带来巨大的差异化，使自身产品与竞争产品得以区别开来。因此 A、B、C 均正确，故选 D。

38. 答案：B。考点提示：高层管理者。

高级管理层在参与项目时的典型趋势是在开始阶段参与度很小，在项目的最终交付阶段参与度增加。这是因为高层管理者在项目的早期阶段没有认识到支持和指导项目的重要性。因此本题选 B。

39. 答案：A。考点提示：跨职能团队。

理想的跨职能团队是这样的：①由所有对项目成功起到关键影响的职能代表组成；②跨职能代表们自始至终参与项目；③队员们在一起办公，易于沟通；④有清晰的团队绩效目标、团队承诺和相应的奖励；⑤有清晰的个人绩效目标，以便进行绩效评估和奖励；⑥有清晰的报告顺序，以区分职能责任和项目责任。B、C、D 选项均不正确。因此本题选 A。

40. 答案：A。考点提示：跨职能团队的四种矩阵结构。

四种矩阵结构模式分别是职能型、轻量级、重量级、自治型。其项目自治水平越来越高。因此本题选 A。

41. 答案：A。考点提示：度量。

绩效度量是一套跟踪产品开发的测量指标，允许公司在时间维度上衡量流程改进的影响。这些方法因公司而异，通常包含针对流程进行的全面测评，如投放时间、具体阶段的延续时间、每年新产品商业化的数量和新产品的销售比例等新产品开发的产出情况。因此选 A。

B 是市场研究，C 是指标衡量的方法，D 是产品功能矩阵，均不正确。

42. 答案：A。考点提示：跨职能团队的四种矩阵结构。

在现有产品线的基础上进行改进而产生的新产品，其难度和风险都不算高，此时只需采用轻量级团队，派一个名义上的团队领导者来对项目计划、检查清单和进度负责。因此本题选 A。

43. 答案：C。考点提示：六顶思考帽。

六顶思考帽是由爱德华·德·博诺开发的思维工具，鼓励团队成员将思维模式分成六种明确的职能和角色。每种角色对应一个颜色的"思考帽"。其中：

白色：聚焦事实。

黄色：寻找积极的价值和利益。

黑色：魔鬼的倡议，寻找问题或缺陷。

红色：表达情感——喜欢、不喜欢、担心等。

绿色：创造力——寻找新的创意、可能性、其他选项。

蓝色：控制——确保按适当的流程进行。

因此在六项思考帽中，乐观属于黄色思考帽，可以寻找积极的价值和利益。理智属于黑色思考帽，提出魔鬼的倡议，寻找问题或缺陷。负责控制属于蓝色思考帽，确保按适当的流程进行。因此本题选 C。

44. **答案：C。考点提示：发散思维。**

创新思维是指以新颖独创的方法解决问题的思维过程。因此 A 不正确。

设计思维是一种创造性的问题解决方法，或者说，是以更全面、系统、协作的方式发现问题并创造性解决问题的方法。因此 B 不正确。

发散思维是在创意生成的初始阶段使用的方法，它通过思维发散方式来设计、记录和回顾大量新的或有趣的创意。在寻找新创意和新机会时使用发散思维广撒网是重要的。因此本题选 C。

聚合思维是指在创意生成起始阶段的后期，通过聚合方式将大量的独立创意汇聚成一组创意或唯一的创意，之后的工作和分析将聚焦于这些创意。因此是一个想法从多变少的过程。因此 D 不正确。

45. **答案：D。考点提示：市场研究。**

当项目的成本和风险增加时，就应选择恰当的定量工具。定量研究通过结构化的方法确定人们的意见，获得确切的事实数据来指导可靠合理的决策过程。为了获得可信的统计结果，基于统计学方法对人群进行调查是至关重要的。确切的事实数据可以用来指导可靠合理的决策过程，随着成本和风险的增加，所需的可靠信息也越多，尤其是在后面的开发测试和上市阶段。A、C 与统计信度无关，直接排除；B 是干扰选项，明确的客户需求信息在产品开发前期最重要，属于统计结果的一部分。D 统计结果包含客户需求。故选 D。

46. **答案：B。考点提示：ATAR。**

现销售量 =3 000 000×30%×30%×30%×50%×1.5=60 750 个。最后的利润 = 销售量 × 单位利润 =60 750×12.5=759 375 元。因此本题选 B。

47. **答案：C。考点提示：可变成本。**

可变成本是与企业活动成比例变化的费用，如生产劳动力、电力、清洁材料、制造材料。销售人员的奖金是随销售量的变动成比例变化的，属于可变成本，而 A、B、D 都属于固定成本。因此本题选 C。

48. **答案：B。考点提示：售价。**

售价 = 固定成本 + 可变成本 + 物流成本 + 边际利润 =2+4+3=9 美元。因此本题选 B。

49. **答案：C。考点提示：投资回报率。**

投资回报率的定义为通过投资而获得的回报与投资成本的比率。它可用于评估单一投资的价值或作为多种投资选择的比较工具。大多数公司或组织所需的投资回报率水平被称作"最低预期回报率"（Hurdle Rate），通常为 10% 或 15%。

最低预期回报率由以下因素决定：①其他投资渠道的回报率。一个显而易见的例子是"我从银行获得的回报，是不是会高于我投资于工厂制造新产品的回报？"②风险水平。较高的投资风险通常对应着较高的最低预期回报率，正如高风险股票和债券可能会带来更大的回报那样。因此本题选 C。

50. **答案：A。考点提示：投资回报率。**

A. 现值（Present Value）指未来的钱在今天的价值。

B. 投资回收期（Payback Period）是项目追回成本的时间。

C. 净现值（Net Present Value，NPV）是一种计算将来的钱现在值多少的指标，等于现值减去成本。

D. 内部收益率（Internal Rate of Return，IRR）是净现值为零的贴现率（r）。

投资回报率最常用的三个度量指标是投资回收期、净现值、内部收益率。因此本题选 A。

51. **答案：C。考点提示：现值。**

现值 = 未来价值 /（1+r）^{n}，可算出 r=2%，因此本题选 C。

52. **答案：C。考点提示：综合题目。**

A、B、D 均正确。C 错误的原因是次级市场研究的价值主要体现在项目的早期阶段，可以为一级市场研究奠定基础。

53. 答案: A。考点提示: 未来价值。

未来价值 = 现值 ×$(1+r)^n$，因此 5 年后的价值 =180×$(1+10\%)^5$=290 万元，利润 =290-180=110 万元。因此本题选 A。

54. 答案: C。考点提示: 门径管理流程。

门径管理流程的主要阶段是: 发现、筛选、立项分析、开发、测试与修正、上市。因此选 C。

55. 答案: B。考点提示: 净现值。

第一年的现值是 100 万元，第二年是 120+100×（1+10%）=230 万元，净现值＝现值 - 投资成本 =230-250=-20 万元。因此本题选 B。

56. 答案: B。考点提示: 内部收益率。

如果项目的内部收益率低于当前的银行利率，在所有其他条件相同的情况下，将钱放在银行比执行项目更有利可图。因此本题选 B。

57. 答案: D。考点提示: 电子表格。

电子表格嵌入了包括净现值和内部收益率在内的财务模块，可以简化财务分析，基于电子表格的"假设"以及"敏感性"分析能够为风险管理奠定良好的基础，而电子表格中的内容应根据项目情况进行变化，因此本题选 D。

58. 答案: A。考点提示: 产品概念和设计规格。

产品设计规范是定量描述，技术规范是提供给产品制造商的规格。因此（2）错误。因此本题选 A。

59. 答案: A。考点提示: 质量屋。

质量屋的建立有以下六个步骤: 识别客户属性，识别设计属性 / 要求，连接客户属性与设计属性，对竞争产品进行评估，评估设计属性和开发目标，确定要在接下来的流程中开发的设计属性。从市场调研客户需求之后，接下来就是识别客户属性，因此本题选 A。

60. 答案: D。考点提示: 新产品战略。

一个产品不可能适应全部市场的全部需求，没有战略规划，没有对市场进行研究和分类，产品不可能成功。因此选 D。

61. 答案: C。考点提示: 三重约束。

任何项目面对的最常见挑战之一是管理三重约束——范围、进度和预算。范围即绩效，预算即成本，进度即时间。因此（1）和（2）都对，本题选 C。

62. 答案: C。考点提示: 决策树。

决策树是一种辅助决策工具，利用树形图或者决策模型得出可能的后果，包括项目结果、资源和成本。决策树也有助于绘制一幅关于每个可采取的行动所带来的风险和回报的平衡图景。因此（1）和（2）都对，本题选 C。

63. 答案: C。考点提示: 成功因素。

关于做正确的事，最好的公司有以下特点: ①在每个项目上花更多的时间，但是做更少的项目；②采用首先上市战略；③建立全球市场和运营战略；④监控新技术；⑤认识到知识产权的重要性；⑥有清晰的组合管理战略；⑦正式的创意生成实践。因此（1）和（2）都对，本题选 C。

64. 答案: C。考点提示: 学习型团队。

产品开发成功相关的因素有很多，其中第一步就是建立新产品开发学习型团队，学习型团队的特点是: ①队员来自组织内不同职能部门；②选择对新产品开发有激情的队员；③愿意并且渴望学习；④ CEO 参与或直接得到 CEO 的支持。因此，（1）和（2）均对，本题选 C。

65. 答案: B。考点提示: 市场研究。

二手研究又称为次级研究，即研究以其他个人、团体或机构过往研究中的信息为基础。因此 A 不正确。

某人开了一个餐厅非常成功，因此他可以借用先前的成功经验。但是新的餐厅面临的是不一样的市场、不一样的客户，因此他需要用问卷调查了解用户需求。因此本题选 B。

社交媒体是提供与现有的和潜在的市场之间直接的、即时的联系。因此 C 不正确。

标杆对照是根据成功组织和个人的经验，研究相关差距的技术。因此 D 不正确。

66. 答案：A。考点提示：置信水平。

置信水平是指对于真实结果落入置信区间内的信心有多大。一般而言，所需的置信水平越高，所需的样本量越大。因此本题选 A。

67. 答案：D。考点提示：新产品概念。

新产品概念的来源包括研发、市场和 / 或运营的内部来源，教育机构、发明者、研究机构，领先用户的外部来源等。故选 D。

68. 答案：B。考点提示：定量市场测试。

控制试销是选出一组商店，在真实的市场条件下摆放新产品。控制货架的方位，记录产品在该商店内的销售额。随后，采访客户样本以获得他们对产品的反馈。因此 A 是定量市场测试的技术。

贝塔测试是产品使用测试的技术，不是定量市场测试，因此本题选 B。

模拟营销测试是选出 30 ～ 40 位客户，调查对某个特定的产品类别的品牌熟悉度和偏好。这些客户暴露在与产品相关的促销材料中，然后为他们提供少量的资金并邀请他们前往商店，在此处，他们可能会购买任何产品。这种方法用于测试促销材料的有效性。因此 C 是定量市场测试的技术。

试销是选出一个特定区域或一个代表性城市的样本。在这些选定区域内投放产品，其中包括营销组合的所有元素。因此 D 是定量市场测试的技术。

69. 答案：D。考点提示：人种学。

焦点小组是将 8 ～ 12 个市场参与者集中起来，在一位专业主持人的引导下进行讨论的一种定性市场调研方法。讨论的焦点是消费者问题、产品、问题的潜在解决方法，讨论的结果不直接反映大众市场。因此 A 不正确。

客户现场访问是一种揭示客户需求的定性市场调研方法。走到客户工作现场，观察客户如何利用产品功能来解决需求问题，并记录下客户做了什么、为什么这么做、客户使用该产品时遇到的问题是什么、解决效果如何。因此 B 不正确。

社交媒体开启了一系列市场交流和收集信息的方法，提供了与客户进行互动的媒介。因此 C 不正确。

人种学市场研究有机会了解客户真正看重的东西，可以识别出无法明确表达的需求，这些隐性需求是创造全新产品的基础。因此本题选 D。

70. 答案：D。考点提示：贝塔测试。

贝塔测试后发布的版本被称为贝塔版本。可以说，贝塔测试是"预发布测试"。因此本题选 D。A、B、C 均不是贝塔测试应用的阶段。市场测试的最终目的是验证新产品是否能为市场所接受。上市前测试是获取目标市场对产品的接受度（可能受竞争对手的影响）、销售潜力、定价，有利于商业化的所有信息。内部测试是在内部，而非市场真实环境中进行的测试。

71. 答案：C。考点提示：跨职能团队。

题干明确指出该团队认为项目优先于职能，团队领导者对绩效考核有一定的影响，但是薪酬最终决定权在职能经理，符合重量级团队的特征，因此选 C。

72. 答案：A。考点提示：销售波研究。

销售波研究是为曾经免费获得过某产品的客户群提供该产品与另一种价格略低的竞争对手产品，记录下继续选择该产品的客户数量及其满意水平。这一过程最多可重复 5 次。题干中指出，自己的产品部分已经测试没有问题，但是其中一个国外的部件无法进行单独的测试，因此需要针对国外的部件测试市场反应，记录选择该产品的客户数量及其满意水平。因此本题选 A。

模拟试销是在选定的市场范围内展开各种要素的营销活动。因此 B 不正确。

控制试销是选出一组商店，在真实的市场条件下摆放新产品。控制货架的方位，记录产品在该商店内的销售额。随后，采访客户样本以获得他们对产品的反馈。因此 C 是定量市场测试的技术，因此 C 不正确。

没有"选择一个商场"这项市场测试技术，因此 D 不正确。

73. 答案：**D**。考点提示：**大数据定义**。

道格·莱尼提出的大数据的主流定义中，"3V"为数量（Volume）、速度（Velocity）、类型（Variety）。客户心声（VoC）不是定义的要素，因此本题选 D。

74. 答案：**A**。考点提示：**产品生命周期**。

在产品的引入阶段，公司要为产品建立品牌知晓度，开发市场。因此本题选 A。

成长期，公司要建立品牌偏好，增加市场份额。因此 B 不正确。

成熟期，竞争加剧，公司要维护市场份额，实现利润最大化。因此 C 不正确。

衰退期，销售额开始下降，公司需要对产品何去何从做出艰难的决策。因此 D 不正确。

75. 答案：**D**。考点提示：**产品生命周期**。

产品生命周期正在变得越来越短，原因主要有：客户有更多需求，竞争加剧，技术持续进步 / 变化，全球化交流增加。因此本题选 D。

76. 答案：**C**。考点提示：**产品生命周期**。

在产品衰退阶段，一般可以采取以下措施：①维护产品，还可以通过增加新特性和发现新用途重新定位该产品；②通过降低成本收割产品。持续提供产品，但是产品只投放入忠诚的利基细分市场；③让产品退出市场，仅保留部分存货，或者将该产品卖给别的公司。（1）和（2）的说法都正确，因此本题选 C。

77. 答案：**B**。考点提示：**产品生命周期**。

A 选项的全息投影属于引入期，B 选项的 3D 打印机处于成长期，C 选项的 iPhone 处于成熟期，D 选项的录像机处于衰退期。因此本题选 B。

78. 答案：**A**。考点提示：**产品生命周期**。

上市周期是指从概念生成至上市评估总结的过程，即从 2013 年 3 月至 2016 年 12 月，因此本题选 A。

79. 答案：**C**。考点提示：**市场研究**。

高层领导的支持不是市场研究的要素，而是新产品开发成功的保证。因此 A 不正确。

上市时间不是市场研究的要素，而是新产品上市的重要因素。因此 B 不正确。

目标用户是市场研究的重要要素，因此本题选 C。

在哪里促销是上市战略新式路径的组成部分。因此 D 不正确。

80. 答案：**C**。考点提示：**可持续性和战略**。

可持续发展是产品生命周期中，从经济、环境和社会角度强调可持续发展的重要性，并在采购、生产、使用和服务结束的若干阶段遵循可持续发展的模式。因此 A 不正确。

在 NPDP 中没有可持续战略这个概念。因此 B 不正确。

耐克公司的做法说明公司已经意识到，将可持续性整合进企业运营之中能够为企业带来竞争力。因此属于将可持续发展纳入战略中，本题选 C。

循环经济的目标是在产品生命周期中创造闭环，通过循环利用产品、零部件和原材料实现资源产出的优化，在技术和生物周期中保持利用率最大化。因此 D 不正确。

81. 答案：**D**。考点提示：**公司战略**。

收购战略是实现公司收购目的的基本路线。因此 A 不正确。

营销战略是指将组织中有限的资源集中于最佳机会的一种过程或模型，以有助于组织增加销售额，获得独特的竞争优势。因此 B 不正确。

技术战略是有关技术维护和技术发展的计划，这些技术能够支持组织的未来发展，有助于组织战略目标的实现。因此 C 不正确。

公司或经营战略是实现使命的行动规划。题意反映的属于公司的整体战略，因此本题选 D。

82. 答案：D。考点提示：创新画布。

颠覆式需要新的商业模式，但不一定需要新的技术。比如，谷歌的安卓操作系统对苹果操作系统而言就有潜在的颠覆影响。因此 A 不正确。

架构式是颠覆式技术创新和商业模式创新的有效整合。典型案例之一是颠覆了柯达和宝丽来等公司的数字摄影产品。因此 B 不正确。

常规式是以组织现有的技术能力为基础，与现有的商业模式相匹配的创新，专注于功能改进和新版本或新模型的开发。因此 C 不正确。

突破式主要聚焦于纯技术。例如，基因工程和生物医药技术对制药企业有重大影响。制药企业研发激光治疗的技术，这属于突破式创新。因此本题选 D。

83. 答案：B。考点提示：平台战略。

技术战略是有关技术维护和技术发展的计划，这些技术能够支持组织的未来发展，有助于组织战略目标的实现。因此 A 不正确。

公司在现有汽车生产平台的基础上，研究开发了新的汽车转向装置，这属于平台战略。即用一个通用架构，高效地开发、制造出其他延伸产品。因此本题选 B。

营销战略是指将组织中有限的资源集中于最佳机会的一种过程或模型，有助于组织增加销售额，获得独特的竞争优势。因此 C 不正确。

能力战略包括内部能力、外部能力、内外部结合的能力等能力途径。因此 D 不正确。

84. 答案：C。考点提示：可持续性设计。

产品生命周期包括四阶段：引入阶段、成长阶段、成熟阶段、衰退阶段。因此 A 不正确。

产品使用是用户使用产品的过程，不属于 NPDP 的一部分。因此 B 不正确。

公司准备选定一款产品进行改造，其中 50% 的零部件准备用回收二手货，因此需要依赖可持续性设计的材料选择，因此本题选 C。

营销计划是设计具体的任务和活动，以实现营销战略和业务目标。因此 D 不正确。

85. 答案：B。考点提示：BCG。

质量功能展开（Quality Function Deployment，QFD）是运用矩阵分析将"市场需要什么"与"开发工作完成什么"相结合的结构化方法。因此 A 不正确。

由波士顿咨询集团（BCG）开发的波士顿增长率—份额矩阵可以为公司现有的产品组合提供市场份额和市场增长率的分析框架。因此本题选 B。

SWOT 分析是基于优势（Strengths）、劣势（Weaknesses）、中机会（Opportunities）和威胁（Threats）的结构化分析方法，应用于包括产品开发在内的商业领域。因此 C 不正确。

市场细分战略着眼于细分的纵深市场，客户群对组织有更强的依赖性。因此 D 不正确。

86. 答案：B。考点提示：项目筛选。

排序后 10 个项目中最靠前的有 4 个项目，这 4 个项目评估后的分数差在 10 分评价标准以内，因此这 4 个项目都可以考虑投资。因此本题选 B。

87. 答案：B。考点提示：营运资本。

营运资本是企业流动资产总额减去各类流动负债后的余额。反映由长期负债融资负担的流动资产的数额。净营运资本可作为企业非流动资产投资和用于清偿非流动负债的资金来源，所以，净营运资本主要在研究企业的偿债能力和财务风险时使用。因此本题选 B。

88. 答案：C。考点提示：投资回报率。

A 项目的投资回报是 10 万美元，B 项目的投资回报是 7.5 万美元，因此应选择 A 项目，故选 C。

89. 答案：B。考点提示：门径管理。

集成产品开发的核心是并行工程，因此 A 不正确。

门径管理的核心特点是阶段性决策，从而降低产品开发的复杂性，因此本题选 B。

瀑布多用于制造业等重资产项目，其特点是串行流程。因此 C 不正确。

敏捷的特点包括团队与客户的合作、用户参与、自组织团队、迭代等。因此 D 不正确。

90. **答案: C。考点提示: 敏捷。**

敏捷产品开发的关键原则是: 即使在开发后期, 我们也欢迎需求变更。敏捷流程将这些变更转化为客户的竞争优势。因此在敏捷开发中, 用户积极参与提出需求变更, 故选 C。

杜绝浪费是精益产品开发的特点。线性过程是瀑布流程的特点。敏捷并不是忽略风险。

91. **答案: D。考点提示: 敏捷教练。**

敏捷教练指团队引导者和产品主管, 常应用于敏捷产品开发中。其工作是协助团队工作, 为产品主管提供支持, 而非直接管理团队。项目经理是负责新产品开发组合项目执行部分的组织领导者。两者从概念上无法替代。A、B、C 只是从一个侧面解释敏捷教练和项目经理的区别, 不如 D 项全面。因此本题选 D。

92. **答案: C。考点提示: 职能战略。**

流程经理负责日常流程的管理。因此 A 不正确。

产品经理负责产品战略的制定。因此 B 不正确。

职能战略由该职能部门 (营销、制造、采购、财务部门等) 的负责人及高层管理团队正式制定。因此本题选 C。

高层团队负责公司战略的制定。因此 D 不正确。

93. **答案: C。考点提示: 塔克曼模型。**

团队经历了创建阶段、激荡阶段、规范阶段、执行阶段后就是解散阶段。根据题意, 项目已经成功执行, 因此项目团队就要解散了, 本题选 C。

94. **答案: A。考点提示: 沉没成本。**

沉没成本, 是指以往发生的, 但与当前决策无关的费用。因此本题选 A。

其他项目支出的资金与当前项目的成本支出无关, 因此 B 不正确。

本年度尚未发生的固定成本和可变成本不能视作成本, 因此 C 不正确。

扩建厂房的资金支出属于固定成本, 因此 D 不正确。

95. **答案: C。考点提示: 内部收益率。**

现值指未来的钱在今天的价值, 因此 A 不正确。

投资回报率 (ROI) 是通过投资而获得的回报与投资成本的比率, 因此 B 不正确。

内部收益率指投资的未来现金流的折现值等同于投资成本, 即净现值为零时的折现率。因此本题选 C。

ATAR 模型分别是知晓 (Aware)、尝试 (Trial)、购买 (Available)、重复购买 (Repeat purchase)。因此 D 不正确。

96. **答案: D。考点提示: TRIZ。**

奔驰法 SCAMPER 策略是指采用一系列行动来激发创意, 特别适用于修改现有产品或制造新产品的情况。SCAMPER 是这一系列行动的首字母缩写, S (Substitute) 指替代; C (Combine) 指合并; A (Adapt) 指改造; M (Modify) 指调整; P (Put to another use) 指改变用途; E (Eliminate) 指去除; R (Reverse) 指逆向操作。因此 A 不正确。

设计思维是一种创造性的问题解决方法, 或者说, 是以更全面、系统、协作的方式发现问题并创造性解决问题的方法。因此 B 不正确。

精益的本质是消除浪费。因此 C 不正确。

创造性解决问题方法 (TRIZ) 是指基于对数以万计的专利技术的汇集分析的一种创新性解决问题的方法, 是由阿奇舒勒提出的解决问题和建立多种可行方案的系统方法。该方法能够激发出超越自我经历的创造力, 融合跨学科的知识和经验。因此本题选 D。

97. **答案: D。考点提示: 技术 S 曲线。**

成长期: 技术显著改进、性能大幅提高。因此 A 不正确。

萌芽期: 技术的最初启用阶段, 技术性能往往有限, 技术进展缓慢。因此 B 不正确。

衰退期：技术 S 曲线没有这个阶段。因此 C 不正确。

成熟期：科学限制和缺乏导致该技术无法实现进一步发展。该公司已经应用某项技术领域开发产品多年，想要再次寻求技术突破，因此其处于技术 S 曲线的成熟期阶段。因此本题选 D。

98. 答案：A。考点提示：新产品战略。

新产品开发战略包括目标市场、产品特性、营销渠道、促销计划，以及要向客户传递的信息（如价值主张），因此本题选 A。

99. 答案：A。考点提示：净现值。

A 项目的净现值是 79 858，是三项投资中最大的，因此应投资 A 项目。本题选 A。

100. 答案：C。考点提示：现值。

现值 = 未来价值 / (1+ 利率)^{期间数}，5 年 10% 年利率的折现因子为 0.6029，因此现值 = 1000×0.6029=603 美元，因此本题选 C。

101. 答案：A。考点提示：现值。

每年的现值已经给出，累计净现值即为产品整个生命周期各年的现值的和，为 −4427+6033+7663+8333+8072=25 6734 美元因此本题选 A。

102. 答案：C。考点提示：决策树。

决策树的算法是期望货币值，即 50×40%+100×60% =20+60= 80 万美元。因此本题选 C。

103. 答案：C。考点提示：成本领先战略。

细分市场战略是对一个主要市场的深入认识，该市场通常具有独特的需求。因此 A 不正确。

差异化战略的特点是聚焦于较宽的产品基础，通过交付独特的、优质的产品和建立忠诚的客户关系获取市场份额，客户通常更关注产品的品质和性能。因此 B 不正确。

成本领先战略通过吸引价格敏感型客户提升公司的市场份额，通常适用于规模生产日常用品的公司。因此本题选 C。

平台战略的目的是未来能够快速推出标准化产品系列，并可以简化产品设计。因此 D 不正确。

104. 答案：B。考点提示：焦点小组。

焦点小组的定义是：将 8 ～ 12 个市场参与者集中起来，在一位专业主持人的引导下进行讨论的一种定性市场调研方法。讨论的焦点是消费者问题、产品问题及其解决方法，讨论的结果不直接映射大众市场。焦点小组的缺点是：群体动态可能会抑制一些参与者的活跃度，或出现由某人主导的情况；参与者的评论是开放的，会以各种形式被众人解读；调查结果并不适用于焦点小组之外的人群，即研究结果不可投射；调查结果的质量在很大程度上受主持人的技巧所影响。A 项不是焦点小组的缺点。B 项，焦点小组通常有 8 ～ 12 人参会，调查结果并不适用于焦点小组之外的人群，即研究结果不可投射。因此选 B。

105. 答案：A。考点提示：差异化战略。

差异化战略的优势为：有利于建立客户忠诚度，以及基于差异化的产品性能，能获得更高的利润率。因此本题选 A。

106. 答案：B。考点提示：差异化战略。

差异化战略的不足包括公司必须持续进行创新，以开发出新的产品性能，吸引客户，以及未能开发出符合价值定位的产品性能可能导致市场份额大幅减少。因此本题选 B。

107. 答案：A。考点提示：细分市场战略。

产品开发的投入比较高以及聚焦于狭窄的市场，这属于细分市场战略。因此本题选 A。

108. 答案：A。考点提示：探索者。

探索者战略：首先上市，寻求增长，敢冒风险。

分析者战略：快速跟随，产品通常更好。

捍卫者战略：在稳定市场中维护利基市场份额。

反应者战略：只有在遭遇威胁时才有所反应。

敢于冒险，不断开发和应用高新技术，并借助于较快的上市速度，占领了更大的市场份额，这是探索者战略的特点。因此本题选 A。

109. 答案：A。考点提示：市场研究。

市场研究为新产品开发流程中的正确决策提供基础信息，流程中的不确定性因而下降（降低风险）。新产品的成功开发高度依赖正确的决策。市场调研和客户需求为正确的决策提供依据。根据题干可知，新产品失败的主要原因是缺乏市场研究和需求识别。

110. 答案：C。考点提示：防御者。

聚焦于核心能力的开发，甚至某个单一技术的研究，为了迅速应对市场竞争对手的策略，该公司开发了全系列产品，并不断改进产品技术，聚焦于产品的持续改进。这是防御者战略的特点。因此本题选 C。

111. 答案：B。考点提示：技术 S 曲线。

由于技术性能有限，应用新技术的公司要承担较大的风险。因此 A 错误。成长期突破技术难关，技术得到显著提升。成长期越来越多的风险厌恶型组织会考虑应用该技术。因此 B 正确、C 错误。成熟期遇到科学技术瓶颈，性能提升停止。因此 D 错误。因此本题选 B。

112. 答案：D。考点提示：可持续性设计。

可持续性设计的工具包括面向环境的设计（Design For Environment，DFE）、可持续性设计（Design For Sustainability，DFS）、面向卓越设计（Design For Excellence，DFX）。客户满意度不是可持续性设计的工具，故选 D。

113. 答案：C。考点提示：知识产权。

专利是在一定的时间段内生效的、由政府授权或许可的权利，特别指禁止他人制造、使用或销售一个发明的独有权利。因此 A 不正确。

版权是在一定年限内，给予原创者独家的、指定的法律权利，包括印刷、出版、表演、放映、录制文学艺术或音乐材料。因此 B 不正确。

公司品牌遭到侵害的话，可以注册商标，以此来获得品牌方面知识产权的保护。商标代表一个公司或者产品的经由法定注册或许可的符号、单词或词组。因此本题选 C。

商业秘密是在一个组织内保持秘密状态的与知识产权相关的信息。因此 D 不正确。

114. 答案：A。考点提示：知识产权管理方法。

有简单的组合追踪能力，在研究与产品开发方面会事后考虑知识产权，这是反应型知识产权的管理方法。因此本题选 A。

主动型的特点是研究与产品开发运营自由度，因此 B 不正确。

战略型的特点是研究与产品开发与公司战略一致，因此 C 不正确。

优化型的特点是知识产权驱动战略优势，因此 D 不正确。

115. 答案：A。考点提示：营销组合 4P。

实体分销是指对原料和最终产品从原点向使用点转移以满足顾客需要，并从中获利的实物流通的计划、实施和控制。超出了定价的范畴，因此本题选 A。

捆绑销售是将两种产品捆绑起来销售的销售和定价方式，因此 B 不正确。

信用条款是销货企业要求赊购客户支付货款的条件，包括信用期限、折扣期限和现金折扣。因此 C 不正确。

撇脂定价即用高价来弥补开发成本，因此 D 不正确。

116. 答案：A。考点提示：产品三层次。

A 选项的加热座椅属于汽车的有形性能。因此本题选 A。

117. 答案：C。考点提示：波士顿矩阵。

明星产品：在一个整体市场中占有重要的市场份额，且该市场在不断增长。

野猫（问题）产品：处于一个高增长的市场之中，但尚未获得一个显著的市场份额。

金牛产品：在一个整体市场中占有重要的市场份额，但该市场的增长率很小。

瘦狗产品：所占的市场份额较低，所处的市场增长较慢。

营业表现不稳定，但是所处市场处于高增长状态，产品收入也在增长之中，这属于问题产品的特征。因此本题选 C。

118. 答案：A。考点提示：经营战略。

规模比较大且同时兼顾多个方面的业务时，组织战略是公司战略；规模比较小的组织中，组织战略才是经营战略。经营战略可以被总结为"一组行动已提供一份独一无二的价值，这种独特的价值来源于企业在特定市场上的产品和服务"。综上所述，组织战略不是开发结构，不是指标，也不是产品开发平台。

选项 A，在确定业务目标以后就需要确认新产品开发在其中的作用。

选项 B，产品架构不是在组织战略中描述的。

选项 C，组织战略是制定衡量指标的基准，而不是指标本身。

选项 D，组织战略和平台战略不是一个层级的概念。

119. 答案：B。考点提示：波士顿矩阵。

瘦狗型产品的战略是放弃或改变价值定位，因此本题选 B。

120. 答案：B。考点提示：波士顿矩阵。

发现有一种产品属于明星型产品，这一般在产品生命周期的成长阶段。因此本题选 B。

121. 答案：D。考点提示：能力战略。

改善营销不是能力战略的一部分，因此 A 不正确。

获取新能力是内部能力战略的一种途径，因此 B 不正确。

重新培训是内部能力战略的一种途径，因此 C 不正确。

兼并或收购是外部能力战略的一种途径。在能力战略中，当公司缺乏某种能力的时候，可以通过兼并或收购来获得外部的能力。因此本题选 D。

122. 答案：A。考点提示：组合管理。

组合管理中的五大目标是价值最大化、项目平衡、战略协同、管道平衡和财务稳健。因此本题选 A。

123. 答案：C。考点提示：跨越鸿沟。

早期接受者：在新产品生命周期的早期就依据自己的直觉和决策而购买新产品的客户。也包括愿意尝试新流程而不是死守旧流程的组织实体。创新扩散顺序为：创新者、早期采用者、早期大众、晚期大众、落后者。因此选 C。

124. 答案：C。考点提示：战略协同。

组合管理中实现战略协同的三大目标为战略匹配、战略贡献和战略优先级。A 反映的是战略匹配需要考虑的问题，B 与三大目标没有关联性，C 反映的是战略优先级需要考虑的问题，D 反映的是战略贡献需要考虑的问题。因此本题选 C。

125. 答案：A。考点提示：战略桶。

自上而下：也被称为"战略桶"方法。首先明确战略，再根据战略重要性排列产品优先级，并根据优先顺序将项目对应分配入战略桶中。

自下而上：自下而上的方法始于单个项目。通过严格的项目评估和筛选过程，最终形成一个战略调整后的项目组合。

二者结合：这种方法综合了自下而上和自上而下的方法的优势。

由题意可知，这是项目选择和持续审查的三种方法中的自上而下的方法，也被称为"战略桶"方法。因此本题选 A。

126. 答案：C。考点提示：产品生命周期。

成熟阶段：竞争加剧，公司要维护市场份额，实现利润最大化。产品方面：要增加产品特性，通过产品差异化与竞争对手区分开来。分销方面：强化分销渠道，给分销商更多激励，从而扩大客户购买产品的机会。因此题干所述的情况处于产品生命周期的成熟期。故选 C。

127. 答案：D。考点提示：新产品成功因素。

促成新产品成功的因素中，一部分较为关键的成功因素是：①拥有一个独特的、优越的产品。②瞄准一个吸引人的市场——不断增长的大型市场。该市场的利润率高，竞争不激烈，竞争阻力较小。③利用组织内部的优势——产品和项目的基础是组织在营销和技术方面的优势、能力以及经验。因此本题选 D。

128. 答案：A。考点提示：评分方法。

评分方法是更为详细的分析方法，通常在通过 / 失败筛选之后进行。为了做出更好的评估，评分方法需要的信息更多。因此 A 错误，本题选 A。

129. 答案：C。考点提示：财务分析。

详细的财务分析所需的信息包括：①收入或回报。来自销售数量和价格。②成本。基于制造和营销的成本。③资本成本。与投资建筑物、厂房及设备相关的成本。因此本题选 C。

130. 答案：D。考点提示：财务分析。

一些具体的财务指标被用于确定累计净值（回报减去成本）与项目成本（资本成本）的相对值。这些指标包括：净现值、内部收益率、投资回报率、投资回收期。因此本题选 D。

131. 答案：D。考点提示：平衡组合。

这些新产品机会的选取范围和比例应取决于公司整体战略和经营战略，同时也应与创新战略协调一致。分类标准可以有：①项目类型；②研发成本、商业化成本；③潜在的回报或利益；④风险水平——开发阶段或商业化阶段；⑤技术难度——开发或维护；⑥上市时间——从决定开发到获得商业回报的时间；⑦设施设备上的资金投入；⑧知识产权的价值创造潜力。法律法规一般不属于分类标准。因此本题选 D。

132. 答案：C。考点提示：气泡图。

风险与回报以及资金投入的气泡图组合分析中，气泡的大小通常指代资金投入。因此本题选 C。

133. 答案：B。考点提示：资源配置。

新产品开发的成功率与持续性产品管理的有效性受限于以下因素：①同时段内进行的项目太多；②项目计划糟糕，任务执行能力太差；③产品开发项目与其他业务有优先级之争；④上市延期，按时完成的难度极大；⑤在最后关头赶出的任务却被搁置在下游流程；⑥任务的优先级不断变化，导致资源配置随之变化；⑦缺乏完善的辅助支持，如材料、供应商、工程支持；⑧管理者陷入困境，无法施救项目。因此执行项目的人员少不是受限因素，本题选 B。

134. 答案：B。考点提示：集成产品开发。

敏捷方法是在合作环境下由自组织的团队进行产品迭代开发的过程。因此 A 不正确。

注意在早期设计阶段就逐一考虑各种要素，并且会并行推动流程，这是采用的集成产品开发。因此本题选 B。

精益产品管理的特点是对产品流程进行持续改善，消除过程中的浪费。因此 C 不正确。

瀑布流程的五个典型阶段是需求、设计、实施、验证和维护。因此 D 不正确。

135. 答案：C。考点提示：市场研究。

市场研究在新产品开发的实际工作中，是大多数企业最容易忽视的环节。因为产品开发往往从自身角度考虑，造成"性能过度"，而忽略客户的需求。故选 C。

136. 答案：B。考点提示：集成产品开发。

系统地、综合地应用不同职能体系的成果和理念，有效、高效地开发新产品、满足客户需求的方式，这是集成产品开发的特点，并且集成产品开发分析对开发流程方面要求比较复杂，因此本题选 B。

137. 答案：A。考点提示：团队定义。

团队的定义是：为同一个目的而努力的少数几个人，拥有彼此互补的技能，遵循共同的目标和路线，共同担负责任，并肩作战。A 项，项目所需的技能和信息是项目团队的重要因素，是必须考虑的。B、C、D 不是选择团队成员的必要因素。

138. 答案：A。考点提示：治理。

从治理的角度来看，应当能够回答是否基于组织的跨职能部分输入信息、输出信息和流程度量指标，定期审查产品开发流程。A 选项正确。B、C、D 均不正确。因此本题选 A。

139. 答案：B。考点提示：产品创新章程。

产品创新章程重点舞台的内容应该包含：目标市场（表演的发生地）；关键技术和营销方法（如何表演）；支持项目成功的关键技术和市场规模；竞争对手的优势和劣势（其他表演者）——技术、营销、品牌、市场占有率、制造等。因此本题选 B。

140. 答案：C。考点提示：产品创新章程。

产品创新章程中目标和目的内容包括：为经营战略做出贡献的特定目标；经营目标；项目相关的目标；每个目的或目标应该对应着具体的、可衡量的成功标准——绩效指标。因此本题选 C。

141. 答案：D。考点提示：产品创新章程。

产品创新章程中特别准则的内容包括：项目团队内的工作关系——如何、何时召开会议；项目汇报——频率、形式、利益相关者；预算支出责任；外部机构的参与，如监管机构；与上市时间或产品质量有关的特别规定。因此本题选 D。

142. 答案：A。考点提示：文化和氛围。

文化被定义为"组织中人们共同拥有的信念、核心价值观、假设和期望"。氛围被定义为"员工可直接或间接地感知到的工作环境特点的集合，对员工的行为有重大影响"。领导力水平不足，责任划分不清，团队成员之间缺乏沟通，互相之间不信任，这是组织文化和氛围的内容。因此本题选 A。

143. 答案：C。考点提示：波士顿矩阵。

波士顿矩阵的维度是市场增长率和市场份额，探索者战略寻求增长，不会进入市场增长率低的市场；防御者战略一般在稳定市场，不会进入市场增长率高的市场。因此陈述 1 和陈述 2 都对，故选 C。

144. 答案：A。考点提示：首席产品官。

首席产品官向 CEO 汇报，并能制定整体的产品战略，监控 / 管理产品的营销与开发。因此本题选 A。

145. 答案：B。考点提示：塔克曼模型。

创建阶段：团队成员的角色和职责还不清晰，因此领导者的影响十分重要。队员们开始一起工作，尝试着去了解他们的新同事。

激荡阶段：激荡源于团队成员之间工作模式的冲突。团队领导者必须及时解决这些问题，并向整个团队清晰地传达解决方案。

规范阶段：大家开始解决彼此之间的分歧，欣赏同事的优点，尊重领导者的权威。成员们更加坚定于完成团队目标和获得自我成就。

执行阶段：团队在执行阶段通过无摩擦的协作和努力来实现团队目标，因此团队效率最高。团队领导者能够将更多的工作授权给团队成员完成。团队成员们感到相处愉快，享受作为团队中的一员。

解散阶段：很多项目团队只存在一段时间。喜欢按部就班或已经与同事建立起亲密友谊的团队成员可能会觉得这是个很难度过的阶段。

团队成员之间在工作模式上存在冲突，有时，团队成员会由于方向不明确和工作任务分配不公平变得沮丧，甚至有人想要离职。这属于团队形成的激荡阶段。因此本题选 B。

146. 答案：D。考点提示：技术 S 曲线。

成熟期是科学限制和缺乏导致该技术无法实现进一步发展的阶段，又或者是一项新的技术已经取代该技术的阶段。技术和产品生命周期的不同在于技术没有衰退阶段，故选 D。

147. 答案：D。考点提示：塔克曼模型。

永久性团队也可能由于组织结构的重组而解散，有人在需要面对不确定性的前景时感觉很难渡过。

这属于团队形成的解散阶段。因此本题选 D。

148. 答案：B。考点提示：跨职能团队的四种矩阵结构。

职能型：在职能型团队中，项目被分为多个职能模块，每个模块由相应的职能经理负责，并由职能经理或高级管理人员进行协调。

轻量级：在轻量级团队中，有一个名义上的团队领导者。他被委派到项目上，只在"必要"时参与项目。项目负责人没有实权，没有权力改变或重新分配资源，职能经理保留项目权力。

重量级：与轻量级团队相反，重量级团队认为项目优先于职能。项目负责人有权力、有威信指导团队成员专注于项目。在大多数情况下，团队领导者对团队成员的绩效考核有一定的影响，但薪酬、晋升和职业发展的最终决定权在职能经理。

自治型：团队领导者非常像初创企业中的首席执行官，通常对团队成员完全负责。自治型团队（也称为"老虎"团队）通常适用于重要的、周期长的项目，比如高风险项目。

题干指出项目负责人没有实权，只是负责监督由别人制订好的计划。项目负责人没有权力改变或重新分配资源，这些都需要和职能经理沟通。团队成员在项目和职能之间被来回调遣。这是轻量级团队的特征。因此本题选 B。

149. 答案：C。考点提示：SCAMPER 策略。

SCAMPER 策略是指采用一系列行动来激发创意，特别适用于修改现有产品或制造新产品的情况。SCAMPER 是这一系列行动的首字母缩写，S（Substitute）指替代；C（Combine）指合并；A（Adapt）指改造；M（Modify）指调整；P（Put to another use）指改变用途；E（Eliminate）指去除；R（Reverse）指逆向操作。C 中 M 指移动不正确，因此本题选 C。

150. 答案：D。考点提示：成本组成。

成本的基本组成是固定成本、可变成本和资本成本等。因此本题选 D。

151. 答案：C。考点提示：资本成本。

固定成本是指在相关时间段或生产规模内，总额不与业务活动成比例变化的费用，包括行政费用、租金、利息、综合管理费用。因此 A 不正确。

可变成本是与企业活动成比例变化的费用，如生产劳动力、电力、清洁材料、制造材料。因此 B 不正确。

资本成本是购买土地、建筑物和设备等资产的成本，这些是在商品生产或服务提供时要用到的。因此本题选 C。

潜在成本隐藏在经营活动的各环节以及容易被忽略的角落里，可能最终并不会反映为财务数据，游离于财务监督体系之外，未来可能影响或转移为显性成本。因此 D 不正确。

152. 答案：C。考点提示：投资回报率。

A 选项中，投资回报率是通过投资而获得的回报与投资成本的比率，而不是销售收入。B 选项中，投资回报率可用于评估单一投资的价值或作为多种投资选择的比较工具。D 选项中，较高的投资风险通常对应着较高的最低预期回报率。只有 C 选项正确，因此本题选 C。

153. 答案：A。考点提示：产品概念。

在概念描述阶段，需要对产品进行定性描述。因此本题选 A。

在产品设计阶段，将特定描述转化为定量参数，因此 B 不正确。

在技术规范阶段，需要提供给产品制造商详细规范，因此 C 不正确。同时 D 也不正确。

154. 答案：D。考点提示：跨职能团队。

选项 A 适合用职能型团队；选项 B 适合用重量级团队；选项 C 适合用自治型团队；选项 D，衍生产品作为产品线空白的填补，风险水平低，适合用轻量级团队。

155. 答案：A。考点提示：设计思维。

设计思维框架的内容包括发现、定义、创建和评估。因此本题选 A。

156. 答案：B。考点提示：DMAIC。

DFSS 的目标是完成资源高效利用、高产出、对流程变化稳健的设计，因此 A 不正确。

DMAIC 方法可以将现有产品和服务改进到所能达到的最佳水平，因此本题选 B。

DMADV 是界定（Define）、测量（Measure）、分析（Analyze）、设计（Design）和验证（Verify），因此 C 不正确。

CDOV 中包含概念、设计、优化、验证四个步骤。因此 D 不正确。

157. 答案：A。考点提示：门径流程。

门径管理流程的立项分析：建立在筛选阶段之上的一个关键阶段，包括更为深入的技术、市场以及商业可行性分析。故选 A。

选项 B，产品创意需要在筛选阶段就完成，以便进入立项分析阶段进行分析。

选项 C，市场机会属于立项分析的一部分，同时也包括在商业可行性分析中。

选项 D，上市规划是在开发阶段需要完成的。

158. 答案：D。考点提示：TRIZ。

SCAMPER 策略是指采用一系列行动来激发创意，特别适用于修改现有产品或制造新产品的情况。SCAMPER 是这一系列行动的首字母缩写，S（Substitute）指替代；C（Combine）指合并；A（Adapt）指改造；M（Modify）指调整；P（Put to another use）指改变用途；E（Eliminate）指去除；R（Reverse）指逆向操作。因此 A 不正确。

头脑风暴是一种创造性解决问题的方法集。因此 B 不正确。

设计思维是一种更全面、系统、协作的方式发现问题并创造性解决问题的方法。因此 C 不正确。

创造性解决问题方法（TRIZ）是一种不基于直觉，而基于逻辑和数据的问题解决方法，该方法能加速项目团队创造性地解决问题的能力。因此本题选 D。

159. 答案：C。考点提示：度量指标。

度量指标应符合的条件有：①与战略紧密关联；②形成学习和持续改进的基础。因此本题选 C。

160. 答案：B。考点提示：产品生命周期。

成熟阶段：竞争加剧，不断出现新的竞争者，价格可能有所降低，或者要增加产品特性，通过产品差异化与竞争对手区分开来。

选项 A 错误，产品价值高，与其他产品是有差异化的，不需要再降低价格。

选项 B 正确，同样的产品，要么降低成本降低价格，要么增加产品的差异性。

选项 C 错误，竞品价值高，应提高产品差异化，或者降低价格。

选项 D 显然错误。故本题选 B。

161. 答案：D。考点提示：企业成功因素。

最好的公司会致力于做正确的事，这样的公司会具备以下特点：在每个项目上花更多的时间，但是做更少的项目；采用首先上市战略；建立全球市场和运营战略；监控新技术；认识到知识产权的重要性；有清晰的组合管理战略；正式的创意生成实践。因此本题选 D。

162. 答案：D。考点提示：企业成功因素。

最好的公司会致力于正确地做事，这样的公司会具备以下特点：使用更多的工程、研发与设计工具（关键路径、FMEA、精益新产品开发、TRIZ 等）；使用定性的市场研究工具识别客户需求；使用社交媒体收集信息；有客户反馈系统；使用确定的新产品开发流程，但也有灵活性；高层管理者参与；聚焦开发团队和实践。A、B、C 三项都是以上指标的体现，D 选项不属于该类指标。因此本题选 D。

163. 答案：A。考点提示：客户心声。

近年来，客户心声已成为一个流行词，被应用于各种方法，以捕获（内部或外部的）客户的需求 / 反馈。因此本题选 A。

次级研究，即研究以其他个人、团体或机构过往研究中的信息为基础。因此 B 不正确。

一级研究，即为公司的具体需求直接参与信息收集。因此 C 不正确。

抽样方法是根据样本判断整体的方法，主要包括随机抽样、分层抽样。因此 D 不正确。

164. 答案：B。考点提示：跨职能团队。

重量级团队是拥有完成项目的充足资源，且得到了授权的项目团队。团队遵从人员协同原则，全体团队成员要向团队领导汇报。重量级团队适合于风险较高的项目，B 项符合。

165. 答案：B。考点提示：次级研究。

研究以其他个人、团体或机构过往研究中的信息为基础。这是次级市场研究的方法。因此本题选 B。

166. 答案：B。考点提示：成本领先战略。

成本领先战略的特点是：通过吸引价格敏感型客户提升公司的市场份额。通常适用于规模生产日常用品的公司。可通过以下途径实现成本领先：①规模经济，通过提高产量来降低单位制造成本；②提供"无冗余"或"物有所值"的产品来降低整体制造成本；③优化供应链，标准化零部件或原材料、包装，及时交付。

题干中含有下列关键词：生产日常用品、标准化、供应链优化。符合成本领先战略的特点。因此选 B。

167. 答案：C。考点提示：一级研究。

专门针对现有目标进行数据收集的初始研究。这是一级市场研究的方法。因此本题选 C。

168. 答案：B。考点提示：随机样本。

抽样方法是根据样本判断整体的方法，主要包括随机抽样、分层抽样。因此 A 不正确。

随机样本统计人口的一个子集，其中每个成员被抽取的概率相等。一个简单的随机样本是一个群体的无偏代表。因此本题选 B。

分层抽样是将样本根据某些变量分成若干层，从每一层中抽取一个样本的抽样方法。这些变量与研究中的目标变量相关。因此 C 不正确。

整群抽样是将整体分为多个"群"，再以群为单位从中进行抽样。因此 D 不正确。

169. 答案：C。考点提示：人种学。

个人访谈是结构性的深度的调研方式。因此 A 不正确。

客户现场访问特别适合 B2B 企业的产品开发，能够洞察新的技术或竞争者的产品信息，能够获取客户的隐性需求，还能够提出使产品更易于接受的产品改进。因此 B 不正确。

人种学的定义是：研究客户及其相关环境的一种定性的、描述性的市场调研方法。研究者在现场观察客户和所处环境，以获得对他们的生活方式或文化环境的深刻理解，从而获得有关客户需求和问题的基本信息。因此本题选 C。

社交媒体是提供与现有的和潜在的市场之间直接的、即时的联系。因此 D 不正确。

170. 答案：C。考点提示：新产品开发流程。

A 项，博思艾伦咨询公司的六阶段进程是在 20 世纪 60 年代中期由博斯、艾伦和汉密尔顿所设计的，这一流程为后来推出的众多流程奠定了基础。因此 A 不正确。

B 项，在 NPDP 中没有"新产品发展三部曲"这一名词。因此 B 不正确。

C 项，新产品流程的定型及其在工业界的广泛应用发生于 20 世纪 80 年代。这要归功于 20 世纪 80 年代早期出现的库珀的门径管理流程。因此本题选 C。

D 项，NASA 的阶段审查过程是 NASA（美国国家航空航天局）所使用的，阶段评审流程是将项目分成若干阶段，每个阶段有里程碑的可交付成果，如果可交付成果通不过评审，则不能进入下一个阶段。这个流程与门径管理体系的形式比较像，但目的和特性则不一样。NASA 的阶段评审流程是为了项目的过程控制。故 D 不正确。此为超纲内容，了解即可。

171. 答案：D。考点提示：社交媒体。

社交媒体的优点之一就是提供与现有的和潜在的市场之间直接的、即时的联系。因此本题选 D。

172. 答案：B。考点提示：产品开发中的管理角色。

项目负责人：自始至终管理着某个新产品开发项目一切工作的负责人。他能有效利用资源，完成阶段性突破与成果交付。

流程经理：确保流程中的创意和项目按时有序进行的运营经理。

流程拥护者：负责推动组织内正式业务流程的日常工作，负责对流程进行调整、创新和持续改进。

NPDP 中没有工作流设计团队组长这个角色。

故选 B。

173.答案: B。考点提示: 模拟试销。

销售波研究是为经免费获得过某产品的客户群提供该产品与另一种价格略低的竞争对手产品，记录下继续选择该产品的客户数量及其满意水平。这一过程最多可重复 5 次。因此 A 不正确。

模拟试销是选出部分客户，让他们暴露在与产品相关的促销材料中，然后为他们提供少量的资金并邀请他们前往商店，在这里，他们可能会购买任何产品。这是模拟试销的方式。因此本题选 B。

控制试销是选出一组商店，在真实的市场条件下摆放新产品。控制货架的方位，记录产品在该商店内的销售额。随后，采访客户样本以获得他们对产品的反馈。因此 C 不正确。

试销是选出一个特定区域或一个代表性城市的样本，在这些选定区域内投放产品，其中包括营销组合的所有元素。因此 D 不正确。

174.答案: A。考点提示: 联合分析

联合分析是一种统计分析方法，用于确定人们对构成一个产品或服务的不同属性（特性、功能、利益）的看重程度。联合分析的目的是，确定最能影响客户选择或决策的属性组合，组合中的属性数量是既定的。因此本题选 A。

B 描述的是多变量分析的特点，C 描述的是因子分析方法的特点，D 描述的是多维尺度分析的特点。

175.答案: A。考点提示: 联合分析。

联合分析是一种统计分析方法，用于确定人们对构成一个产品或服务的不同属性（特性、功能、利益）的看重程度。题干中的分析过程是联合分析的过程。因此本题选 A。

176.答案: A。考点提示: 敏捷。

能够快速应对变化，且上市速度至关重要，开发周期很短。该公司比较适合采用敏捷产品开发流程。因此本题选 A。

精益的特点是对产品流程进行持续改善，消除过程中的浪费。因此 B 不正确。

门径管理流程的特点是进行阶段性的决策把控，降低不确定性。因此 C 不正确。

阶段顺序进行是瀑布模式的特点。因此 D 不正确。

177.答案: A。考点提示: 敏捷。

由于公司有以往产品和市场的经验，可以基于过往产品性能的问卷调查和客户反馈。阿尔法、贝塔测试是软件产业中主要采用的市场研究方式，用于在开发流程中和上市前测试新产品。可以在内部完成阿尔法测试，随后进行贝塔测试。因此本题选 A。

178.答案: C。考点提示: 门径管理。

该公司的品牌良好，与新产品的上市速度相比，公司更关心这个品牌的未来前景。这适合采用门径管理流程。因此本题选 C。

179.答案: B。考点提示: 人种学。

虽然公司有丰富的营养品开发经验，但是对高水平运动员和他们的需求了解甚少。针对这个事实，可以采用面对面或在线方式的领先用户研究，或人种学研究。借助各类工具找出高水平客户的态度和需求，其中的许多需求可能不是客户本人所清楚的。因此本题选 B。

180.答案: C。考点提示: 焦点小组。

鉴于目标市场是 10～12 岁的儿童，对该年龄段的儿童进行调查会涉及道德问题。重要的是，与该年龄段儿童进行的任何交流互动都要遵循道德许可。假定公司知晓并遵守了道德许可，那么最可能的研究方法是使用互动焦点小组，其形式是通过模型或图纸来传递概念创意。因此本题选 C。

181.答案: D。考点提示: 原型和产品测试。

该款新产品正处于新产品流程的原型开发和产品测试阶段。因此本题选 D。

182. 答案：A。考点提示：产品生命周期。

产品生命周期正在变得越来越短，主要原因是：客户有更多需求；竞争加剧；技术持续进步 / 变化；全球化交流增加。因此本题选 A。

183. 答案：B。考点提示：产品生命周期。

引入阶段：公司要为产品建立品牌知晓度，开发市场。

成长阶段：公司要建立品牌偏好，增加市场份额。

成熟阶段：竞争加剧，公司要维护市场份额，实现利润最大化。

衰退阶段：销售额开始下降，公司需要对产品何去何从做出艰难的决策。

维持原有定价，此时的市场竞争较少，公司能够满足不断增长的需求，这是处于成长阶段的特点。因此本题选 B。

184. 答案：A。考点提示：产品生命周期。

在引入阶段的定价方式，可能采用低价位的渗透定价法以获取市场份额，或者采取高价位的撇脂定价法以尽快收回开发成本。因此本题选 A。

185. 答案：C。考点提示：企业战略。

企业战略，也就是公司战略，是指一个多元化组织的整体战略；能够回答"我们应该在哪些业务领域进行竞争？"以及"如何使不同的业务得以协同、提升整个组织的竞争优势？"这两个问题。故选 C。

186. 答案：D。考点提示：产品生命周期。

在衰退阶段可以通过增加新特性和发现新用途来重新定位产品。因此本题选 D。

187. 答案：C。考点提示：走向上市战略。

走向上市中，"如何"是指如何将产品推向目标市场。因此本题选 C。

188. 答案：B。考点提示：价值主张。

该公司的价值主张是首先关注对应产品性能的产品利益，而不是关注功能。因此本题选 B。

189. 答案：D。考点提示：波士顿矩阵、公司战略、PIC、跨职能团队。

选项 A，问题产品处于一个高增长的市场中，但尚未获得显著的市场份额。因此 A 不正确。

选项 B，产品创新章程（PIC）是一份战略性文件，涵盖了项目的立项原因、目的、目标、准则和边界。团队成员的角色及工作由团队领导制定。因此 B 不正确。

选项 C，在最早期新产品选择的时候，就应该邀请跨职能部门的代表参与，包括营销、技术、制造等部门。因此 C 不正确。

故选 D。

190. 答案：B。考点提示：抢滩战略。

用最具潜力的美国西南部的养老院这一细分市场作为产品首次上市的地点。随后，基于产品在该市场上的成功经历，将它陆续投放到其他细分市场。这是抢滩攻略的例子。因此本题选 B。

191. 答案：A。考点提示：可持续开发。

可持续开发的定义是：一种发展模式，既能够满足当代人的需求，又不会损害后代满足自身需求的能力。因此本题选 A。

192. 答案：A。考点提示：三重底线。

三重底线从三个方面报告绩效：财务、社会和环境。因此本题选 A。

193. 答案：C。考点提示：迈尔斯和斯诺战略。

题干的关键词是利基。采用防御者战略的公司具有以下特点：风险厌恶型，聚焦于狭窄的、稳定的市场和产品类别；聚焦于核心能力，甚至某个单一技术；拒绝突破性的开发项目；对竞争威胁反应敏捷；在其聚焦的产品类别中，拥有全系列产品；新产品开发聚焦于产品的改进；通常不具备技术进攻性。故选 C。

194. 答案: D。考点提示: 漂绿。

一个公司或组织花费更多的时间和金钱通过广告和营销宣传绿色经营, 而不是在其实际业务中努力减少对环境的影响。这是漂绿的行为。因此本题选 D。

195. 答案: A。考点提示: 漂绿。

为了避免漂绿行为的发生, 通过特定工具验证产品的生态环保效率极为重要。因此本题选 A。

196. 答案: B。考点提示: 技术 S 曲线。

可持续创新是新产品或服务的开发和商业化过程。在产品生命周期中, 从经济、环境和社会角度强调可持续发展的重要性, 并在采购、生产、使用和服务结束的若干阶段遵循可持续发展的模式。因此 A 不正确。

技术绩效改进随着时间变化呈现"S"形曲线。在新产品开发初期, 技术绩效改进曲线会缓慢地上升。随着开发新技术的经验不断积累, 绩效增加和技术绩效呈跨越式增长。最后, 新产品技术接近绩效极限后, 技术绩效的增长速度放缓。因此本题选 B。

并行工程是指产品设计与制造工艺开发并行。因此 C 不正确。

没有产品复兴这个名词。因此 D 不正确。

197. 答案: C。考点提示: 产品待办列表。

需求跟踪矩阵是跟踪需求价值的工具。因此 A 不正确。

需求文件是记录需求的载体。因此 B 不正确。

作为敏捷产品开发的基础, 产品待办列表是系统所需的一系列事项要求清单, 并按优先次序排序。这些事项包括功能和非功能性的客户需求, 也包括技术团队产生的需求。因此本题选 C。

产品创新章程 (PIC) 包括背景、目的和目标、聚焦领域、特殊指南四个方面。因此 D 不正确。

198. 答案: B。考点提示: 客户心声。

客户心声是指为了找出问题的解决方法, 引导消费者经历一系列情境并进行结构化的深度采访, 以提炼出客户需求的过程。因此本题选 B。

199. 答案: A。考点提示: 波士顿矩阵。

"现金牛"产品在一个整体市场中占有重要的市场份额, 但该市场的增长率很小。故选 D。

200. 答案: A。考点提示: 早期采用者。

在新产品生命周期的早期就依据自己的直觉和决策而购买新产品的客户为早期接受者或采用者。因此本题选 A。

1. **对大多数产品开发过程的最初阶段的期望是?**

   A. 进行深入的技术、营销和业务分析

   B. 测试新的产品及其商业化计划的各个方面

   C. 快速了解市场机会、技术要求和可用功能

   D. 完善产品的设计、原型、制造设计、制造准备和发布计划

2. **哪一个阶段又称为技术开发的预评估?**

   A. 机会识别　　　　　　　　　　B. 概念产生

   C. 概念评估　　　　　　　　　　D. 开发

3. **下列哪一项不是集成产品开发的改进框架?**

   A. 风险控制　　　　　　　　　　B. 聚焦客户

   C. 战略与组合　　　　　　　　　D. 知识、技能与创新

4. **什么是产品创新章程?**

   A. 时刻确保某个产品或服务的收入能够达到公司要求的关键点

   B. 公司战略的概述，能够引导部门或团队为开发一个新产品而努力

   C. 完成新产品开发项目需要的所有资源的详细总结，包括员工、设备、时间和预算

   D. 着重关注新产品即将推出的领域

5. **多元化组织的整体战略应当关注?**

   A. 创新及活力指数　　　　　　　B. 跨职能团队的培养

   C. 组织结构及业务单元的协同程度　　D. 使命 / 愿景的创建

6. **以下哪个选项最好地描述了敏捷和精益产品开发之间存在的差异?**

   A. 他们是相同的原则，所以不存在重大差异

   B. 精益用于减少浪费和提高效率，而敏捷重点是快速迭代

   C. 精益只适用于制造产品，而敏捷只适用于软件产品

   D. 敏捷关注跨学科团队的参与，而精益更侧重过程

7. **验证性市场研究应该被用来?**

   A. 探索客户的期望和需求　　　　B. 确定客户问题探讨的类型

   C. 支持决策过程　　　　　　　　D. 协助客户拜访工作

8. 下列哪一项通常不是影响团队绩效的因素？

    A. 组织文化和环境　　B. 组织现金流　　　　C. 流程　　　　　　D. 组织声誉

9. （　　　）在产品开发项目中是非正式的角色，通常是公司中较高级别的人，对项目有既得利益，但不直接参与项目。

    A. 发起人　　　　　　　　　　　　　　B. 拥护者

    C. 产品经理　　　　　　　　　　　　　D. 团队领导

10. 以下哪个关于产品路线图的论述是正确的？

    A. 路线图确定了要满足未来技术和市场需求的多个必要步骤

    B. 路线图确定了产品的平台战略

    C. 路线图是关于整个产品线的图形化显示

    D. 路线图描述了产品开发的路径

11. 哪种产品开发中提到了潜在的浪费？

    A. 精益　　　　　　　B. 敏捷　　　　　　　C. 阶段 - 关口　　　　D. 瀑布

12. 开放式创新的典型优点是什么？

    A. 节省组织研发成本　　　　　　　　　B. 有更多的创意涌现

    C. 节约组织人员时间　　　　　　　　　D. 引入外部智力，共同创造

13. 创新画布中哪种模式是将颠覆式技术创新和商业模式创新进行有效整合？

    A. 颠覆式创新　　　　　　　　　　　　B. 架构式创新

    C. 常规式创新　　　　　　　　　　　　D. 突破式创新

14. 关于新产品开发创意，更好的做法包括哪些？

    A. 创意多好过创意少　　　　　　　　　B. 创意应来自各个方面

    C. 有获得创意的正式计划　　　　　　　D. 以上全部

15. 某产品团队是一个全球化的虚拟团队，他们希望能记录基本的工作规则，如面对面会议的频率、会议如何召开以及什么时候召开等。这些规则通常是记录在产品创新章程（PIC）的哪个部分？

    A. 聚焦领域　　　　　B. 目的和目标　　　　C. 背景　　　　　　　D. 特别原则

16. 新创公司开发一种新的苹果品种，受到市场的欢迎，也引来很多模仿者，公司为了保护本公司的产品，应该申请哪种知识产权？

    A. 商业秘密　　　　　B. 植物品种权　　　　C. 商标　　　　　　　D. 专利

17. 下面哪项对一个高绩效的团队很重要？

    A. 共同的目标、领导能力和开放的沟通

    B. 赋予权力、相互信任和冲突管理

    C. 维护自尊、有效团队过程与多样性管理

    D. 所有这些对一个高绩效的团队都很重要

18. 营销管理组合的重点？

    A. 在引入和成长期，强调产品的品牌、质量

    B. 在成长和成熟期，重视增加产品的特性

    C. 在成熟期，强调产品的差异化

    D. 以上皆是

19. A 公司目前有多个新产品创意，董事会觉得都很有潜力，但是公司资源有限，需要对组合进行初步筛选，那么哪些人更应该参与其中？

    A. 董事会   B. 产品总监

    C. 项目经理   D. 营销、技术、制造部门

20. 基于推测的故事和通用人物，预想不同的未来状态。在假定的条件下，描述客户研究产品、选择产品和购买产品的行为。这种思维技术最有可能是以下哪一种？

    A. 头脑风暴   B. SWOT 分析   C. 名义小组   D. 情景分析

21. A 公司正在策划开发一个新产品，在产品立项论证会议上，与会专家提出应想方设法为新产品开发流程中的正确决策提供基础信息，以便降低风险。请问这是以下哪一项主题的主要功能？

    A. 组合管理   B. 新产品流程

    C. 产品生命周期管理   D. 市场研究

22. 哪种策略适合于客户在实体店购买产品的情形下使用？

    A. 质量和数量   B. 独家

    C. 选择性   D. 根据产品和市场选择以上所有选项

23. 对新产品概念有详细定义的价值在于？

    A. 有助于进行产品功能相关的消费者研究

    B. 能够为详细的产品设计规划提供良好的基础

    C. 为项目的所有团队成员提供清晰的产品概念

    D. 以上所有选项

24. 质量屋将主要客户需求和什么联系在一起？

    A. 开发团队用以决定设计选择的主要设计参数

    B. 包含在最终产品中的产品特点

    C. 最终产品的设计和模具

    D. 产品上市时间

25. 下面哪个不是三重底线的绩效报告维度？

    A. 利润（Profit）   B. 人类（People）   C. 价格（Price）   D. 星球（Planet）

26. 下面关于全面量产的表述，哪一项是正确的？

    A. 全面量产就是简单地大批量生产新产品

    B. 全面量产的关键是进行大规模生产，因此数量是最重要的，质量可以不考虑

C. 全面量产涉及供应链、物流和分销渠道等多方面问题

D. 全面量产实际上就是将产品原型在工厂进行正式生产

27. 精益新产品开发的一个原则是?

A. 顾客定义价值

B. 项目管理可以使风险最小化

C. 商业论证是驱动力

D. 高层管理者参与整个过程

28. 市场战略的四个关键问题中不包含下列哪一项?

A. 产品线是什么?

B. 客户是谁?

C. 产品如何传递给客户?

D. 在哪里使用产品?

29. 请根据以下陈述选择最优答案:

陈述 1:非持续性创新引入和使用新技术,能够产生新消费结构和行为变化的产品。

陈述 2:非持续性创新不创造新市场或者新价值,在原有基础上开发出价值更高的产品。

A. 陈述 1 正确,陈述 2 错误

B. 陈述 2 正确,陈述 1 错误

C. 二者皆对

D. 二者都错

30. 美国一家针对草坪和花园的割草机制造商邀请了 10 位小型割草机拥有者参加活动,邀请他们试驾在停车场展览的割草机,并由其公司员工记录整个过程和用户评价。之后主持人把这个 10 人的客户团队带入一个会议室讨论产品相关问题。与此同时,公司员工在另外一间会议室通过闭路电视观看会议过程。请问这家公司采用的是哪种市场研究方法?

A. 客户心声

B. 客户团队拜访

C. 客户焦点访谈小组

D. 人种学研究

31. 概念产生活动中初步的技术与市场评估的目的是什么?

A. 确定如何具体开发产品,以及消费者是否喜欢产品

B. 确定产品功能是否正常,以及产品在市场上的占有率

C. 确定先前尝试过什么技术,以及产品如何满足消费者

D. 确定最新技术是什么,以及市场上有多少竞争对手

32. 定义项目的关键成功要素是产品创新章程(PIC)的哪个部分?

A. 聚焦领域

B. 目的和目标

C. 背景

D. 特殊原则

33. 以下哪一个关于新产品开发关口的理解是不合理的?

A. 新产品开发的每个开发阶段后都有一个关口评审

B. 关口反映了新产品开发工作完成,以及批准进入下一开发阶段的决策点

C. 关口评审的结果只有"通过"和"不通过"两种,确保严格把关被评审项目

D. 关口评审的标准应一致

34. 你正在策划新产品的上市方案，你需要考虑的四个核心问题是？
    A. 谁，什么，怎样，哪里
    B. 为什么，什么时候，怎样，哪里
    C. 哪个，什么，怎样，为什么
    D. 哪里，和谁，什么，什么时候，为什么

35. 以下哪个团队特征是最重要的？
    A. 信任
    B. 经验
    C. 专业技能
    D. 项目经理的角色

36. 项目组合管理的价值在什么时候减弱？
    A. 高级管理层控制了过程的时候
    B. 运用了评分模型的时候
    C. 下属员工和干系人不理解决策过程的时候
    D. 运用资金或非资金措施决定项目组合的平衡的时候

37. 在渠道选择中应该考虑下列哪个因素，其中分销渠道中的若干中间环节增加了最终产品的成本？
    A. 价格因素
    B. 消费者因素
    C. 产品因素
    D. 企业因素

38. 亚特兰蒂斯公司是一家全球性的大公司，专门从事航空运输，行业排名第三，该家公司一贯的做法是研究行业排名第一和第二的动向，一旦发现有新的产品原型推出，它就会集中资源进行研发，抢夺市场，亚特兰蒂斯公司的产品战略是？
    A. 探索者战略
    B. 捍卫者战略
    C. 分析者战略
    D. 反应者战略

39. 贸易战已经严重影响公司的业务，公司组建了一支项目团队，开发流程优化方案，希望能节约资金支出，目前流程运营成本每年 1000 万元。项目团队起草了两套优化方案：流程 A 有 40% 的可能性节约 150 万元，但有 30% 的可能性增加 100 万元，还有 30% 的可能性无影响。流程 B 有 50% 的可能性节约 200 万元，但有 20% 的可能性增加成本 300 万元，还有 30% 的可能性收入将保持不变。哪项流程使得预计成本最低？
    A. 方案 A，预计成本 970 万元
    B. 方案 B，预计成本 960 万元
    C. 方案 A，预计成本 670 万元
    D. 方案 B，预计成本 660 万元

40. Mike 是 ABC 公司的财务总监，他发现大部分的财务分析数据都是基于估算和预测的，因此成功性和准确性受到了很多限制，为了应对这一情况，MIKE 准备（　　　）。
    A. 使用生命周期概念财务方法，其中预测是动态文档
    B. 使用资本投资和重复成本作为均衡投入
    C. 了解销售情况，以保持利益相关者切合实际的期望
    D. 以上全部选项

41. 下面哪一项最好地描述了新产品组合管理系统？
    A. 一个决策过程，生成一年一度的新产品项目投资列表
    B. 一个动态的决策过程，其中活动的新产品项目的商业列表不断更新
    C. 多项目管理的过程，其中资源在项目间平衡，生成不变的投资项目列表
    D. 以上都不对

42. 一家家具制造企业，最近他们的产品经理经常感觉加班时腰酸肩痛，于是他购买了一款按摩椅放在家中，下班后按摩一会非常舒服，他想在公司也购买一台，但是由于占地面积大并且太显眼而放弃了这个想法，他想一定也有很多白领有这种困扰，于是他想制作一款简易按摩椅，结合办公椅和按摩的功能，外观看起来与办公椅相差无几，工作时只需要打开电源，就能享受按摩功能。这位产品经理的想法与哪种思想相似？

　　A. 奔驰法　　　　　　B. D-thinking　　　　　C. TRIZ　　　　　　　D. DFSS

43. 产品创新章程是有价值的，因为下面哪项原因？

　　A. 提供了新产品概念的聚焦点和方向

　　B. 明确了新产品项目的目的和团队成员的角色和职责

　　C. 定义了新产品项目的里程碑和详细的团队可交付成果

　　D. 识别新的产品项目风险、应急计划和储备金

44. 新创公司认为新产品的成功至关重要，作为该公司的产品管理咨询顾问，以下哪一项对新产品开发的成功率比较重要？

　　A. 任命一个令人钦佩的团队领导

　　B. 创建积极主动的企业文化

　　C. 公司有广泛可靠的产品开发工具

　　D. 制定产品管理开发实践流程

45. 概念测试、调查问卷、客户访问，以上活动与新产品开发过程中的哪个阶段有关？

　　A. 机会识别　　　　　B. 概念生成　　　　　C. 概念评估　　　　　D. 产品开发

46. 某产品处于产品概念生成阶段，高层正在运用项目组合管理的方法对产品项目进行评分排序，过程中高层希望全部使用财务评分标准，如 NPV、ROI 等进行评分，以达到更好地进行投资评估的目的，如果你是产品经理，你将如何实施组合管理？

　　A. 按照高层的意图来实施，因为财务维度是产品的重要考虑方面

　　B. 按照高层的意图来实施，但财务标准需要进一步细化，毕竟评分需要明确的标准依据

　　C. 向高层建议增加技术和市场的维度，这样评估更加全面

　　D. 向高层建议目前阶段以非财务评分标准为主，如市场和技术可行性，毕竟早期阶段财务数据不准确

47. 新创公司的创新团队中，团队成员之间的了解更加深入，他们能够彼此交往、寻求帮助，并提供建设性的反馈意见。成员们更加坚定于完成团队目标和获得自我成就。请问该团队目前正处于哪个阶段？

　　A. 创建阶段　　　　　B. 激荡阶段　　　　　C. 规范阶段　　　　　D. 执行阶段

48. 下列哪一项是关于新产品发布中市场测试应用的最佳表述？

　　A. 市场测试必须总是用于测试产品组合包和市场计划，从而确定成功的水平

　　B. 当产品使用测试成功，资本投资相对低廉，组织理解业务的情况，市场测试就没有必要

C. 伪销售市场测试是有价值的工具，因为它提供了关于客户是否会购买新产品的全面和准确的信息

D. 测试产品的市场是市场测试最有力和成功的方法

49. 一家生产和销售建筑及道路工程重型机械的公司决定将其产品组合扩展至全新的军用机械市场。哪种类型的团队最适合这个项目？

A."轻量级"项目团队　　　　　　　B."重量级"项目团队

C."职能型"顾问团队　　　　　　　D."自主创业"的项目团队

50. 设计思维的最佳定义是？

A. 创造性解决问题的方法，更全面地说，它是系统和协作地识别问题并创造性地解决问题的方法

B. 基于头脑风暴的问题解决方法

C. 基于平面设计的问题解决技术

D. 使用有创造力的设计工具来开发新产品的概念

51. 新创公司在产品开发方面，正处于创意评估阶段，作为该公司的产品管理顾问，你建议他们应当多采用什么类型的思维方式？

A. 创新思维　　　B. 设计思维　　　C. 发散思维　　　D. 聚合思维

52. 新创公司开发的一款产品投资 120 万元，投资期 7 年，请问多少复利能确保得到收益率 190%？

A. 8.8%　　　B. 9.6%　　　C. 10.4%　　　D. 11.2%

53. 新创公司开发的一款产品投资 150 万元，折现因子为 8%，投资期 7 年后，请问该产品的总收入为多少万元？

A. 70　　　B. 107　　　C. 220　　　D. 257

54. 请根据以下陈述选择最优答案：

陈述 1：对于持续式创新与颠覆式创新战略，组织应首先考虑颠覆式创新战略。

陈述 2：对于迈尔斯和斯诺的战略框架，组织应避免采用回应型战略。

A. 陈述 1 正确，陈述 2 错误　　　B. 陈述 2 正确，陈述 1 错误

C. 二者皆对　　　　　　　　　　D. 二者都错

55. 制定新产品的市场营销组合的一个重点是？

A. 在产品开发前制定　　　　　　B. 与产品开发并行

C. 在产品开发后制定　　　　　　D. 在营销部门做决定时进行

56. 当使用一个重量级团队结构时，如何平衡重量级团队领导的权威和职能团队领导者的权威？

A. 权威取决于本组织使用的矩阵职能结构

B. 重量级团队领导者和职能团队领导者有平等的权威

C. 职能团队领导者的权威优先

D. 重量级团队领导者的权威优先

57. 在一个组织中通常是谁负责建立整个产品组合的产品战略？

A. 执行副总裁 　　　　　　　　　　　B. 高级产品经理

C. 业务经理 　　　　　　　　　　　　D. 客户

58. 下列何者可以作为非财务性的加权计分的测量指标？

I. 核心竞争力的杠杆操作能力

II. 策略的一致性

III. 投资回报率

IV. 技术的可行性

A. 以上皆是 　　　B. 以上皆非 　　　C. I、II、IV 　　　D. II、IV

59. 理想的焦点小组的大小是（　　）。

A. 少于 5 人 　　　B. 8 到 12 人 　　　C. 约 15 人 　　　D. 超过 20 人

60. 新创公司采用质量屋进行质量功能展开工作，已经连接客户属性与设计属性，下一步应该做什么？

A. 对竞争产品进行评估

B. 评估设计属性和开发目标

C. 确定要在接下来的流程中开发的设计属性

D. 采取适当的行动和控制来维系客户心声

61. 基于项目的风险与基于产品的风险，区别在于（　　）。

A. 针对管理或针对特性 　　　　　　　B. 矩阵或自主型组织结构

C. 项目经理领导或产品经理领导 　　　D. 在产品商业化之前或之后

62. 在设计新产品时，必须考虑下列哪个方面？

A. 易制性 　　　　　　　　　　　　　B. 投放市场速度

C. 客户需求 　　　　　　　　　　　　D. 全部选项

63. 一家制造运动员药品的企业，其中某一个团队正在研制一款新产品，目前已完成立项分析，处于关口评审阶段，下列哪一项不是团队将会从关口得到的信息？

A. 通过 / 失败 / 搁置 / 重做 　　　　　B. 下次关口的时间

C. 下次关口将要提交哪些文件 　　　　D. 应该如何开发新药物

64. 掌握好项目组合管理有什么好处？

A. 获得更高的 NPD 投资收益并且加快上市速度

B. 整体决策

C. 尽早选出突出的项目

D. 以上全部

65. 某公司主要生产笔记本外壳，外壳为铝材，需经过冲压、CNC 等一系列机械加工以及阳极氧化处理。在生产过程中异常较多，尤其是阳极处理后产品表面出现一种黑线缺陷，在白色底色上反差特别大，造成了大量产品报废。该公司决定聘请某管理顾问公司全面推动六西格玛管理，公司应用六西格玛 DMAIC 的目的是什么？

A. 改进现有流程进而解决铝合金参数的设计问题

B. 使用结构化的流程解决铝合金参数的设计问题

C. 把定性需要转换为定量参数

D. 预测考虑了通胀因素的未来销售

66. 下列哪一项不是产品开发绩效度量的考虑因素？

A. 绩效度量的成本
B. 寻找因果关系
C. 做正确的事
D. 正确地做事

67. 新创公司想要提高某项目的置信水平，下列哪一项是正确的？

A. 增加样本量
B. 减少样本量
C. 样本量多少没有影响
D. 样本量小只会降低精度

68. 我们正在进行产品组合管理，高层提出希望进行产品风险与回报的权衡，下列哪个工具是较好的选择？

A. 饼状图
B. 柱状图
C. 气泡图
D. 仪表盘

69. 关键路径是什么？

A. 确保项目顺利完成的一系列活动，路径是贯穿整个项目的，决定项目持续时间的一系列的任务关联

B. WBS 中列出的每项任务完成时间

C. 和项目排序、开始日期、完成日期等相关联的一系列成果交付物和里程碑

D. 不能证明项目所需时间

70. 每个项目投资都是 5 万美元，不同项目的收益表如下，请问你会选择哪个投资项目？

项目	第 1 年	第 2 年	第 3 年	第 4 年	第 5 年
1	10 000	10 000	20 000	10 000	0
2	10 000	10 000	10 000	10 000	10 000
3	0	10 000	20 000	10 000	10 000

A. 项目 1
B. 项目 2
C. 项目 3
D. 项目 2 或 3

71. 新创公司在生产前进行了某个硬件产品的广泛测试，目的是在销往各个市场前，在各种显示情景下测试产品的所有功能，以发现系统缺陷，相比受控的内部测试而言，这些缺陷在实际使用环境中更容易发现。请问这是一个什么测试？

A. 阿尔法测试
B. 贝塔测试
C. 伽马测试
D. 试销测试

72. **某公司为了提高效率，制定了一系列新流程制度，建立学习与持续改进理念，实施严格的标准化流程，降低变数，建立首席工程师体系，负责整体开发流程整合，这是哪种产品开发流程的理念？**

    A. 敏捷　　　　　　B. 集成产品开发　　　C. 精益　　　　　　D. 瀑布

73. **原型在新产品开发的哪个阶段最为典型？**

    A. 开发阶段　　　　B. 投放市场阶段　　　C. 商业化阶段　　　D. 机会识别阶段

74. **A 公司是一家水壶制造企业，拥有一条完整的产品线，并且在市场有很好的表现，但是产品开发成功率一直很低，试过很多方法都不能显著提高，A 公司的管理层经讨论决定对产品开发流程进行治理，下列哪项不是管理层决定治理开发流程的主要原因？**

    A. 高层级和战略性视角　　　　　　　B. 保证新产品开发流程的整体有效性

    C. 为项目战略执行提供指导、决策和监督　　D. 重点在于业务的日常运营

75. **随着云存储技术的发展，越来越多的企业开始推出自己的云产品，仅网盘产品就有百度、腾讯、华为、360 等多家公司在激烈竞争，这些现象表明，云存储技术处于（　　　）。**

    A. 引入期　　　　　B. 成长期　　　　　　C. 成熟期　　　　　D. 衰退期

76. **以下叙述错误的是？**

    A. 新产品在市场的绩效就如同测量新产品对于组织的效率与效果一样，都是必要的

    B. 瘦狗产品是代表市场占有率虽小，但仍在迅速成长的产业

    C. 关卡审核通常由跨单位的管理层级针对阶段的任务进行复核

    D. 新产品流程的所有者需要对整个新产品流程的产出负责

77. **Mike 是一家咨询公司顾问，他的客户 ABC 公司的主营业务包括机床设备的硬件设计生产以及软件开发，针对这家公司的新产品开发过程，Mike 应该怎样进行解决方案的设计？**

    A. 必须建立固定数量的关卡

    B. 有许多形式和规模，从几个阶段到多个阶段

    C. 不少于 4 个，不超过 6 个阶段

    D. 不管你公司的业务和经营模式如何，都应该从书中准确地复制出来

78. **奥地利水晶制造公司 Swarovski 每年搜寻大概 350 个切实可行的新构思，而且公司的新产品开发流程中有专业的前端或者构思管理。这些构思从不同的来源收集而来，而且目前对潮流、时尚和技术的搜索研究也能产生很多构思。下面关于以上描述的阶段的表述，哪项是不合适的？**

    A. 该阶段与战略紧密联系

    B. 该阶段的重点是确定客户需求，找寻可用市场

    C. 组织需要把市场和战略计划与技术可行性分析联系在一起

    D. 该阶段主要由市场人员来识别客户问题，其他人员可以先不参与，确保人员成本有效控制

79. 下面哪项是质量功能展开（QFD）的优点？

A. 促进跨职能讨论　　　　　　　　　　B. 聚焦客户

C. 采用结构化的方法将需求转换为工程特性 D. 以上皆是

80. 一家新鲜水果的进出口公司开发了一种苹果，特别适合小孩子食用，该公司应该申请什么？

A. 植物品种权　　　B. 商业秘密　　　C. 专利　　　D. 版权

81. 为了了解一项特性是否已完全开发并整装待发，scrum 团队在项目开始前必须定义什么？

A. 交付物准备就绪的定义　　　　　　　B. 发布特性的定义

C. 与产品负责人合作完成的定义　　　　D. 可传输性的定义

82. 以下哪一项是减少风险可能性或影响力的行动？

A. 风险容忍度　　　B. 风险管理　　　C. 风险缓解　　　D. 关键途径

83. 更多的产品经理使用大数据是因为？

A. 它是一种总能产生可用数据的精确工具 B. 客户数据的数量不断增加

C. 它可以帮助决策和揭示发展趋势　　　D. 客户数据有独特的格式

84. 微软的 Windows 开发团队只做一个单一的 Windows 产品，只有一个发布日期，有限的客户（PC 制造商），以及非常广泛的终端用户群。在每一个环节如工程开发、测试、文档编制、营销、本地化等都有一个领导者，并接受更高级别的领导人员协调。请问 Windows 开发团队采用哪种矩阵结构较为合理？

A. 职能型团队　　　B. 轻量级团队　　　C. 重量级团队　　　D. 老虎团队

85. NK 公司是做社交网络的一家小公司。这家公司经过市场调研发现，传统家电行业的年轻客户对于家电的社交网络互联有日趋增长的需求，因此该公司开发了一款能将传统家电通过互联网接入社交网络中，并能相互分享家电使用信息和资料的微型接入盒。这款产品在刚推出的前两年并没有得到市场重视，但在第三年，这款产品开始受到客户追捧，销售量直线上升。NK 公司的这款产品是什么类型的产品？

A. 渐进式创新　　　B. 维持式创新　　　C. 颠覆式创新　　　D. 开放式创新

86. 陈述 1：手机厂商针对老年人的需求，推出老人机是差异化战略的体现。

陈述 2：手机厂商针对竞争产品，推出具有更强大拍照功能的手机，是细分市场战略的体现。

A. 陈述 1 正确，陈述 2 错误　　　　　　B. 陈述 2 正确，陈述 1 错误

C. 二者皆对　　　　　　　　　　　　　D. 二者都错

87. 迅雷、中网载线、柯达等公司纷纷宣布布局区块链技术，相关概念公司股价均在事件公告后出现大幅上涨，区块链再次回归成为资本市场焦点。但是当前大多数区块链应用技术都处于初期实验阶段，很难在较短的时间内产生盈利，仍存在极大的风险。区

块链技术当前处在什么阶段？

A. 引入期　　　　　B. 成熟期　　　　　C. 概念期　　　　　D. 成长期

88. 利用可视化手段分析对于消费者的相似产品或替代产品属于哪一种多变量分析法？

A. 因子分析　　　B. 多维尺度分析　　C. 联合分析　　　D. 多元回归分析

89. 以下哪个角色的职责是不断监测和修改营销组合要素，使产品或服务能够满足客户需求？

A. 产品经理　　　B. 项目经理　　　　C. 总经理　　　　D. 市场经理

90. ABC 公司想要开发一款全新的手机软件，玛丽负责该产品的开发，为了适应广大用户的需求，请问玛丽应该采用什么开发流程？

A. 敏捷　　　　　B. 精益　　　　　　C. 门径　　　　　D. 瀑布

91. 着眼于产品的整个生命周期，包括原材料的收集、生产、使用和报废处理进行的分析称为？

A. 生命周期评估　　　　　　　　　B. 产品的可持续性研究
C. 环境产品声明　　　　　　　　　D. 可持续性设计

92. 产品团队在前期已经通过头脑风暴产生了不少产品创意，目前团队想用一种思维技术将产品创意进行快速分类，以下哪种方法最合适？

A. 民主投票　　　B. 亲和图　　　　　C. SWOT 分析　　D. 情景分析

93. 产品走向上市时，新式路径相对老式路径而言有什么特点？

A. 考虑 Who　　　B. 考虑 Where　　　C. 考虑 What　　　D. 考虑 How

94. 项目组合管理包括两个重要方面，它们是（　　　）。

A. 组合开发和组合维护　　　　　　B. 组合启动和完成
C. 资源分配和组合支持　　　　　　D. 会议营销和技术要求

95. 使用净现值（NPV）作为标准的缺点包括？

A. 净现值忽略风险　　　　　　　　B. 概率假定财务预测是准确的
C. 净现值只考虑财务收益　　　　　D. 以上全部

96. 公司正在筛选产品项目，高层希望产品项目不能低于 20% 的最低收益率，同时也要考虑项目的现金流表现情况，下列哪个项目最有可能被成功选择？

A. ROI=15%，NPV=$100k　　　　　B. ROI=22%，NPV=$50k
C. ROI=21%，NPV=$80k　　　　　　D. ROI=18%，NPV=$70k

97. 建立一个质量屋，首先需要做的是什么？

A. 识别设计属性　　B. 标识客户属性　　C. 竞品评估　　　D. 确定开发目标

98. 项目组合管理的主要目的是要实现什么？

A. 战略匹配　　　B. 战略贡献　　　　C. 战略优先事项　D. 以上所有选项

99. 下列关于持续性创新的表述正确的是？

    A. 是新的而且是未知的 B. 最好的战略是首先切入市场

    C. 技术基础并不陌生 D. 短期内表现会变糟

100. 关于产品路线图的说法正确的是？

    A. 产品路线在产品开始制定时就完成了

    B. 对内部团队和外部干系人传递项目的进展，描述了实现目标所需的高级别措施和步骤

    C. 产品路线图只能服务单一产品，不能服务一组产品

    D. 敏捷研发的轻量化要求使其不适合使用产品路线图

101. Jack 作为产品经理，负责一个已进入生命周期衰退阶段的产品，Jack 应对该产品采取什么策略？

    A. 努力降低成本，并持续将产品投入忠诚的利基细分市场

    B. 通过添加新功能和寻找新用途来重新定位产品

    C. 停止产品

    D. A、B 或 C 选项

102. 工作小组和职能团队会更适合以下哪种情况？

    A. 轻微的产品变化 B. 新产品线

    C. 公司的新项目 D. 新平台的产品

103. Smart 公司是一家从事新能源汽车的小公司，该公司特别注重快速从现有新产品中回收现金流，从而开发新一代产品，获取比较市场优势，该公司在进行项目组合选择的过程中，最有可能关注哪种项目指标？

    A. 贴现值 B. 经济利润率 C. 门槛收益率 D. 盈亏平衡点

104. DEF 公司是老牌的技术导向型公司，玛丽是该公司的产品总监，着手制定竞争战略，通过产品市场分析，发现市场竞争激烈，但是客户对产品的差异化不敏感，请问玛丽最可能采用何种战略？

    A. 细分市场战略 B. 差异化战略 C. 成本领先战略 D. 平台战略

105. 环境治理效果时代来临，固废行业需要应时而上，探索生态化转型。国内的循环经济产业园在 2016 年加快了发展的步伐，其固废处理思路及生态化发展探索，带动了环保产业从末端治理转向全生命周期的生产绿色化。请问以下哪项不是循环经济的原理？

    A. 平衡产品生命周期各阶段的资源利用，使得资源整体利用率最大化

    B. 控制库存商品以及平衡可再生资源，保护自然资源

    C. 循环利用产品，保持利用率的最大化

    D. 消除负面影响来提升系统效率

106. TOM 是一家叫作 CAMPER 的汽车制造公司的产品经理，这家公司在汽车制造领域有 50 多年的历史，最近在市场上面临着很多新的挑战。因此公司决定转型重新定义产品

战略，并开发一系列新的汽车。TOM 是项目的负责人，在产品设计阶段，TOM 应该采用什么工具进行决策？

A. 核心战略技术　　B. 焦点小组　　C. 六西格玛设计　　D. 价值量

107. 关于把关者，下面哪一项声明不合理？

A. 把关者必须都是高层管理者

B. 把关者是跨职能团队

C. 把关者需要审批证明项目仍然符合战略目标，可以决策项目"通过"或"不通过"

D. 把关者必须有审批下一阶段计划的预算审批权

108. 下列哪项是根据性质相似的以往项目数据来估计新产品开发成本的一种项目预算？

A. 历史数据　　　　　　　　B. 参照

C. 自下而上　　　　　　　　D. 自上而下

109. ABC 公司在进行产品研发的过程中能承担适度的风险，经常开发出模仿型产品，有时候会采用逆向工程和设计改进的技能，进行产品和市场的分析。请问 ABC 公司采用的是哪种战略？

A. 探索者　　　　B. 分析者　　　　C. 防御者　　　　D. 回应者

110. 某产品具有如下数据：

购买单位数量：2 500 000 人

知晓百分比：30%

试用百分比：20%

可获得性百分比：40%

重复购买百分比：40%

年度购买次数：2 次

单价：$12.00

单位成本：$8.00

单位利润：$4.00

利润：$192 000

上述试用百分比调整为 30%，可获得性百分比调整为 20%，利润将会是多少？

A. $144 000　　B. $432 000　　C. $288 000　　D. $720 000

111. 新产品定价和成本信息是在哪个阶段产生的？

A. 机会识别阶段，是在市场机会评估中产生的

B. 概念评估阶段，是在商业论证中产生的

C. 开发阶段，是在全面的商业论证中产生的

D. 上市阶段，是在引入的新产品中产生的

112. 以下哪项对于技术 S 曲线的描述是错误的？

A. 引入期是技术的最初启用阶段

B. 成长期是技术发生显著改进，性能得到大幅度提高的阶段

C. 成熟期是科学限制和缺乏导致该技术无法进一步发展的阶段

D. 衰退期是一项新的技术已经取代该技术的阶段

113. **Jane 在一家制造新能源汽车的公司担任高管。董事会集体决定公司要拓展新能源汽车市场，创新新产品来打动年轻人购买。Jane 提出在汽车内饰上采用新型技术可改变车内饰的想法，为证明想法是否可行对年轻群体进行概念测试市场调研，以下哪项是正确的？**

A. 观察年轻群体对车内饰的看法和行为

B. 确定顾客是否会按建议的价格购买新产品

C. 确定潜在客户是否真的需要所建议的产品

D. 用于对背景和深度探测方式的探讨

114. **组合标准被企业用于（　　　）。**

A. 评定通过的活跃的项目产品

B. 在新产品开发中建立平衡和多样的组合

C. 在专家组中使用迭代开发

D. 为进入新产品开发过程的项目形成新的创意

115. **什么是最常使用的发明问题的解决理论（TRIZ）工具？**

A. 书面头脑风暴法   B. 阿奇舒勒的 40 个问题解决原则

C. 克罗斯比的 6 项思考帽   D. 科学的方法

116. **新产品开发流程是什么？**

A. 跨职能团队必须在顺利获得高层管理者批准进入下一阶段产品开发之前，完成每个阶段规定的任务

B. 带有活动和决策点的可演变进化的新产品开发流程

C. 决定项目优先级别的新产品开发流程

D. 降低成功的可能性

117. **在新产品创新章程中，目的和目标领域包括（　　　）。**

A. 新产品盈利目标   B. 新产品引入目标

C. 成功率的目标   D. 以上全是

118. **玛丽在制定产品战略的过程中，观察到在波士顿咨询公司（BCG）的成长－市场份额矩阵中，有一种产品的目前收入高，营业表现稳定，现金流表现良好，请问这是何种类型的产品？**

A. 瘦狗   B. 现金牛

C. 问题   D. 明星

119. **以下哪项更好地应用了集成产品开发成熟度模型？**

A. 使用基本工具

B. 知识采集和管理，以及创新文化的发展

C. 使用项目管理方法

D. 以客户为中心

120. **Mary 是 A 公司的专职项目经理，Mary 对其所管理的项目组成员的绩效考核有一定的影响，但是成员的薪酬、晋升和职业发展的最终决定权在他们的职能经理手中。请问 Mary 所在的团队最有可行采用的是哪一种架构模式？**

A. 职能工作团队　　　　　　　　　　B. 轻量级团队

C. 重量级团队　　　　　　　　　　　D. 创业团队

121. **公司目前拥有 100 个项目的组合，史蒂文是公司的一名领域专家，自从产品项目启动后，史蒂文就忙于应付各种项目的专家指导，一个月下来，史蒂文被搞得焦头烂额，你认为其中最可能的问题是什么？**

A. 资源使用不足　　　　　　　　　　B. 资源过度承诺

C. 专家能力不够　　　　　　　　　　D. 关口控制不力

122. **什么是"发展满足当代人的需求又不损害后代人满足其自身需求的能力"？**

A. 可持续开发　　　　　　　　　　　B. 不断创新

C. 时代营销　　　　　　　　　　　　D. 生命周期管理

123. **ABC 公司正在进行两个独立的活动，选择和审查所有的新产品和现有产品，以下哪项不符合 ABC 公司目前正在进行的管理描述？**

A. 这应当是一个持续性的过程，一个不间断的评估产品组合的过程，无论考察的是现有产品、新产品、产品改进、维护和支持，还是研发

B. 应该根据战略目标进行组合优化，从而最大限度地提高投资回报率

C. 处于静态环境中的决策过程，需要不断地审查

D. 这个过程是用来提高整个项目或产品的成功可能性的

124. **在新产品开发流程中，冲刺计划的周期由谁来制定？**

A. 产品主管　　　B. 首席执行官　　　C. 流程拥护者　　　D. 敏捷教练

125. **乔是公司某产品线经理，该产品线下有很多新产品，乔在发展和持续性维护产品组合时，总要面对一系列彼此竞争的资源和投资项目；乔准备用气泡图来直观地展示产品组合，在气泡图中无法展示的内容是？**

A. 风险和回报　　　B. 挣值　　　C. 资金投入　　　D. 市场与技术

126. **某公司在选择产品时采用了具有以下特点的方法：**

（1）列出业务单元或各类产品费用的战略优先级。

（2）依照战略标准和费用对每个潜在项目进行估计和排序。

（3）综合考虑单个项目的优先级与预算，以及业务单元或各类产品的优先级，并由此将项目分配至对应的战略桶中。

请问该公司采用的是什么方法？

    A. 自上而下   B. 自下而上   C. 二者结合   D. 二者分离

127. 某家跨国企业的创新战略是探索者战略，在其产品组合的项目类型中，有近 50% 的项目是衍生型项目，有 20% 的项目是突破型项目，另外有 20% 的项目是支持型项目，10% 的项目是平台型项目，这个组合是否有效？

    A. 有效，衍生型能够节约开发成本，有效提升产品的边际利润

    B. 有效，突破型项目、平台型项目、衍生型项目和支持型项目的比例分别是 20%、10%、50% 和 20%，有效平衡了项目风险和回报

    C. 无效，组合没有与战略很好地对应

    D. 无法判断

128. 公司在建立产品品牌知名度的同时也在开发市场，请问这属于产品生命周期的哪一个阶段？

    A. 引入阶段   B. 成长阶段   C. 成熟阶段   D. 衰退阶段

129. 下列关于产品使用测试类型的表述，哪个是错误的？

    A. 阿尔法测试检查产品是否符合设计

    B. 贝塔测试检查产品在现场环境下是否能如期工作

    C. 伽马测试检查产品质量是否达标

    D. 产品使用测试通常包括阿尔法、贝塔和伽马三种类型

130. 下列哪一项是产品附加性能的例子？

    A. 产品在冰箱里的保质期延长   B. 增强引擎功能的化学剂

    C. 具有多个清洁附件的吸尘器   D. 免费售后服务

131. 在机会识别阶段用市场调研的目的是？

    A. 识别市场机遇和市场细分   B. 了解顾客需求

    C. 寻找投资项目和决定是否有市场潜力   D. 测试设计和验证新产品设计

132. 从事市场调研之前，首先要做的事是什么？

    A. 定义调研的目的及访谈的问题

    B. 决定要采用哪些市场调研工具

    C. 决定要采取的人口统计变量

    D. 先决定是否寻求外部市场调研公司协助

133. 为了平衡及时决策和风险管理，这种有条件或情景的通过被称为（　　　）。

    A. 模糊关口   B. 完整决策   C. 第一阶段   D. 组合管理

134. 在整个产品开发过程中，累计成本大幅增加，特别是在最终原型和准备上市阶段，为了在流程的后期阶段最小化失败风险，市场研究应当（　　　）。

    A. 快速而又简易地进行   B. 提供关于客户需求的清晰的信息

    C. 相对低投入   D. 提供统计学上可靠的信息

135. DEF 公司是一家生产制造型企业，为了提高生产效率，有效地开发新产品，DEF 公司系统地、综合地应用了不同职能体系的成果和理念，来满足客户需求。DEF 公司最可能选择了哪种新产品开发流程？

    A. 敏捷   B. 集成产品开发   C. 精益   D. 瀑布

136. 组合管理中，下列哪种财务方法可以评估项目的现金流？

    A. NPV   B. ROI   C. IRR   D. PBP

137. ABC 公司在进行新产品开发流程选择中，关注如下特点：

    （1）每小时或每单元产生的利润

    （2）对设计者或开发者的有效利用

    （3）单位时间内完成更多的项目

    请问 ABC 公司所采用的新产品开发流程最可能是以下哪种流程？

    A. 敏捷   B. 集成产品开发   C. 精益   D. 瀑布

138. 下列哪项不是资源配置的角色？

    A. 项目经理   B. 流程经理   C. 资源主管   D. 资源规划负责人

139. 产品的有形性能包括以下哪项？

    A. 特点、造型和包装   B. 安装、信用和质保

    C. 价格和促销   D. 以上所有选项

140. 衡量投资组合变量的例子是（   ）。

    A. 商业风险   B. 产品上市时间   C. 投资规模   D. 以上全部

141. 在上市阶段，新产品引入市场后通常需要转化为主要业务，以下哪项表述是正确的？

    A. 新产品团队通常需要与运营团队进行交接过渡一段时间，确保能顺利切换到主流业务上

    B. 新产品可以马上产生收入和盈利

    C. 新产品团队需要马上分配到其他项目团队，以确保有效的人力资源利用

    D. 需要在短期内构建新产品的运营平台，以确保新产品能快速产生收益

142. 产品项目团队分布在世界五个国家和地区，团队想收集团队参与者的想法，并协同产生更多创意，以下哪种方法最合适？

    A. 头脑风暴   B. 名义小组

    C. 脑力写作   D. 电子头脑风暴

143. 你被聘用为 ABC 公司的战略顾问，在深入调查公司情况的过程中发现：

    （1）公司没有清晰的目标和方向，公司现有目标也无法在整个组织中传播、沟通、理解和分享

    （2）很多人不敢尝试创新，害怕失败

    （3）个人绩效目标与组织整体的创新目标脱节，对优秀绩效没有给予适当的认可

（4）公司高层没有鼓励内部和外部之间进行有效的沟通

（5）团队内部经常妥协，为了回避冲突，避免激烈的辩论

你应该建议先从下列哪项入手进行调整？

A. 文化（Culture）   B. 气候（Climate）

C. 环境（Environment）   D. 战略（Strategy）

144. 在新产品开发中，战略的定义为"战略是公司实现长期目的和目标，反映公司的行业定位、新机会和可用资源的策略游戏计划"，对此应怎么理解战略？

A. 战略就是严肃地玩一场游戏   B. 战略就是确定资源分配

C. 战略就是聚焦   D. 战略就是战术的运用

145. 新产品开发过程是？

A. 有一套系统的、确定的任务和步骤描述公司通过正常手段将原始想法变成可销售的产品和服务

B. 当两个规模相当的公司合作时，每个公司都会在开发一些高度复杂的产品或系统时带来一些专门的技术能力，这两种技术都需要专门技术

C. 从功能的角度专业地评价产品和开发过程（如机械工程或制造），其中一组专家和同行评审产品设计细节，找出不足，吸取过去的经验教训，并决定设计的前进方向

D. 一种新产品开发的模糊前端的结构化方法

146. 玛丽在 ABC 公司负责团队管理，在开始的一个星期，团队成员们开始一起工作，尝试着去了解她的新同事。请问玛丽所负责的团队正处于塔克曼五阶段中的哪个阶段？

A. 创建阶段   B. 激荡阶段

C. 规范阶段   D. 执行阶段

147. 杰克为新产品的财务分析准备了一份电子表格，总结了 **5** 年期间的估计成本和收益，并初步预算了新产品相关的资本成本，杰克明白他的大部分数据是基于假设，他在向高级管理层提交财务分析之前应该做什么准备？

A. 请他的老板检查数据   B. 对关键数据进行敏感性分析

C. 等他对假设更有信心时再提交分析   D. 只需按原样递交电子表格

148. 新产品开发的第一个关口评审重点关注的评审任务是什么？

A. 初步评估：产品概念值得吗？   B. 方向：我们需向何处去？

C. 筛选：我们要开发吗？   D. 市场测试：我们要上市吗？

149. 产品生命周期最重要的价值之一有可能是什么？

A. 有效调配各阶段的资源

B. 明确产品发展的阶段

C. 预测各阶段的收益

D. 预测产品在不同周期阶段的战略和战术选择

150. D 公司是一家互联网打车软件企业，他们的产品总监 **W** 最近被任命牵头新模块的开

发，有权从不同事业部抽调人员组成项目组，并且能够建议项目成员的绩效工资。这是一个（　　）团队。

A. 职能型　　　　　　B. 轻量级　　　　　　C. 重量级　　　　　　D. 老虎型

151. 理想的团队组成包括六种人格类型，其中三种是有产品创意的开发人员、项目负责人、信息处理员，以下哪项也属于其中一种类型？

A. 开发创造者　　　B. 氛围制造者　　　C. 冲突管理者　　　D. 建筑设计师

152. 请根据以下陈述选择最优答案：

陈述 1：范围蔓延指除了定义的工作范围以外，项目团队主动增加的额外工作。

陈述 2：范围蔓延通常会导致计划变化以及开发成本增加。

A. 陈述 1 正确，陈述 2 错误　　　　　　B. 陈述 2 正确，陈述 1 错误

C. 二者皆对　　　　　　　　　　　　　　D. 二者都错

153. 在走向市场战略中，是如何运用市场细分的？

A. 一个更同质化的目标市场倾向于使用人口、地理特征来进行市场细分，而在较大的异质市场则会使用其他类别来进行细分

B. 市场细分的重点放在特定的现有产品的市场规模和市场份额上

C. 只有到销售结束并收集到售后数据之后，市场细分才能被定义

D. 由于顾客群之间的歧视，利用市场细分来进行有针对性的广告是违法的

154. 杰克在从事新产品开发的过程中发现从初始创业到最终商业化，期间的概念清晰度及其发展过程是新产品成功的关键，从产品概念到设计规范，最终到技术规范，都需要进行相关的设计。杰克在技术规范阶段，应该描述哪些信息？

A. 产品的定性描述　　　　　　　　　B. 特定描述转化为定量参数

C. 提供给产品制造商的详细规范　　　D. 以上都符合

155. 下列哪一个不是新式路径的象限？

A. 出售什么　　　　　　　　　　　　B. 向谁出售产品

C. 如何将产品推向目标市场　　　　　D. 如何进行产品促销

156. 在新产品开发早期阶段审查产品概念，系统考虑生命周期的所有问题，如工艺性、可靠性、可维护性等，最有可能使用以下哪种工具？

A. 并行工程　　　　B. CAD　　　　　C. 卓越设计　　　　D. CAE

157. 玛丽在研究六西格玛设计中意识到，六西格玛方法旨在通过各种流程中的专门改进来减少业务和制造流程的变动。这需要团队所有成员的持续投入。下列哪一种方法适用于新产品开发？

A. DFSS　　　　　　B. DMAIC　　　　C. DMADV　　　　D. CDOV

158. 确保新产品所需的技术规划与整体规划协同一致，需要应用下列哪一项技术？

A. 产品路线图　　　B. 安索夫矩阵　　　C. 气泡图　　　D. 技术路线图

159. 如果年利率是 **10%**，下列哪个项目具有最高的净现值（**NPV**）？

项目	第 1 年	第 2 年	第 3 年	第 4 年
1	20 000	30 000	30 000	20 000
2	30 000	40 000	20 000	10 000
3	10 000	20 000	40 000	30 000
4	50 000	10 000	20 000	20 000

    A. 项目 1   B. 项目 2   C. 项目 3   D. 项目 4

160. 高层管理者汇报时常用的度量指标有？

    A. 活力指数   B. 研发费用占收入的百分比

    C. 盈亏平衡时间或盈利时间   D. 以上都是

161. 产品创新章程（**PIC**）的哪一部分确认项目的战略和目的？

    A. 聚焦领域   B. 目的和目标   C. 背景   D. 特殊原则

162. 组织的市场营销战略应该（　　　　）。

    A. 由营销部门独立开发

    B. 符合整体业务战略

    C. 每五年制定一次

    D. 制定时无须考虑整体业务战略

163. 交付、标准和输出是什么的主要构成部分？

    A. 机会识别   B. 项目汇报会   C. 项目竣工   D. 关口

164. **ABC** 公司的理查德为了研究新产品的市场情况，从公司的具体需求方面入手，直接参与信息收集的过程，他打算尝试焦点小组、问卷调查、个人访谈和现场观察等方法来扩大新产品信息的收集。请问理查德正在进行的是哪种市场研究方法？

    A. 客户心声   B. 次级研究   C. 一级研究   D. 抽样方法

165. 在 **7** 年内，**120** 美元必须以每年多少复利投资，才能获得 **136** 美元？

    A. 1.2%   B. 1.8%   C. 2.4%   D. 3.8%

166. **ABC** 公司的约翰在进行市场研究的过程中，是基于最初由他人收集而来的数据进行的研究。请问约翰正在进行的是哪种市场研究方法？

    A. 客户心声   B. 次级研究   C. 一级研究   D. 抽样方法

167. 结构化的新产品过程有哪些好处？

    A. 更好地进行组织沟通和思考   B. 更快地否决项目

    C. 加快市场化   D. 以上全部

168. 下面哪一项不是能力战略的类型？

    A. 内部能力   B. 全局能力

    C. 外部能力   D. 内外部结合的能力

169. 突破式创新注重以下哪一点？

    A. 广泛地研究和开发
        B. 用新技术来开发新产品

    C. 新产品家族
        D. 高预算、高风险的项目

170. DEF 公司在进行市场研究的过程中，有机会了解到客户真正看重的东西。请问 DEF 公司最有可能采用了什么市场研究方法？

    A. 个人访谈
        B. 客户现场访问

    C. 人种学市场研究
        D. 社交媒体

171. Jenny 是一家公司的品牌经理，目前负责新产品开发项目，在市场调研阶段，下列哪一项市场研究方法有助于公司了解消费者的多个方面，包括文化趋势、生活风格等，以描绘出消费者的完整画面，并呈现出产品和服务如何融入消费者日常生活中的？

    A. 人种学
    B. 多变量分析
    C. 焦点小组
    D. 社交媒体

172. 新产品的利益点是下列哪一项？

    A. 提供消费者所期望的情感和 / 或经济回报的产品属性

    B. 顾客对产品达到的效果的满意程度

    C. 产品必须达到的作用的抽象描述

    D. 一种新的方法、装置或过程

173. 关于具体问题具体分析的思维方式，下列哪项说法正确？

    A. 是一种找到并解决客户问题的方法
    B. 不适合其他的概念生成方法

    C. 是发现新技术的绝佳方法
    D. 是寻找并评估创意的简单过程

174. ABC 公司市场研究中采用的工具依靠可快速便捷地直达目标客户的属性，在产品开发中能够有效发掘机会，了解"人们正在做什么"和"正在想什么"的信息。了解客户需求时，能给产品开发者带来关于整体市场，甚至某个细分市场的广泛信息。同时在线领先用户能提出使产品更易于接受的产品改进，能够完成产品的持续测试并提供输入信息。请问哪种市场研究工具具有这些价值？

    A. 个人访谈
        B. 客户现场访问

    C. 人种学市场研究
        D. 社交媒体

175. 以下哪种战略非常强调亲近客户，需要充分理解当前和未来的需求？

    A. 细分市场战略
        B. 防御者战略

    C. 差异化战略
        D. 探索者战略

176. 成功的新产品开发的两个关键要素是什么？

    A. 具有良好的技术和强大的管理团队

    B. 好的想法，并很好地执行

    C. 很好的广告宣传方案，好的想法

    D. 强大的研发团队和良好的财务分析

177. 某机械科技有限公司开发了 **X2** 型智能机床，并声明后续会通过开发 **X2** 增强型智能机床、服务和程序等来保护该新型机床，根据迈尔斯和斯诺战略，该机械科技有限公司属于（　　　）。

    A. 分析者　　　　　　　B. 防御者　　　　　　　C. 反应者　　　　　　　D. 探索者

178. 以下关于新产品开发的说法哪一项正确？

    A. 目的总是政治性的　　　　　　　　B. 经常超出新产品开发流程的控制范围

    C. 单独、集中地开发产品　　　　　　D. 注重对资源的有效管理

179. 某公司的新产品 5 年的收益与成本如下表所示，其中折现率为 **10%**，请计算出这 5 年的累计净现值（**NPV**）。

年	第 1 年	第 2 年	第 3 年	第 4 年	第 5 年
收益	3500	10 800	15 000	20 000	21 000
成本	8370	3500	4800	7800	8000

    A. 26 389　　　　　　B. 25 674　　　　　　C. 25 934　　　　　　D. 24 564

180. 自主型团队是怎样的？

    A. 由组织中非常有经验的个体组成的

    B. 承担着某个特定创意从设计、开发到全面部署的过程

    C. 自给自足，不依靠职能单位，通常用于给市场带来根本性创新的情况

    D. 高度协作，是主体组织的一部分，负责开发新型产品

181. "模糊前端"阶段之所以称之为模糊，是因为（　　　）是模糊的。

    A. 产品的想法　　　　　　　　　　B. 产品的需求

    C. 产品开发路线　　　　　　　　　D. 产品的概念

182. **ABC** 公司准备启动一个新项目，项目负责人 **TOM** 被老板告知，目前公司现金流较紧张，项目预算是经过董事会严格审批后才获得的批准，在项目执行中，下列哪一项是 **TOM** 需要首先关注的？

    A. 资金　　　　　　　　B. 技术　　　　　　　　C. 客户需求　　　　　　D. 项目范围

183. 作为六西格玛的组成部分，**DMAIC** 可以用于改进流程的数据，驱动质量战略，**DMAIC** 代表的含义分别为？

    A. 定义，管理，分析，识别，控制

    B. 定义，测量，分析，提高，控制

    C. 设计，测量，分析，识别，控制

    D. 设计，管理，分析，提高，控制

184. 使命宣言能够帮助企业组织者（　　　）。

    A. 聚焦人力和变更　　　　　　　　B. 启发思路

    C. 计划推出产品　　　　　　　　　D. 以较低利率获得资本

185. DEF 公司的某个产品最终确定采用撇脂定价方法以尽快收回开发成本，请问该产品更适合采用哪种促销方式？

　　A. 应瞄准早期采用者　　　　　　　　B. 瞄准更为宽泛的客户群

　　C. 强调产品差异化和增加新产品特性　　D. 将该产品卖给别的公司

186. 在传统的产品生命周期中，哪个阶段销量最高？

　　A. 引入　　　　　　B. 跨越鸿沟　　　　　　C. 增长　　　　　　D. 成熟

187. 项目风险管理通常侧重于减少下列哪一项？

　　A. 项目成本　　　　B. 项目范围　　　　　C. 项目期限　　　　D. 项目不确定性

188. 你们公司有多条产品线，在进行新产品机会评估时，董事会需要在进行战略规划时收集项目信息，以进行非财务类评估和财务类评估，作为公司的高管，你应该了解到评估项目组合管理和净现值方法（NPV）的弱点是？

　　A. 不能基于排名对项目排序

　　B. 净现值不允许资源配置

　　C. 计算净现值的工具并非随时可用

　　D. 很难确定项目的精确现金流数据，尤其在发展过程的早期

189. ABC 公司在进行新产品上市的时候，以杠杆方式占领市场，他们选出最具有潜力的细分市场作为产品首次上市的地点。随后，基于产品在该市场上的成功经验，将它陆续投放到其他细分市场。请问 ABC 公司对该新产品上市采取的措施属于下列哪项？

　　A. 细分市场　　　　B. 抢滩战略　　　　　C. 渠道战略　　　　D. 促销计划

190. 在一次产品评审会议上，敏捷教练报告说，开发团队认为客户要求的一些更改是不必要的，而且延迟了项目进度。下列选项中，谁应该对客户要求做出评价和进行优先级排序？

　　A. 产品负责人　　　　B. 敏捷教练　　　　　C. 高管　　　　　　D. 客户

191. GH 公司最近面向市场发布了一款公司新产品，发布后产品遇到了不少市场和技术问题，产品团队和高层都被问题搞得有点手忙脚乱，针对这种情形，以下哪个表述最能直接解决该问题？

　　A. 高层应积极参与到发布后的产品管理阶段

　　B. 应设立专职的产品经理，并建立和完善产品管理流程

　　C. 实施产品发布的审计

　　D. 合理设置产品管理的绩效指标

192. Mike 是一家咨询公司顾问，他在给客户 ABC 公司进行新产品开发流程设计时，采用了 PDMA 的 NPD 理论，那么 ABC 公司的新产品流程中，以下哪项是正确的？

　　A. 过程拥护者为新产品开发过程的管理负责，确保所有的项目都能达成一致的目标

　　B. 高级管理人员的执行团队对达成战略目标的过程有共同的责任

C. 执行经理负责新产品开发过程的战略结果，职责包括工艺生产，质量和组织参与

D. 以上选项都正确

193. 三重底线在很多时候也可以通过 3 P 来表示，请问 3 P 具体是什么？

A. 积极（Positive）、人类（People）、力量（Power）

B. 利润（Profit）、人类（People）、纯粹（Pure）

C. 利润（Profit）、人类（People）、力量（Power）

D. 利润（Profit）、人类（People）、星球（Planet）

194. 下列哪些陈述最好地描述了创新战略的价值？

A. 为一些可能的创新投资决定提供权衡决策的基本框架

B. 对产品开发组合进行定义

C. 为项目选择奠定基础

D. 对公司增长目标进行定义

195. 一个项目将耗资 100 000 美元，用 6 个月交付，他们预测项目将从第 7 个月开始盈利，而后每个月盈利 20 000 美元，项目的回收期是多长时间？

A. 信息不足　　　　B. 11 个月　　　　C. 5 个月　　　　D. 6 个月

196. 宝洁公司将知识专利开放给外部，进行共同创造产品，这属于哪一种创新模式？

A. 突破式创新　　　B. 维持式创新　　　C. 常规式创新　　　D. 开放式创新

197. 谁应该对新产品机会进行评分？

A. 跨功能团队　　　　　　　　　B. 仅限市场营销经理

C. 仅限新产品经理　　　　　　　D. 仅限首席执行官

198. 什么是自上而下组合选择方法的第一步？

A. 制定目标和策略　　　　　　　B. 记录可用资源

C. 分配研发预算　　　　　　　　D. 与自下而上组合进行比较

199. 哪些消费者最有可能在产品引入阶段购买产品？

A. 落后者　　　　　　B. 早期采用者　　　　C. 创新者　　　　D. 早期大众

200. 新产品开发过程中的模糊前端的重要元素是什么？

A. 问题为本的创意想法　　　　　B. 客户心声

C. 市场测试研究　　　　　　　　D. 德尔菲技术

通关密卷四参考答案及详解

答案速览

1～5	CCABC	6～10	BCBAA	11～15	ADBDD	16～20	BDDDD
21～25	DDDBC	26～30	CADAC	31～35	CBCAA	36～40	CACBA
41～45	BAADC	46～50	DCBDA	51～55	DBDBB	56～60	DBCBA
61～65	DDDDA	66～70	AACAA	71～75	BCADB	76～80	BBDDA
81～85	CCCAA	86～90	DABAA	91～95	ABBAD	96～100	CBDCB
101～105	DADAA	106～110	CABBA	111～115	CDCBB	116～120	BDBBC
121～125	BACDB	126～130	CCACD	131～135	AAADB	136～140	ACBAD
141～145	ADACA	146～150	ABBDC	151～155	BBACD	156～160	CADDD
161～165	CBDCB	166～170	BDBBC	171～175	AAADA	176～180	BBDBC
181～185	DABAA	186～190	DDDBD	191～195	CCDAB	196～200	DAABB

1. 答案：C。考点提示：模糊前端。

"模糊前端"使得在相对较低的成本下，组织有机会较为清晰地探索新产品的潜力。在这个早期阶段，明智的决策能够显著地减少不确定性，并为持续投资该项目提供信心。

选项 A 是概念评估阶段，是快速了解产品情况之后的阶段。

选项 B 是测试阶段，属于产品开发的后期过程。

选项 C 是模糊前端，在相对较低的成本下，较为清晰地探索新产品的潜力。

选项 D 是开发阶段，属于产品开发的后期过程。

2. 答案：C。考点提示：新产品开发阶段。

概念评估是开发前一个非常重要的阶段，又称为技术开发的预评估，此时需要对新产品概念进行详细的技术、市场、财务 / 商业等各方面的分析和评估。因此选 C。

3. 答案：A。考点提示：集成产品开发改进框架。

集成产品开发（IPD）的改进框架分为五步骤：

（1）基本工具。

（2）项目与团队：项目管理、跨职能团队、可制造性设计。

（3）聚焦客户：客户心声、基于客户需求进行设计。

（4）战略与组合：产品战略、项目选择流程、绩效度量。

（5）知识、技能与创新：知识获取与管理、能力开发、创新文化开发。

综上，选项 A 不属于这五个步骤。

4. 答案：B。考点提示：产品创新章程。

产品创新章程（PIC）是一份关键的战略性文件，它涵盖了项目的立项原因、目的、目标、准则和边界，整合了完成新产品开发项目的关键战略要素，是组织推动新产品商业化过程的核心。因此产品创新章程能够引导部门或团队为开发一个新产品而努力。B 项正确。

选项 A 与 PIC 无关。选项 C 是 PIC 的目标和目的。选项 D 是 PIC 的背景。

5. 答案：**C**。考点提示：**公司战略**。

公司战略是一个多元化组织的整体战略；能够回答"我们应该在哪些业务领域进行竞争？"以及"如何使不同的业务得以协同、提升整个组织的竞争优势？"这两个问题。选项中只有 C 才与第二个问题相关，故选 C。

6. 答案：**B**。考点提示：**敏捷和精益**。

精益旨在减少浪费，提高运营效率，特别适用于制造过程中常见的重复性任务。敏捷的设计初衷是在短时间内执行任务，与客户进行频繁互动并能够对变化做出迅速响应。因此选 B。

7. 答案：**C**。考点提示：**市场研究**。

验证性的目的就是获得市场信息，减少新产品开发过程中的不确定性，从而支持决策。因此应选 C。

8. 答案：**B**。考点提示：**影响团队绩效的因素**。

影响团队绩效的内部因素有：组织的文化和环境、组织的结构、流程、人、领导参与度。影响团队绩效的外部因素有：组织的声誉、合作关系、竞争压力、保密要求等。因此现金流不是影响团队绩效的因素，故选 B。

9. 答案：**A**。考点提示：**产品开发中的管理角色**。

发起人是新产品开发项目中的非正式角色。它通常在公司中具有较高的级别，并不直接参与项目，但是在需要的时候会伸出援助之手并力排众议。因此选 A。

拥护者是热切希望某一过程或产品被开发并投放市场的人。该角色是激发人们对机会的认识，使被公司政策限制和反派反对的项目能够得以进行。A、B 易混淆，发起人不直接参与项目，不驱动任何事；而拥护者积极推动项目理念。C、D 两个选项的角色直接参与项目，故不对。

10. 答案：**A**。考点提示：**产品路线图**。

产品路线图是将短期和长期业务目标与特定产品创新的解决方案进行匹配，以实现这些目标的一份计划，因此路线图确定了要满足未来技术和市场需求的多个必要步骤，故 A 正确。

B 选项说的是产品平台战略；C 选项，不是对整个产品线的图形化显示，而是对满足需求步骤的图形化显示；D 选项，路线图描述的不是产品开发的路径，而是满足需求的路径。

11. 答案：**A**。考点提示：**精益**。

精益产品开发的目的是消除浪费，因此选 A。

敏捷流程就是通过该方法，软件生成得以规律的步调进行，并由一系列固定长度的迭代过程开发出产品。因此敏捷以时间为中心，与客户频繁互动，从而对变化做出迅速反应。因此 B 不正确。

阶段－关口，又称为门径管理。其流程的目的是协调跨职能团队进行投资决策的评审，目的是提高新产品开发的成功率。因此 C 不正确。

串行流程是瀑布模式的特征。因此 D 不正确。

12. 答案：**D**。考点提示：**开放式创新**。

开放式创新的特点是组织与外部环境之间的边界变得可渗透，因此组织会使用内外部资源以获取创意，其优点是引入外部智力，共同创造。故选 D。

13. 答案：**B**。考点提示：**创新画布**。

创新画布所描述的四个创新象限分别是：

常规式创新：以组织现有的技术能力为基础，与现有的商业模式相匹配的创新，专注于功能改进和新版本或新模型的开发。

颠覆式创新：需要新的商业模式，但不一定需要新的技术；

突破式创新：该类创新主要聚焦于纯技术。例如，基因工程和物医药技术对制药企业有重大影响。

架构式创新：颠覆式技术创新和商业模式创新的有效整合。故选 B。

14. 答案：D。考点提示：创意生成。

A、B 符合创意生成的概念，创意生成是为解决消费者问题而广泛寻找解决方案的所有行为和流程。可用于产品开发早期阶段以提出最初的产品概念，在中间阶段用以解决实施问题，在后期用于产品上市的规划，在终止后协助分析在市场上的得与失。C 属于"做正确的事"的成功因素。因此 A、B、C 均正确，故选 D。

15. 答案：D。考点提示：产品创新章程。

产品创新章程（PIC）是一份关键的战略性文件，是组织推动新产品商业化过程的核心。它涵盖了项目的立项原因、目的、目标、准则、边界、特别规则等。其中特别规则的内容包括项目团队的工作关系——如何、何时召开会议，以及项目汇报——频率、形式、利益相关者。

16. 答案：B。考点提示：知识产权。

商业秘密是在一个组织内保持秘密状态的与知识产权相关的信息。因此 A 不正确。

植物品种权是给予独家权利生产和销售某种可繁殖的植物。因此本题选 B。

商标是用于代表一个公司或者产品的经由法定注册或许可的符号、单词或词组。因此 C 不正确。

专利是在一定的时间阶段内生效的、由政府授权或许可的权利，特别指禁止他人制造、使用或销售一个发明的独有权利。因此 D 不正确。

17. 答案：D。考点提示：高绩效团队。

高绩效团队的框架：共同的目标、领导力、参与互动、自我尊重、开放式沟通、授权、有效的流程、互信、多样性、冲突管理。因此选 D。

18. 答案：D。考点提示：产品生命周期。

引入阶段：公司要为产品建立市场知晓度，开发市场；

成长阶段：公司要建立品牌偏好，增加市场份额；

成熟阶段：竞争加剧，公司要维护市场份额，实现利润最大化；

衰退阶段：销售额开始下降，公司需要对产品何去何从做出艰难的决策。

A、B、C 说法均正确，故选 D。

19. 答案：D。考点提示：组合评审。

在进行组合评审初步评估时，最好邀请跨职能部门的代表参加（技术、营销和制造），将广泛的知识和经验用于评估。因此选 D。

20. 答案：D。考点提示：情景分析。

头脑风暴是利用群体的力量来创造性地解决问题的方法。故 A 不正确。

SWOT 分析组织的优势、劣势、机会和威胁，有助于发现问题。故 B 不正确。

名义小组技术是对输出的想法进行排序或优先级划分，是用于解决团队问题、有效决策的工具之一。故 C 不正确。

情景分析是基于推测的故事和通用人物，来研究客户选择和购买产品的行为。故 D 正确。

21. 答案：D。考点提示：市场研究。

组合管理的目的是制定决策框架，以及所触发的行动。故 A 不正确。

新产品流程的目的是确保新产品开发的成功率。故 B 不正确。

产品生命周期管理包括引入、成长、成熟和衰退阶段。故 C 不正确。

市场研究为新产品开发流程中的正确决策提供基础信息，流程中的不确定性因而下降（降低风险）。故选 D。

22. 答案：D。考点提示：市场选择渠道。

如果客户在实体店购买产品，则有三种主要的产品分销范围：大量的或集中的——大型商店；专卖店——连锁店中的一个；有选择性的——在一个特定的区域内有几家零售店。因此选 D。

23. 答案：D。考点提示：产品概念。

需要对产品概念进行详细描述的原因有两个：首先，它为开发团队的所有成员以及与项目相关的成员提供了清晰、一致的产品概念；其次，它是向潜在客户解释产品的重要手段之一，借此可以寻求客户对产品利益和特征的看法，以及他们对潜在改变或改进的建议。因此选 D。

24. 答案：B。考点提示：质量屋。

质量功能展开是运用矩阵分析将市场需要与开发工作相结合的结构化方法，通常应用于多职能团队就客户需求与产品细节特性之间的联系达成认可时。最常用的质量功能展开的例子是质量屋。A、B 为易混淆项，主要区别在于设计参数和产品特点，与客户需求联系在一起的是设计属性，而不是设计参数。因此 A 错误，B 正确。故选 B。

25. 答案：C。考点提示：三重底线。

三重底线从三个方面报告绩效：财务、社会、环境。也可以用 3P 表示：利润、人类、星球。因此价格不是其中之一，故选 C。

26. 答案：C。考点提示：全面量产。

新产品流程中的全面量产涉及供应链、物流和分销渠道等多方面的问题，而不是简单地大批量生产新产品，故 A 不正确、C 正确。

全面量产，数量重要，质量也同样重要，故 B 不正确。

全面量产涉及多方面的问题，不仅仅是产品原型的生产，故 D 不正确。

27. 答案：A。考点提示：精益产品流程。

精益的核心是消除浪费，建立由客户定义的价值。因此选 A。

项目管理可以管控风险，但不是精益的原则。因此 B 不正确。

商业论证可以论证项目存在的必要性，但与精益原则无关。因此 C 不正确。

高层管理者重在前期参与，能有效把控方向，而不是参与整个过程。因此 D 不正确。

28. 答案：D。考点提示：营销战略。

在制定营销战略时需要回答以下问题：将提供什么产品？其中包括确定产品线的广度和深度。目标客户会是谁？其中包括确定市场边界、要服务的细分市场。客户如何了解该产品的可用性和优势？产品如何到达客户面前？其中包括确定具体的分销渠道。因此选 D。

29. 答案：A。考点提示：非持续性创新。

持续创新是在不改变消费类型或行为的前提下，使得产品性能和利益得到提高的改进。但产品的整体外观和基本性能没有发生功能上的改变。

非持续性创新是全新的能够产生新消费结构和行为变化的产品。

因此陈述 1 正确，陈述 2 错误，故选 A。

30. 答案：C。考点提示：市场研究。

题干中描述的主持人、10 人的客户团队、一个会议室、另一个会议室通过闭路电视观察等内容都是焦点小组的特点，因此选 C。

选项 A，客户心声是提炼客户需求的过程，应用在各种方法中。

选项 B，团队拜访是去客户使用产品的现场。

选项 D，人种学研究是去客户的生活环境。

31. 答案：C。考点提示：市场研究。

公司进行初步的技术评估，可能是所谓的"论文研究"或文献调查，以确定以前已经尝试过什么；还包括初步的市场评估，了解产品的竞争对手提供什么以及目前提供的产品如何满足消费者。因此 C 正确。

A 是产品使用测试，B 是伽马测试。D 选项中，调研竞争对手不是主要目的，消费者需求才是市场研究的真正目的。

32. 答案：B。考点提示：产品创新章程。

产品创新章程的目的和目标定义了项目的关键成功要素。产品创新章程的目标和目的包括：(1) 为经营战略做出贡献的特定目标；(2) 在新市场中的份额，当前市场份额的增加；(3) 经营目标——利润，销售量，成本降低，生产力增加；（4）项目相关目标——财务预算，上市时间；（5）每个目标或目的应该对应具体的、可衡量的成功标准——绩效指标。因此选 B。

33. 答案：C。考点提示：门径管理流程。

输出是关口评审的结果。关口处必须给出明确的输出内容，包括决策（通过 / 枪毙 / 搁置 / 重做）及下一阶段的路径（通过审批的项目计划、下一个关口的日期和可交付成果）。因此选 C。

34. 答案：A。考点提示：新式上市路径。

为新产品建立一个"走向上市"战略，可以帮助新产品"跨越鸿沟"。"走向上市"的八个步骤是：价值主张（什么）、整体解决方案、市场细分（谁）、目标细分市场、抢滩战略（怎样）、渠道（哪里）促销计划、沟通信息。因此选 A。

35. 答案：A。考点提示：高绩效团队。

高绩效团队的框架：共同的目标、领导力、参与、互动、自我尊重、开放式沟通、授权、有效的流程、互信、多样性、冲突管理。因此选 A。

36. 答案：C。考点提示：组合管理。

A 不正确，组合管理是高层管理者的首要职责。B、D 是为了更好地平衡组合，以体现组合管理的价值，不正确。C 项，不理解决策过程则不能进行有效的组合管理，此时组合管理的价值会减弱。因此选 C。

37. 答案：C。考点提示：新式上市路径。

包含多个中间渠道会显著增加成本，并导致最终销售价格大幅提高。因此选 A。

38. 答案：C。考点提示：迈尔斯和斯诺战略框架。

公司的一贯做法是研究行业排名第一和第二的动向，一旦发现有新的产品原型推出，它就会集中资源进行研发，抢夺市场。这是采用分析者战略的公司特征，经常跟随探索型公司，开发出模仿型产品，也被称为"快速跟随者"，因此选 C。

39. 答案：B。考点提示：决策树。

决策树分析。方案 A：EMV=40%×（1000-150）+30%×（1000+100）+30%×1000=970 万元。方案 B：EMV=50%×（1000-200）+20%×（1000+300）+30%×1000=960 万元。因此选 B。

40. 答案：A。考点提示：财务分析。

财务分析的销售预测文件只是预测，项目的实际情况会随时发生变化，项目的实际进展随时会因为实际推进而被打破。用来预测销售和财务数据的市场条件是动态的，随着项目的进展，市场信息不断变化，财务分析应适当变化，更加严格。因此选 A。

41. 答案：B。考点提示：组合管理。

组合管理是一个动态的过程，时间上并不局限于一年一度，因此 A 不正确。

B 项的说法正确。故选 B。

投资列表不是不变的，而是动态的，因此 C 不正确。

42. 答案：A。考点提示：创意生成工具。

Scamper 策略（奔驰法）：一系列激发创意的行为，特别适用于修改现有产品或制造新产品的情况，有助于产生创意。分析题③，该产品经理通过结合按摩椅和办公椅的功能激发了新的创意，这符合奔驰法中的 combine（合并）原则。因此选 A。

设计思维（D-thinking）是一种创造性的问题解决方法，或者说，是以更全面、系统、协作的方式发现问题并创造性解决问题的方法。因此 B 不正确。

创造性解决问题方法（TRIZ）是一种不基于直觉，而基于逻辑和数据的问题解决方法，该方法能加速项目团队创造性地解决问题的能力。因此 C 不正确。

六西格玛设计（DFSS）专注于设计或重新设计产品和服务及其支持流程的专门改进，并满足客户的需求和期望。因此 D 不正确。

43. 答案：**A**。考点提示：**产品创新章程**。

产品创新章程（PIC）是一份关键的战略性文件，它涵盖了项目立项的原因、目的、目标、准则和边界，它回答了项目开发中"谁、什么、哪里、何时、为什么"的问题。因此 A 正确。B、C、D 错误的原因在于，PIC 是一份整体的战略文件，不关注具体的产品开发细节。

44. 答案：**D**。考点提示：**新产品流程**。

新产品成功率在很大程度上取决于企业采用的新产品开发实践和流程的质量。有了体系化的新产品开发实践和流程后，才能谈得上强化团队领导、创建创新文化、采用开发工具等。因此本题选 D。

45. 答案：**C**。考点提示：**产品开发阶段**。

概念开发：此阶段的目标是形成一个更详细的概念说明，从而引出产品的设计规范。基于客户和其他利益相关者的输入信息来确定产品所需的关键利益、属性和功能。在这一阶段采用一级定性研究方法将会特别有用，包括焦点小组、领先用户群体、在线论坛、客户现场访问、问卷调查和具体的多变量技术。概念开发，即概念评估阶段，概念测试是其中一项重要的工作。B 是易混淆项，在概念生成阶段也进行客户访问和调查，但是概念测试是在概念生成之后的阶段，即概念评估阶段，因此 B 错误。故选 C。

46. 答案：**D**。考点提示：**评分方法**。

产品概念生成阶段属于早期，处于模糊前端。没有具体的市场数据供财务提供评分标准，无法实现精准的 NPV 和 ROI 测算，只能初步评估，因此 A、B、C 不正确。应该建议高层先做非财务评估，早期的市场和技术评估对新产品的选择非常重要。因此选 D。

47. 答案：**C**。考点提示：**塔克曼模型**。

团队在执行阶段通过无摩擦的协作和努力来实现团队目标，因此团队效率最高。团队领导者能够将更多的工作授权给团队成员完成。因此本题选 D。

48. 答案：**B**。考点提示：**市场测试**。

市场测试的最终目的是验证新产品是否能为市场所接受。因此当 B 的情景出现时，市场测试就不太有必要。故选 B。

选项 A 错误，市场测试总是用于测试产品组合包。

选项 C 错误，模拟销售用于测试促销材料的有效性。

选项 D 错误，不同产品需要不同的测试方法，市场测试未必是最成功的方法。

49. 答案：**D**。考点提示：**跨职能团队的四种矩阵结构**。

四种矩阵结构模式中，自治水平最高的是"自主创业"的项目团队，它能适应高风险性的产品工作。因此本题选 D。

50. 答案：**A**。考点提示：**设计思维**。

设计思维是一种创造性的问题解决方法，或者说，以更全面、系统、协作的方式发现问题并创造性解决问题的方法。因此 A 正确。

基于头脑风暴的问题解决方法是头脑风暴，因此 B 不正确。

基于平面设计的问题解决技术是类似 CAD 或 CAM 的技术，因此 C 不正确。

使用有创造力的设计工具来开发新产品的概念是 TRIZ 法，因此 D 不正确。

51. 答案：**D**。考点提示：**聚合思维**。

在创意评估阶段，采用聚合思维通过各种途径收集事实和数据，再运用逻辑和知识寻找解决方案。因此本题选 D。

52. 答案：**B**。考点提示：**现值**。

现值 = 未来价值 / $(1+r)^n$，可算出复利 $r=9.6\%$，因此本题选 B。

53. 答案：**D**。考点提示：**现值**。

未来价值 = 现值 × $(1+r)^n$，7 年后的总收入 $=150×(1+8\%)^7=257$ 万元。因此本题选 D。

54. 答案：B。考点提示：新产品开发战略。

大多数组织需要首选持续式创新战略，寻找颠覆式创新的机遇。因此陈述 2 正确，陈述 1 错误，故选 B。

55. 答案：B。考点提示：营销战略。

营销组合包括产品、定价、促销、地点，所有因素要保持同步。制定营销组合应该与产品开发并行，目的是更好地与产品开发交互。因此选 B。

56. 答案：D。考点提示：新产品团队组织形式。

与轻量级团队相反，重量级团队认为项目优先于职能。项目负责人有权力、有威信指导团队成员专注于项目。在大多数情况下，团队领导者对团队成员的绩效考核有一定的影响，但薪酬、晋升和职业发展的最终决定权在职能经理。故选 D。

57. 答案：B。考点提示：产品团队职责。

产品战略由高级产品经理（如高级产品管理副总裁）正式制定。故选 B。

58. 答案：C。考点提示：非财务类评估。

非财务类评估的评分筛选因素有：销售潜力、战略一致性、技术可行性、竞争力。投资回报率是财务指标，而不是非财务类指标。因此选 C。

59. 答案：B。考点提示：焦点小组。

焦点小组的定义是：将 8 ～ 12 个市场参与者集中起来，在一位专业主持人的引导下进行讨论的一种定性市场调研方法。讨论的焦点是消费者问题、产品问题及其解决方法，讨论的结果不直接映射大众市场。因此选 B。

60. 答案：A。考点提示：质量屋。

质量屋的建立有以下六个步骤：①识别客户属性；②识别设计属性 / 要求；③连接客户属性与设计属性；④对竞争产品进行评估；⑤评估设计属性和开发目标；⑥确定要在接下来的流程中开发的设计属性。已经连接客户属性与设计属性，下一步就是对竞争产品进行评估，因此本题选 A。

61. 答案：D。考点提示：风险管理。

基于项目的风险是在产品开发阶段。基于产品的风险是在产品商业化之后。故选 D。

62. 答案：D。考点提示：产品设计。

产品设计需要考虑易制性、投放市场速度和客户需求，因此选 D。

63. 答案：D。考点提示：门径管理流程。

关口包括可交付成果、标准和输出。其中输出包括决策、下一阶段路径。下一阶段路径包括下一关口的日期和可交付成果。因此应该如何开发新药物不是从关口得到的信息，故选 D。

64. 答案：D。考点提示：组合管理。

组合管理的五大目标：价值最大化、项目平衡、战略协同、管道平衡、财务稳健。价值最大化是组合管理的主要目标，也是组合管理的好处，A、B、C 都能够最大化组合价值。故选 D。

65. 答案：A。考点提示：六西格玛。

DMAIC 是一种用于改进流程的数据驱动的质量战略。它是六西格玛的一个组成部分，但一般可以作为独立的质量改进流程或作为其他流程改进计划（如精益）的一部分。故选 A。

结构化流程是类似门径管理体系的新产品流程，因此 B 不正确。

把定性需要转换为定量参数是产品设计的目的，因此 C 不正确。

市场测试是预测未来销售，因此 D 不正确。

66. 答案：A。考点提示：绩效度量。

产品开发绩效度量的考虑因素包括寻找因果关系，做正确的事情，正确地做事，文化、氛围和组织。绩效度量的成本不是考虑因素，故选 A。

67. 答案：**A**。考点提示：置信水平。

置信水平是指对于真实结果落入置信区间内的信心有多大。一般而言，所需的置信水平越高，所需的样本量越大。因此本题选 A。

68. 答案：**C**。考点提示：气泡图。

饼状图是显示比例分布的工具。柱状图是显示分布情况（如资源分布）的工具。气泡图是风险与回报权衡的有效工具，用于平衡项目组合。仪表盘是显示项目绩效的工具。故选 C。

69. 答案：**A**。考点提示：项目管理。

关键路径：为成功完成项目所必须进行的一系列相关活动，将它们的完成时间以及完成任务的先后关系罗列出来，绘成图表，关键路径则是其中最长的连接路径，它决定了完成项目所需要的时间。因此选 A。

WBS 工作分解结构，将项目整体范围分解为完成该项目的最小任务。故 B 不正确。

项目进度包括实现项目目标的所需活动与关键里程碑。故 C 不正确。

关键路径就是项目所需时间，因此 D 不正确。

70. 答案：**A**。考点提示：净现值。

现值 = 未来价值 / (1+ 利率)^{期间数}。对比分析四个选项，三年的金额是相同的，时间越早现值越多的，净现值越高，A 选项在 4 年内就收回所有 5 万美元收益，而 B、C 选项则是在 5 年内收回 5 万美元收益。因此选 A。

71. 答案：**B**。考点提示：贝塔测试。

阿尔法测试检查产品是否符合设计。因此 A 不正确。

贝塔测试是在产品交付前由一部分最终用户完成的。若用户给出了反馈或报告了缺陷，那么随之进行的更改将不再变动。贝塔测试的主要目的在于，获得不同客户群体的反馈以及检查在不同类型的网络和硬件下产品的兼容性。因此本题选 B。

伽马测试检查产品质量是否达标。因此 C 不正确。

试销是在选定的市场范围内展开各种要素的营销活动。因此 D 不正确。

72. 答案：**C**。考点提示：精益流程。

敏捷方法是在合作环境下由自组织的团队进行产品迭代开发的过程。因此 A 不正确。

集成产品开发是系统地、综合地应用不同职能体系的成果和理念，有效、高效地开发新产品、满足客户需求的方式。因此 B 不正确。

精益产品开发有 13 条原则，题干中描述的首席工程师是只有精益使用的基本原则，根据这一点即可判定为精益。故选 C。

瀑布流程的五个典型阶段是需求、设计、实施、验证和维护。其特点是串行。因此 D 不正确。

73. 答案：**A**。考点提示：新产品流程。

开发阶段包括产品设计、原型制造、可制造性设计、制造准备和上市规划等，因此选 A。

74. 答案：**D**。考点提示：治理。

治理意味着采取高层级和战略性的视角，而不是陷入过程和项目细节。因此 A 正确。

高级经理或管理团队应当承担的治理责任之一是，保证新产品开发流程的整体有效性。也就是说，正确的过程应当是既有效又高效地专注于提供正确的结果。因此 B 正确。

治理可以指导项目、程序和项目组合管理中的活动的功能和流程。因此 C 正确。

治理的重点不在于业务的日常运营，而在于决策。因此 D 不正确，故选 D。

75. 答案：**B**。考点提示：技术 S 曲线。

题干关键词：多家公司推出网盘产品，激烈竞争。技术 S 曲线的三个阶段：引入期：技术性能有限；成长期：技术有显著改进，性能大幅提升；成熟期：技术瓶颈，性能提升停止。因此选 B。

76. 答案：**B**。考点提示：波士顿矩阵。

A、C、D 均正确。B 错误之处在于瘦狗产品所占市场份额较低，所处的市场增长较慢。故选 B。

77. 答案：B。考点提示：门径管理流程。

库珀强调，虽然流程的基本原理始终不变，但应该不断修改门径管理流程的应用以适应具体的情境。流程的数量不是一成不变的，也没有限制。故选 B。

78. 答案：D。考点提示：新产品流程。

题干所述是机会识别阶段，机会识别是确定方向的阶段，因此必须与战略紧密联系。重点是确定客户需求，找寻可用市场。目的是将市场和战略计划与技术可行性分析联系在一起，以确保合理的新产品机会进入到下一阶段。故 A、B、C 正确。D 项不正确，机会识别阶段市场人员和技术人员都应参与。故选 D。

79. 答案：D。考点提示：质量功能展开。

质量功能展开的优势：采用团队方法达成一致，促进跨职能讨论；让新产品开发团队聚焦于客户需求；从客户需求出发，质量功能展开为定义产品设计规范和工程设计需求提供了结构化的基础。故选 D。

80. 答案：A。考点提示：知识产权战略。

专利：在一定的时间阶段内生效的、由政府授权或许可的权利，特别指禁止他人制造、使用或销售一个发明的独有权利。

版权：在一定年限内，给予原创者独家的、指定的法律权利，包括印刷、出版、表演、放映、录制文学艺术或音乐材料。

植物品种权：给予独家权利生产和销售某种可繁殖的植物。

商业秘密：在一个组织内保持秘密状态的与知识产权相关的信息。

因此本题选 A。

81. 答案：C。考点提示：敏捷。

在冲刺规划会议上，产品主管（分配工作的人）和开发团队商讨并确定此次冲刺所要完成的工作。用 DoD（Definition of Done，完成的定义）来表示工作是否已完成，不同的活动有不同的完成定义。DoD 分为迭代 DoD、发布 DoD、版本 DoD、每日 DoD、用户故事 DoD。本题指的是迭代 DoD（也叫冲刺 DoD）。因此选 C。

82. 答案：C。考点提示：风险管理。

风险缓解是为了将风险的影响和（或）可能性降低到一个可承受的程度而采取的行动。因此选 C。

83. 答案：C。考点提示：大数据。

大数据是规模极大的数据集，经由计算分析可揭示某种模式、趋势和关联性，尤其是与人类行为及其交互相关的方面。故选 C。

84. 答案：A。考点提示：跨职能团队。

分析题干中的关键信息，单一产品，多个环节，每个环节都有领导负责，接受高级管理人员协调，这符合职能型团队的特点，因此答案选 A。

85. 答案：A。考点提示：迈尔斯和斯诺框架。

分析题干，公司的新产品主要聚焦于技术。在产品刚推出的前两年并没有得到市场重视，但在第三年，这款产品开始受到客户追捧，销售量直线上升。符合颠覆式创新产品的特点，即新产品或新服务聚焦于满足现有产品或市场中的一个细分市场的需求。虽然新产品与现有产品相比在某些方面有所不足，但是新产品为一个细分市场内的客户提供了他们看重的独特功能，这些客户能够引导或极大地影响整体市场的需求。由此，新产品在市场内立稳脚跟。经过一段时间后，新产品的整体性能改进到一定程度，越来越多的客户"被转化"。这时，该产品的新性能的价值远远超过了某些功能或性能不足所造成的影响。故选 C。

86. 答案：D。考点提示：波特战略框架。

针对需求是细分市场战略，故陈述 1 错误；针对产品性能是差异化战略，故陈述 2 错误。故选 D。

87. 答案：A。考点提示：技术 S 曲线。

技术 S 曲线基本上显示了大多数技术的生命周期阶段。引入期：技术的最初启用阶段，技术性能往往有限，技术进展缓慢；成长期：技术显著改进、性能大幅提高；成熟期：科学限制和缺乏导致该技术无法实现进一步发展，或是一项新的技术已经取代该技术。

分析题干，区块链技术处于初期实验阶段，属于技术的引入期。故选 A。

88. 答案：B。考点提示：多维尺度分析。

因子分析方法：其一，减少变量的数量；其二，找出变量之间的结构关系。在产品开发中，因子分析能够用于关键变量的优先级排序和分组。因此 A 不正确。

多维尺度分析：以可视化手段表现一个数据集中各个用案之间的相似度；该方法能够以可视化手段呈现出客户眼中十分相似的产品，这一点极为有用；借助多个区域的产品分销推断出消费者眼中各个维度的重要性；该方法也能为发现现有产品的缺陷提供参考。故选 B。

联合分析：用于确定人们对构成一个产品或服务的不同属性（特性、功能、利益）的看重程度。联合分析的目的是，确定最能影响客户选择或决策的属性组合，组合中的属性数量是既定的。因此 C 不正确。

多元回归分析：是指在相关变量中将一个变量视为因变量，其他一个或多个变量视为自变量，建立多个变量之间线性或非线性数学模型的数量关系式，并利用样本数据进行分析的统计分析方法。因此 D 不正确。

89. 答案：A。考点提示：产品经理职责。

产品经理职责：通过不断监控和修正营销组合要素，如产品自身及其特性、沟通策略、销售渠道和价格，确保产品或服务总能充分满足客户的需求。故选 A。

90. 答案：A。考点提示：敏捷。

软件开发，又要适应广大客户的需求，最好的开发流程是敏捷。因此本题选 A。

精益的本质是消除浪费。因此 B 不正确。

门径管理的核心特点是阶段性决策。因此 C 不正确。

瀑布多用于制造业等重资产项目，其特点是串行流程。因此 D 不正确。

91. 答案：A。考点提示：生命周期评估模型。

生命周期评估模型：该分析考察产品的整个生命周期，包括资源开采、材料生产、制造、产品使用、产品生命结束后的处置，以及在所有这些阶段间发生的运输传递。因此选 A。

92. 答案：B。考点提示：亲和图。

民主投票是通过每个人参与投票的方式来进行决策。故 A 不正确。

亲和图适合将创意进行快速分类。故 B 正确。

SWOT 分析组织的优势、劣势、机会和威胁，有助于发现问题。故 C 不正确。

情景分析是基于推测的故事和通用人物，来研究客户选择和购买产品的行为。故 D 不正确。

93. 答案：B。考点提示：新式上市路径。

老式路径是事后考点"去哪里促销"，新式路径则是同时考虑四个象限。因此选 B。

94. 答案：A。考点提示：组合管理。

组合管理由两个活动组成：组合选择和组合审查。组合管理是处于动态环境中的决策过程，需要持续不断地审查。

A 项，组合开发是指组合选择，组合维护是指组合审查。故选 A。

B 项错误，组合管理是个持续的过程。

C 项错误，组合支持不是组合管理的主要方面。

D 项错误，与组合管理无关。

95. 答案：D。考点提示：财务分析。

财务分析的缺点是：①得到准确数据是非常困难的；②没有从技术和市场的角度充分考虑到开发的风险；③财务方法只考虑了营业额和成本，并没有反映必要的商业战略。因此选 D。

96. 答案：C。考点提示：财务分析。

根据题干要求需要同时符合：①收益率高于 20%；②现金流量表最高。综合比较只能选择 C。

97. 答案：**B**。考点提示：**质量屋**。

质量屋的建立有以下六个步骤：①标识客户属性；②识别设计属性/要求；③连接客户属性与设计属性；④对竞争产品进行评估；⑤评估设计属性和开发目标；⑥确定要在剩余部分中开发的设计属性。因此选 B。

98. 答案：**D**。考点提示：**组合管理**。

库珀等人提出了在组合管理中实现战略协同的三大目标：战略匹配、战略贡献、战略优先级。因此选 D。

99. 答案：**C**。考点提示：**持续性创新**。

持续性创新：不创造新市场或新价值网络，而是在现有的基础上开发出价值更高的产品或服务，使得公司在与其他人的持续改进竞争中占据优势。因此选 C。

100. 答案：**B**。考点提示：**产品路线图**。

制定产品路线图的目的是向内部团队和外部利益相关者传达项目的方向和进展。故选 B。

A 项错误，产品线路图的指导是贯穿于产品生命周期的一个连续过程。

C 项错误，产品线路图可服务于单个产品或一组产品。

D 项错误，产品线路图适用于新产品的敏捷开发流程。

101. 答案：**D**。考点提示：**产品生命周期**。

产品处于衰退阶段的战略：维护产品，还可以通过增加新特性和发现新用途重新定位该产品；通过降低成本收割产品；持续提供产品，但是产品只投放入忠诚的利基细分市场；让产品退出市场，仅保留部分存货，或者将该产品卖给别的公司。因此选 D。

102. 答案：**A**。考点提示：**跨职能团队**。

职能型组织在两种情景下有其优势：①一次只做一个项目的公司；②虽然公司同时开发了很多产品，但是没有一个项目的规模大到有必要任命一个专属的团队领导。轻微产品变化没必要任命一个专属的团队领导，更适合职能型团队。因此选 A。

103. 答案：**D**。考点提示：**财务分析**。

贴现值与企业当前的现金流有关，而与回收现金流的时间无关。因此 A 不正确。

经济利润应考虑资金的机会成本。经济利润 = 净利润 − 资金收益，因此经济利润率与回收现金流的时间无关。因此 B 不正确。

门槛收益率是投资回报率的变形，投资回报率设定某一个门槛值，则是门槛收益率，因此门槛收益率与回收现金流的时间无关。因此 C 不正确。

盈亏平衡点是快速回收现金流的重要项目指标，故 D 正确。

104. 答案：**A**。考点提示：**细分市场战略**。

市场竞争激烈，但是客户对产品的差异化不敏感，所以玛丽最好制造产品差异，用细分市场战略，因此本题选 A。

105. 答案：**A**。考点提示：**循环经济**。

循环经济的目标是在产品生命周期中创造闭环。其原理如下所述：

原理 1：通过控制库存商品以及平衡可再生资源的流动，保护并增加自然资源；

原理 2：通过循环利用产品、零部件和原材料实现资源产出的优化，在技术和生物周期中保持利用率最大化；

原理 3：通过揭露和消除负面的外部影响来提升系统效率。

因此选 A。

106. 答案：**C**。考点提示：**六西格玛设计**。

六西格玛的应用专注于设计或重新设计产品和服务及其支持流程，以满足客户的需求和期望。题干中提到该企业是制造型企业，需要重新定义产品战略，适合用六西格玛设计。因此选 C。

107. 答案：A。考点提示：门径管理流程。

来自不同职能部门的跨职能管理团队通常需要在新产品开发过程中批准某个项目，这些管理者可能来自技术或者研发，销售或者市场，运营和制造，金融或者财务等部门，把关者不一定来自于高层。因此选 A。

108. 答案：B。考点提示：项目管理。

历史数据：利用过往项目中特定的数据作为预算估计的基础。因此 A 不正确。

参照法是根据过去已经完成的类似项目推测该项目的成本。故选 B。

自下而上是识别所有单个成本要素，加总得到整个项目的成本要素。因此 C 不正确。

D. 没有自上而下这样的估算方法。因此 D 不正确。

109. 答案：B。考点提示：分析者。

能承担适度的风险，经常开发出模仿型产品，有时候会采用逆向工程和设计改进的技能，进行产品和市场的分析。这是分析者的特点。因此本题选 B。

110. 答案：A。考点提示：ATAR 模型。

利润 = 销量 × 单位利润。单位利润已知，需计算销量。销量 = 购买人数 2 500 000 × 知晓百分比 30% × 试用百分比 20% × 可获得性百分比 40% × 重复购买百分比 40% × 年度购买次数 2 次 =48 000。利润 =48 000×4=192 000。题干中调整试用百分比和可获得性百分比后，销量 =2 500 000×30%×30%×20%×40%×2=36000。利润 =36 000×4=144 000。因此选 A。

111. 答案：C。考点提示：新产品流程。

产品定价和产品的成本信息是阶段关口进行到后期的产物，排除 A、B。是在上市阶段前需要完成的交付物，排除 D。在第三阶段开发阶段，要制订详细的市场发布计划，这是市场计划的第一部分，包括定价、配送、促销、销售队伍等。开发阶段可以得到准确度较高的财务估算，及更为全面的商业论证，其中包括新产品的定价及成本信息。故选 C。

112. 答案：D。考点提示：技术 S 曲线。

一项新的技术已经取代该技术的阶段仍然是在成熟期，技术 S 曲线中没有衰退期。因此本题选 D。

113. 答案：C。考点提示：概念测试。

概念测试是向消费者提供概念说明以记录反馈的过程，目的是确定潜在客户是否真的需要所建议的产品，而与产品价格、功能等因素无关，因此 A、B、D 不正确，故选 C。

114. 答案：B。考点提示：组合指标。

评定组合标准的目的是评定项目，以获得活跃项目。因此 A 不正确。

组合指标是用来评价现有或计划中的产品开发项目，以协调和平衡各方力量的一系列关键指标。因此 B 正确。

迭代开发是敏捷的特性，与组合标准无关。因此 C 不正确。

组合指标的目的不是生成创意，而是评定项目。因此 D 不正确。

115. 答案：B。考点提示：TRIZ。

书面头脑风暴法，又称为脑力书写，是参与者不通过口头表达来传递创意，而是写下用于解决具体问题的创意。然后，每个参与者将他们的创意传递给其他人。后者写出自己的看法，再将创意传递给下一个人。大约 15 分钟后，将这些创意收集在一起，进行小组讨论。因此 A 不正确。

TRIZ 中更具规范性的工具有：40 个问题解决原则；分离原则；技术演化和技术预测的规律；76 个标准解。其中，40 个问题解决原则是最常用的。因此 B 正确，故选 B。

六项思考帽是由爱德华·德·博诺开发的思维工具，鼓励团队成员将思维模式分成六种明确的职能和角色。每种角色对应一个颜色的"思考帽"。因此 C 不正确。

NPDP 中没有科学方法这一说法，因此 D 不正确。

116. 答案：B。考点提示：新产品开发流程。

新产品开发流程是为了将最初的想法不断转化为可销售的产品和服务，公司所开展的一系列条理化的任务和工作流程。

选项A错误，在新产品的开发进入下一阶段前要经历关口，关口的控制者并不一定是高层管理者，在大多数公司中，管理人员只有在针对大部分项目的关口3、4、5时才会参加进来，而那些早期的或者只针对少数项目的关口只会由中层管理人员来处理。

选项C是项目组合管理的内容，排除。

选项D应该是提高产品成功的可能性，排除。

117.答案：D。考点提示：产品创新章程。

产品创新章程中的目标和目的：为经营战略做出贡献的特定目标。例如，在新市场中的份额、当前市场份额的增加。经营目标利润、销售量、成本削减、生产力增加。项目相关的目标——财务预算、上市时间。每个目的或目标应该对应着具体的、可衡量的成功标准——绩效指标。故选D。

118.答案：B。考点提示：波士顿矩阵。

收入高，营业表现稳定，现金流表现良好，这是现金牛产品的特征。因此本题选B。

119.答案：B。考点提示：集成产品开发成熟度。

基于集成产品开发系统的组织实践层级：第1步，基本工具；第2步，项目与团队：项目管理、跨职能团队、可制造性设计；第3步，聚焦客户：客户心声、基于客户需求进行设计；第4步，战略与组合：产品战略、项目选择战略、绩效度量；第5步，知识、技能与创新：知识获取与管理、能力开发、创新文化开发。因此知识采集和管理，以及创新文化的发展是集成产品开发系统成熟度的最高层级，故选B。

120.答案：C。考点提示：新产品团队的组织形式。

对成员的绩效考核有一定的影响，但成员的薪酬、晋升等决定权在职能经理手中，这是典型的重量型团队的特点。故选C。

121.答案：B。考点提示：组合管理。

史蒂文忙于各种项目，说明不了资源使用不足。故A不正确。

自从产品项目启动后，史蒂文就忙于应付各种项目的专家指导。故B正确。

史蒂文各种救火，看不出能力不够。故C不正确。

从题意中无法看到关口控制不力。故D不正确。

122.答案：A。考点提示：可持续性开发。

可持续开发的定义是：一种发展模式，既能够满足当代人的需求，又不会损害后代满足自身需求的能力。故选A。

123.答案：C。考点提示：组合选择和审查。

组合管理是一个不间断的、持续性的评估过程，因此A正确。

组合优化应根据战略目标进行优化，因此B正确。

组合选择和审查是处于动态环境中的决策过程，需要持续不断地审查。因此C错误，本题选C。

组合管理过程是用来提高产品成功可能性的，因此D正确。

124.答案：D。考点提示：敏捷。

在划分产品待办列表的优先级和罗列需求时，产品主管是代表客户利益、拥有最终决定权的那个人。因此A不正确。

首席执行官是公司高层，不负责冲刺周期，因此B不正确。

流程拥护者对新产品开发过程中的战略结果负责，与高管一起确保新产品系统按照过程顺利进行，平衡资源，确保战略一致性等。因此C不正确。

冲刺周期由敏捷教练确定，因此选D。

125.答案：B。考点提示：气泡图。

在开发和展示产品组合时，图像描绘方法是十分有效的。其中，气泡图是最常用的图像描绘工具。选项A、D是气泡图常见的两个维度，选项C是用每个气泡的大小来表示。B项挣值无法在气泡图中显现，故选B。

126. 答案: C。考点提示: 二者结合法。

这是项目选择和持续审查二者结合的方法。二者结合方法综合了自下而上和自上而下的方法的优势，因此本题选 C。

127. 答案: C。考点提示: 产品组合与战略的关系。

探索者战略的特点是比较冒进，愿意尝试冒险，愿意有更多的突破型项目。根据题干中各类项目的比例，很明显突破型项目的占比并不是占绝对优势。因此选 C。

128. 答案: A。考点提示: 产品生命周期。

产品生命周期的阶段为:

引入阶段: 公司要为产品建立市场知晓度，开发市场。

成长阶段: 公司要建立品牌偏好，增加市场份额。

成熟阶段: 竞争加剧，公司要维护市场份额，实现利润最大化。

衰退阶段: 销售额开始下降，公司需要对产品何去何从做出艰难的决策。

题干中提到，公司在建立产品品牌知名度的同时也在开发市场，这属于引入阶段，故选 A。

129. 答案: C。考点提示: 产品使用测试。

阿尔法测试: 对原始设计的首次重要检查，通常在公司内完成。阿尔法测试的结果可证明产品是否按照规格设计，也可发现产品的不足之处。测试环境应当尽可能模仿产品将来的实际使用环境。

贝塔测试: 与阿尔法测试相比，是测试维度更为广泛的一种测试方法，由实际使用者和消费者来施行。其目的是判断在实际使用环境中产品的性能如何。

伽马验证: 一种产品使用测试，用来衡量产品能在多大程度上满足目标消费者的需求、是否有效解决了产品开发中的关键问题。

因此选 C。

130. 答案: D。考点提示: 产品属性层次。

产品的三个层次: 第一层是核心产品，即目标市场将从产品中获得的利益; 第二层是有形产品，即赋予产品外观和功能的物理和美学设计; 第三层是附加产品，即产品所提供的额外利益，可以是免费的，也可以因此使产品价格更高，包括安装、售后服务、质保、送货和信用等。D 是免费的附加性能，故选 D。

131. 答案: A。考点提示: 市场研究。

机会识别阶段市场研究的目的是识别市场机遇和市场细分，因此 A 正确。

了解顾客需求是概念生成阶段的目的，因此 B 不正确。

C. 寻找投资项目和决定是否有市场潜力是立项阶段的目的，因此 C 不正确。

D. 测试设计和验证新产品设计是开发阶段的目的，因此 D 不正确。

132. 答案: A。考点提示: 市场研究。

支持所有市场研究的六个步骤:

（1）定义问题。清楚陈述你要寻求什么，或者你要回答什么问题。

（2）确定结果的精确程度。可信度要达到什么水平，或者具体的统计信度和试验误差为多少。

（3）收集数据。选择和应用合适的方法收集数据，根据问题确定所需的数据精度。

（4）分析和解释。进行数据分析，基于所提出的问题进行总结。

（5）得出结论。联系问题对数据结果进行解读，得出具体的结论。

（6）应用。将发现和结论用于所定义的问题。

因此选 A。

133. 答案: A。考点提示: 门径管理流程。

门径管理流程每个阶段后面都有一个关口，流程进展至此处时，需要做出有关项目未来的关键决策，关口处必须给出明确的输出内容，包括决策（通过/枪毙/搁置/重做）及下一阶段的路径（通过审批的项目计划、下一个关口的日期和可交付成果）。以此来平衡产品开发流程中的风险。

134. 答案: D。考点提示: 市场研究。

在很大程度上, 统计信度决定了在新产品流程的具体阶段中市场研究工具的适用性。特别是随着新产品流程的推进, 对信息可靠度的要求逐渐提高。这是因为, 在信息缺失或错误的情况下做出的决策所导致的项目成本和风险会随之增加。因此 A、C 错误。

B 项, 客户需求信息应该在前期阶段提供, 因此 B 错误。D 项, 流程后期阶段, 为了最小化风险, 财务分析更加严格, 分析所依据的数据必须更为可靠, 通过市场研究提供统计学上可靠的信息非常必要。因此 D 正确。

135. 答案: B。考点提示: 集成产品开发。

系统地、综合地应用不同职能体系的成果和理念, 有效、高效地开发新产品、满足客户需求的方式, 这是集成产品开发的特点。因此本题选 B。

136. 答案: A。考点提示: 财务分析。

净现值 NPV= 现值 - 成本, 是通过每年的现金流计算得出的。故选 A。

投资回报率 ROI= 项目收益 / 投资, 反映的是回报率, 不是现金流。因此 B 不正确。

内部收益率 IRR 是净现值为零的贴现率, 反映的是贴现率, 不是现金流。因此 C 不正确。

投资回收期 PBP 是项目追回成本的时间, 反映的是时间, 不是现金流。因此 D 不正确。

137. 答案: C。考点提示: 精益。

关注每小时或每单元产生的利润、对设计者或开发者的有效利用或单位时间内完成更多的项目, 这都是精益产品开发有关于生产率的内容。因此本题选 C。

138. 答案: B。考点提示: 资源配置角色。

在资源配置的过程中, 有四个重要的角色: 项目经理、资源主管、资源规划负责人、产品规划负责人。因此流程经理不是资源配置角色, 故选 B。

139. 答案: A。考点提示: 产品三层次。

有形性能: 赋予产品外观和功能的物理和美学设计。包括包装、性能、风格、质量、品牌等。

选项 A 是产品的有形性能; 选项 B 是产品的附加性能; 选项 C 是营销组合。因此选 A。

140. 答案: D。考点提示: 平衡组合。

为了达到良好的风险与回报平衡, 大多数组织应该尝试在产品组合中加入一系列新产品机会。新产品机会的分类标准: 突破型项目、衍生型项目、平台型项目、支持型项目; 研发成本、商业化成本; 潜在的回报或利益; 风险水平——开发阶段或商业化阶段; 技术难度——开发或维护; 上市时间——从决定开发到获得商业回报的时间; 设施设备上的资金投入; 知识产权的价值创造潜力。

题干中衡量投资组合变量的目的是平衡组合, 需要从多个方面考虑新产品的机会, 包括成本、风险、技术、上市时间、资金投入、知识产权等。故选 D。

141. 答案: A。考点提示: 新产品运营。

新产品转化为主要业务后, 需要与运营团队交接过渡一段时间, 才能确保顺利切换到主流业务上。故 A 正确。

新产品转化为主要业务后, 不可能马上产生收入和盈利, 故 B 不正确。

新产品转化为主要业务后, 新产品团队不能马上分配到其他项目团队, 需要等交接结束后, 才能解散。故 C 不正确。

新产品转化为主要业务后, 产品团队与运营团队需要共同构建新产品的运营平台, 而不能追求短期利益。故 D 不正确。

142. 答案: D。考点提示: 创意工具。

头脑风暴是利用群体的力量来创造性地解决问题的方法。故 A 不正确。

名义小组技术是对输出的想法进行排序或优先级划分, 是用于解决团队问题、有效决策的工具之一。故 B 不正确。

脑力写作是不断传递想法的思维技术。故 C 不正确。

分布在五个国家和地区——不能面对面,协同——需要电子设备,产生更多创意——头脑风暴。因此 D 项最合适,电子头脑风暴适合利用网络技术进行头脑风暴,产生更多创意。

143. 答案: A。考点提示: **文化和氛围**。

题干中的种种现象是缺乏创新文化的体现,因此应该先建议营造组织文化。因此本题选 A。

144. 答案: C。考点提示: **战略的定义**。

战略的目的是资源的有效聚焦,因此选 C。

A 项,战略不是单纯地玩游戏,因此 A 不正确。

B 项,资源分配是组合管理的主要职责,因此 B 不正确。

D 项,战术是实现战略的手段,因此 D 不正确。

145. 答案: A。考点提示: **新产品开发流程**。

新产品流程的定义为:为了将最初的想法不断转化为可销售的产品和服务,公司所开展的一系列条理化的任务和工作流程。因此选 A。

146. 答案: A。考点提示: **塔克曼模型**。

在开始的一个星期,团队成员们开始一起工作,尝试着去了解她的新同事。这属于团队形成的创建阶段。因此本题选 A。

147. 答案: B。考点提示: **财务分析**。

大部分数据为假设,不能作为评估的全部,但作为重要组成部分,需要对关键数据的准确性再次分析。在销售和财务预测方面存在的主要问题的解决方法:确保你有最好的市场研究方法,即在预算内的最佳方法。从广泛的来源(内部和外部)收集信息,尽可能验证你的估计。接受较为可靠的预测,但同时必须做好准备应对预测结果所显示的潜在风险。运用"假设"或"敏感性"分析确定不同预测结果的影响,运用概率模型模拟系列的预测结果及其发生的可能性。故选 B。

148. 答案: B。考点提示: **新产品流程**。

第一个关口是创意筛选,是为了发现新的产品创意,此时的关口评价是为了给新产品指一个正确的方向。

选项 A 是关口 2 二次筛选的关注重点。

选项 C 是关口 3 进入开发的关注重点。

选项 D 是关口 5 进入上市的关注重点。

因此选 B。

149. 答案: D。考点提示: **产品生命周期**。

产品生命周期的各个阶段,不同的营销组合元素(产品、定价、分销和促销)对应着不同的战略。

选项 A,有效调配资源是组合管理要做的。

选项 B,明确产品发展的阶段不是所谓的价值,而是要在此基础上采用不同的组合策略。

选项 C,预测收益也不是管理产品生命周期的价值。

故选 D。

150. 答案: C。考点提示: **产品团队形式**。

新模块的开发,说明是重量级或者自主型,对于成员的绩效工资提出建议,而不是决定,所以是重量级团队。故选 C。

151. 答案: B。考点提示: **产品团队个性类型**。

团队中所需要的个性类型包括:有创造力的产品开发者、企业家、项目领导者、发起倡议者、信息处理者、氛围制造者。因此选 B。

152. 答案: B。考点提示: **范围蔓延与镀金**。

范围蔓延,未对时间、成本和资源做调整,是未经控制的功能范围的扩散;镀金,指在定义的工作范围以外,项目团队主动增加的额外工作。因此陈述 2 正确,陈述 1 错误,故选 B。

153.答案：A。考点提示：市场细分。

市场细分被定义为一个分析方法，这个方法能将一个异质性大型市场细分为许多较小的同质性市场。划分方式有：按人口统计划分（男或女，老或少，贫或富），按行为划分（电话订购、网购、零售、现金支付或信用卡支付），或者按态度度划分（认为小店品牌可媲美全国连锁品牌，或不然）。同时，有诸多识别细分市场的分析工具，如集群分析法、因子分析法和差异分析法。但是，最普遍的方法相对简单，即首先提出一个可能的细分市场定义，然后测试经由该定义得到的细分差异是否具有统计学上的意义。故选 A。

B 项，市场细分不考虑市场份额。因此 B 不正确。

C 项，市场细分是确定营销战略的其中一步，不应该在销售结束那么靠后的阶段去做。因此 C 不正确。

D 项，描述有问题，是可以按照市场细分来针对性地做广告的，典型的例子是同一产品在欧美市场和亚洲市场的广告可能是不同的。因此 D 不正确。

154.答案：C。考点提示：产品详细规范。

在技术规范阶段，应该描述提供给产品制造商的规格。因此本题选 C。

155.答案：D。考点提示：走向上市战略。

新式路径的四个象限是：①什么：出售什么？②谁：向谁出售产品？③如何：如何将产品推向目标市场？④哪里：在哪里进行促销？因此选 D。

156.答案：C。考点提示：DFX 卓越设计系统。

并行工程是指产品设计与制造工艺开发并行。故 A 不正确。

计算机辅助设计（CAD）和计算机辅助工程（CAE）的软件是设计人员和工程师使用计算机来完成设计工作的工具。故 B、D 不正确。

DFX 卓越设计系统考虑生命周期的所有问题。故 C 正确。

157.答案：A。考点提示：DFSS。

DFSS 方法适用于设计新产品和新流程以满足客户需求。因此本题选 A。

158.答案：D。考点提示：技术路线图。

产品路线图：是将短期和长期业务目标与特定产品创新的解决方案进行匹配，以实现这些目标的一份计划。

安索夫矩阵：协助管理层从营销的角度理解增长战略的工具。

气泡图：组合平衡的工具，通常气泡图通过风险和回报来描绘项目。

技术路线图：确保新产品所需的技术规划与整体规划协同一致。

159.答案：D。考点提示：净现值。

很多考生看到项目四第一年就收回了 50 000 元就直接选择 D 项，但是仍然建议大家实际计算一遍，D 项虽然正确，但和 B 项实际上只差了几百元。

项目 1 到项目 4 的净现值分别为 79 175、82 187、76 162、82 406。D 项最高，故选 D。

160.答案：D。考点提示：度量指标。

高层管理者汇报时常用的度量指标有：活力指数（当年销售收入中来自过去 N 年开发的产品的比例）；研发费用占收入的百分比；盈亏平衡时间或盈利时间；专利申请和授予的数量；在一定时期内新产品发布数量。因此本题选 D。

161.答案：C。考点提示：产品创新章程。

聚焦领域：该部分描述了目标市场、关键技术和营销方法等，因此不包含项目的战略和目的，故 A 不正确。

目的和目标：包括经营目标、项目目标、绩效指标等，产品创新章程（PIC）中的目的和目标部分定义了项目的关键成功要素，故 B 不正确。

背景：该部分描述了项目目的、与战略的关系、为什么做这个项目等信息。故 C 正确。

特殊原则：该部分描述了项目团队内的工作关系、项目汇报频率和形式等。因此不包含项目的战略和目的，故 D 不正确。

162. 答案：B。考点提示：营销战略。

营销战略需要基于业务目标来制定，而业务目标是从经营战略而来的，所以营销战略需要符合整体经营战略，故 B 正确。

A 项，不能由单一部门来做，而应该采用跨职能部门的方式。故 A 不正确。

C 项，营销战略要不定期地更新维护，五年周期太长了。故 C 不正确。

D 项，营销战略需要对业务战略起到支撑和贡献的作用。故 D 不正确。

163. 答案：D。考点提示：门径管理流程。

关口是产品开发流程中的一个确定节点。流程进展至此处时，需要做出有关项目未来的关键决策，包括可交付成果、标准、输出。故选 D。

164. 答案：C。考点提示：一级研究。

为公司的具体需求直接参与信息收集。可能的市场研究方法包括焦点小组、问卷调查、个人访谈和观察等。这是一级市场研究的方法。因此本题选 C。

165. 答案：B。考点提示：现值。

现值 = 未来价值 /（1+ 利率）^{期间数}。$120 \times (1+x)^7 = 136$，$x = 1.8\%$。故选 B。

166. 答案：B。考点提示：次级研究。

基于最初由他人收集而来的数据进行的研究。这是次级市场研究的方法。因此本题选 B。

167. 答案：D。考点提示：产品开发流程。

结构化新产品开发流程的优点是：采用跨职能团队，可以更好地进行组织沟通和思考，前期的各项评估工作能帮助选准重点，做出通过 / 终止决策，并行处理的开发过程能加速新产品的上市过程。因此选 D。

168. 答案：B。考点提示：能力战略。

能力战略的类型有：聚焦于内部能力，部分或全部依靠外部能力，结合内部、外部能力。故选 B。

169. 答案：B。考点提示：突破式创新。

突破式创新主要聚焦于纯技术。因此它是用新技术来开发新产品。例如，基因工程和生物医药技术对制药企业有重大影响。故选 B。

170. 答案：C。考点提示：人种学。

人种学市场研究的优点之一就是有机会了解客户真正看重的东西。因此本题选 C。

171. 答案：A。考点提示：人种学。

人种学：研究客户及其相关环境的一种定性的、描述性的市场调研方法。研究者在现场观察客户及其所处环境，以获得对他们的生活方式或文化环境的深刻理解，从而获得有关客户需求和问题的基本信息。

多变量分析：探讨一个结果变量（也称作因变量）与一个或多个预测变量（也称作自变量）之间的关系。

焦点小组：将 8 ～ 12 个市场参与者集中起来，在一位专业主持人的引导下进行讨论的一种定性的市场调研方法。讨论的焦点是消费者问题、产品、问题的潜在解决方法，讨论的结果不直接反映大众市场。

社交媒体：开启了一系列市场交流和收集信息的方法，提供了与客户进行互动的媒介。

人种学有助于公司了解消费者的多个方面，包括文化趋势、生活风格等，以描绘出消费者的完整画面，并呈现出产品和服务如何融入消费者日常生活中的，故选 A。

172. 答案：A。考点提示：价值主张。

新产品给客户带来的利益是价值主张。价值主张的定义是：有关产品概念在哪些维度上如何向潜在客户传递价值的一份陈述，陈述应是简短且明确的。"价值"的本质根植于客户从新产品中获得的利益和客户的支付价格之间的权衡。因此选 A。

173. 答案：A。考点提示：TRIZ。

分析题干，先找到具体问题，再结合实际情况思考，生成具体的解决方案，这是一种找到并解决客户问题的方法。A 正确。B 项与题干无关。C 项，这是一种发现新创意的方法，但不是发现新技术的绝佳方法。D 项，重点在于解决问题，这是一种寻找创意的过程，而非评估创意。

174. 答案：D。考点提示：社交媒体。

社交媒体依靠可快捷方便地直达目标客户的属性，成为产品开发中一个极佳的市场研究工具，可以用来发掘机会、了解客户需求和提出使产品更易于接受的产品改进。因此本题选 D。

175. 答案：A。考点提示：波特的战略框架。

差异化战略强调"亲近客户，充分理解他们当前的需求"，细分市场非常强调"亲近客户，充分理解当下目标市场的需求和所预测的未来需求"，两者看起来相似，差别在于程度，细分市场战略要比差异化战略更亲近。故选 A，不选 C。D 项探索者战略强调的是敢于冒险，使用新技术，上市更快。B 项防御者战略是已经有了稳定的客户市场，更注重防御竞争威胁。

176. 答案：B。考点提示：新产品成功的途径。

实现新产品成功的两个途径：正确地完成项目，完成正确的项目。找到一个好的想法，开发正确的项目，很好地执行，正确地完成项目。B 选项是 A、C、D 的前提和基础，故选 B。

177. 答案：B。考点提示：迈尔斯和斯诺战略。

根据题干的描述，这家公司是在智能机床这个利基市场进行竞争，而且提供一系列的产品。这些都符合防御者战略的特点。

采用防御者战略的公司属于风险厌恶型，聚焦于狭窄的、稳定的市场和产品类别；聚焦于核心能力甚至某个单一技术；拒绝突然性开发项目；对竞争威胁反应敏捷；在其聚焦的产品类别中，拥有全系列产品；新产品开发聚焦于产品的改进；通常不具备技术进攻性。故选 B。

178. 答案：D。考点提示：组合管理。

A 项不正确，新产品开发主要还是为了盈利。

B 项不正确，新产品开发阶段是一个结构化的流程，保证产品的开发过程在受控状态中。

C 项不正确，通过产品组合管理来管理产品的开发，而不是每一个产品都单独开发。

D 项正确，新产品开发通过组合管理，聚焦于有效的资源管理。

179. 答案：B。考点提示：财务分析。

根据题干信息，可得出以下财务分析数据，具体见下表。

年	第1年	第2年	第3年	第4年	第5年
收益	3500	10 800	15 000	20 000	21 000
成本	8370	3500	4800	7800	8000
现金流	-4870	7300	10 200	12 200	13 000
折现系数	0.909	0.826	0.751	0.683	0.621
现值	-4427	6033	7663	8333	8072

净现值 = -4427 + 6033 + 7663 + 8333 + 8072 = 25 674。故选 B。

180. 答案：C。考点提示：自主型团队。

自主型团队的成员不一定都是有经验的，需要互补性技能。因此 A 不正确。

自主型团队的目的是实现突破性创新，不是单纯承担创意从设计、开发到全面部署的过程。因此 B 不正确。

自主型团队是一个完全自给自足的项目团队，几乎很少与资金来源方有关联，有时也称作老虎团队。为了给市场带来突破性创新，通常采用这种组织模式。故选 C。

自主型团队是自给自足的团队，与主体组织隔离，而不是主体组织的一部分。因此 D 不正确。

181. 答案：**D**。考点提示：**模糊前端**。

模糊前端占据了新产品开发流程中开发阶段开始之前的阶段。在这个阶段完成的时间节点，需要完成详细的市场、技术及商业可行性分析，进行综合评估以后才会进入开发阶段。

A 项，想法，也就是创意，是在早期阶段产生的，想法的明确并不能带领开发团队走出模糊阶段，后面还需要继续进行概念的开发、评估及可行性评估等过程。因此 A 不正确。

B 项，产品的需求仍然需要进一步明确成为概念，然后继续对概念进行评估，产品概念的明确是走出模糊前端进入开发阶段的条件。因此 B 不正确。

C 项，产品开发路线与模糊前端无关。C 不正确。

D 项，从 NPDP 新产品开发的五个阶段——机会识别、概念生成、概念评估、开发、上市的角度来说，前三个阶段处于模糊阶段的目的是要逐步创造出概念，并对概念进行评估，最终筛选出合适的概念来进行开发，符合 NPDP 的原则。故选 D。

182. 答案：**A**。考点提示：**三重约束**。

项目管理三要素为范围、成本、进度。题干中指出老板关注现金流，预算要经过严格审批，所以关注重点要放到资金上面。故选 A。

183. 答案：**B**。考点提示：**六西格玛**。

DMAIC 是构成该过程的五个阶段的首字母缩写：定义（Define）、测量（Measure）、分析（Analyze）、提高（Improve）、控制（Control）。需要注意，第一个"D"代表定义，而不是设计。故选 B。

184. 答案：**A**。考点提示：**使命**。

使命是有关组织的纲领、思想、目的、商业准则和公司信念的陈述，使得组织的精力和资源得以集中。

A 项，聚焦人力，符合定义中的集中资源。其他选项均不符合定义。故选 A。

185. 答案：**A**。考点提示：**产品生命周期**。

采用撇脂定价法尽快收回开发成本是引入阶段的特点。在引入阶段的促销方式应瞄准早期采用者，通过有效沟通让客户了解产品，教育早期潜在客户。因此本题选 A。

186. 答案：**D**。考点提示：**产品生命周期阶段**。

引入阶段：公司要为产品建立品牌知晓度，开发市场。

成长阶段：公司要建立品牌偏好，增加市场份额。

成熟阶段：竞争加剧，公司要维护市场份额，实现利润最大化。

衰退阶段：销售额开始下降，公司需要对产品何去何从做出艰难的决策。

因此销售额最高的阶段为成熟阶段，故选 D。

187. 答案：**D**。考点提示：**风险管理**。

风险管理的定义是：一个不确定的时间或条件，如果发生，对一个或多个项目的目标，如范围、进度、成本或质量有积极或消极的影响。如上定义所述，风险管理是为了降低不确定性。选项 A、B、C 是可能受风险影响的因素。故选 D。

188. 答案：**D**。考点提示：**财务评估**。

A 项，可以计算每一个项目的净现值，然后进行排序。因此 A 不正确。

B 项，净现值本身不直接参与资源配置，而是资源配置的依据之一。但是这个不是净现值的弱点。因此 B 不正确。

C 项，计算净现值的工具并非净现值的弱点。因此 C 不正确。

D 项，在新产品开发的早期阶段信息是不足的，所以很难精确计算净现值所需的现金流。但是这个弱点不能作为不做财务分析的理由，早期的财务分析也是进行项目的可行性评估的重要基准之一。故选 D。

189. 答案：**B**。考点提示：**抢滩战略**。

细分市场战略的基础是对一个主要市场的深入认识，该市场通常具有独特的需求。因此 A 不正确。

抢滩战略是一种以杠杆方式占领市场的战略。简言之，选出最具潜力的细分市场作为产品首次上市的地点。随后，基于产品在该市场上的成功经历，将它陆续投放到其他细分市场。因此本题选 B。

渠道战略是确定将产品推向目标市场的渠道。因此 C 不正确。

促销计划包括需要在正确的地方向目标细分市场提供新产品，客户还必须了解产品的利益和特性。因此 D 不正确。

190. 答案：D。考点提示：敏捷。

产品负责人负责产品待办列表的更新。因此 A 不正确。

敏捷教练是团队和产品主管之间的协调者。他的工作职责不是管理团队，而是帮助团队和产品主管。因此 B 不正确。

高管负责组织战略的制定。因此 C 不正确。

客户负责对需求做出评价和进行优先级排序。故选 D。

191. 答案：C。考点提示：门径管理流程。

上市后的阶段是上市后审查。分析题干，产品发布后出现了不少问题，属于上市后审查阶段。比较好的产品发布审查能发现产品问题，从而及时跟进和解决，是最能直接解决该问题的方法。A、B、D 都不能直接解决这一问题。故选 C。

192. 答案：C。考点提示：产品开发中的管理角色。

A 项，过程拥护者，也就是流程拥护人，是负责对流程进行调整、创新和持续改进的，不负责实际流程过程的管理工作。B 项，对战略结果负责的是流程主管，而不是高级管理人员。C 项是流程主管的定义，说法正确。故选 C。

193. 答案：D。考点提示：三重底线。

三重底线这三个方面也可以用 3P 表示：利润（Profit）、人类（People）、星球（Planet）。因此本题选 D。

194. 答案：A。考点提示：创新战略。

创新战略为组织的所有创新提供目标、方向和架构。单个业务单元和职能部门可能拥有自己的战略来实现其特定的创新目标，但它们必须和组织的整体创新战略紧密关联。创新战略为跨产品类别或跨业务单元的投资权衡与决策提供了依据。故选 A。

195. 答案：B。考点提示：财务分析。

投资回收期是指多长时间能够收回在产品上的资金投入。从第 7 个月开始盈利，每个月盈利 20 000 元，需要 5 个月到达盈亏平衡点，加上之前的 6 个月交付期，项目回收期是 11 个月。故选 B。

196. 答案：D。考点提示：开放式创新。

将知识专利开放给外部、共同创造产品，这是开放式创新的特点。开放式创新是通过有目的的知识流入和流出加速内部创新，并利用外部创新扩展市场的创新范式。故选 D。

197. 答案：A。考点提示：评分模型。

大多数评估方法都邀请跨职能部门的代表们来参与评审（营销、技术、制造部门），将广泛的知识和经验应用于评估过程。B、C、D 都是跨职能团队中的一部分。故选 A。

198. 答案：A。考点提示：自上而下方法。

自上而下的方法也被称为"战略桶"方法，包括以下步骤：①首先明确组织战略和经营战略，以及与创新相关的战略目标和优先级；②确定可用于整个项目组合的资源水平；③根据在组织中所占的战略重要性，排列出业务单元或产品类别的优先顺序；④确定战略桶和分配至各个业务单元或产品类别的理想比例；⑤根据优先顺序将项目对应分配入战略桶中。故选 A。

199. 答案：B。考点提示：早期采用者。

创新采用曲线包括五类人群：

创新者：他们是勇敢的先行者，自觉推动创新。创新者在创新交流过程中发挥着非常重要的作用。

早期采用者：他们是受人尊敬的社会人士，是公众意见领袖，他们乐意引领时尚、尝试新鲜事物，但行为谨慎。

早期大众：他们是有思想的一群人，也比较谨慎，但他们较之普通人群更愿意、更早地接受变革。

晚期大众：他们是持怀疑态度的一群人，只有当社会大众普遍接受了新鲜事物的时候，他们才会采用。

落后者：他们是保守传统的一群人，习惯于因循守旧，对新鲜事物吹毛求疵，只有当新的发展成为主流、成为传统时，他们才会被动接受。

在产品引入阶段，早期采用者可能购买产品。因此本题选 B。

200. 答案：B。考点提示：模糊前端。

产品开发项目的前端是一个早期阶段的起点，在进入正式的产品开发流程之前，组织在该阶段识别机会、形成概念。该阶段包括创意生成阶段、初始概念发展阶段和高级业务阶段。A、D 是解决模糊前端创意发现的工具，B 项的客户心声才是发现创意的前提，C 项的市场测试是后期产品开发完成后的测试阶段。故选 B。